Tilman Reitz
Funktionen der Soziologie

Tilman Reitz

Funktionen der Soziologie

Eine wissenssoziologische Einführung

2., überarbeitete Auflage

BELTZ JUVENTA

Tilman Reitz, Dr. phil. habil., ist seit 2015 Professor für Wissenssoziologie und Gesellschaftstheorie am Institut für Soziologie der Friedrich-Schiller-Universität Jena.

MIX
Papier aus verantwortungsvollen Quellen
FSC® C089473

Dieses Buch ist erhältlich als:
ISBN 978-3-7799-7568-7 Print
ISBN 978-3-7799-7569-4 E-Book (PDF)

2., überarbeitete Auflage 2023

in der Verlagsgruppe Beltz · Weinheim Basel
Werderstraße 10, 69469 Weinheim

Herstellung und Satz: Ulrike Poppel
Druck und Bindung: Beltz Grafische Betriebe, Bad Langensalza
Beltz Grafische Betriebe ist ein klimaneutrales Unternehmen (ID 15985-2104-100)
Printed in Germany

Weitere Informationen zu unseren Autor_innen und Titeln finden Sie unter: www.beltz.de

Inhalt

Danksagung

Beim Schreiben dieses Buchs haben mir viele geholfen, von denen direkt im Text nur wenige erwähnt sind. Jan Sparsam, Anna Saave, Susanne Martin, Kathrin Leuze und Emma Dowling haben Kapitel gelesen und kommentiert. Laura Kaden hat als studentische Hilfskraft sogar alles gelesen; neben wichtigen inhaltlichen Hinweisen und Recherchen verdanke ich ihr, dass der Text formal stimmig und klar gestaltet ist. Auch Mariana Schütt hat das beinahe fertige Manuskript noch einmal ganz durchgesehen und mir geholfen, verschiedene Akzente klüger zu setzen. Magdalena Herzog verdanke ich, dass es das Buch überhaupt gibt – sie hat den Anstoß zum Schreiben gegeben, mich an schwierigen Punkten unterstützt und mich immer wieder vom Sinn des Projekts überzeugt. Ähnliches und mehr hat Emma Dowling geleistet, die daher doppelt erwähnt werden soll; dank ihr haben sich Schreiben und Leben (mit der Zwischenform Diskutieren) selbst in der letzten Arbeitsphase fast immer ergänzt. Die Jenaer Studierenden schließlich haben in sieben Vorlesungsjahren durch geduldiges Zuhören und kritische Fragen dazu beigetragen, dass überhaupt hinreichend Material vorhanden war. Was daraus geworden ist, samt möglicher Fehler und gewöhnungsbedürftiger Urteilsfreude, habe ich selbst zu verantworten.

Den Anstoß zur raschen Zweitauflage hat dankenswerter Weise Frank Engelhardt gegeben. In dieser Auflage habe ich einige kleinere Fehler korrigiert und eine militärsoziologische Episode in Kapitel 5 ergänzt, für die beim Abschluss der ersten Auflage die Zeit gefehlt hatte. Wichtige Hinweise dazu verdanke ich Stephan Schmitt. Die Thematik der Ergänzung ist in der Gegenwart leider erneut wichtig geworden. Auf direkte Aktualisierungen habe ich hier und an anderen Stellen aber verzichtet.

Einleitung: Wozu Soziologie?

Wer beginnt, sich mit Soziologie zu befassen, hat Anlass für grundsätzliche Fragen: Worum geht es in diesem Fach? Und: Was kann ich damit anfangen? Für beide Fragen stehen einige Auskünfte bereit. Einführungen in die Themen der Soziologie nehmen in Buchhandlungen kaum weniger Platz ein als die Forschungsliteratur des Fachs; Hochschulen informieren mit Texten und Veranstaltungen über Berufe, für die ein Soziologiestudium mehr oder weniger qualifiziert. Nur selten wird jedoch eine verbindende Frage gestellt, die (wie sich zeigen wird) gerade aus soziologischer Sicht wichtig ist: Weshalb gibt es in unserer Gesellschaft genau die Forschung, Lehre und Fachkenntnis, die wir heute als Soziologie kennen?

Dieser wissenssoziologischen Frage gehen die hier in Buchform vorgelegten Vorlesungen nach. Sie sind als Einführung gestaltet, richten sich also an Menschen, die bisher nur wenig von Soziologie wissen. Doch auch Fortgeschrittene und professionelle Soziologinnen[1] sind angesprochen. Wer die Formen und Zusammenhänge unseres Zusammenlebens untersuchen und begreifen will, sollte sich auch dafür interessieren, wie die eigene Forschungstätigkeit in diesem Zusammenleben steht. In meinen Darstellungen wird sich rasch zeigen, dass ein solches Verständnis keineswegs bereits fertig vorliegt oder gar allgemeine Zustimmung im Fach findet. Soziologen sind sich überhaupt bemerkenswert häufig uneinig über Theorien, Methoden und Beweisführungen. Auch diese Vielstimmigkeit, die andere akademische Fächer wie Physik oder Volkswirtschaftslehre so nicht kennen, könnte sich aus den Bedingungen soziologischer Praxis erklären lassen.

Im Folgenden will ich meine wissenssoziologische Perspektive auf die verschiedenen Formen und Spielarten von Soziologie einleitend umreißen, indem ich die Herangehensweise und das Programm des Buchs näher erläutere. Kolleginnen können den Text danach kapitelweise oder ganz weiterlesen (oder weglegen), weniger Soziologiekundige können seinem geschichtlichen Erzählungsgang folgen. Studierende, die für ihre Prüfung einen möglichst genauen Überblick benötigen, haben nicht wirklich die Wahl.

Für diese Studierenden ist, da es gleich mit bekannten Namen losgeht, auch unmittelbar der Hinweis wichtig, dass nicht alles in diesem Buch Lernstoff ist. Namen und Texte, die zum soziologischen Grundwissen zählen (und daher –

---

1 Um den geschlechtlich einseitigen Charakter unserer Sprache bewusst zu halten, ohne Lesehindernisse zu schaffen, verwende ich männliche und weibliche Formen locker abwechselnd. In ebenfalls unsystematischer Weise erlaubt es der Wechsel auch, vorherrschend männliche (oder weibliche) Gruppen zu kennzeichnen.

nicht nur in Jena – prüfungsrelevant sein könnten) kennzeichne ich bei ihrer ersten Nennung in einem Kapitel durch **Fettungen**.

Zwecke sozialwissenschaftlicher Arbeit

Die Frage, wie die Soziologie in der Gesellschaft steht oder weshalb, allgemeiner gesagt, Menschen ihr Zusammenleben erforschen, lässt sich in verschiedener Weise beantworten. Man kann *erstens* Wissen und Wissenschaft als Selbstzweck betrachten. Alternativ kann man *zweitens* praktische Ziele der soziologisch Forschenden heranziehen oder *drittens* aufarbeiten, womit sie beauftragt und wofür sie bezahlt werden. Verbindet man die zweite und die dritte Antwort, ergibt sich das hier verfolgte Programm, Entstehungs- und Funktionskontexte der Soziologie zu untersuchen.

Wer soziologische Erkenntnis als *Selbstzweck* sieht, geht davon aus, dass Menschen eben etwas wissen wollen, über ihre Umwelt wie auch über die eigenen Angelegenheiten. Schon der griechische Philosoph Aristoteles hat vor über 2000 Jahren behauptet: „Alle Menschen streben von Natur nach Wissen." (*Metaphysik*, S. 3) Und noch für den deutschen Soziologen **Max Weber** behaupten Wissenschaftler zurecht, „die Wissenschaft ‚um ihrer selbst willen' [...] zu betreiben" – und nicht etwa, „weil andere damit geschäftliche oder technische Erfolge herbeiführen, sich besser nähren, kleiden, beleuchten, regieren können" (Weber 1919/1988, S. 593). Wenn sich eine solche Haltung in vielen Epochen und Weltteilen findet, muss man die Gründe vielleicht nicht näher erforschen oder wird sie zumindest nicht in den Eigenheiten bestimmter Gesellschaften suchen. Allerdings ist die Art des Denkens und Handelns, die wir ‚Wissenschaft' nennen, erst in der europäischen Neuzeit, vermutlich sogar erst in der Zeit um 1800 entstanden (so etwa Stichweh 1990/2013) – und die ‚Gesellschaft' wurde erst ab dem mittleren 19. Jh. als Bereich einer eigenen Wissenschaft entdeckt (vgl. dazu die Kapitel 2, 3 und 4). Im antiken Athen oder Rom, im mittelalterlichen Europa oder im China der Ming-Dynastie waren nicht allein die Verfahren unbekannt, mit denen man heute Erfahrungswissen methodisch sammelt, systematisiert und erweitert. Man wäre dort auch nicht auf die Idee gekommen, unser Zusammenleben ohne klaren praktischen Zweck zu erforschen. Alle sinnvollen Fragen zu diesem Leben waren (etwa bei Aristoteles) an Handlungsperspektiven gebunden: Wie lässt sich die politische Ordnung aufrechterhalten? Wie können wir uns richtig in die göttlich geordnete Welt einfügen? Wie lebt ein weiser und guter Mensch?

Sieht man näher hin, verfolgen auch Soziologinnen solche Zwecke. Viele von ihnen würden nicht ihren spezifischen Gegenstand auf ihre besondere Weise erforschen, wenn ihnen z. B. die Rechte von Frauen und abhängig Beschäftigten, die Aussichten politischer Freiheit oder kultureller Verständigung gleichgültig wären. Selbst für Max Weber dient die als Selbstzweck begriffene Wissenschaft dazu,

„Klarheit und Verantwortungsgefühl zu schaffen" (Weber 1919/1988, S. 608). Mit Blick auf solche *Ziele der soziologisch Tätigen* lässt sich vielleicht genauer erläutern, weshalb es (diese oder jene Spielarten von) Soziologie gibt. **Karl Marx**, von dem das Fach bis heute lernt, hat seine Schriften in den Dienst der proletarischen Revolution gestellt. **Émile Durkheim**, der die erste Professur für Soziologie in Frankreich erhielt, wollte eine Moral für die moderne Gesellschaft entwickeln. **Talcott Parsons**, der in den USA die soziologische Theorie neu erfunden hat, hat um 1945 über die Wiedererziehung der Deutschen zur Demokratie nachgedacht. Wenn alle diese verschiedenen Zwecke in einer einzigen Wissenschaft zusammenfließen, wird besser begreifbar, weshalb sie möglicherweise vielgestaltig und uneinig ist.

Die genannten Soziologen haben sich allerdings in größeren Kontexten praktisch orientiert: der Arbeiterbewegung, der parlamentarischen Demokratie in Frankreich und in den USA, der Besatzungslage nach dem Zweiten Weltkrieg. Neben solchen politischen Zusammenhängen prägen auch wirtschaftliche Bedingungen im weitesten Sinn die Arbeit von Soziologinnen: Irgendjemand muss sie beschäftigen, und oft finanzieren sie sich durch Forschungsaufträge. Sofern die *wissenschaftliche Erwerbsarbeit* an öffentlich getragenen Hochschulen stattfindet, bestimmt das nicht unmittelbar bzw. nicht offen sichtbar die Inhalte soziologischer Forschung und Lehre (auch wenn es starke indirekte Wirkungen gibt, siehe z. B. Kap. 3 und 6). Die verbreitete *Auftragsforschung* lässt dagegen klar erkennen, dass die Forschenden auf die Interessen und Ziele anderer Akteure eingehen: von Unternehmen, Gewerkschaften und Verbänden, Stiftungen (mit politischer oder ökonomischer Anbindung), engagierten Nichtregierungsorganisationen, Religionsgemeinschaften u. a. m. Das heißt nicht, dass ihre Ergebnisse völlig voraussehbar sind – sonst könnten sie ja auf die Forschung verzichten –, aber inhaltliche Tendenzen und vor allem die Auswahl der Forschungsthemen folgen hier deutlich vorwissenschaftlichen Gesichtspunkten. Der Wunsch nach biologisch hochwertiger Nahrung oder die Frage, ob ihre Herstellung die Gesundheit belastet, würden Soziologinnen weniger interessieren, wenn nicht Nahrungsmittelfirmen oder gewerkschaftsnahe Stiftungen Geld zu vergeben hätten.

Soziologische Arbeit kann auch weniger formell an soziale Praxis gebunden sein, etwa durch politische Sympathien oder kulturelle Einbindungen, und die Ziele der Forschenden und der Abnehmer stehen oft in einem interessanten Spannungsverhältnis. Die **„Marienthal-Studie"** etwa, mit der **Marie Jahoda**, **Paul Lazarsfeld** und Hans Zeisel Maßstäbe für die empirische Sozialforschung gesetzt haben, verdankt sich Aushandlungen mit der Sozialdemokratischen Partei Österreichs; man einigte sich auf die Frage, ob Arbeitslosigkeit zu Aufruhr führt (vgl. Kap. 5). Neben dem Verhältnis zwischen Forschungsanbietern und Nachfragenden ist hier offenkundig die Situation von Bedeutung, in der sich beide Seiten sehen. Auftraggeber und Soziologinnen deuten sowohl die eigene Lage als auch den Zustand ihrer Gesellschaft, wenn sie ein zu erforschendes Thema bestimmen, und mit der Zeit zeigt sich, ob andere ihre Auffassung annehmen. In meinem Buch will ich daher die *Entstehungssituationen* und die *Funktionskontexte* von Soziologie bzw. soziologischen Forschungsprogrammen darstellen.

Entstehungssituationen und Funktionskontexte der Soziologie

Mit ‚Forschungsprogramm' ist hier einfach gemeint, dass sich eine oder mehrere Personen mit bestimmten theoretischen Annahmen und bestimmten Verfahrensweisen einem Problem oder Thema widmen. Das kann konkret etwa bedeuten, dass man in repräsentativen Umfragen die Zu- oder Abnahme rechter politischer Einstellungen in der Bevölkerung erhebt oder dass man in längeren Interviews Selbstverständnisse von Klassik- und Pop-Hörerinnen auslotet. Es kann aber auch heißen, mithilfe historischer Texte der Entstehung und den Wandlungen des Kapitalismus nachzugehen oder in Auseinandersetzung mit anderen Theorien (sowie anhand ausgewählter statistischer Daten, politischer Dokumente u. Ä.) die erhöhte gesellschaftliche Bedeutung von Wissen und Information zu erkunden.

Solche Programme lassen sich meistens gut auf Umbrüche in ihrer *Entstehungssituation* zurückführen: Klassisch-demokratische Parteien oder Organisationen sehen besorgt, dass die Zahl rechter Gewalttaten oder Stimmenanteile zunimmt; Unternehmen und hoch qualifizierte Beschäftigte wollen wissen, wie die neuen Informations- und Kommunikationstechnologien Märkte verändern, Berufe aufwerten oder gefährden. Zu einer Entstehungsanalyse gehören also auffällige Veränderungen und handlungsfähige Gruppen, die mehr erfahren wollen – um sich zu orientieren, reagieren zu können oder z. B. auch ihre Rolle (neu) zu rechtfertigen. Die Soziologinnen selbst gehen natürlich ebenfalls mit ihren Orientierungen, Arbeitsweisen und Interessen an diese Situationen heran, und andere Wissenschaften und öffentliche Stimmen wirken an der Problemdeutung mit, sodass die Ergebnisse von vielen, wohl nur im Einzelfall einigermaßen vollständig zu erfassenden Faktoren abhängen.

Auch eine noch so gute Entstehungsanalyse erklärt allerdings nicht, welche Programme sich langfristig durchhalten. Philosophisch unterscheidet man oft zwischen der Genese und der Geltung wissenschaftlicher Ergebnisse: Sie können so oder so in die Welt gekommen sein, müssen sich aber nach anerkannten Maßstäben dauerhaft als wahr bewähren. Wer nach den gesellschaftlichen Bedingungen des Wissens fragt, wird dagegen eher untersuchen, ob und weshalb Erkenntnisse, Theorien und Untersuchungsweisen dauerhaft *Verwendung finden*. Scheint es nur zu einer bestimmten Zeit oder wiederholt wichtig, rechte Einstellungen zu erklären? Benötigen verschiedene Stellen immer wieder Zahlen dazu, wie Einkommen und Bildung in unserer Gesellschaft verteilt sind? Besteht dauerhaft ein Interesse daran, große Ungleichheiten oder verbreitete Verhaltensregeln zu kritisieren oder zu rechtfertigen? Durch solche Verwendungs- oder *Funktionskontexte* wird es wahrscheinlich, dass sich Bereiche wie die Einstellungsforschung, die Sozialstrukturanalyse (Kap. 7), die Geschlechter-, Arbeits- und Bildungssoziologie (Kap. 12) verfestigen, dass Denkrichtungen wie die Kritische Theorie (Kap. 6) oder der Poststrukturalismus (Kap. 11) über längere Zeit stabil bleiben.

‚Kontext' bezeichnet dabei die (soziale) Umwelt, in der sich die Wissenschaft einrichtet; schwieriger ist der Begriff der Funktion. Der deutsche Soziologe **Niklas Luhmann** versteht darunter die „einem Teil im Rahmen eines Ganzen obliegende Verrichtung" (Luhmann 1972, S. 1142), hat aber nie ganz geklärt, wer solche Verrichtungen festlegt und was dafür sorgt, dass sie erbracht werden. Bereits vor ihm hatte **Robert Merton** herausgestellt, dass nicht jede soziale Funktion geplant oder den Beteiligten bewusst sein muss. Oft stabilisieren sich mit der Zeit Handlungsweisen, Regeln oder Einrichtungen, die verschiedenen Beteiligten nützen und von ihnen unterstützt werden (Merton 1968, S. 86). Der Gottesdienst in einem Dorf kann etwa helfen, den Zusammenhalt der Dorfgemeinde zu festigen, den Sonntag der Bauernfamilien zu strukturieren und der Kirche Einfluss auf die Lokalpolitik zu geben – sodass zugleich viele Beweggründe bestehen, weiter in den Gottesdienst zu gehen oder andere dazu bewegen. Bei jeder derart angenommenen ‚latenten Funktion' fragt sich jedoch erneut, wie die stabilisierte Handlungsweise und der rückwirkende Kontext im Einzelnen miteinander verbunden sind. Diese Frage wird auch für die hier eingeführten Funktionen der Soziologie zu stellen sein; Antworten kann ich in diesem Buch nur umreißen, auf verfügbare oder noch nötige Belege nur hinweisen.

Die Vorannahmen, die mich dabei leiten, kann ich erst recht nicht vollständig begründen (sonst wäre kaum mehr Platz für Anderes); sie sollten aber zumindest genannt werden. Ich nehme *erstens* an, dass die Funktionen der Soziologie fast so vielfältig sind wie die moderne Gesellschaft. Es gibt (u. a.) politischen und ökonomischen, kulturellen und religiösen Bedarf, konservative und revolutionäre, akademische und außerakademische Motive, die Kenntnisse über unser Zusammenleben systematisch anzuordnen und zu erweitern. Da diese Motive einander oft widerstreiten, ist Soziologie *zweitens* aus nachvollziehbaren Gründen ein uneinheitliches Fach. Ihre Vorgehensweisen und Resultate sind auch bei ihren Vertreterinnen umstritten; über die angemessene Erforschung des Zusammenlebens besteht ebenso wenig Einigkeit wie über dessen richtige Gestaltung. Wenn in der Geschichte der Wissenschaften, wie Thomas Kuhn annimmt, miteinander unvereinbare Muster oder ‚Paradigmen' aufeinander folgen, ist die Soziologie sogar ‚multiparadigmatisch', weil solche Muster gleichzeitig nebeneinander bestehen. Das gilt nicht nur, wie viele annehmen (z. B. Fischer 2014, S. 337), für Theorien, sondern insgesamt für die Weisen, in denen geforscht und argumentiert wird. Vielfalt und Streit schließen jedoch *drittens* nicht aus, dass bestimmte Ansätze zu bestimmten Zeiten vorherrschend sind, also die Arbeit der meisten bestimmen oder als neuester Stand der Erkenntnis gelten. Zugespitzt kann man sogar vermuten, dass die trotz aller Unterschiede oft wahrgenommene Einheit der Soziologie eine Frage wechselnder Vorherrschaft ist.

Um die gesellschaftlichen Bedingungen von Vielfalt, Streit und Vorherrschaft zu erschließen, kann man sich daran orientieren, wer über die für Soziologie notwendigen Ressourcen verfügt und worum im Fach und in seinen Kontexten besonders heftig gestritten wird. Anzeichen für die gesellschaftliche Einbettung der Soziologie sind anders gesagt Aufträge und Konflikte, wissenschaftliche Erwerbstätigkeit und Situationen, in denen fachlicher Austausch durch wechselseitige Bekämpfung ersetzt wird. Auf sie konzentriert sich zumindest das Interesse der folgenden Darstellungen.

Einführungen in die Soziologie und der wissenssoziologische Ansatz

An Einführungen in die Soziologie mangelt es wie erwähnt nicht, und die sozialen Gründe liegen in diesem Fall auf der Hand: Das Fach wird von vielen Menschen studiert; zu Beginn wollen sich fast alle einen Überblick verschaffen; Einführungsbücher verkaufen sich daher deutlich besser als die meiste Forschungsliteratur. Für eine wissenssoziologische Einführung in die Soziologie gibt es dagegen, soweit ich weiß, keine direkten Vorbilder. Allgemein lassen sich grob drei Typen von Einführungen unterscheiden: systematische Überblicke, historische und thematische Zusammenstellungen sowie (stark verwandt mit meinem Projekt) Beiträge zu einer Wissenschaftsgeschichte der Soziologie.

Rein systematische Überblicke sind selten. Im deutschen Sprachbereich kann man etwa die Werke *Soziologie. Allgemeine Grundlagen* (1993) und *Soziologie. Spezielle Grundlagen* (sechs Bände, ab 1999) von Hartmut Esser nennen. Ein nur wenig genauerer Blick in die Bücher verrät auch, weshalb sich der Typus bisher nicht durchgesetzt hat. Nicht nur sind sieben Bände für den Anfang viel Stoff. Essers Systematisierung liest sich zudem wie eine zu erlernende Fremdsprache. In soziologischen Erklärungen sieht er etwa folgende Elemente vor:

> „Die typisierende *Beschreibung* von Situationen über *Brückenhypothesen*; die *Erklärung* der Selektion von Handlungen durch die Akteure über eine allgemeine *Handlungstheorie*; und die *Aggregation* von Handlungen zu dem kollektiven Explanandum über *Transformationsregeln*." (Esser 1993, S. 97)

Im ersten Band der Speziellen Grundlagen kommen Wortbildungen wie „Opportunitäten, institutionelle Regeln und signifikante Symbole", „soziale Produktionsfunktionen" und die „Wert-Erwartungstheorie" hinzu (Esser 1999, S. 56, 91 und 247). Alle diese Begriffe lassen sich (mehr oder weniger) sinnvoll erläutern – doch viele von Essers Kolleginnen dürften sie auf Anhieb ebenso wenig verstehen wie soziologisch nicht vorgebildete Leser dieses Buchs. Der allgemeine Erklärungsansatz, den er mit Vorbildern wie **James S. Coleman** teilt, wird nämlich nicht selten als zu wirtschaftsnah abgelehnt (vgl. Kap. 14), und auch seine speziellen Begriffe stammen oft aus anderen Fächern. Essers Grundlagenbücher führen daher in eine sehr besondere Form von Soziologie ein, nicht in das Fach insgesamt.

Verbreiteter sind Zusammenstellungen, die ganz verschiedenen Arten von Soziologie das Wort geben. Am leichtesten fällt das in geschichtlicher Auflistung. Émile Durkheim, **Georg Simmel**, **Pierre Bourdieu**, marxistische und poststrukturalistische Autorinnen hatten kaum miteinander vereinbare Auffassungen von Soziologie. Sie lassen sich jedoch gut nacheinander darstellen (auch ansatzweise vergleichend und kritisch), ohne dass man sich zwischen ihnen entscheiden müsste. Beliebig gewählte Beispiele für diese Art Einführung sind: Volker Kruse, *Geschichte der Soziologie* (2008), Ditmar Brock u. a., *Soziologische Theorien von Auguste Comte bis Talcott Parsons* (2012), Hermann Korte, *Einführung in die Geschichte der Soziologie* (2017). Noch häufiger sind Zusammenstellungen soziologischer Grundbegriffe, Themen, Richtungen und Einzelfiguren, die ggf. die geschichtliche Einführung ergänzen (Korte / Schäfers 2016) manchmal wörterbuchartig angelegt sind (Rosa / Strecker / Kottmann 2018), teilweise eher geschichtlich (etwa Dimbath 2011), teilweise eher systematisierend vorgehen (z. B. Giddens u. a. 2009), aber sämtlich verschiedene Sichtweisen nebeneinander stehen lassen. An die Stelle systematischer Entscheidungen im Stil Essers tritt dabei meistens Unvollständigkeit: Wer und was als wichtig genug gilt, um aufgenommen zu werden, wo die Geschichte der Soziologie anfängt und bis wohin sie nachgezeichnet wird, unterscheidet sich je nach Buch, bevorzugten Sprachräumen und der gerade aktuellen Theoriemode.

Solche Schwächen sind kaum vermeidbar – auch die vorliegende Einführung umfasst längst nicht alles, was vielen im Fach wichtig ist –, aber man kann produktiv mit ihnen umgehen. Einige Autoren haben sich dafür entschieden, die Vielfalt vergangener und gegenwärtiger Soziologie(-n) auf verschiedene gesellschaftliche Rahmenbedingungen zurückzuführen. Statt einer möglichst richtigen Systematik oder möglichst vollständigen Übersicht streben sie an, die praktischen Fragen bzw. den Problemdruck herauszuarbeiten, die soziologische Forschung antreiben. Häufig beziehen sich solche Darstellungen auf die Entstehungssituation des Fachs Soziologie (besonders schön Eßbach 1996). Aber auch die Entwicklung einzelner Fachgebiete ist auf diese Weise behandelt worden; für mein Buch hat sich etwa Horst Kerns Geschichte der empirischen Sozialforschung (1982) als sehr nützlich erwiesen. Allgemein werde ich im Folgenden an die wissenschaftsgeschichtliche und -soziologische Fragehaltung anschließen. Die wichtigste Eigenheit meines Buchs besteht vielleicht darin, dass ich nicht eine einzige Geschichte erzähle, sondern viele Geschichten – tendenziell in jedem Kapitel eine neue –, gerade damit aber das Fach insgesamt in den Blick bringen will. Natürlich wird es Lücken geben, und die gewählte Perspektive ist eher westlich als global, oft auch nur europäisch oder bloß deutsch. Das Ziel, ein deutschsprachiges Publikum in die Soziologie einzuführen, kann das hoffentlich rechtfertigen. Dennoch sollte sich ein informativer und orientierender Gesamteindruck davon einstellen, was in der Soziologie bisher möglich war und weshalb. Ob das gelingt, müssen die beurteilen, die das Buch nutzen.

Um es besser handhabbar zu machen, Verwirrung und Überforderungsgefühle zu vermeiden, will ich noch kurz die Zitier- und Verweistechnik erläutern. Während man früher öfter in Fußnoten angegeben hat, aus welchen Texten man direkt zitiert, Gedanken sinngemäß wiedergibt oder Informationen bezieht, haben sich heute in den meisten Wissenschaften Verweise mit Namen und Jahreszahl eingebürgert, die im Literaturverzeichnis aufgeschlüsselt werden. Angaben wie „Weber 1984" verweisen dabei häufig auf einen Text, der zuerst z. B. 1892 erschienen ist; ich gebe in solchen Fällen immer ergänzend das Datum der Erstausgabe (Weber 1892/1984) oder der letzten Überarbeitung an; in einigen Fällen (wie Weber 1904–5/2014) hat sich die Ersterscheinung auch auf mehrere Jahre erstreckt. Weiterhin ist es fast immer hilfreich zu sehen, welche Seitenzahlen genau gemeint sind; in neueren Publikationen fällt dies allerdings häufig fort. Das hat zuweilen den Sinn, dass man auf ein Buch oder einen Aufsatz insgesamt verweisen will, etwa auf eine gute Einführung in die Soziologie (Eßbach 1996). Meistens ist der Verweis ohne Seitenzahl aber nur (wissenssoziologisch) durch die Überlastung der Schreibenden und Lesenden zu erklären, die keine Zeit haben, noch einmal nachzuschauen. Das bedingt Ungenauigkeiten oder sogar Fehler (vgl. Kap. 8) und macht die Literaturverweise tendenziell zur Dekoration, die nur den Eindruck von Wissenschaftlichkeit stiftet oder sicherstellt, dass mögliche Gutachterinnen ihren eigenen Namen finden (vgl. Abbott 2008, S. 8 f.). Diese Verweistechnik versuche ich daher einzuschränken; summarische Verweise auf ganze Bücher und Aufsätze machen in den Kapiteln höchstens ein Drittel aller Zitierungen aus. Aussagekräftige Buch- oder Aufsatztitel baue ich stellenweise direkt in den Text ein. Ein Verweis auf *Die Regeln der Kunst* (Bourdieu 1992/1999) erscheint dann kursiv und naturgemäß ohne Seitenangaben. Um Übersichtlichkeit zu gewährleisten, zitiere ich außerdem eher sparsam. Allgemein geläufige, wenn auch im Detail umstrittene Daten, historische Entwicklungen und soziale Phänomene spreche ich oft ohne Literaturverweis an, damit die Lesenden gezielt meine Hauptthesen verfolgen und prüfen können, statt in der Flut der Nachlesemöglichkeiten unterzugehen. Im Einzelfall sollte allerdings auch ein genauer Nachvollzug möglich sein, weshalb ich englischsprachige Texte durchgängig im Original zitiere, in anderen Sprachen ggf. Übersetzungen korrigiere und einige schwer übersetzbare oder besonders wichtige Originalbegriffe in Klammern hinzufüge. Die Soziologie ist zwar nicht von sich aus auf philologische Genauigkeit bedacht, entwickelt sich aber trotzdem in Worten, deren genaue Gestalt und Geschichte wichtig sein kann.

Literatur

Abbott, Andrew (2008): Publication and the Future of Knowledge. Vortrag für die Association of American University Presses. home.uchicago.edu/~aabbott/Papers/aaup.pdf (Abfrage: 17.03.2020).

Aristoteles (1904): Metaphysik. Griechisch-Deutsch. Neu bearb. Auflage. Übersetzt von Rolfes, Eugen. Leipzig: Meiner.

Bourdieu, Pierre (1992/1999): Die Regeln der Kunst. Genese und Struktur des literarischen Feldes. Frankfurt a. M.: Suhrkamp.

Brock, Ditmar / Junge, Matthias / Krähnke, Uwe (2012): Soziologische Theorien von Auguste Comte bis Talcott Parsons. Einführung. 3. Auflage. München: Oldenbourg Verlag.

Dimbath, Oliver (2011): Einführung in die Soziologie. München: Fink.

Esser, Hartmut (1993): Soziologie. Allgemeine Grundlagen. Frankfurt a. M.: Campus.

Esser, Hartmut (1999): Soziologie. Spezielle Grundlagen. Band 1. Situationslogik und Handeln. Frankfurt a. M.: Campus.

Eßbach, Wolfgang (1996): Studium Soziologie. München: Fink.

Fischer, Joachim (2014): Multiparadigmatizität der Soziologie. Übersichten, Unterscheidungen, Ursachen und Umgangsformen. In: Kornmesser, Stephan / Schurz, Gerhard (Hrsg.): Die multiparadigmatische Struktur der Wissenschaften. Wiesbaden: Springer VS. S. 337–370.

Giddens, Anthony / Fleck, Christian / Egger de Campo, Marianne (2009): Soziologie. 3. Auflage. Graz / Wien: Nausner & Nausner.

Kern, Horst (1982): Empirische Sozialforschung. Ursprünge, Ansätze, Entwicklungslinien. München: Beck.

Korte, Hermann / Schäfers, Bernhard (2016): Einführung in Hauptbegriffe der Soziologie. 9. Auflage. Wiesbaden: Springer VS.

Korte, Hermann (2017): Einführung in die Geschichte der Soziologie. 10. Auflage. Konstanz: UVK.

Kruse, Volker (2008): Geschichte der Soziologie. Konstanz: UVK.

Luhmann, Niklas (1972): Funktion. In: Ritter, Joachim / Gründer, Karlfried / Gabriel, Gottfried (Hrsg.): Historisches Wörterbuch der Philosophie. Basel: Schwabe. S. 11421143.

Merton, Robert M. (1968): Social Theory and Social Structure. New York: Free Press.

Rosa, Hartmut / Strecker, David / Kottmann, Andrea (2018): Soziologische Theorien. 3. Auflage. Konstanz: UVK.

Stichweh, Rudolf (1990/2013): Selbstorganisation in der Entstehung des modernen Wissenschaftssystems. In: Ders. (Hrsg.): Wissenschaft, Universität, Professionen: Soziologische Analyse. Neuauflage. Bielefeld: transcript.

Weber, Max (1892/1984): Die Verhältnisse der Landarbeiter im ostelbischen Deutschland. Dargestellt auf Grund der vom Verein für Socialpolitik veranstalteten Erhebungen von Max Weber. Max Weber Gesamtausgabe. Abt. I, Band 3.2. Tübingen: Mohr Siebeck.

Weber, Max (1904–5/2014): Die protestantische Ethik und der ‚Geist' des Kapitalismus. In: Max Weber Gesamtausgabe. Abt. I, Band 9. Tübingen: Mohr Siebeck. S. 123–215 und 242–425.

Weber, Max (1919/1988): Wissenschaft als Beruf. In: Gesammelte Aufsätze zur Wissenschaftslehre. Hrsg. v. Winckelmann, Johannes. Tübingen: Mohr. S. 582–613.

Gründungsgeschichten

1. Vorläufer und Alternativen: Politische Theorie, Moralphilosophie, Ökonomie

Thema der Soziologie sind wie erwähnt die Verhältnisse des menschlichen Zusammenlebens. Über sie ist natürlich bereits viel nachgedacht und geschrieben worden, bevor die Soziologie entstand. Allerdings herrschten dabei Gesichtspunkte vor, von denen sich die Soziologie als Wissenschaft mehr oder weniger deutlich abgegrenzt hat. Das betraf zunächst nicht vorrangig die andere große Wissenschaft vom Zusammenleben, die für vergangene Zeiten zuständige Geschichtsforschung – frühe Soziologen wie Gabriel Tarde, **Émile Durkheim** und **Max Weber** waren noch stark an Geschichte interessiert, erst allmählich hat sich eingespielt, dass man in der Soziologie eher aktuelle Verhältnisse untersucht. Stärker und aufschlussreicher ist die Abgrenzung der Soziologie von der politischen Philosophie oder Theorie, von der Ethik oder Moralphilosophie und von der Wirtschaftswissenschaft, die im 19. Jh. meist ‚politische Ökonomie' hieß. Hier kann man jeweils Entscheidungen erkennen, die das Profil oder auch die Nicht-Spezialisierung des Faches bis heute prägen. Die Soziologie untersucht soziale Ordnung *nicht* allein unter dem Gesichtspunkt politischer Herrschaft; sie befragt menschliche Beziehungen *nicht* primär darauf, was ethisch oder moralisch gut und richtig ist; schließlich bezieht sie sich *nicht nur* auf die ‚wirtschaftlichen' Verhältnisse von Arbeit, Austausch und Reichtumsverteilung.

In allen diesen Gebieten finden sich allerdings Überlegungen, die später in der Soziologie genutzt worden sind. In erster Annäherung will ich daher fragen, inwiefern die Soziologie andere Wissenschaften oder Lehren vom Zusammenleben *fortsetzt*, wie sie sich von ihnen *abgrenzt* und weshalb sie sich neben ihnen *behaupten* kann. Die letzte Frage öffnet zugleich den wissenssoziologischen Horizont für die folgenden Kapitel. Während nachvollziehbar ist, dass Menschen über Herrschaft, das gute Leben und die Verteilung von Arbeit und Reichtum nachdenken, liegen die Beweggründe für eine allgemeine Wissenschaft vom Zusammenleben weniger klar auf der Hand.

Die genannten Vorläufer- und Nachbardisziplinen sollen hier – begrenzt auf den westlichen Kulturkreis – in ihrer geschichtlichen Abfolge dargestellt werden, die selbst aufschlussreich ist. Die politische Theorie ist so alt wie die Philosophie, Moralphilosophie im engeren Sinn gibt es dagegen erst seit dem 18. Jh., und in der politischen Ökonomie, die nicht viel später entsteht, entwickeln sich erst um 1800 wissenschaftliche Standards. Da in dieser Entwicklung auch wesentliche Elemente und Abstoßungspunkte soziologischen Denkens entstehen, lässt sich dessen Herausbildung im späteren 19. Jh. gut ans Ende der Erzählung stellen.

Zugunsten besserer Orientierung schildere ich den gesamten Prozess sehr allgemein und vereinfachend. Textverweise und -belege füge ich nur zu den benannten Hauptpunkten (und daher erst gegen Ende des Kapitels häufiger) ein: zu soziologisch wegweisenden Elementen in der Politiktheorie, Moralphilosophie und Ökonomie, zu der Weise, in der sich bekannte Soziologen von diesen Traditionen abgrenzen, und zu den verschiedenen Möglichkeiten, die dargestellte Geschichte soziologisch zu erklären. Mit dem letzten Punkt wird sich auch sofort zeigen, wie uneinig die Soziologie über ihre eigenen Existenzbedingungen ist.

Zeitliche und geografische Eingrenzungen

Der hier betrachtete ‚westliche Kulturkreis' umfasst vor allem Europa und Nordamerika. Im Zug der Entkolonialisierung und der Verschiebung globaler Machtzentren wurde zunehmend infrage gestellt, ob es gerechtfertigt ist, sich in der kulturellen Selbstverständigung auf diese Weltteile zu konzentrieren oder zu beschränken (vgl. Kap. 10 und 11). Eine gewisse (mit dem Kolonialismus vielfältig verbundene) Sonderentwicklung Europas fällt jedoch auf: Hier haben sich zuerst die modernen Naturwissenschaften entwickelt, denen die zunächst ebenfalls vorwiegend europäisch-nordamerikanischen Sozialwissenschaften folgten. Sogar die Linie betont voraussetzungsfreien systematischen Denkens, die Philosophie genannt wird, kann man als regionale Besonderheit gegenüber anderen Weisheitstraditionen begreifen.

Für die Wissenschaften vom Zusammenleben lassen sich die geschichtlich-geografischen Kontexte noch genauer bestimmen. Politische Theorien gibt es in einigen Teilen der Welt, seit sehr langem etwa in China. In Europa beginnt die Geschichte der politischen Philosophie in der Zeit der *griechischen Stadtrepubliken* (5. und 4. Jh. v. Chr.), in der Platon und Aristoteles gelehrt und geschrieben haben. Sie und andere griechische Denker finden bis in das römische Kaiserreich Schüler und Kommentatoren, und auch danach werden ihre Lehren überliefert und weiterentwickelt, etwa im arabischen Kulturraum. Radikal erneuert wird das politische Denken (mit Vorformen in Italien) dann in den *Flächenstaaten der Frühen Neuzeit*, die im 15. bis 17. Jh. in Mittel- und Westeuropa entstehen. Die hier entwickelte Philosophie staatlicher Ordnung erhält seit dem 18. Jh. Konkurrenz durch die neuen Ideen der Moralphilosophie und Ökonomie, die vor allem in England (und im unterworfenen Schottland), Frankreich und den deutschen Fürstentümern aufkommen; erneuernd wirken auch die Unabhängigkeitserklärung und die Verfassungsdebatte der Vereinigten Staaten von Amerika. In seinen Prinzipien ist das Denken der *Aufklärungszeit* generell eng mit den *bürgerlichen Revolutionen* verbunden, die (mehr oder weniger konsequent) die Gleichheit aller Menschen verwirklichen wollen. Die Volkswirtschaftslehre, die zugleich dramatische Ungleichheit untersucht, nimmt schließlich mit der sogenannten *industriellen Re-*

volution, die seit Beginn des 19. Jh. Europa und die USA erfasst, Fahrt auf. In diesen Weltteilen entwickelt sich schließlich auch die Soziologie.

Politische Theorie

Politische Theorien fragen (mehr oder weniger breit philosophisch eingebettet) danach, wie und warum sich Menschen beherrschen lassen. Zudem beleuchten sie das Verhältnis zwischen eigenständigen Herrschaftseinheiten oder Gemeinwesen wie Stadt- und Nationalstaaten, Republiken, Fürstentümern, Königreichen usw. Die praktischen Zwecke sind dabei meistens deutlich benannt. Einerseits soll den Herrschenden Wissen darüber vermittelt werden, wie sie ihre Untertanen bestmöglich unter Kontrolle halten (und sich am klügsten zu anderen Gemeinwesen verhalten) – andererseits soll die Herrschaft aus der Sicht der Bevölkerung beurteilt, gewöhnlich gerechtfertigt werden. In der Neuzeit steht oft der Gedanke im Zentrum, dass ein stabiler Staat beiden Seiten hilft. Schon das Wort ‚politisch', das sich von griechisch *polites* / Bürger herleitet, bringt aber auch die vollberechtigten Mitglieder des Gemeinwesens in den Blick. In jedem Fall gilt die *Form der zentralen Gewalt und Entscheidungsmacht* als das, was die soziale Ordnung insgesamt ausmacht. Sie wird teilweise als umfassend zuständig angesehen, teilweise als Rahmen eines guten Lebens betrachtet.

Aus der Zeit der griechischen Stadtstaaten haben sich hierfür zwei Muster erhalten: Platons Versuch, die bestmögliche Ordnung oder Verfassung (*Politeia*) sozusagen auf dem grünen Tisch zu konstruieren, sowie Aristoteles' Darstellung der bekannten Herrschaftsformen. Als Bezugskontext stehen beiden demokratische Städte vor Augen, in denen sich das (männliche, einheimische, waffenfähige) Volk selbst regiert, in der Volksversammlung diskutiert und Entscheidungen trifft. Dies ist allerdings nicht das Ideal der Philosophen. Platon fordert angesichts der Krisen der athenischen Demokratie stärkere Hierarchien: Ausgehend von menschlichen Grundfähigkeiten entwirft er eine Ordnung, in der die (körperlich tätigen) Bauern und Gewerbetreibenden von den (geistig überlegenen) Philosophen regiert werden, die auch das (patriotisch fühlende) Militär befehligen. Die Regierung beaufsichtigt dabei die Wirtschaftsweise, regelt die Fortpflanzung, gestaltet die Wissenschaft und organisiert die Erziehung. Da Platon alle diese Funktionen genau darstellt, kann er trotz seines sozusagen utopischen, weit über die Gegebenheiten hinausgehenden Entwurfs auch als Vordenker der Soziologie gelten. Der deutsche Soziologe **Ralf Dahrendorf** hat Sokrates, der in Platons Dialog *Politeia* den Entwurf vertritt, sogar einer modernen soziologischen Schule zugeordnet: „Sokrates war der erste Funktionalist." (Dahrendorf 1967, S. 294) Aristoteles geht anders vor. Er systematisiert und vergleicht gegebene politische Ordnungen, wozu er u. a. Verfassungen der verschiedenen griechischen Stadtstaaten gesammelt hat. Dabei interessieren ihn vor allem die jeweiligen Vor- und Nachteile für die männlichen Vollbürger. Sein bekannt gewordenes, lange weitergetragenes Grundschema ist bereits in einem Text Platons zum Staatsmann (*Politikos*) angelegt: Die politische Herrschaft kann entweder ein Einzelner, eine Gruppe oder die Gesamtheit der Staatsbürger haben, und es kann jeweils gut oder schlecht regiert werden. So ergeben sich die sechs Formen der Monarchie und der Tyrannei, der Aristokratie und der Oligarchie, guter und schlechter Volksherrschaft.[2] Auch Aristoteles diskutiert dabei Themen, die wir heute sozial nennen, etwa den Kampf zwischen Armen und Reichen in Oligarchie und Demokratie. Doch die Frage, wie eine Gesellschaft insgesamt geordnet ist, wird von ihm und ihm folgend vorrangig politisch, mit Blick auf die Regierungsform beantwortet.

Die neuzeitlichen Staatsphilosophien bleiben bei dieser Annahme, betonen aber einen Kern (und damit eine mögliche Begrenzung) politischen Handelns, der in der Antike weniger stark gesehen oder eher selbstverständlich vorausgesetzt wurde: das „Monopol legitimer physischer Gewaltsamkeit" (Weber 1919a/1988, S. 506), das „bindende Entscheidungen" (Luhmann 1981, S. 83) für alle zu treffen erlaubt. Die Argumentationen dazu bewegen sich zwischen Realismus (wer hat die Durchsetzungsmacht?) und Rechtfertigung (weshalb ist Herrschaft anzuerkennen?). Als Vordenker gilt der florentinische Beamte Niccolò Machiavelli, der betont nichtmoralisch fragt, wie man unter Gewalteinsatz die Herrschaft gewinnen und das Herrschaftsgebiet ausweiten kann. So verarbeitet er u. a. die Militärmacht der entstehenden Flächenstaaten. Einen auch in der Rechtfertigung neuartigen Denkansatz hat angesichts der Englischen Revolution und der konfessionellen (Bürger-)Kriege der Philosoph Thomas Hobbes entwickelt: *Jeder* staatliche Zustand ist besser als das Fehlen staatlicher Ordnung, und dem ‚Naturzustand' eines ‚Kriegs aller gegen alle' entkommen die Menschen durch einen *Vertrag* aller mit allen, der einer Person oder Gruppe die Herrschaft gibt. Man kann das als Warnung vor Staatskritik verstehen, vor allem wenn sie fürs Seelenheil zu sterben und zu töten auffordert. Der Hauptstrom der Aufklärungszeit geht jedoch in die andere Richtung: John Locke und nach ihm Jean-Jacques Rousseau betonen, dass der Staatsvertrag vor allem die Freiheit der Menschen gewährleisten soll, und die Amerikanische wie die Französische Revolution berufen sich auf diese herrschaftskritische Wendung. Bei Immanuel Kant und späteren Philosophen wie John Rawls ist der Staatsvertrag dann ausdrücklich als eine Fiktion angelegt, mit der die rechtlich gesicherte Freiheit aller (besitzenden) Staatsbürger als Prinzip des Zusammenlebens begründet wird.

Noch bei Rawls findet sich die Vorstellung, dass der Staatsvertrag die Grundstruktur der Gesellschaft, die „basic structure of society" regelt (Rawls 1971/1999, S. 10 f.). Doch die normative, auf das Richtige und Gute zielende Herleitung von

2 Die üblichen Begriffe sind hier Demokratie und Ochlokratie, Volks- oder Pöbelherrschaft; Aristoteles spricht stattdessen von Bürgerherrschaft (‚*Politie*') oder Demokratie, sodass letztere als die schlechte Version erscheint.

Grundrechten ist offenkundig etwas Anderes als die Erklärung verschiedener Formen des Zusammenlebens. Begriffe, die für letztere nötig wären, finden sich in der politischen Philosophie nur am Rand. Ein frühes Beispiel gibt Rousseau, der durch starke und ambivalente Bewertungen einen weiten Horizont gewinnt. Er stellt nicht nur die politischen Rechtfertigungen seiner Zeit infrage, sondern lehnt die entwickelte Kultur und sogar das strukturierte Zusammenleben insgesamt ab. In diesem Kontext bezeichnet er die Ordnung des Zusammenlebens nicht als Staat, Gemeinwesen oder öffentliche Angelegenheit, sondern als Gesellschaft (*société*); deren betont nichtpolitische Prinzipien sind Einzelinteressen und kommerzieller Tausch:

> „Man bewundere die menschliche Gesellschaft soviel man will; es wird doch nicht weniger wahr bleiben, dass sie mit Notwendigkeit die Menschen dazu führt, sich gegenseitig in dem Maße zu hassen, in dem ihre Interessen sich kreuzen [...]. Was soll man von einem Verkehr / Handel (*commerce*) denken, bei dem die Vernunft jedes Einzelnen ihm Maximen eingibt, die den von der öffentlichen Vernunft dem Gesellschaftskörper (*corps de la société*) gepredigten Maximen genau entgegengesetzt sind, und wo jeder nur durchs Unglück des anderen auf seine Kosten kommt?" (Rousseau 1755/1995, S. 111; Übers. verbessert)

Auch das im 18. Jh. beliebte Adjektiv ‚gesellig' (*sociable*) kritisiert Rousseau und stößt damit auf Mechanismen, die man später in Theorien von Anerkennung oder Prestige dargestellt hat: „Der gesellige Mensch, immer außer sich, kann nur in der Meinung der anderen leben." (Ebd., S. 264, Übers. TR) Solche Beobachtungen werden heute allerdings nicht vorwiegend der politischen Theorie, sondern eher der Moralphilosophie und (im Fall der Interessen) der Volkswirtschaftslehre zugerechnet. Dort hat man im Gegensatz zu Rousseau oft behauptet, dass das Eigeninteresse die Menschen dazu bringt, einander nützlich zu sein, und dass das Streben nach Anerkennung die Grundlage der Moral bildet.

Moralphilosophie

Die Geschichte der Moralphilosophie lässt sich knapper erzählen als die der politischen Theorie, da sie sich deutlich kürzer erstreckt. Zwar sind in beinahe allen Schriftkulturen Sammlungen von Lebenslehren entstanden, und aus fast allen antiken Philosophenschulen sind Ausführungen über das gute Leben erhalten – von stoischen und epikuräischen Texten bis zu Aristoteles' *Nikomachischer Ethik*. Diese Texte fragen aber gewöhnlich nicht, wie Menschen prinzipiell handeln *sollten*. Die Unterscheidung von Sein und Sollen (engl. *ought to*), die der schottische Philosoph David Hume um 1740 schon selbstverständlich nutzte, war noch zwei Jahrhunderte vor ihm ein absoluter Sonderfall. Machiavelli, bei dem sie das erste

Mal belegt ist, setzt sie nur ein, um das Sollen abzuwerten: Da zu unterscheiden sei, wie man lebt und wie man leben sollte (*doverebbe vivere*), müsse man sich in der Theorie entscheiden, ob man sich mit der Wirklichkeit oder mit bloßer Vorstellung beschäftigen will (Machiavelli 1532/1986, S. 118). Seit dem 18. Jh. werden jedoch systematische Texte dazu geschrieben, was richtige oder gute Handlungen sind, aus welchen Motiven und Gründen sie vollzogen oder beurteilt werden, was Worte wie ‚gut', ‚sollen' und ‚richtig' (sowie ‚schlecht', ‚böse', ‚falsch', ‚unmoralisch' u. Ä.) bedeuten. Diese Art Denken ist uns bis heute geläufig. Wieso ist es vielleicht verkehrt, wenn ich meinen Freund oder meine Freundin anlüge? Muss ich ein schlechtes Gewissen haben, wenn ich geliehenes Geld nicht zurückgebe – und bringt mich mein Gewissen dazu, es doch zu tun? Muss ich gegen einen autoritären Staat oder Chef protestieren, selbst wenn mir Gefängnis oder Jobverlust droht? Wieso bewundere ich den Protest und verachte die Mitläufer? Die Moralphilosophie versucht solche Fragen zu klären; die soziologische Analyse wird einen anderen Weg gehen.

Die Trennung erfolgt nicht unvorbereitet. In der Entstehung der Moralphilosophie kann man eine fast antisoziologische Dynamik beobachten. Angesichts frühkapitalistischer Verhältnisse hatte der niederländisch-englische Arzt und Autor Bernard de Mandeville in dem ausführlich kommentierten Lehrgedicht *Fable of the Bees* (1705, mit erweiterten Neuauflagen) behauptet, dass private Fehler das öffentliche Wohl fördern. Prasserei, Trunksucht, Geldgier, sexuelle Ausschweifungen usw. bringen im Effekt den Wohlstand eines Landes hervor. Ansichten dieser Art waren in der höfischen Literatur der Zeit nicht selten, doch die neuere, auf ehrliche Arbeit eingestellte Oberschicht Großbritanniens scheinen sie in ihrem Selbstbild gestört zu haben. In jedem Fall gab es Prozesse gegen das Buch, und auch Philosophen protestierten. Besonders Anhänger des von Mandeville angegriffenen Philosophen Shaftesbury verwiesen übereinstimmend auf das moralisch Gute im Menschen, den *moral sense*, den keine noch so gewitzte und zynische Sittenbeschreibung forterklären kann. Die mehrheitlich in Schottland aktiven Autoren – u. a. Richard Hutcheson, David Hume und Adam Smith – verbanden diese Grundidee mit einer Reihe meist positiver Thesen zur Marktgesellschaft. Im optimistischen Klima der Aufklärungszeit fanden sie Kommentatoren und Nachfolger in anderen Ländern, sodass sich bald verschiedene moralphilosophische Linien bildeten. Hatte die schottische Aufklärung auf Gefühle und *common sense* gesetzt, wollten die französischen Aufklärer vor allem Vernunft und Natur von den falschen Verhaltensregeln von Kirche und Adel befreien, in Deutschland wurde mit Kant Autonomie oder Selbstbestimmung grundlegend, und in England folgte der Moral-Sense-Tradition die utilitaristische Ethik, in der man die Güte von Handlungen daran bemisst, wie stark sie die Lustgefühle aller Betroffenen vermehren und ihre Leiden verringern.

Im Resultat hat gerade diese normative Zuspitzung eine Lücke geöffnet, in die später (neben anderen Disziplinen) die Soziologie stoßen konnte. Da sich die

Philosophie zunehmend auf die *Begründung* des moralisch oder ethisch *richtigen* Handelns konzentrierte, ließ sie offen, wie das *tatsächlich beobachtbare* Handeln (und Urteilen) *erklärt* werden kann. Die frühen antimoralischen und moralistischen Texte hatten sich noch an solchen Erklärungen versucht. So war es für Mandeville klar, dass wir nur deshalb Rücksicht auf andere nehmen, weil sie zwischen uns und unserer Bedürfniserfüllung stehen: „that the sociableness of man arises only from [...] the multiplicity of his desires, and the continual opposition he meets with in his endeavour to gratify them" (Mandeville 1705/1989, S. 347). Adam Smith nahm im Gegenzug zwar das Mitfühlen mit anderen als eine menschliche Grundfähigkeit an, hatte jedoch sehr bestimmte soziale Situationen im Blick, in denen sie sich moralisch entwickelt. Besonders starke Anreize zur Moral hat für ihn die Mittelschicht:

> „Men in the inferior and middling stations of life [...] can never be great enough to be above the law, which must generally overawe them into some sort of respect for, at least, the more important rules of justice. The success of such people, too, almost always depends upon the favour and good opinion of their neighbours and equals; and without a tolerably good conduct these can be very seldom obtained. The good old proverb, therefore, That honesty is the best policy, holds, in such situations, almost always perfectly true." (1759/1976, S. 63)

Solche Ansätze zur Moralsoziologie gerieten in einer langen Phase reiner Moralphilosophie (und neben antimoralischen Philosophen wie Nietzsche) tendenziell in Vergessenheit. Erst frühe Soziologen wie **Georg Simmel** oder Émile Durkheim haben sie wieder fortgesetzt. Sie arbeiten jedoch auch schon im Horizont eines entwickelten ökonomischen Denkens.

Politische Ökonomie

Der zunächst seltsam klingende Begriff ‚Politische Ökonomie' (auch Nationalökonomie oder Volkswirtschaftslehre) hat den Vorteil, dass er unmittelbar in den Umfang und die Geschichte der gemeinten Thematik einführt. *Oiko-nomia* bezeichnet im Griechischen zunächst die Lehre vom Haus oder Gut (*oikos*), in Übersetzungen später zu ‚Hauswirtschaftslehre' ergänzt. Dazu zählt von Beginn an nicht nur die Bestellung der Felder, der Einsatz von Hausangestellten u. Ä., sondern auch der Reichtum an Gütern und Geld, den ein Haushalt erwirtschaften kann. Erst in den Flächenstaaten der Frühen Neuzeit nimmt man jedoch die Reichtümer des ganzen Landes in den Blick – und damit entsteht die *Politische* Ökonomie.

Diese Wissenschaft entwickelt bereits im 18. Jh. zwei Gedanken, die später für die Soziologie wichtig werden: Soziale Ordnungen bilden und entwickeln sich auch jenseits des Staates, und sie sind (wie es Adam Ferguson noch für politische Einrichtungen festhält) „the result of human action, but not the execution of any human design" (Ferguson 1767/1995, S. 119). Die berühmtesten Worte zu ungeplanter Ordnung im Ökonomischen stammen von Adam Smith. In seinem Grundlagenbuch *Wealth of Nations* spricht er bekanntlich von einer „invisible hand" (Smith 1776/1976, S. 456), die Eigeninteressen in Gemeinwohl verwandelt und die oft als unsichtbare Hand des Marktes gedeutet wurde. Der deutsche Philosoph G. W. F. Hegel hat hierin ein Gegenprinzip zur staatlich gestalteten und gewollten Kooperation gesehen, weshalb er unter der ‚bürgerlichen Gesellschaft' nicht mehr das politische Gemeinwesen, sondern ein reguliertes Zusammenspiel privater Interessen begreift.

Inhaltlich umfasst das ökonomische Feld eine recht begrenzte Anzahl von Handlungsweisen und Mechanismen, die in einer kapitalistischen Gesellschaft allerdings sehr weit verbreitet sind: Warenproduktion und Dienstleistungsangebote, Märkte, Geldwirtschaft, Lohnarbeit, Steuern und das Ziel, das eingesetzte Geld oder ‚Kapital' immer weiter zu vermehren. John Stuart Mill hat in einer berühmten Definition der Wirtschaftswissenschaft sogar allein den Willen zugrunde gelegt, Reichtum zu erwerben und zu konsumieren:

> „Political Economy considers mankind as occupied solely in acquiring and consuming wealth; and aims at showing what is the course of action into which mankind, living in a state of society, would be impelled, if that motive [...] were absolute ruler of all of their actions." (Mill 1844/1948, S. 138)

Es liegt nahe, dass eine Gesellschaftslehre und Sozialforschung, die auch andere Motive sieht, sich von dieser Wissenschaft abgrenzen kann. Um die Ausgangslage im späten 19. Jh. noch etwas genauer zu fassen, hilft eine kurze Skizze des Wegs, den die Politische Ökonomie geht. Ihre Gründungsautoren von James Denham-Steuart in England bis zu François Quesnay in Frankreich denken stark staatswirtschaftlich, vom ‚merkantilistischen' Ziel, das Geld in der Staatskasse zu vermehren, bis zur Förderung der heimischen Landwirtschaft. Unmittelbar nach ihnen, im späten 18. und frühen 19. Jh., entwickeln Autoren wie Smith und David Ricardo ein erstes verbindendes ökonomisches Denkmuster, die Arbeitswertlehre – also die Theorie, dass sich der Wert von Waren an der Arbeit bemisst, die sie herstellt. Bis ins späte 19. Jh. bleibt dies maßgeblich für Wirtschaftswissenschaftler, von eher methodologisch interessierten Autoren wie Mill bis zu Sozialisten, die den Arbeitern den vollen Gegenwert ihres Produkts verschaffen wollen. In eben dem Moment, in dem **Karl Marx** mit dem ***Kapital*** (bzw. dessen erstem Band, der 1867 erscheint) eine entfaltete sozialistische Arbeitswertlehre vorlegt, bewegen sich andere Denker aber schon weiter. Für Carl Menger, William Stanley Jevons und Léon Walras ist nicht mehr die Arbeit entscheidend, sondern das Begehren der Marktteilnehmer nach knappen Gütern. Die quantitativen Marktmodelle, die Jevons und Walras dazu erstellen, haben sich in der Volkswirtschaftslehre des

20. Jh. durchgesetzt und werden heute (im Unterschied zu den ‚Klassikern' Smith und Ricardo) als ‚Neoklassik' bezeichnet. Bei Jevons und Walras fällt auch bereits eine weitere Eigenheit auf, die die Ökonomik in ihrer Nachfolge angenommen hat: Auf der Grundlage stark vereinfachender Annahmen über Menschen und deren Interaktionen erarbeitet sie zunehmend komplexe mathematische Modelle (vgl. auch Kap. 14).

Obwohl all dies Raum für andere Themen lassen sollte, haben Theoretiker der kapitalistischen Wirtschaft wiederholt nahegelegt, Gesellschaft insgesamt ausgehend von der Wirtschaft oder sogar als Wirtschaftsordnung zu begreifen. Berühmt ist der Vorschlag von Marx:

> „In der gesellschaftlichen Produktion ihres Lebens gehen die Menschen bestimmte, notwendige, von ihrem Willen unabhängige Verhältnisse ein [...]. Die Gesamtheit dieser Produktionsverhältnisse bildet die ökonomische Struktur der Gesellschaft, die reale Basis, worauf sich ein juristischer und politischer Überbau erhebt" (Marx 1859/1971, MEW 13, S. 8).

Aber auch auf der anderen Seite des politischen Spektrums, beim marktliberalen Ökonomen Hayek, erscheint die Gesellschaft als Wirtschaft bzw. als Markt:

> „Der Liberalismus ergab sich aus der Entdeckung einer sich selbst bildenden oder spontanen Ordnung gesellschaftlicher Erscheinungen, in der die Kenntnisse und die Geschicklichkeit aller Mitglieder der Gesellschaft weit besser genutzt werden als in irgendeiner durch zentrale Leitung gebildeten Ordnung (dieselbe Entdeckung führte auch zu der Erkenntnis, dass es einen Gegenstand für die [...] Sozialwissenschaften gibt)" (Hayek 1973/2002, S. 71).

Als Beispiel nennt Hayek im gesamten Text fast ausschließlich die „spontane Ordnung des Marktes" (ebd.).

Die Gründer der Soziologie finden in der Politischen Ökonomie daher ein Vorbild, klare Abgrenzungsmöglichkeiten und eine bleibende Konkurrenz. In gewisser Weise gilt dies, wie nun abschließend ausgeführt werden soll, für alle hier dargestellten Wissenschaften vom Zusammenleben.

Die Eigenheiten der Soziologie

In Nebenbemerkungen hat sich bereits abgezeichnet, was die Soziologie im Gegensatz zu den anderen Wissenschaften vom Zusammenleben anstrebt bzw. nicht will. Die Vertreter des Fachs haben es häufig auch explizit und programmatisch ausgeführt. Wichtig ist zunächst, dass Soziologinnen eine *Vielfalt* von Handlungsweisen und Ordnungskräften sehen. Ähnlich wie Mill glauben sie, dass etwa der

Erwerb von Gütern nur eines von mehreren bedeutsamen Zielen ist. Darüber hinaus soll die Soziologie sogar eine Wissenschaft *aller* gesellschaftlichen Verhältnisse sein. Sie sieht Wirtschaft, Recht, Religion und selbst Politik tendenziell immer im Zusammenspiel oder im weiteren Rahmen der ganzen ‚Gesellschaft'.

Bei einem der Gründerväter der Soziologie, **Emile Durkheim**, äußert sich das so, dass er zu jeder Zeit verbindende normative Grundsätze annimmt. In seinem ersten großen Buch legt er 1893 dar, dass jede Aufgabenverteilung in der Gesellschaft auch eine bestimmte Moral verlangt (vgl. Kap. 3). Wenn abhängig Beschäftigte ihre Chefs nur als geldgierig oder diese die Belegschaft nur als faul und aufsässig empfinden, droht die Kooperation zu zerbrechen. Eine stärkere These lautet, dass es zerstörerisch wirkt, wenn sich ein wichtiger Lebensbereich wirklich von den anderen abtrennt. Der unter Soziologen beliebte Historiker **Karl Polanyi** hat dies in seinem 1944 veröffentlichten Hauptwerk ***The Great Transformation*** für die moderne Wirtschaft behauptet: Sofern sie nicht mehr in Kontexte von Verteilung, Respekt und des Schutzes von Lebensgrundlagen „eingebettet" ist, verursacht sie Katastrophen für Mensch und Natur (vgl. Kap. 14). Eine andere Konsequenz zieht **Niklas Luhmann** im späteren 20. Jh.: Für ihn ist es unvermeidlich und akzeptabel, dass Bereiche wie Wirtschaft, Politik, Recht, Religion oder Wissenschaft ihre ganz eigene Logik ausbilden – aber sie dürfen sie nicht den anderen ‚Funktionssystemen' aufzwingen (Kap. 9). Das betrifft besonders die Politik, die wie gesehen lange als Rahmen und Steuerungszentrale der gesamten Sozialordnung galt: „Man kann eine funktional differenzierte Gesellschaft nicht auf Politik zentrieren, ohne sie zu zerstören." (Luhmann 1981, S. 23) Wenn das stimmt, wird es sinnvoll sein, soziologisch über den Tellerrand der auf Wirtschaft und Politik spezialisierten Fächer zu schauen.

Was man dann sieht, wollen die meisten Soziologen zudem *nicht* wie die Moralphilosophie oder viele politische Philosophen *normativ*, als gut oder schlecht, richtig oder falsch, heilsam oder schädlich beurteilen. Ein Grund ist, dass sie in einer vielgestaltigen Gesellschaft viele verschiedene, oft unvereinbare normative Orientierungen vorfinden. Für **Max Weber** verfolgen moderne Menschen neben politischen und wirtschaftlichen auch religiöse, wissenschaftliche, ästhetische und sogar ‚erotische' Lebensziele (vgl. Kap. 9). Und seit der ‚Postmoderne' (Kap. 11) bzw. seit den 1970er-80er Jahren sieht u. a. die Milieuforschung (Kap. 8) eine weitere ‚Pluralisierung'. Grundsätzlich werden normative Aussagen jedoch vor allem vermieden, weil die Soziologie eine strenge *empirische Wissenschaft* sein will. Wie man etwas beurteilt, ist dieser Auffassung nach gleichgültig oder sogar störend für das Anliegen, es zutreffend zu beschreiben und zu erklären. Weber betont, dass man zwischen Zielen wie Reichtum, Macht, oder Schönheit überhaupt nicht rational entscheiden kann; daher solle die Sozialwissenschaft ‚werturteilsfrei' bleiben (vgl. Kap. 3 und 4). Ähnlich hat sich Durkheim geäußert, selbst wenn er der Soziologie verbindliche normative Urteile zutraut. An einer bekannten Stelle fordert er, soziale Tatbestände „wie Dinge (*comme des choses*) zu betrachten“ (Durkheim 1895/1984, S. 115), und im zugehörigen Kapitel kritisiert er, dass selbst die Nationalökonomie erstaunlich häufig bloß fragt, wie „die Gesellschaft [...] organisiert *sein soll*“ (ebd., S. 124, Hv. i. O.). In jüngerer Zeit wird v. a. in der Philosophie zwischen Zielen unterschieden, das Denken der Welt oder die Welt dem Denken anzupassen (*mind to world* vs. *world to mind*). Ähnlich hält Luhmann fest, dass man kognitive Erwartungen (wie die der Sozialwissenschaften) ändert, wenn sie nicht zur Wirklichkeit passen, während man bei der Enttäuschung normativer Erwartungen die Wirklichkeit zu ändern versucht (Luhmann 1971/2005, S. 69).

Die Soziologie, so kann man resümierend festhalten, untersucht grundsätzlich alle Phänomene und Zusammenhänge des menschlichen Zusammenlebens, und sie ist dabei vorwiegend nicht normativ ausgerichtet. Beides unterscheidet sie von früher entstandenen Wissenschaften wie der politischen Theorie, der Moralphilosophie und der Ökonomik. Die Frage bleibt, wie sich diese Eigenheiten wissenssoziologisch erklären lassen.

Wissenssoziologische Erklärungsansätze

Erklärungen und weitere Fragen können an zwei Punkten ansetzen. *Einerseits* scheint die Soziologie klar dem Typ systematischer Erfahrungswissenschaft zu entsprechen, der sich in der westlichen Moderne ausgebildet hat. *Andererseits* liegt bei den politischen, moralischen und ökonomischen Lehren vom Zusammenleben jedoch viel klarer auf der Hand als bei ihr, welche Rolle sie selbst im Zusammenleben spielen und welche geschichtlichen Situationen ihre Entstehung begünstigt haben.

In der Gesellschaftstheorie hat man wiederholt zu erklären versucht, weshalb sich überhaupt die heute geläufigen empirischen Wissenschaften entwickelt haben. Berühmt ist der Ansatz Max Webers, für den sie zum großen Ganzen des ‚okzidentalen Rationalismus‘ gehören. Im ‚Okzident‘, also im ‚Abendland‘, denkt und handelt man ihm zufolge in besonderer Weise logisch, systematisch und kalkulierend, sogar grundsätzlich mit Blick darauf, die Welt „durch Berechnen beherrschen“ zu können (Weber 1919b/1988, S. 594). Hierzu tragen offenkundig die Naturwissenschaften bei, und von den griechischen Staatslehren bis zur quantitativen Sozialforschung kann man auch die Tendenz sehen, das Zusammenleben immer genauer rational zu erfassen. Weber erklärt allerdings kaum, was er in dieser Weise beschreibt. In einer Vorbemerkung zu seiner ***Protestantischen Ethik*** (vgl. Kap. 3 und 4) hatte er zumindest gefragt, durch welche „Verkettung von Umständen [...] gerade auf dem Boden des Okzidents, und nur hier, Kulturerscheinungen auftraten, welche doch – wie wenigstens wir uns gerne vorstellen – in einer Entwicklungsrichtung von universeller Bedeutung und Gültigkeit lagen“ (Weber 1920/1986, S. 1). Eine Antwort gibt er dann aber trotz einer langen Liste von

Denk-, Handlungs- und Gestaltungsweisen, die er dem „‚Rationalismus' der okzidentalen Kultur" (ebd., S. 11) zurechnet, nur für die gewinnorientierte kapitalistische Wirtschaft. In anderen Texten werden die Grundzüge des „Intellektualisierungsprozesses, dem wir seit Jahrtausenden unterliegen" (Weber 1919a/1988, S. 593), bloß beschreibend hervorgehoben.

Andere Theorien stellen eindeutigere Verbindungen her. Die kapitalistische Wirtschaft, die Weber als einen Teilbereich beschrieb, haben besonders Marxisten als Grundlage des Ganzen gesehen. Dass ständig Kosten, Erlöse und Arbeitszeiten kalkuliert werden müssen, erklärt für sie auch den Siegeszug rationaler Berechnung in allen anderen Lebensbereichen. Besonders deutlich hat dies der ungarische Philosoph Georg Lukács (1923) behauptet. Auch für die von ihm inspirierte Kritische Theorie (Kap. 6) ist die moderne Naturbeherrschung kapitalistisch bedingt; in einem Text aus dem Umfeld der Theorieväter heißt es:

> „Da das Prinzip des kapitalistischen Produktionsprozesses nicht rein der Natur entstammt, muss es die natürlichen Organismen sprengen, die ihm Mittel oder Widerstände sind. Volksgemeinschaft und Persönlichkeit vergehen, wenn Kalkulabilität gefordert ist; der Mensch als Massenteilchen allein kann reibungslos an Tabellen emporklettern und Maschinen bedienen." (Kracauer 1927/1977, S. 53)

In noch einmal anderer Weise kann man die gesellschaftliche Einbettung der modernen Wissenschaft mit Luhmann erklären. Die Eigengesetzlichkeiten der Wirtschaft, Politik und auch Wissenschaft (sowie anderer Bereiche) bedingen einander, weil sich zwischen ihnen eine Art Arbeitsteilung hergestellt hat; Luhmann spricht von ‚funktionaler Differenzierung' (vgl. Kap. 9). Die Politik ist dann etwa auf die Kontrolle von Gewalt und auf verbindliche Entscheidungen spezialisiert, die Wirtschaft auf den Umgang mit knappen Gütern – und die Wissenschaft sucht methodisch nach Wahrheit. Dass in Europa und Nordamerika ab dem 19. Jh. ein Wissenschaftssystem und die Wissenschaft Soziologie entsteht, wäre folglich auf fortschreitende Funktionsteilung zurückzuführen.

Welcher der drei Erklärungsansätze recht hat, soll hier nicht entschieden werden. Da sie teilweise sehr allgemein formuliert sind, schließen sie sich gegenseitig auch nicht in jeder Hinsicht aus. Die verschiedenen Lehren vom Zusammenleben lassen sich aber auch konkreter erklären. Das betrifft nicht nur ihre selbst erklärten Ziele, Herrschaft zu stützen, den Reichtum einer Nation zu vermehren oder moralische Orientierungen zu begründen. Auch für die Frage, weshalb sich Moralphilosophie, Volkswirtschaftslehre und Soziologie geschichtlich erst so spät herausgebildet haben, wurden Antworten entwickelt. In ihrem Mittelpunkt steht häufig das ‚autonome', selbstbestimmte Individuum, das sich nicht mehr von der Kirche oder der Bibel, den Fürsten oder den Staatsbediensteten vorschreiben lässt, was es zu tun hat. Schon die politische Theorie der Frühen Neuzeit stellt sich auf ein solches Individuum ein, indem sie nicht mehr von einem ‚objektiven'

Recht ausgeht, dem alle untergeordnet sind, sondern von ‚subjektiven Rechten', die alle Einzelnen haben. Hieraus entstehen die Menschen- und Bürgerrechte, die in der Unabhängigkeitserklärung der USA und in den Verfassungen der Französischen Revolution festgehalten sind. Die Moralphilosophie verspricht den rechtlich freien und gleichen Einzelnen zusätzlich zu sehen, wie sie auch ohne äußere Autorität richtig und gut handeln können – und in der Marktwirtschaft finden sie unschädliche, zumindest nicht gewaltsame und vielleicht allgemein nützliche Möglichkeiten, ihre Eigeninteressen zu verfolgen (vgl. Hirschman 1977). Die Ausrichtung all dieser Lehren auf eine Hauptfigur, das freie Individuum, kann eigentlich kein Zufall sein.

Die einfachste Erklärung besteht darin, dass man in dieser Figur die unabhängigen, für sich selbst wirtschaftenden bürgerlichen Eigentümer erkennt. Immerhin spielt das Privateigentum schon bei Hobbes, Locke, Hume, Smith, Rousseau und Kant sowie in den Revolutionen von 1688 bis 1789 eine Hauptrolle. Der gewinnorientierte Einsatz von Privateigentum könnte also, wenn man Marx folgt, die ökonomische ‚Basis' sein, auf der sich der ‚Überbau' rechtlicher, politischer und moralischer Freiheit und Gleichheit erhebt. So sehen es in verschiedener Weise auch Marxisten von Max Horkheimer bis Louis Althusser. Allerdings waren die besitzenden Unternehmer nie eine besonders große gesellschaftliche Gruppe, und in den genannten europäischen Kontexten haben sie z. B. immer mit Adligen, Staatsbeamten, Priestern und Teilen der nichtbesitzenden Schichten zusammengewirkt (vgl. Reitz 2003, S. 69–80). Zudem fragt sich, weshalb etwa rechtliche Gleichheit oder die Regelung staatlicher Zwangsgewalt weniger wirklich und grundlegend sein sollten als Eigentumsrechte, Arbeit und Tausch. Erklärungen, die den Marx'schen Ansatz erweitern oder angreifen, nehmen daher die Selbstständigkeit des Individuums auch erklärend in Anspruch.

Die vielleicht stärkste Alternative zu Marx hat Durkheim ins Spiel gebracht. Für ihn verklärt der Kult des Individuums nicht die ökonomische Freiheit der Besitzenden; er bildet vielmehr die einzig mögliche Form, in der eine hoch arbeitsteilige Gesellschaft noch unantastbare und allgemein gültige Grundsätze und Regeln aufrechterhalten kann. Wenn sich die Aufgaben, Erfahrungen und Orientierungen der Einzelnen so stark unterscheiden wie angedeutet, kann nur noch die individuelle Freiheit als solche heilig sein:

> „In Wirklichkeit ist die Religion des Individuums eine gesellschaftliche Institution wie alle bekannten Religionen. Es ist die Gesellschaft, die uns dieses Ideal als einzigen gemeinsamen Zweck zuweist, der heute die Willenskräfte miteinander verbinden kann." (Durkheim 1898/1996, S. 66; vgl. Kap. 3)

Eine dritte Erklärungsrichtung ist besser mit Marx vereinbar. Sie geht davon aus, dass die Fähigkeit zu ökonomischer, moralischer und rechtlicher Selbstbestimmung in tieferen sozialen Prozessen hergestellt wurde. Mit Blick auf die vielen

Formen von Drill, Training, Disziplinierung, Leistungsmessung und kontrollierender (Selbst-)Beobachtung, die seit dem 16. Jh. u. a. in Schulen, Armeen, Fabriken und Gefängnissen eingeführt werden, hat der französische Historiker und Philosoph **Michel Foucault** formuliert: „Die wirklichen und körperlichen Disziplinen bilden die Basis und das Untergeschoss zu den formellen und rechtlichen Freiheiten." (Foucault 1975/1977, S. 285) Mit noch umfassenderem Anspruch hat der Soziologe **Norbert Elias** den Vorgang beschrieben, den er als „Verwandlung von Fremdzwängen in Selbstzwänge" begreift (z. B. Elias 1969/1983, S. 340). Statt Befehlen zu folgen, lernt man sich selbst zu kontrollieren, um etwa in der Konkurrenz am Königshof, auf dem Arbeitsmarkt oder in der Forschung zu bestehen. Schon vor Elias hatten schließlich die Autoren der frühen Kritischen Theorie vermutet, dass die Zivilisation nicht nur die äußere Natur, sondern auch die ‚innere Natur' der Triebe, Impulse und Wünsche immer perfekter zu beherrschen verlangt. Die „Herrschaft des Menschen über sich selbst" (Horkheimer/Adorno 1947/1988, S. 36) ist für sie bereits in antiken Texten belegbar und kann sich, wenn die moderne Politik und Produktion es verlangt, auch wieder gegen die Freiheit der Einzelnen wenden:

> „Je weiter [...] der Prozess der Selbsterhaltung durch bürgerliche Arbeitsteilung gewährleistet wird, um so mehr erzwingt er die Selbstentäußerung der Individuen, die sich an Leib und Seele nach der technischen Apparatur zu formen haben." (Ebd., S. 62).

Die Geschichte der Sozialstatistik (Kap. 3) und der empirischen Sozialforschung (Kap. 5) geben Hinweise darauf, dass die Soziologie gerade im Rahmen solcher Anforderungen beginnt, die ‚bürgerlichen' Lehren vom Zusammenleben freier Einzelner abzulösen.

In jedem Fall gilt es den Ablösungsprozess nun genauer zu verstehen. Wissenssoziologisch hat das vorliegende Kapitel vor allem Hinweise zur gesellschaftlichen Rolle von politischer Theorie, Moralphilosophie und politischer Ökonomie erbracht. Sie sind nicht nur deutlich auf praktische Ziele ausgerichtet, sondern gewinnen bzw. verändern ihre Gestalt erkennbar mit der Entstehung der ‚bürgerlichen' Gesellschaft – einer Gesellschaft, die sich ökonomisch, rechtlich, politisch und ethisch auf das Zusammenspiel freier Privatleute ausrichtet. Was diese Ausrichtung genau bedeutet, ob sie glaubwürdig, irreführend oder selbst zwangsförmig ist, wird wie gesehen höchst unterschiedlich bewertet. In jedem Fall wird die Soziologie, die keinen bestimmten politischen, ökonomischen oder moralischen Zweck erfüllen will und nicht eindeutig individualistisch geprägt ist, gesellschaftlich anders zu verorten und zu erklären sein. Im Einzelnen ist vor allem zu fragen, weshalb *die Gesamtheit der Verhältnisse* zum Thema wird und wozu man *mehr als nur praktisches Wissen* über das Zusammenleben erreichen will. Weiterhin gilt es zu prüfen, ob die Soziologie wirklich so werturteilsfrei ist, wie das viele ihrer Vertreter behaupten, und ob ihr Anspruch, prinzipiell das Zusammenspiel aller sozialen Bereiche zu untersuchen, in irgendeiner Weise Erfolg verspricht. Als allgemeine Antwort lässt sich bisher nur festhalten, was Luhmann zur Abgrenzung von der politischen Theorie auf den Punkt gebracht hat: Soziologie ist die Wissenschaft eines Zusammenlebens „ohne Spitze und ohne Zentrum" (Luhmann 1981, S. 22).

Literatur

Dahrendorf, Ralf (1967): Pfade aus Utopia. Arbeiten zur Theorie und Moderne der Soziologie. München/Zürich: Piper.

Durkheim, Émile (1895/1984): Die Regeln der soziologischen Methode. Frankfurt a. M.: Suhrkamp.

Durkheim, Émile (1898/1986): Der Individualismus und die Intellektuellen. In: Bertram, Hans (Hrsg.): Gesellschaftlicher Zwang und moralische Autonomie. Frankfurt a. M.: Suhrkamp. S. 54–70.

Elias, Norbert (1969/1983): Die höfische Gesellschaft. Frankfurt a. M.: Suhrkamp.

Ferguson, Adam (1767/1995): A History of Civil Society. Cambridge: Cambridge University Press.

Foucault, Michel (1975/1977): Überwachen und Strafen. Frankfurt a. M.: Suhrkamp.

Hayek, Friedrich August von (1973/2002): Liberalismus. In: Ders.: Gesammelte Schriften. Abt. A, Band 5. Grundsätze einer liberalen Gesellschaftsordnung. Aufsätze zur politischen Philosophie und Theorie. Hrsg. v. Vanberg, Viktor J. Tübingen: Mohr Siebeck. S. 88–119.

Hirschman, Albert O. (1977): The Passions and the Interests. Political Arguments for Capitalism Before its Triumph, Princeton/NJ: Princeton UP.

Horkheimer, Max/Adorno, Theodor W. (1947/1988): Dialektik der Aufklärung. Philosophische Fragmente. Frankfurt a. M.: Fischer.

Kracauer, Siegfried (1927/1977): Ornament der Masse. Frankfurt a. M.: Suhrkamp.

Luhmann, Niklas (1971a/2005): Die Weltgesellschaft. In: Ders.: Soziologische Aufklärung. Band 2. Wiesbaden: Verlag für Sozialwissenschaften. S. 63–88.

Luhmann, Niklas (1981): Politische Theorie im Wohlfahrtsstaat. München: Olzog.

Machiavelli, Niccolò (1532/1986): Il Principe = Der Fürst. Italienisch – Deutsch. Übersetzt von Rippel, Philipp. Stuttgart: Reclam.

de Mandeville, Bernard (1705/1989): The Fable of the Bees. Or Private Vice, Publick Benefits. With an Essay on Charity and Charity Schools, and A Search into the Nature of Society. London: Penguin.

Marx, Karl (1867/1968): Das Kapital. Kritik der politischen Ökonomie. Band 1. In: Marx Engels Werke (MEW). Band 23. Berlin: Dietz.

Marx, Karl (1859/1971): Zur Kritik der politischen Ökonomie. In: Marx Engels Werke (MEW). Band 13. Berlin: Dietz. S. 7–160.

Mill, John Stuart (1844/1948): Essays on Some Unsettled Questions of Political Economy. London: Harrisons and Co.

Polanyi, Karl (1944/2001). The Great Transformation. The Political and Economic Origins of Our Time. Boston: Beacon Press.

Rawls, John (1971/1999): A Theory of Justice. Überarbeitete Auflage. Cambridge/Mass: Belknap Press of Harvard University Press.

Reitz, Tilman (2003): Bürgerlichkeit als Haltung. Zur Politik des privaten Weltverhältnisses. München: Fink.

Rousseau, Jean-Jacques (1755/1995). Schriften zur Kulturkritik. 5. Auflage. Übersetzt von Weigand, Kurt. Hamburg: Meiner.

Smith, Adam (1759/1976): The Theory of Moral Sentiments. In: Raphael, David D./Macfie, Alec L. (Hrsg.): The Glasgow Edition of the Works and Correspondence of Adam Smith. Band 1. Oxford: Oxford UP.

Smith, Adam (1776/1976): An Inquiry into the Nature and Causes of the Wealth of Nations. In: Raphael. David D. / Macfie, Alec L. (Hrsg.): The Glasgow Edition of the Works and Correspondence of Adam Smith. Band 2. Oxford: Oxford UP.
Weber, Max (1919a/1988): Politik als Beruf. In: Ders.: Gesammelte Politische Schriften. Hrsg. v. Winckelmann, Johannes. Tübingen: Mohr. S. 505–560.
Weber, Max (1919b/1988): Wissenschaft als Beruf. In: Gesammelte Aufsätze zur Wissenschaftslehre. Hrsg. v. Winckelmann, Johannes. Tübingen: Mohr. S. 582–613.
Weber, Max (1920/1986): Vorbemerkung. In: Ders.: Gesammelte Aufsätze zur Religionssoziologie. Band 1. Tübingen: Mohr.

2. De Maistre, Marx und Spencer: Die Entdeckung der Gesellschaft im 19. Jahrhundert

Der grundlegende, wenngleich nicht von allen im Fach anerkannte soziologische Begriff ist der Begriff der *Gesellschaft*. In erster Annäherung kann man darunter die Gesamtheit der Verhältnisse zwischen handelnden und miteinander kommunizierenden Menschen begreifen. Liebesbeziehungen zählen ebenso zur Gesellschaft wie Sprachunterricht, Militärparaden oder die Möglichkeit, Güter und Arbeitsdienste zu kaufen. Bereits die Frage, ob hierbei Menschen, Handlungen oder ‚Kommunikationen' (so der Vorschlag **Niklas Luhmanns**) die Einheiten sind, deren Verhältnisse es zu untersuchen gilt, wird nicht mehr einheitlich beantwortet. Eine weitere interessante Frage lautet, ob nicht auch die Gegenstände, Symbole und Infrastrukturen unseres Zusammenlebens zur Gesellschaft gehören und die Soziologie beschäftigen sollten. Bereits für **Karl Marx** ist Werkzeuggebrauch wesentlich für die menschliche Gesellschaft; viele sehen in Sprache oder Zeichensystemen das grundlegende Medium; für **Bruno Latour** unterscheiden (hergestellte) Objekte oder Dinge unser Zusammenleben etwa von dem der Menschenaffen (Latour 1996). Auch die Mensch-Tier-Beziehungen werden zunehmend als wichtiger Teil der Gesellschaft gesehen. Um zu umreißen, was Soziologinnen tatsächlich untersuchen, sind diese Definitions- und Erweiterungsfragen aber nicht entscheidend. In so verschiedenen Richtungen wie dem symbolischen Interaktionismus (Kap. 10), der Kritischen Theorie (Kap. 6) oder der Systemtheorie (Kap. 8) und so verschiedenen Gebieten wie der Sozialstrukturanalyse (Kap. 7), der Geschlechter-, Arbeits- oder Bildungssoziologie (Kap. 12) geht es im Sinn der ersten ungefähren Bestimmung immer darum, wie Menschen mit Bezug aufeinander handeln und sich miteinander verständigen.

Wie sich im vorigen Kapitel angedeutet hat, ist für die Bestimmung der Gesellschaft und die Abgrenzung der Soziologie eher wichtig, dass dabei grundsätzlich *alle* Verhältnisse des Zusammenlebens eine Rolle spielen können und dass nicht von vornherein klar ist, welcher Teil in welcher Weise die anderen bestimmt. Dieser offene Begriff von Gesellschaft ist noch nicht alt; er wurde im Lauf des 19 Jh. entdeckt bzw. so gefasst, dass er den Themenbereich einer eigenen Wissenschaft abzustecken erlaubte. In diesem Kapitel zeichne ich nach, wie und weshalb ein solcher Begriff aufkam. Mein Hauptpunkt wird dabei sein, dass das politische Denken nach der Französischen Revolution von der Frage getrieben war, was sich politisch *nicht* gestalten lässt. Vor- und Gründerväter der Soziologie wie Marx und **Herbert Spencer** heben dabei von verschiedenen politischen Seiten Unterschiedliches hervor: ‚Gesellschaft' kann für gewachsene Traditionen, für den freien Markt oder für starke Interessengegensätze stehen. Hier liegt eine Wurzel späterer Grundsatzdebatten der Soziologie.

Der Gesellschaftsbegriff in und nach der Revolution

Gegen Ende des 18. Jh. ereignen sich zwei politische Umbrüche, die oft in Verbindung gesehen und miteinander verglichen wurden: der Amerikanische Unabhängigkeitskrieg und die Französische Revolution. Für den Begriff der Gesellschaft ist ein struktureller Unterschied zwischen beiden Ereignissen bedeutsam. In der Französischen Revolution haben schon Zeitgenossen erstaunt den Versuch erkannt, das gesamte Zusammenleben politisch neu zu gestalten – von der Regierungsform bis zur Wirtschaft, von der Ständeordnung bis zur Religion. Den Revolutionären in den britischen Kolonien ging es hingegen fast umgekehrt darum, zunehmend tragfähige Strukturen des Zusammenlebens von einer weit entfernten Regierung zu befreien, die Gesetze erließ und Steuern verlangte. Vergleichbar sind beide Orientierungen wohl vor allem darin, dass man keine gegebene Form der Regierung mehr als notwendig ansah. Thomas Paine, der an beiden Umwälzungen aktiv beteiligt war, hat diesen Punkt als Gegensatz von *government* und *society* gefasst:

> „The mutual dependance and reciprocal interest which man has in man, and all the parts of a civilized community upon each other, create the great chain of connection which holds it together. [...] In fine, society performs for itself almost everything which is ascribed to government." (Paine 1792/1989, S. 155 f.)

Einige Begriffe in diesen Sätzen müssen für heutige Lesegewohnheiten erläutert werden. Mit ‚*interest*' meint Paine etwa nicht ökonomische Interessen, sondern eher Geselligkeit oder die Freude daran, sich mit anderen Menschen zu beschäftigen. Doch sein Begriff der ‚*society*' entspricht auffällig dem, was noch heute Soziologinnen unter ‚Gesellschaft' verstehen: eine Gesamtheit aufeinander bezogener Handlungen und Haltungen, die zu großen Teilen nicht von der Regierung gestaltet werden und oft kaum von ihr abhängen.

Einige Jahre später konnte man in ähnlicher Perspektive auch das Scheitern der Französischen Revolution begreifen, die von der großen Befreiung in Schreckensherrschaft umschlug und durch ein neues Kaiserreich abgelöst wurde. Offenbar hatte der Versuch, das Zusammenleben neu zu gestalten, nicht mit den unbeabsichtigten Folgen gerechnet, die sich regelmäßig aus dem Geflecht menschlicher Handlungen ergeben. Für einige Beobachter lag sogar der Schluss nahe, dass die Politik selbst von diesem unsteuerbaren Zusammenspiel bestimmt wird, statt ihm eine Richtung geben zu können. Beim deutschen Staatsdenker Lorenz Stein ist nicht wie bei seinem Vorbild Hegel die ‚bürgerliche Gesellschaft' dem ‚Staat' untergeordnet. Vielmehr soll die „Lehre von der Gesellschaft" zeigen, „daß die Verfassungen, wie die Verwaltungen der Staaten den Elementen und Bewegungen der gesellschaftlichen Ordnung unterworfen sind" (Stein 1850, S. III).

Stein schreibt dies in einer *Geschichte des Sozialismus*, befindet sich also bereits mitten im Streit der politischen Strömungen, die im 19. Jh. den Begriff der Gesellschaft neu prägen. Stark vereinfachend kann man drei Weisen unterscheiden, in denen sie das Scheitern des revolutionären Versuchs verarbeiten, das Zusammenleben politisch völlig neu zu gestalten. *Konservative* Autoren betonen, dass in jede menschliche Ordnung unzählige Traditionen, Gewohnheiten und Autoritätsverhältnisse eingehen, sodass Neuordnungsversuche im Chaos münden. Vertreter des *Liberalismus* vermuten zukunftsoffener, dass sich zwischen Menschen, die zielgerichtet ihre eigenen Interessen verfolgen, auch ohne umfassende politische Planung vorteilhafte Ordnungen einstellen können. Viele *sozialistische* oder kommunistische Denker sind schließlich überzeugt, dass vor allem Interessengegensätze zwischen sozialen Gruppen politische Gestaltungsversuche bestimmen und begrenzen – namentlich der Konflikt zwischen Lohnarbeitenden und auf Profit ausgerichteten Unternehmern.

Die genannten Richtungen vertreten nicht ausschließlich und einheitlich genau diese Ideen, aber sie alle nehmen nach der Französischen Revolution mit Schwerpunkten im umrissenen Themenkreis ihre heute bekannte Gestalt an. Einige geschichtliche Rahmenangaben sollen die komplexeren Umstände zumindest ansatzweise in den Blick bringen.

Für den *Liberalismus* steht, wie sich mit Blick auf die Politische Ökonomie zeigte (Kap. 2), schon vor 1800 der Gedanke bereit, dass die individuelle Interessenverfolgung allgemein vorteilhaft sein kann. Der politische Begriff ‚liberal' entsteht im frühen 19. Jh. zunächst in einem anderen Feld: Ausgehend von Äußerungen Napoleons und vom Widerstand gegen die napoleonische Besatzung bezeichnet er Bewegungen, die eine (demokratisierte) Verfassung für ihre Länder fordern (vgl. Vierhaus 1982a, S. 755–763). Im Umfeld der Revolutionen von 1848 erreicht dieser Sprachgebrauch einen Wendepunkt. Einerseits treten Alternativen hinzu; als Liberale gelten zunehmend diejenigen, die *keine* radikalen Demokraten, Sozialisten usw. sind und im Zweifelsfall etwa das Eigentum heftig verteidigen. Andererseits formieren sich Freihandelsbewegungen und Programme freier Marktwirtschaft, die in der zweiten Hälfte des 19. Jh. auch vermehrt als ‚ökonomischer Liberalismus' bezeichnet werden (vgl. Walther 1982, S. 808–811). Gegen Jahrhundertende finden die Liberalen zudem einen Gegner, der ihnen bis zum ‚Neoliberalismus' erhalten bleibt: den (entstehenden) Sozialstaat, der in ihren Augen unzulässig die Freiheit des Markts und der Individuen einschränkt.

In der *konservativen* Richtung sind Ziele und Kontexte eindeutiger verbunden. Unmittelbar nach dem Ausbruch und Ende der Französischen Revolution äußern politische Publizisten, dass eine so umfassende Umwälzung katastrophale politisch-soziale Folgen hat und unbedingt unterbunden werden muss (s. u.). Auch die Aufklärung und der freie Markt gehören zu den Angriffszielen dieser Autoren. Sie schreiben häufig im Umfeld der katholischen Kirche, von Königs- und Fürstenhöfen, und gewinnen zur Zeit der Restauration ab 1819 an Einfluss, werden allerdings erst vereinzelt als ‚Konservative' den ‚Liberalen' gegenübergestellt; eine ‚Conservative Party' kennt man zunächst nur in England (vgl. Vierhaus 1982b, S. 539–547). Jede Revolution des 19. Jh. löst dann neue konservative Antworten aus, und ab 1848 werden in der Verteidigung von Eigentum und Unternehmerinteressen auch Bündnisse mit Liberalen möglich. Noch enger gestaltet sich das Verhältnis von Konservatismus und Nationalismus. Während nationale Bewegungen im frühen 19. Jh. häufig progressiv orientiert waren, geht es ihnen im letzten Drittel des Jahrhunderts innerhalb gestärkter Nationalstaaten zunehmend um die Pflege nationaler Traditionen und Gemeinschaften (s. u., Kap. 3), die über Prinzipien wie Freiheit und Gleichheit gestellt werden.

Die *sozialistische* Politik will die Freiheit und Gleichheit stattdessen ausweiten; ihr Hauptziel ist es, die Abhängigkeit und Ausbeutung in der Lohnarbeit abzuschaffen. Dieses Ziel hat sich nicht ohne Umwege entwickelt. Zu Beginn des 19. Jh. entwerfen Intellektuelle in Frankreich und England alternative Wirtschaftsordnungen, die schon von Zeitgenossen ‚sozialistisch' genannt werden (vgl. Schieder 1984, S. 934–944), aber noch nicht durchgängig die abhängig Arbeitenden gegen die Unternehmer vertreten. Dieser Konflikt nimmt erst verbunden mit verschiedenen politischen Initiativen Gestalt an. In England fordert die ‚chartistische' Bewegung das allgemeine, nicht mehr an Vermögensgrenzen gebundene Wahlrecht. Hier wie in Frankreich und Deutschland mehrt sich seit den 1830er Jahren die Kritik unmenschlicher Arbeitsbedingungen. 1848 erklärt dann u. a. das *Kommunistische Manifest* von Marx und Engels den Gegensatz zwischen Bourgeoisie und Proletariat zum entscheidenden Konflikt der Zeit. In Frankreich schlägt die zunächst nur demokratische Revolution in eine ‚soziale Revolution' um, die mit verstaatlichter Produktion experimentiert und rasch zerbricht; ca. 5000 aufständische Arbeiter werden von der Armee und Nationalgarde der parlamentarischen Regierung getötet. Trotz solcher Niederlagen verstetigt sich der Sozialismus als politische Kraft. Ab den 1860er Jahren gründen sich, beginnend mit dem Allgemeinen Deutschen Arbeiterverein (1863) und der Sozialdemokratischen Arbeiterpartei (1869), seine Parteien. Zum Streitpunkt wird nun, ob sie ‚reformistisch' in demokratisierten Institutionen handeln, etwa bei Wahlen antreten, oder sich weiter auf eine Revolution ausrichten sollten.

Vertreter aller genannten Richtungen haben auf neue Art von Gesellschaft gesprochen; ohne sie wäre dieses Gebiet vielleicht gar nicht fürs Überlegen und Forschen erschlossen worden. Im Folgenden stelle ich exemplarisch Autoren vor, die man berechtigt konservativ, liberal oder sozialistisch nennen kann und die im Kontext ihrer (Denk-)Bewegung den Begriff der Gesellschaft sowie den Themenbereich der Soziologie (neu) bestimmt haben.

Konservative Gesellschaftsverständnisse

Die konservativen Kritiker der Französischen Revolution stimmen darin überein, dass ohne Traditionen und Autoritäten kein geordnetes Zusammenleben möglich ist. In dieser Diagnose treffen sich etwa Edmund Burke, Joseph de Maistre und sogar G. W. F. Hegel. Der katholische Staatsbeamte de Maistre lastet den Ordnungszerfall der Philosophie der Aufklärung an:

> „Es gibt keine Gewohnheit, keine Herren mehr; jeder ist sich selbst überlassen. Da die Philosophie den Mörtel zerfressen hat, der die Menschen zusammenhielt, gibt es keine moralischen Verbindungen (*agrégations morales*) mehr." (De Maistre 1797/1991, S. 54; Übers. verbessert)

In der Folgezeit machen Konservative auch die Geldwirtschaft dafür verantwortlich, dass sich der Zusammenhalt zwischen den Menschen auflöse. So schreibt der katholische Geistliche Felicité Robert de Lamennais 1826 zum „Zustand der Gesellschaft in Frankreich" (*État de la société en France*):

> „Bei uns gibt es keine Hierarchie, keine soziale Gliederung (*classification sociale*), keine anerkannten Rechte außer denen, die allen durch das gemeinsame Gesetz zukommen. So ist Frankreich eine Ansammlung von dreißig Millionen Individuen, unter denen das Gesetz keinen anderen Unterschied anerkennt als den des Vermögens." (De Lamennais 1826, S. 24 f., Übers. TR)

De Lamennais fügt hinzu, dass die Menschen nun auch vor allem dem je eigenen Reichtum nachjagen, weil ihnen sonst keine Ziele bleiben. Noch deutlicher fasst es der Schotte Thomas Carlyle, für den nur noch Geld die Menschen verbindet: „Cash Payment as the sole nexus between man and man" (Carlyle 1839/1986, S. 199).

Damit zeichnet sich zum einen eine umfassende Zeitdiagnose, also ein Gesamtbefund über den gegenwärtigen Zustand des Zusammenlebens ab: Politik, Recht, Wirtschaft und (fehlende) Religion entwickeln sich so, dass die Menschen nicht (mehr) sicher sind, wo sie stehen was sie mit anderen verbindet. Soziologen wie Ulrich Beck oder Robert Putnam haben Ende des 20. Jh. ganz ähnliche Prozesse beobachtet. Zum anderen erstellen die frühen Konservativen eine Art Verlustliste dessen, was für den sozialen Zusammenhalt eigentlich, in einer „wahren Gesellschaft (*vraie société*)" (ebd.), erforderlich wäre. Gabriel de Bonald, ein weiterer französischer katholischer Konservativer, formuliert es positiv so: „Die Menschen sind in der Gesellschaft Vater oder Sohn, Gatte oder Gattin, Chef, Minister, Untertan: es gibt hier soziale oder moralische Personen, mit ihren Beziehungen und ihren Gesetzen." (De Bonald 1800/1836, S. 295, Übers. TR) Die Menschen leben anders gesagt nie allein oder nebeneinander her, sondern immer schon in bestehenden, gewöhnlich festen Beziehungen. Sozialforscher wie Frédéric le Play untersuchen im späteren 19. Jh. konkret Traditionen, Sitten und ethische Normen, die zumal in den unteren Volksklassen gepflegt werden oder gefährdet sind. Das konservative Gesellschaftsdenken prägt oder umschreibt hierfür viele Begriffe, die in der Soziologie des 20. Jh. weit verbreitet sein werden, etwa ‚Rolle' und ‚Institution', oder auch: „status, cohesion, adjustment, function, norm, ritual, symbol" (Nisbet 1952, S. 167).

Die Krisendiagnose, dass grundlegende Beziehungen durch die Aufklärung, die Revolution oder den Markt zerstört werden, bleibt nicht unverändert bestehen. Starken Rückhalt finden die gewachsenen und bedrohten Beziehungen in der ‚Nation' bzw. im Nationalstaat: einem Gemeinwesen, das ein ‚Volk' mit ungefähr gleicher Sprache und Lebensweise organisiert. Nationalstaaten in diesem Sinn bilden sich, wie vielfach erforscht wurde, erst im 19. Jh. voll aus. Erst seit dieser Zeit legt man z. B. Wert darauf, dass die Menschen in einem Staatsgebiet genau eine Sprache sprechen, führt im Namen der gemeinsamen Kultur oder Abstammung Kriege, akzeptiert nur noch sie als Regierungsgrundlage. Für diejenigen, die eine gewachsene Ordnung vertreten, liegt es nahe, diese ‚Nation' mit Gesellschaft insgesamt gleichzusetzen:

> „Zwischen dem Individuum und der Menschheit steht [...] die Nation, mit ihrer besondern Sprache und Literatur, mit ihrer eigentümlichen Abstammung und Geschichte, mit ihren besondern Sitten und Gewohnheiten, Gesetzen und Institutionen [...]; eine Gesellschaft, die, durch tausend Bande des Geistes und der Interessen zu einem für sich bestehenden Ganzen vereinigt, [...] als Ganzes andern Gesellschaften ähnlicher Art [...] gegenübersteht" (List 1841, S. 256).

Verhältnisse wie internationaler Handel sind hier (obwohl der Autor ein Ökonom ist) nicht mitgedacht – aber der Satz zeigt, dass die Verbindung von Konservatismus und Nationalismus ein ganzes Gesellschaftsverständnis tragen kann.

Mill und Spencer – Bildungs- und Marktliberalismus

Unter den Gruppen und Einzelnen, die sich als ‚liberal' verstehen, von anderen so genannt oder nachträglich so zusammengefasst werden, spielt wie erwähnt nicht die Gemeinschaft, sondern das Individuum die Hauptrolle. Der liberale Gesellschaftsbegriff ist entsprechend offener als der konservative; er umfasst gerade Verhältnisse, in denen sich Menschen fremd, ungewollt, als Rivalen, ohne gemeinsame Ziele und Sinn für Zusammengehörigkeit begegnen oder vorfinden.[3] Das Muster einer solchen Vergesellschaftung von Individuen bildet schon

---

3 Der deutsche Soziologe **Ferdinand Tönnies** hat in diesem Sinn die Begriffe *Gemeinschaft und Gesellschaft* als *Grundbegriffe der reinen Soziologie* dargestellt (Tönnies 1912). Der erste Begriff entspricht dem geschilderten konservativen, der zweite dem liberalen Verständnis des Zusammen-

vor 1800 der Markt – doch ein liberales Gesellschaftsverständnis, wie es im 19. Jh. Autoren wie Benjamin Constant, François Guizot, John Stuart Mill oder **Herbert Spencer** vertreten, kann und muss mehr umfassen. Die Liberalen versuchen zuweilen, die Wirtschaft auf andere Bereiche zu beziehen, und problematisieren, welche Art Freiheit sich in welcher Umgebung entwickelt.

Spencer, der ab der zweiten Jahrhunderthälfte große öffentliche Wirkung entfaltet, vertritt schon in seinen ersten Schriften die Überzeugung, dass sich die Gesellschaft umfassend von selbst ordnet. Die Menschen brauchen keine Regierung, die Fehler des Schöpfers korrigiert:

> „they know, or they ought to know, that the laws of society are of such a character, that natural evils will rectify themselves; that there is in society, as in every other part of creation, that beautiful self-adjusting principle, which will keep all its elements in equilibrium; and, moreover, that [...] the attempt to regulate all the actions of a community by legislation, will entail little else but misery and confusion." (Spencer 1843, S. 6)

Die Selbstkorrekturen der Gesellschaft können genauer betrachtet recht hart ausfallen. In einer Vorwegnahme des Darwinismus (die Darwin tatsächlich inspiriert hat) meint Spencer, dass Konkurrenz, Durchsetzung und der Untergang der Schwächeren oder Untätigen wichtig für den sozialen Fortschritt sind:

> „The poverty of the incapable, the distresses that came upon the imprudent, the starvation of the idle, and those shoulderings aside of the weak by the strong, [...] are the decrees of a large, far-seeing benevolence." (Spencer 1851/1872, S. 353 f.).

Doch auch ungeplante Entwicklung kann die individuelle Freiheit bedrohen. Das betont besonders Spencers etwas älterer Zeitgenosse Mill, der nicht vorrangig auf ökonomische Freiheit, sondern auf die Verschiedenheit der Individuen setzt.

Mill führt Ideen der Revolutionszeit fort. Wie in der Erklärung der Menschen- und Bürgerrechte von 1789 ist individuelle Freiheit für ihn nur dadurch begrenzt, dass man niemand anderem schaden darf; anschließend an den deutschen Gelehrten Wilhelm von Humboldt sieht er die Entwicklung oder Bildung der Einzelnen als Zweck der menschlichen Existenz. Anders als seine Vorbilder denkt er jedoch über die sozialen Bedingungen nach, unter denen Individuen ihre Fähigkeiten, Eigenheiten und Vorlieben entfalten können. Einen wichtigen kritischen Einfall dazu hatte der französische Diplomat Alexis de Tocqueville, als er über die Lebensverhältnisse in der jungen amerikanischen Demokratie berichtete.

---

lebens – der im Titel der ersten Auflage erwähnte ‚Sozialismus' und ‚Communismus' ist für das Buch sachlich weniger wichtig.

> Auch „in den demokratischen Republiken“ kann eine „Tyrannei“ entstehen; sie „übergeht den Körper und zielt gleich auf die Seele. Der Herrscher sagt nicht mehr: entweder du denkst wie ich oder du bist des Todes; er sagt: du bist frei, nicht so zu denken wie ich; du behältst dein Leben, deinen Besitz, alles; aber von dem Tag an bist du unter uns ein Fremdling.“ (De Tocqueville 1833/1959, S. 295)

Da Tocqueville diese drohende ‚Tyrannei der Mehrheit‘ auch mit der ‚Gleichheit‘ in der amerikanischen Demokratie verbindet, gilt er zuweilen als Konservativer. Mill muss seinen Gedanken jedoch nur wenig umformulieren, um den liberalen Grundsatz zu erhalten, dass es die Individuen vor dem Druck der Gesellschaft zu schützen gilt:

> „Society can and does execute its own mandates: and if it issues wrong mandates instead of right, or any mandate at all in things with which it ought not to meddle, it practises a social tyranny more formidable than many kinds of political oppression, since […] it leaves fewer means of escape, penetrating much more deeply into the details of life, and enslaving the soul itself. Protection, therefore, against the tyranny of the magistrate is not enough: there needs protection also […] against the tendency of society […] to fetter the development, and, if possible, prevent the formation, of any individuality not in harmony with its own ways“ (Mill 1859/1998, S. 9).

Auf Probleme dieser Art stoßen die Liberalen immer wieder. Spencer nimmt z. B. zwar grundsätzlich an, dass einfache, hierarchische, zwangs- und gewaltbestimmte Formen sozialer Organisation schrittweise von komplexen, differenzierten, freiwilligen und friedlichen abgelöst werden – zumal im Zug der Industrialisierung (vgl. z. B. Spencer 1896, S. 132 f.). Er meint sogar, dass sich wissenschaftlich eine „natural structure“ dieser Gesellschaft erkennen lässt, „in which all its institutions, governmental, religious, industrial, commercial, &c., &c., are interdependently bound – a structure which is in a sense organic“ (Spencer 1884/1994, S. 137). Doch die Ordnung kann sich leicht ändern. Wenn die Weichen auf „compulsory industrial regulation“ umgestellt werden (Spencer 1896, S. 595), breitet sich das Prinzip staatlicher Planung und Zwangsausübung ebenso unkontrolliert aus wie vorher das Prinzip freiwilliger Kooperation (Spencer 1884/1994, S. 88). Lösungen sind kaum zu erkennen. Positiv lässt sich damit festhalten, dass Gesellschaft im liberalen Lager (im Rahmen weniger, äußerst verschieden bewerteter Möglichkeiten) als entwicklungsoffen gedacht wird. Sie steht nicht nur für das Versprechen, dass sich Individuen ohne staatliche oder religiöse Führung und ohne starke Traditionen miteinander arrangieren können. Sie birgt auch die Gefahr, dass sie aufeinander Druck zu gleichförmigem Verhalten ausüben oder sich in zwangsförmigen Verhältnissen einrichten.

Die Erträge und Anstöße für die spätere Soziologie sind weniger offensichtlich als beim Konservatismus. Spencers Theorie gesellschaftlicher Evolution führt

Niklas Luhmann fort, allerdings mit Korrekturen. Die Idee, dass sich Politik, Religion, Wirtschaft etc. voneinander ‚differenzieren' und trotzdem ungesteuert zusammenwirken, wird bei ihm wie bei anderen sogar zu einer Grundannahme (vgl. Kap. 9). Generell hat sich die Vorstellung durchgesetzt, dass auch in dynamischen Gesellschaften nicht unbedingt die Politik die treibende Kraft ist. Am stärksten wirkt die liberale Tradition aber wohl nicht in solchen Annahmen fort, sondern im methodologischen Individualismus und in Theorien rationalen Entscheidens (vg. Kap. 14). Sie erklären getreu dem Prinzip individueller Freiheit noch heute jede soziale Erscheinung daraus, was die Individuen je für sich wollen und wählen – und wie sie bestrebt sind, ihren je eigenen Nutzen zu steigern.

Marx und der sozialistische Gesellschaftsbegriff

Im Sozialismus geht es unmittelbar um kollektiven Nutzen. Schon die Frühsozialisten nehmen an, dass hierfür die Erwerbsarbeit und die Lebensführung wichtiger sind als die Frage, wer ein Land wie regiert. Der französische Autor Henri de Saint-Simon schlägt vor, sich probehalber den plötzlichen Tod der 30.000 wichtigsten Staatsoberhäupter und Kirchenführer zu denken – keine große Erschütterung – und verglichen damit den Tod der 3.000 wichtigsten Ingenieure, Arbeiter, Künstler, Wissenschaftler und Händler – was eine nationale Katastrophe wäre (vgl. Saint-Simon 1819, S. 9–15). Saint-Simons Landsmann Charles Fourier und der britische Industrielle Robert Owen entwerfen darüber hinaus neue, gemeinschaftliche Formen von Produktion, Erziehung und Liebe. Ihre Ideen (besonders die Fouriers) haben bis in die politischen, künstlerischen und subkulturellen Avantgarden des 20. Jh. weitergewirkt. Die ökonomische Umsetzung bleibt allerdings (nach ersten Erfolgen Owens) weitgehend aus oder scheitert. Aus liberaler und konservativer Sicht bestätigt sich so, dass eine Gemeinschaft oder Gesellschaft eben nicht nach Plan herstellbar ist (was auch Saint-Simon notiert hat; vgl. ebd., S. 192). Doch im Zug der Arbeiterbewegung tritt ein neuartiger Grund hervor: Eine Ordnung, die auf Interessengegensätzen beruht, wird nicht einfach (und nicht durch bloßen politischen Beschluss) zu solidarischen Lebensformen übergehen.

Den wichtigsten Gegensatz sehen die sozialistischen Analysen zwischen denjenigen, die für ihren Lebensunterhalt arbeiten (müssen), und denen, die mit ihrer Beschäftigung oder mit Kreditvergabe Profit machen (können). In Frankreich erklärt etwa Pierre-Joseph Proudhon, dass die „Ausbeuter der Massen, die Feinde der Gleichheit und der mittleren Klassen" den ökonomisch Beherrschten in einem „universellen Antagonismus" (*antagonisme universel*) gegenüberstünden (Proudhon 1865, S. 367, Übers. TR). Und Friedrich Engels erläutert schon 1845, weshalb die ‚soziale Revolution' an die Grundfesten des Zusammenlebens geht: „Eine soziale Revolution [...] ist etwas ganz anderes als die bisherigen politischen

Revolutionen; [...] eine soziale Revolution, [...] das ist *der offene Krieg der Armen gegen die Reichen.*“ (Engels 1845/1957, MEW 2, S. 555; Hv. i. O.)

Die Gesellschaft ist damit als Zusammenleben von Gruppen (oder ‚Klassen‘) zu verstehen, deren entgegengesetzte Interessen immer wieder in offenen Konflikt umzuschlagen drohen. Das bestätigt die Grenzen der Politik. Marx glaubt nicht wie viele Sozialdemokraten, dass es einen starken Staat braucht, der Interessengegensätze ausgleicht. Vielmehr meint er beinahe liberal: „Die Freiheit besteht darin, den Staat aus einem der Gesellschaft übergeordneten in ein ihr durchaus untergeordnetes Organ zu verwandeln“ (Marx 1875/1972, MEW 19, S. 27). Er tritt nur für eine andere Umgestaltung ein. Die unterdrückten Interessen der Arbeitenden müssen sich gegen die Herrschaft der Eigentümer von Produktionsmitteln durchsetzen, indem diese Produktionsmittel ‚vergesellschaftet‘ bzw. gemeinschaftlich verwaltet werden.

Marx’ sozialistische oder kommunistische Gesellschaftstheorie ist erheblich bekannter und einflussreicher geworden als etwa diejenigen von Proudhon, von britischen Nachfolgern Ricardos, Industriekritikern wie William Morris oder Reformsozialistinnen wie Sidney und Beatrice Webb. Man spricht häufiger von ‚marxistischen‘ als von ‚sozialistischen‘ Ansätzen. Ein Grund ist sicher, dass Marx in seinen Schriften vom *Achtzehnten Brumaire* (einer Analyse der 48er-Revolution und des anschließenden Staatsstreichs) bis zum unvollendet gebliebenen ***Kapital*** die sozialen Entwicklungen und die ökonomischen Theorien seiner Zeit umfassend verarbeitet. Hinzu kommt, dass er sich systematisch auf genau einen Gegensatz konzentriert, der die Gesellschaft strukturiert und zerreißt. Marx wusste zwar, dass auch Bauernfamilien, Staatsangestellte und Mittelständler im 19. Jh. eine wichtige ökonomische und politische Rolle spielen – und ihm wird nicht ganz verborgen geblieben sein, dass selbst in England eine der größten Beschäftigtengruppen (meist weibliche) Hausbedienstete waren. Doch im unvollendeten Kapitel über Klassen, das der Herausgeber Engels ans Ende des *Kapitals* stellt, behandelt Marx nur Lohnarbeiter, Kapitalisten und Grundeigentümer, die wiederum dem zentralen Gegensatz von Arbeit und Kapital zugeordnet werden können (vgl. Marx 1894/1968, MEW 25, S. 892 f.).

Diesem ‚Antagonismus‘ stellt Marx zudem sachliche Spannungen zur Seite, die er oft ‚Widersprüche‘ nennt. Berühmt wurde seine Idee, dass „die materiellen Produktivkräfte der Gesellschaft in Widerspruch mit den vorhandenen Produktionsverhältnissen“ geraten können (Marx 1859/1971, MEW 13, S. 8). Die Maschinen und Menschen können dann bereits mehr, als ihnen von den herrschenden Gruppen und Regeln erlaubt wird. Wenn das eintritt, wenn also z. B. die Kooperation in der Industrie- oder Wissensarbeit nicht mehr zum Privateigentum Einzelner passt, steht eine gesellschaftliche Umwälzung bevor. Über die Berechtigung dieser Idee ist viel gestritten worden – aber in ihr erscheint die soziale Ordnung erneut von Kräften getragen, die sie zugleich zu sprengen drohen. Die Marx’sche Sicht auf Gesellschaft eignet sich damit besonders gut, um Veränderungen zu erklären, und wird von Soziologinnen auch immer noch dafür in Anspruch genommen.

Wissenssoziologische Anmerkung

Anders als im vorigen Kapitel steckt die wissenssoziologische These hier direkt in der Darstellung, vor allem in den Belegen: ‚Gesellschaft' kennen wir nur dank politischer Strömungen, in denen die Grenzen politischer Gestaltungsmacht verarbeitet werden. Und anders als in folgenden Kapiteln kann ich dafür auf eigene begriffsgeschichtliche Forschung verweisen, in der ich weitere Belege gesammelt und sie genauer eingeordnet habe (vgl. Reitz 2015, S. 137–212). Den Kern dieser Darlegung bilden publizierte Texte aus der fraglichen Zeit, in denen das Wort ‚Gesellschaft', *society*, *société* oder Verwandtes vorkommt. Eine Gegenargumentation müsste andere Ursprünge des Gesellschaftsbegriffs zitieren (vgl. dazu das folgende Kapitel) und zeigen, dass sie wichtiger sind. In späteren Kapiteln werden Zitate weiterhin als Belege dienen; sie dokumentieren dann oft den ideologisch-politischen Kontext bzw. Horizont soziologischer Forschungsprogramme und Autorinnen. Darüber hinaus werden auch andere Arten von Kontextbelegen hinzukommen, die ich oft den Forschungen anderer entnehme: zu Finanzierung, Aufträgen und institutionellen Rahmenbedingungen, auch zu vergleichbaren Lebensläufen. Wichtig ist und bleibt zudem, dass ich auf Texte verweise, die meine Thesen angeregt haben. Im vorliegenden Kapitel habe ich hierfür bereits Autoren wie Nisbet und Hayek genannt, die jeweils einer bestimmten politischen Richtung die Erfindung der Soziologie zuschreiben. Bereits vor ihnen hat **Karl Mannheim**, neben Max Scheler der erste Vertreter der Wissenssoziologie, erklärt, dass eine „politische Wissenschaft" immer vom sozialen und politischen „Standort" ihrer Autorinnen abhängig bleibe (Mannheim 1929/1952, S. 102–128). Da er dies konkret am Liberalismus, Sozialismus und Konservatismus – sowie am Faschismus – festmacht, war er für dieses Kapitel das Hauptvorbild.

Mit Mannheim lässt sich zudem die entscheidende Frage stellen, die eine solche These nach sich zieht: Wenn der Gesellschaftsbegriff von politischen Haltungen abhängig ist, wer hat dann den richtigen? Allgemein ist dies kaum zu beantworten, da eine politisch verortbare Antwort eben parteiisch bleibt und eine politisch neutrale Haltung inhaltlich fast immer blass ausfällt. Das Kapitel sollte aber zumindest gezeigt haben, dass es in einzelnen Punkten auch bei wissenssoziologischer Einordnung Argumente für und gegen bestimmte Auffassungen gibt – und dass ihnen zuweilen wichtige Argumente fehlen.

Literatur

de Bonald, Gabriel. (1800/1836): Œuvres Complètes 1/2. Essai analytique sur les lois naturelles de l'ordre social. Paris: Le Clere.

Carlyle, Thomas (1839/1986): Chartism. In: Shelston, Alan (Hrsg.): Selected Writings. London: Penguin. S. 149–232.

Engels, Friedrich (1845/1957): Zwei Reden in Elberfeld. In: Marx Engels Werke (MEW). Band 2. Berlin: Dietz. S. 536–557.

de Lamennais, Félicité Robert (1826): De la religion, considérée dans ses rapports avec l'ordre politique et civil. 3. Auflage. Paris: Bureau du mémorial catholique.

Latour, Bruno (1996): On interobjectivity. In: Mind, Culture, and Activity 3, H. 4, S. 228–245.

List, Friedrich (1841): Das nationale System der politischen Oekonomie. Band 1. Der internationale Handel. Die Handelspolitik und der deutsche Zollverein. Stuttgart/Tübingen: Cotta.

de Maistre, Joseph (1797/1991): Betrachtungen über Frankreich. Wien: Karolinger.

Paine, Thomas (1792/1989): The Rights of Man. Part II. In: Ders.: Political Writings. Cambridge: Cambridge UP. S. 145–203.

Mannheim, Karl (1929/1952): Ideologie und Utopie. 3., vermehrte Auflage. Frankfurt a. M.: Schulte-Bulmke.

Marx, Karl (1852/1969). Der achtzehnte Brumaire des Louis Bonaparte. In: Marx Engels Werke (MEW). Band 8. Berlin: Dietz. S. 111–207.

Marx, Karl (1859/1971): Zur Kritik der politischen Ökonomie. In: Marx Engels Werke (MEW). Band 13. Berlin: Dietz. S. 7–160.

Marx, Karl (1875/1972): Kritik des Gothaer Programms. In: Marx Engels Werke (MEW). Band 19. Berlin: Dietz. S. 11–32.

Marx, Karl (1894/1968): Das Kapital. Kritik der politischen Ökonomie. Dritter Band. Hrsg. v. Engels, Friedrich. Marx Engels Werke (MEW). Band 25. Berlin: Dietz.

Mill, John Stuart (1859/1998): On Liberty. In: Ders.: On Liberty and Other Essays. Oxford: Oxford University Press. S. 5–128.

Nisbet, Robert A. (1952): Conservatism and Sociology. In: American Journal of Sociology 58, H. 2, S. 167–175.

Proudhon, Pierre-Joseph (1865/1924): De la capacité politique des classes ouvrières. Paris: E. Dentu.

Reitz, Tilman (2015): Das zerstreute Gemeinwesen. Politische Semantik im Zeitalter der Gesellschaft. Wiesbaden: Springer VS.

Saint-Simon, Henri de (1819): L'organisateur. S. 61–175. 3. Auflage. Paris: Corréard.

Schieder, Theodor (1984): Sozialismus. In: Brunner, Otto/Conze, Werner/Koselleck, Reinhart (Hrsg.): Geschichtliche Grundbegriffe. Historisches Lexikon zur politisch-sozialen Sprache in Deutschland. Band 5. Stuttgart: Klett-Cotta. S. 923–996.

Spencer, Herbert (1843): The Proper Sphere of Government. A Reprint of a Series of Letters Originally Published in "The Nonconformist". London: Davis and Hasler.

Spencer, Herbert (1851/1871): Social Statics, or, The Conditions Essential to Human Happiness Specified, and the First of them Developed. New York: B. Appleton and Company.

Spencer, Herbert (1884/1994): The Man Versus the State. In: Ders.: Political Writings. Hrsg. v. Offer, John. Cambridge: Cambridge University Press.

Spencer, Herbert (1896): Principles of Sociology. Band 3. London: Williams and Norgate.

Stein, Lorenz (1850): Geschichte der socialen Bewegung in Frankreich von 1789 bis auf unsere Tage. Das Königthum, die Republik und die Souveränität der französischen Geschichte seit der Februarrevolution 1848. Band 3. Leipzig: Wigand.

de Tocqueville, Alexis (1833/1959): Über die Demokratie in Amerika. Teil 1. Stuttgart: DVA.

Tönnies, Ferdinand (1912): Gemeinschaft und Gesellschaft. Grundbegriffe der reinen Soziologie. 2., erheblich veränd. und verm. Auflage. Berlin: Karl Curtius.

Vierhaus, Rudolf (1982a): Liberalismus. In: Brunner, Otto/Conze, Werner/Koselleck, Reinhart (Hrsg.): Geschichtliche Grundbegriffe. Historisches Lexikon zur politisch-sozialen Sprache in Deutschland. Band 3. Stuttgart: Klett-Cotta. S. 741–785.
Vierhaus, Rudolf (1982b): Konservatismus. In: Brunner, Otto/Conze, Werner/Koselleck, Reinhart (Hrsg.): Geschichtliche Grundbegriffe. Historisches Lexikon zur politisch-sozialen Sprache in Deutschland. Band 3. Stuttgart: Klett-Cotta. S. 531–565.
Walther, Rudolf (1982): Exkurs Wirtschaftlicher Liberalismus. In: Brunner, Otto/Conze, Werner/Koselleck, Reinhart (Hrsg.): Geschichtliche Grundbegriffe. Historisches Lexikon zur politisch-sozialen Sprache in Deutschland. Band 3. Stuttgart: Klett-Cotta. S. 787–815.

3. Quetelet, Durkheim und Weber: Sozialstatistik und staatstragende Soziologie

So sehr die Entwicklung des Gesellschaftsbegriffs von regierungspolitisch nicht gestaltbaren Prozessen ausgeht: Die Soziologie entsteht keineswegs jenseits des Staates. Das wäre angesichts der im 19. Jh. stark erneuerten Weisungs-, Dokumentations- und Kommunikationstechniken in der Staatsverwaltung, der Formierung von Nationalstaaten, der Hochrüstung ihrer Armeen, der kolonialistischen Aufteilung der Welt und der Anfänge des Wohlfahrtsstaates auch seltsam. Im Einzelnen spricht Verschiedenes dafür, die entstehende Soziologie im Kontext fortschreitender Staatsherrschaft zu untersuchen.

Erstens hatten alle bisher vorgestellten politischen Richtungen auch einen staatlichen Arm. Im liberalen Denken lässt sich die Spielart eines ‚Beamtenliberalismus' erkennen. Für politische Denker wie Hegel in Deutschland und Guizot in Frankreich gilt es auf gebildete Staatsdiener zu vertrauen, die Regeln für das Spiel der gesellschaftlichen Kräfte schaffen und durchsetzen (vgl. Reitz 2015, S. 153). Bekannter ist das im späteren 19. Jh. Raum greifende Bündnis konservativer Kräfte mit dem Nationalismus. Traditionen und Herrschaftsformen werden nun als nationale Eigenheiten gefasst und im Namen des staatlich organisierten ‚Volkes' vertreten (vgl. ebd., S. 183–189). Schließlich bildet sich auch ein starkes sozialistisches Interesse an der Staatsmacht heraus. Anders als im Staatssozialismus des 20. Jh. gehen dabei die gemäßigten Kräfte voran: Sozialdemokraten, die das kapitalistische System mit Parlamentsmehrheiten reformieren wollen, gemäßigte Nationalökonomen, für die Kämpfe von Arbeit und Kapital nur staatlich befriedet werden können (vgl. das Ende dieses Kapitels), Anhängerinnen einer staatlichen Regulierung, die unternehmerischer Willkür sinnvolle Grenzen setzt.

Diese Regulierung wird *zweitens* erst durch eine Wissensform denkbar, die für alle genannten Richtungen wichtig und für dieses Kapitel grundlegend ist: die Sozialstatistik, mit der man die Zustände und Entwicklungen großer Menschengruppen quantitativ erfassen kann. Eine solche Statistik wird namentlich in weit ausgedehnten Zentralstaaten benötigt, die ihre wachsenden Bevölkerungen unter Kontrolle halten wollen. Konkret ermöglicht sie, wie sich zeigen wird, neue Formen der Sozialversicherung, Gesundheits- und sogar Kriminalpolitik. Sie erlaubt also die unbeherrschte Dynamik der Gesellschaft insgesamt in sozialpolitisch regelbare Probleme zu zerteilen. Man kann mit Gesetzen vielleicht kein Wirtschaftswachstum schaffen, aber sehr wohl die Kindersterblichkeit oder die Zahl der Arbeitsunfälle senken. Soziologen wie **Émile Durkheim** haben in diesem Feld die Chance erkannt, die Wissenschaft von der Gesellschaft auf eine tragfähige quantitative Grundlage zu stellen. Umgekehrt konnten Staatsverwaltungen und Parteien sich nun auf Wissenschaftler berufen, die die erhobenen Bevölkerungsdaten aufbereiten und ihnen eine politisch nutzbare Deutung geben.

Auch jenseits der Sozialstatistik könnten politische Verwendungschancen einen *dritten* Grund dafür darstellen, dass die Soziologie ein akademisches Fach wurde: Ihre Vertreter konnten dem Staat Leistungen anbieten, die keine andere Wissenschaft bereitstellte. Sie haben in der Tat Angebote gemacht. Die ersten Professoren für Soziologie (und Soziologen mit Professur) haben sich regelmäßig staatsnah und staatstragend geäußert, für bestimmte Regierungen oder für den Staat als solchen eingesetzt. Das beste Beispiel bildet der deutsche Counterpart zu Durkheim, der Ökonom, Historiker und Soziologe **Max Weber**. Wenngleich er – wie fast alle Mitglieder des unten vorzustellenden Vereins für Socialpolitik, in dem er prägend mitwirkte – der Sozialstatistik skeptisch gegenüberstand, beschäftigt ihn grundlegend, wie sich in einer modernen Gesellschaft Staatsmacht ausüben, aufrechterhalten und stärken lässt.

Im Folgenden will ich näher darstellen, wie sozialstatistische Verfahren und staatsnahe Ziele zur Etablierung der Soziologie beigetragen haben. Ich konzentriere mich dazu auf Durkheim und gebe einen Ausblick auf Weber, stelle ihnen aber einen Abschnitt zu einem Begründer der Sozialstatistik voran, der früh soziologische Einsichten formuliert hat: dem belgischen Astronomen Adolphe Quetelet. Wissenssoziologisch bette ich diese Darstellungen zuvor mithilfe von Forschungen ein, die **Michel Foucault** folgend die statistische Erfassung des ‚Sozialen' als moderne Regierungstechnik analysiert haben.

Die unbeherrschbare Gesellschaft und das politisch regulierbare Soziale

Ebenso wie man von der Entdeckung der Gesellschaft sprechen kann, lässt sich auch sagen, dass im 19. Jh. ‚das Soziale' erfunden wurde. Beide Begriffe werden nicht immer klar und oft nicht in gleicher Weise auseinandergehalten. Im gegebenen Zusammenhang bietet sich jedoch eine bestimmte Unterscheidung an: Während ‚Gesellschaft' die Gesamtheit praktischer und kommunikativer Verhältnisse meint, bezeichnet das ‚Soziale' eine begrenzte Menge von Vorgängen oder Gegebenheiten im Zusammenleben, die gleichwohl nur annäherungsweise oder im Durchschnitt regulierbar sind. Der Nachsatz muss näher erläutert werden – und führt unmittelbar zu den Themen Statistik und Sozialpolitik. Wer das Verhalten anderer Menschen beeinflussen will, kann ihnen jeweils individuell Vorschriften machen und Belohnungen oder Strafen in Aussicht stellen. Für große Mengen von Menschen kann man aber auch individuell nicht verbindliche Anreize setzen, die dazu führen werden, dass sich eine bestimmte Anzahl von ihnen anders verhält. Ein Kindergeld von 500 Euro pro Monat bewegt nicht alle Paare dazu, ein (weiteres) Kind in die Welt zu setzen. Eine Reihe von Paaren wird aber in ihrer Entscheidung beeinflusst, sodass sich die Gesamtzahl der Kinder und die Durchschnittszahl der Kinder pro Paar mehr oder weniger deutlich erhöht. Wenn diese Wirkung eintritt, hat die Maßnahme das Verhalten der Bevölkerung reguliert; um den Erfolg zu messen, braucht man sozialstatistische Mittel; wenn man schließlich auf eine bestimmte Durchschnittsverschiebung abzielt, macht man auf sozialstatistischer Basis Sozialpolitik.

Michel Foucault hat beschrieben, dass Staaten erst im 19. Jh. beginnen, auf diese Weise Menschen zu führen. Sein besonderes Interesse galt der Bevölkerungspolitik, deren äußerste Konsequenzen sich im Nationalsozialismus beobachten lassen (vgl. Foucault 1976/1983, S. 163; 1997/2001; S. 283 f.). Autorinnen wie Giovanna Procacci, Jacques Donzelot und François Ewald haben den Komplex anschließend an Foucault genauer untersucht, sich aber anders als er auf die (frühe) Sozialpolitik konzentriert. Besonders interessant erscheint hier die Berechnung *wahrscheinlicher* sozialer Ereignisse, die sich theoretisch an der Entwicklung der Stochastik und praktisch im Feld der (Sozial-)Versicherungen verfolgen lässt. Ewald hat deren Geschichte für Frankreich erforscht (s. u.); in Deutschland hat die Pointe zuerst Michael Makropoulos (1990) herausgestellt: Das Soziale ist nicht mehr nur das Wirkliche, sondern das gemäß bestimmter Datenerfassungen und -verarbeitungen Wahrscheinliche. Thomas Lemke erklärt später zusammenfassend, dass es im 19. Jh. zunehmend „unmöglich" geworden sei, bestimmte Verhältnisse „auf die Aggregation der Individualwillen zurückzuführen" (Lemke 1997, S. 196). Konkret sei das „Soziale" aus einer „völligen Umstellung der liberalen Politik der sozialen Sicherung" geboren worden: der „Installation eines neuen Sicherheitssystems, in dem der Staat eine zentrale Rolle einnimmt" (ebd.). Diese Neuerung lässt sich schließlich auch als Strategie begreifen, die von den Sozialisten betonte ‚soziale Frage' zu befrieden: Für Donzelot beginnt die ‚Erfindung des Sozialen' (*L'invention du social*) mit der gescheiterten Revolution von 1848 (Donzelot 1984, S. 18–72, bes. S. 18).

Kontexte: Zentralstaat, Nationalstaat, Sozialstaat

Die Zusammenhänge, in denen das Soziale als neuer Gegenstandsbereich von Forschung und Regierung erschlossen wird, sollten etwas genauer ausgeführt werden. Die Stichworte sind bereits öfter gefallen. Die europäischen (und viele amerikanische) Staaten des 19. Jh. sind *erstens* stark zentralisierte Staaten. Auch wenn die moderne ‚Gesellschaft' für Luhmann ohne Spitze und Zentrum auskommt (vgl. Kap. 1), gilt für moderne Staaten das Gegenteil: Sie sind werden zunehmend von der Spitze bzw. von einem politischen Mittelpunkt aus regiert. Schon Alexis de Tocqueville (1856/1989) hat die ‚Zentralisierung' Frankreichs beschrieben, die durch den absolutistischen Verwaltungsapparat im Ancien Régime des 17. und 18. Jh. Fahrt aufnahm und durch die antiabsolutistische Revolution von 1789 nur verstärkt wurde: *eine* Regierung, *eine* Hauptstadt, *eine* Befehlsordnung und Bürokratie für das ganze Land (statt etwa vieler Fürsten und regionaler Selbstverwaltung). **Karl Marx**, der Tocquevilles Linie bis zur Niederschlagung der Pariser Kommune fortzieht, begreift die „zentralisierte Staatsmacht, mit ihren allgegenwärtigen Organen – stehende Armee, Polizei, Bürokratie, Geistlichkeit, Richterstand" als Ergebnis „einer systematischen und hierarchischen Teilung der Arbeit" (Marx 1871/1962, MEW 17, S. 336). Max Weber schließlich betont, dass „in dem modernen Staat [...] in einer einzigen Spitze die Verfügung über die gesamten politischen Betriebsmittel zusammenläuft", da „kein einziger Beamter mehr persönlicher Eigentümer des Geldes ist, das er verausgabt, oder der Gebäude, Vorräte, Werkzeuge, Kriegsmaschinen, über die er verfügt" (Weber 1919a, S. 510 f.). Derart zentralisierte Strukturen finden sich nicht nur in Frankreich, sondern auch in Großbritannien, Österreich oder Russland – und in Ländern wie Italien und Deutschland werden sie ab 1870 mit Gründung der Nationalstaaten möglich.

Es sind *zweitens* diese Nationalstaaten, in denen die Bevölkerung eine neue Bedeutung erhält. Sie wird zunehmend als einheitliches, natürlich und geschichtlich zusammengehöriges Volk begriffen, dem der jeweilige Staat sozusagen die passende Form gibt. Faktisch lässt sich eher beobachten, dass die Einheit des Volkes staatlich *hergestellt* wird: durch historische Festtage, Rituale und ‚erfundene Traditionen' (vgl. Hobsbawm 1996, bes. S. 266–83 u. 303), durch die Vereinheitlichung der Sprache im Schulunterricht (Bourdieu 1982/2005, S. 53–55), durch Wehrpflicht und den Appell an Opferbereitschaft im Krieg sowie erste Ansätze dessen, was heute ‚gleiche Lebensverhältnisse' heißt. Menschen in Bayern und in Ostfriesland, in Bari und Mailand sollen auf zumindest ähnlichem Niveau leben; wo das offenkundig nicht der Fall ist, springt der Staat mit unterstützenden Maßnahmen ein.

Nicht nur in diesem Horizont nimmt schließlich der *Sozialstaat* Gestalt an. An die Stelle der älteren fürstlichen, kirchlichen und kommunalen Versorgungspflichten tritt zunehmend eine einheitliche Gesetzgebung, die festlegt, wem welche Grundgüter zustehen. Darüber hinaus werden Kämpfe um die Ausbeutung von Industriearbeiterinnen, die deren Lebenserwartung erheblich verkürzt, oft durch staatliche Regulierungen vermittelt, etwa durch die von Marx geschilderte Begrenzung der täglichen Arbeitszeit. Vor allem aber setzt in diesem Gebiet eine Idee an, deren Herausbildung und Durchsetzung Ewald untersucht hat: Versicherungen gegen Unglücksfälle, die man bereits ab Ende des 18. Jh. zunehmend abschließt, werden staatlich zur allgemeinen Norm gemacht und damit zur Sozialversicherung. Die bekanntesten dieser Versicherungen hat der Reichskanzler Bismarck 1882–1886 in Deutschland eingeführt: Unfall-, Arbeitslosigkeits-, Kranken- und Rentenversicherung. Ihr Mechanismus lässt sich wahrscheinlichkeitstheoretisch bestimmen: Wenn eine Gesamtheit erschwingliche Beiträge leistet, kann der Teilmenge derjenigen geholfen werden, die in den fraglichen Lebenslagen sonst untragbare Kosten hätten. Ewald zeigt jedoch, dass die Hintergrundüberlegungen für die Sozialversicherung komplexer bzw. konflikthafter sind. Bei Arbeitsunfällen steht z. B. zur Debatte, wer schuld ist: die Arbeiterin, die unachtsam war, oder die Unternehmerin, die sie in einer gefährlichen Umgebung bis zur Ermüdung arbeiten lässt? Erst wenn man davon abrückt, einer Seite die Schuld zu geben, und stattdessen eine neutrale Kategorie wie das Berufsrisiko einführt, lassen sich Konflikte vermeiden: „Das Berufsrisiko ist anonym, es betrifft ein Kollektiv; nicht die Individuen sind seine Ursache, sondern nur ein bestimmter, mehr oder weniger vorab ermittelbarer (*déterminable*) Bruchteil von ihnen." (Ewald 1986/1993, S. 364) Der Staat, der seine Regelungen in dieser Weise auf soziale Wahrscheinlichkeiten gründet, mildert vorgreifend den schwelenden Klassenkampf. Im Folgenden geht es um die sozialwissenschaftlichen Mittel, die ihm dabei zur Verfügung stehen.

Sozialstatistik vor und bei Quetelet

Die Geschichte der Sozialstatistik ist gut erforscht und wurde klug reflektiert. Sie entwickelt sich ab dem 18. Jh. in mehreren Etappen. Zunächst liegt der Zweck der Disziplin einfach darin, dass der Zentralstaat seine Bevölkerung zählt. In Großbritannien, Frankreich, Preußen und anderen europäischen Staaten wurden im frühen 19. Jh. Zensusbehörden eingerichtet (vgl. Hacking 1990, S. 27–34). Schon seit dem späten 18. Jh. tragen zudem Privatgelehrte, Wissenschaftler und statistische Gesellschaften Daten zusammen, und ihre Resultate werden ab den 1820er Jahren auch in veröffentlichte amtliche Statistiken überführt (vgl. ebd., S. 16–26). Dabei werden die Verteilung und Häufigkeit von immer mehr Eigenschaften und Ereignissen erhoben. Ein Teil der anrollenden *Avalanche of Numbers* (Hacking 1982) ist besonders für die spätere ‚Bevölkerungspolitik' der Nationalstaaten interessant: Krankheiten und Hygiene, Ehen und Fortpflanzung, Bevölkerungswachstum und Durchschnittsalter, soziale Mischung und Kriminalitätsraten in verschiedenen Teilen des Landes, besonders in Städten (vgl. Porter 2020, S. 23–39). Andere Erhebungsgebiete machen die Regulierungen und Schutzmaßnahmen des Sozialstaats möglich: Beschäftigungsarten, Einkommenshöhe, Arbeitslosigkeit und -unfähigkeit, die Länge des Arbeitstags und die Häufigkeit von Arbeitsunfällen. In fast allen Gebieten bestimmt nicht allein die wachsende Datenmenge, sondern auch ihre Deutung das neue Wissen und die Möglichkeiten, es einzusetzen. Hierfür ist das Werk Quetelets aufschlussreich.

Adolphe Quetelet (1796–1864) vernetzt nicht nur europaweit die statistisch Forschenden, er reflektiert in seinen Werken – zunächst in Briefen an Mitforscher und Wissbegierige, dann in mehreren Büchern, gekrönt durch die zweibändige *Physique sociale* (1851/1869) – auch die ganze Bandbreite sozialstatistischen Wissens. Vom Brustumfang schottischer Soldaten über Kornpreise bis zu Krankheits- und Verbrechensraten geben ihm die Zahlenreihen Anlass, über die Natur der Menschen und die Struktur ihres Zusammenlebens nachzudenken. Er hebt dabei vieles staunend hervor, was seither, im statistischen Zeitalter, als ganz normal gilt: dass sich Normalverteilungen beobachten lassen (je weiter ein Brustumfang vom Durchschnitt abweicht, desto seltener kommt er vor), dass Ereignishäufigkeiten stabil bleiben (selbst nach Revolutionen heiraten nicht mehr oder weniger Menschen als sonst), dass sich geschichtlich trotzdem einige Durchschnittsgrößen (wie etwa Scheidungsraten) massiv verschoben haben. Die quantifizierbare Gleichförmigkeit, die unser gesamtes Zusammenleben durchzieht, wird damit deutlich sichtbar.

Quetelets Schlussfolgerungen sind von einer Idee ‚objektiver' Wahrscheinlichkeit geprägt, die sich im 19. Jh. gegen ein zunächst ‚subjektives' Verständnis durchsetzt. Statt anzunehmen, dass die Wahrscheinlichkeit in der Stärke meiner vernünftigen Erwartung besteht (weil ich z. B. beim Würfeln nur schwach auf eine Sechs hoffe, aber stärker auf Kopf beim Werfen der Münze), quantifiziert man nun zunehmend die Wahrscheinlichkeit der Ereignisse selbst (1/6 für die Würfelzahl, 1/2 für meine Seite der Münze). Damit lassen sich Wahrscheinlichkeiten auch aus empirischen Befunden herleiten (vgl. Porter 2020, S. 71–87). Im Bereich sozialer Ereignisse bzw. menschlicher Handlungen hat das dramatische Folgen. Man kann weiterhin Angst haben, in bestimmten Stadtvierteln überfallen zu werden, und auch weiter allgemeine Strafgesetze befürworten; die Ursache eines Überfalls lässt sich nun aber in den Verhältnissen sehen, die hier die Kriminalitätsrate erhöhen. Quetelet zumindest meint: „Die Erfahrung zeigt [...], dass es die Gesellschaft ist, die das Verbrechen vorbereitet, und dass der Schuldige nur das Werkzeug ist, das es ausführt." (Quetelet 1832, S. 26, Übers. TR) Auch das ‚Gesetz der großen Zahl' bzw. die Beobachtung, dass sich bei zunehmender Fallzahl immer klarer die wahrscheinliche Verteilung einstellt, legt nahe, dass die Häufigkeit bestimmter Handlungen und ihrer Resultate in einer Gesellschaft ebenso gesellschaftliche Ursachen hat.

> „Je größer die Zahl der Individuen ist, die man beobachtet, desto mehr verschwindet der individuelle Wille und lässt die Reihe der allgemeinen Fakten vorherrschen, die von Ursachen abhängen, kraft derer die Gesellschaft besteht und sich erhält." (Ebd., S. 2, Übers. TR)

Nicht wesentlich anders wird Durkheim eine seiner ‚Regeln der soziologischen Methode' bestimmen und seinen Begriff der ‚sozialen Tatsachen' erklären.

Selbstmordstatistiken und soziologische Erklärungen bei Durkheim

Émile Durkheim (1858–1917) muss etwas ausführlicher vorgestellt werden als Quetelet. Er ist neben Max Weber der Wissenschaftler, den man mit dem größten Recht ‚Gründervater der Soziologie' nennen kann – zumal dann, wenn es um die Soziologie als akademisches, an den Hochschulen gelehrtes Fach geht. Durkheim erhielt 1887 den ersten Lehrauftrag und 1896 die erste Professur für (Pädagogik und) Soziologie, die es in Frankreich überhaupt gab. Ab 1898 gab er zudem auch die Fachzeitschrift *Année Sociologique* heraus, an der zahlreiche seiner Schüler mitwirkten, also Wissenschaftler, die seinen Ansatz nach seiner aktivsten Phase und nach seinem Tod weiterführten. Marcel Mauss, Célestin Bouglé und Maurice Halbwachs sind hier die vielleicht bekanntesten Namen. Durkheim hat sich darüber hinaus, wie im folgenden Abschnitt zu sehen sein wird, als Soziologe politisch engagiert, um die ‚Dritte Republik' in Frankreich zu unterstützen (die nach den Versuchen von 1792–1799 und 1848–1851 die erste stabile parlamentarische Demokratie des Lands bildete). Und er hat mit all diesen Aktivitäten Konkurrenten aus dem Feld geschlagen, die sich ebenfalls um die Etablierung der Soziologie bemühten – namentlich Gabriel Tarde, der mit Grundlagenbüchern berühmt wurde, und René Worms, der bereits seit 1893 die Zeitschrift *Revue Internationale de Sociologie* herausgab. Ob Durkheim den beiden auch sachlich überlegen war, soll hier nicht umfassend erörtert werden. In jedem Fall hat er anders als sie intensiv das sozialstatistische Wissen genutzt.

Die Bücher ***Die Regeln der soziologischen Methode*** (1895) und ***Der Selbstmord*** (1897) – zwei der vier Hauptwerke Durkheims – ergänzen sich in dieser Hinsicht fast mustergültig. Neben anderen, weniger weiterführenden Lehren enthalten die *Regeln* einen tautologisch klingenden, aber entscheidenden Grundsatz: „Wir müssen also die Erklärung des sozialen Lebens in der Natur der Gesellschaft selbst suchen." (Durkheim 1895/1984, S. 186) Das ähnelt nicht zufällig Quetelets Ansicht, dass mit der Zahl der betrachteten sozialen Ereignisse der individuelle Wille seine Bedeutung verliert und die sozialen Ursachen hervortreten. Durkheim lehnt es in den *Regeln* vor allem ab, soziale Tatbestände nur als Ergebnis vieler individueller Motive zu sehen. In seinem Buch zum Selbstmord[4] (das den Untertitel *Étude de sociologie* trägt) führt er eben dieses Argument mithilfe statistischen Materials durch. Das heikle, traurige Thema zählte im 19. Jh. zu den Paradebeispielen statistischen Denkens. Man war fasziniert von der Konstanz der jährlichen Selbsttötungsraten (die laut Durkheim weniger schwanken als die Sterberaten insgesamt), verglich sie über die Zeiträume und Länder hinweg

4 Im Folgenden werde ich das moralisch nicht wertende Wort ‚Selbsttötung' vorziehen, mit dem sich frz. *suicide* ebenso wiedergeben lässt; an wenigen Stellen bleibe ich beim aus der Buchübersetzung bekannten ‚Selbstmord'.

und fand verschiedene Erklärungen für Unterschiede. Durkheims Position ist so einfach wie radikal: Wenn sich Menschen in verschiedenen Kontexten verschieden häufig selbst töten, sind die Ursachen in den jeweiligen Verhältnissen und Zuständen ihres Zusammenlebens, also im Sozialen zu suchen. Das Buch soll mit sorgfältiger Datenauswertung beweisen, dass sie sogar *allein* darin zu finden sind.

Kritisch legt Durkheim dar, weshalb die häufig herangezogenen „außergesellschaftlichen Faktoren" die Selbsttötungsrate nicht systematisch beeinflussen: psychische Krankheiten, Erbgut, Klima und Nachahmung kommen für ihn nicht infrage. Wäre die Suizidneigung z. B. durch Licht und Temperaturen bedingt, könnte man schwer die hohen Selbsttötungsraten in Ländern mit gemäßigtem Klima oder im Frühjahr erklären (Durkheim 1897/1983, S. 106–109); gegen den Einfluss psychischer Krankheiten führt Durkheim u. a. an, dass zwar mehr Frauen als Männer in der Psychiatrie sitzen, sich aber deutlich mehr Männer selbst töten (ebd., S. 58–60); die damals populäre Vorstellung von „Rassen" mit ererbten Eigenschaften lehnt er als unklar und nicht hilfreich ab (ebd., S. 72–99). Seine Argumentation kann hier nicht vollständig dargestellt oder geprüft werden; sie ist jedoch selbst bei Fehlern vorbildlich dafür, wie man mit statistischen Zahlen Thesen belegen und widerlegen bzw. wie man scheinbare Belege entkräften kann.

Einflussreicher waren die Thesen, mit denen Durkheim dagegen unverkennbar soziale Gründe für die relative Häufigkeit von Selbstmorden zusammengestellt hat. Sie sind an eine Idee gebunden, die er ebenfalls schon in den *Regeln* ausgeführt hatte: In Gesellschaft zu leben heißt, mit Gewohnheiten, Üblichkeiten, Vorschriften, Verboten, Pflichten usw. umgehen zu müssen, die ich nicht selbst gemacht habe, die mir aber von (fast) allen anderen als Bedingung meines Handelns und meiner Auffassungen auferlegt werden. Durkheim spricht hier von „sozialen Tatsachen" (*faits sociaux*, vom deutschen Herausgeber René König eigenwillig mit „soziologischer Tatbestand" übersetzt), die er wesentlich durch „sozialen Zwang" (*contrainte sociale*) gekennzeichnet sieht (Durkheim 1895/1984, S. 105–114; König 1984, S. 38). Für den Grenzfall der Selbsttötung sind diese Überlegungen in besonderer Weise wichtig. Zunächst stellt Durkheim fest, dass diverse Gesellschaften Menschen vorschreiben oder nahelegen, sich in bestimmten Situationen das Leben zu nehmen: zu kultisch-religiösen Anlässen, zum Schutz der Gruppe, bei Ehrverlust. Durkheim nennt das „altruistischen Selbstmord" (Durkheim 1897/1983, S. 242–270). In Gesellschaften, die Selbsttötung generell ablehnen, also etwa christlichen und westlich-modernen, könnte jedoch gerade die Lockerung oder Störung des sozialen Zwangs entscheidend sein.

Durkheim spricht hier zum einen vom „egoistischen" Selbstmord, der möglich wird, wenn mein individuelles Glück oder Unglück mir wichtiger ist als das, was die anderen von mir erwarten. Die Statistiken geben einige Hinweise auf einen solchen Zusammenhang: In protestantischen Gebieten, in denen die Religionsauffassung eher individualistisch ist, bringen sich deutlich mehr Menschen um als in katholischen Gebieten, in denen stärkere soziale Kontrolle herrscht (ebd., S. 162–185); tendenziell lässt sich auch beobachten, dass die Ehe als Zustand sozialer Verpflichtung vor Selbsttötung schützt. Zum anderen ist es jedoch möglich, dass die sozialen Anforderungen unklar oder widersprüchlich werden. In diesem Fall weiß die Einzelne nicht mehr, was sie erwarten darf und wie sie vom Wunsch zur Erfüllung kommt, sodass ihre Bedürfnisse, Begierden, Ängste und Enttäuschungen aus den begrenzten Bahnen geraten. Durkheim nimmt an, dass sich auch in solchen Lagen der „Anomie" (Regellosigkeit) die Selbsttötungen häufen, und spricht vom „anomischen Selbstmord" (ebd., S. 273–296). Belege findet er in der Geldwirtschaft, die Menschen aus ihren gewohnten Beziehungen reißt und sie über Nacht reich oder arm machen kann. Bei Börsenkrisen wie auch im Börsenhoch, in der Rezession wie bei Hochkonjunktur nehmen die Selbsttötungen zu, Handels- und Industrieberufe sind stärker gefährdet als andere. Arme Länder scheinen dagegen ‚immun' gegen hohe und hochschnellende Selbsttötungsraten zu sein (ebd., S. 289 f.).

Durkheims Studie ist nicht umsonst klassisch geworden. Wie immer man zu seinen Thesen steht, er entwickelt sie eng und kreativ am statistischen Material. Die Ergebnisse, besonders der (schon im Buch zur Arbeitsteilung vorgeprägte) Begriff der ‚Anomie', wurden vielfach aufgenommen und gelten mitunter als Bausteine einer Theorie der modernen Gesellschaft insgesamt.

Konservative Form, progressive Inhalte: liberale und soziale Demokratie bei Durkheim

Die zuletzt dargestellten Argumente scheinen Durkheim als konservativen Denker in der Linie von de Maistre, Bonald und Lamennais auszuweisen: Wenn unsere Lebensziele nicht (mehr) von der Autorität der Gesellschaft in engen Grenzen gehalten werden, reißen sie uns in den Abgrund. Durkheim sieht sogar die wichtigste Instanz des neueren rechten Denkens, den Nationalstaat, als diese Autorität: „Nehmen wir einmal an, der Patriotismus lässt nach oder verschwindet; wo findet der Mensch dann noch die moralische Autorität, deren Joch für ihn so heilsam (*salutaire*) ist?" (Durkheim 1950/1999, S. 107) Die Form der äußeren Autorität wird jedoch mit wenig konservativen Inhalten gefüllt: Durkheim begrüßt die vielfältigen Ziele des modernen Lebens und stellt als einzigen verbindenden Grundwert die Unantastbarkeit des Individuums dar.[5] Damit teilt er die liberal-demokratischen Orientierungen, die zu seiner Zeit die Republik prägen.

5 Robert Nisbet hat den gleichen Sachverhalt umgekehrt betont: „The paradox of sociology [...] lies in the fact that although it falls, [...] in the political and scientific values of its principal figures, in the mainstream of modernism, its essential concepts [...] place it much closer [...] to political conservatism" (Nisbet 1993, S. 17).

Besonders deutlich zeigt sich diese Schreibstrategie, wenn man die These von Durkheims erstem großen soziologischen Buch, ***Über soziale Arbeitsteilung*** (1893), mit konservativen Ansätzen anderer Soziologen vergleicht. Die grundlegende Beobachtung hatte schon Quetelet gemacht: Bei gleichen Lebensumständen haben die Menschen (normalverteilt) auch ähnliche Ansichten. Durkheim behauptet sogar ein gemeinsames Bewusstsein oder Gewissen, die *conscience collective* oder *commune* (Durkheim 1897/1992, S. 128). Damit liegt der Schluss nahe, dass eine funktionierende Gesellschaft bis in die Einstellungen gleichförmig ist. So hat es mit allen konservativen Signalwörtern Durkheims Konkurrent René Worms angenommen:

> „Die Gesellschaft ist durch Ähnlichkeiten gekennzeichnet. Die Gesellschaft ist die Gesamtheit von Wesen, die in ihrer Arbeit kooperieren (*dont les travaux coopèrent*), die unter denselben Gesetzen und Chefs leben, und die Sitten (*mœurs*), Traditionen und Ideen gemeinsam haben." (Worms 1896, S. 35, Übers. TR)

Durkheim sieht dies anders, und er nutzt für sein Argument die ebenfalls von Worms und im Konservatismus verwendete Idee, dass die Gesellschaft eine Art ‚Organismus' ist. Wenn das zutreffen sollte, kann der Organismus mehr oder weniger komplex sein. Gleichförmig sind nur einfache oder ‚segmentäre' Gesellschaften, in denen jeder Teil (z. B. jedes Dorf) genauso aussieht und funktioniert wie jeder andere, sodass die Segmente wie die eines Wurms auch ohne einander lebensfähig sind. In Gesellschaften, die *arbeitsteilig* organisiert sind, muss dagegen Verschiedenheit herrschen. Die Großbürgerin, die Bäuerin, der Schauspieler und der chinesische Konsularbeamte werden *nicht* alle die gleichen ‚Sitten, Traditionen und Ideen' haben. Laut Durkheim begrüßen wir diese Verschiedenheit. Arbeitsteilige Gesellschaften pflegen keine „mechanische" Moral und Rechtsordnung, die allen gleichförmiges Handeln und Denken abverlangt, sondern eine „organische Solidarität", die die Andersartigkeit anderer Menschen zu bejahen verlangt (Durkheim 1893/1992, S. 182 f.).

Die Gemeinsamkeiten, die wir trotzdem teilen und in Streitfällen verteidigen, können damit nur in wenigen Grundsätzen liegen, die so allgemein sind, dass sie die Arbeitsteilung nicht stören. Wir werden die andere Person nicht verurteilen, weil sie sonntags um zehn nicht in der Kirche erscheint oder ihre Lebenspartnerin nicht kirchlich heiratet. Wohl aber werden wir nervös, wenn sie die Grund- und Menschenrechte anderer nicht respektiert, weil dies unsere eigene Freiheit und Andersartigkeit bedrohen könnte. Durkheim hat auch diesen Punkt in seinem Buch zur Arbeitsteilung ausgeführt; die stärkste Anwendung findet er angesichts der Affäre um den General Dreyfus. Dreyfus, wie Durkheim aus jüdischer Familie, war wegen Landesverrats verurteilt worden. Als sich nachträglich abzeichnete, dass die Beweise nicht stimmten und ein anderes, nichtjüdisches Armeemitglied das Vergehen begangen hatte, teilte sich die öffentliche Meinung in zwei Lager.

Eine Gruppe von „Intellektuellen“ – der Begriff entsteht in genau diesem Kontext – sprach sich öffentlich für Dreyfus aus, am wirksamsten der Schriftsteller Émile Zola, der nun öffentlich die Richtenden anklagte. Die konservativ-nationale Gegenseite betonte dagegen, dass die staatliche und religiöse Ordnung über dem Individuum stehe, und forderte an der Verurteilung festzuhalten. Durkheim arbeitete zur Zeit der Debatte bereits an seiner Religionssoziologie (Durkheim 1912), in der er die Autorität der Gesellschaft gegenüber dem Individuum noch einmal besonders absolut fasste: Gottheiten seien nichts anderes als eine Weise, diese Macht der Gesamtheit zu feiern. Statt dies jedoch politisch konservativ zu wenden, fand er erneut einen Ausweg. Die Religion der Gegenwart sei eben der ‚Kult des Individuums‘, die Unantastbarkeit der Einzelperson stelle die aktuelle, einzig verbleibende Form des Heiligen dar. So äußerte er sich (mit den schon in Kap. 1 zitierten Worten) auch zur Affäre:

> „In Wirklichkeit ist die Religion des Individuums eine gesellschaftliche Institution wie alle bekannten Religionen. Es ist die Gesellschaft, die uns dieses Ideal als einzigen gemeinsamen Zweck zuweist, der heute die Willenskräfte miteinander verbinden kann.“ (Durkheim 1898/1986, S. 66)

Man kann die Serie von Durkheims Gleichsetzungen (moralische Autorität = Gesellschaft = Gott = Heiligkeit des Individuums) mehr oder weniger überzeugend finden. Die Balance zwischen soziologischer Einsicht und politischem Engagement, staatstragender Rolle und Distanz zu den herrschenden Gruppen ist jedenfalls nicht vielen Soziologen so gut geglückt.

Max Weber im Verein für Socialpolitik: Staatsmacht jenseits der Statistik

Kurz nach der deutschen Reichsgründung schlossen sich Nationalökonomen, Politiker und einige Wirtschaftsvertreter zu einem Verein zusammen, der mit wissenschaftlich fundierten Beiträgen auf die „Socialpolitik“ einwirken bzw. eine solche Politik ermöglichen sollte. Die Ausrichtung des Vereins ist im Gründungsaufruf von 1872 klar ausgesprochen: Ein starker Staat soll dafür sorgen, dass die Konflikte zwischen Arbeit und Kapital nicht eskalieren.

> „Wir sind der Überzeugung, dass das unbeschränkte Walten teilweise entgegengesetzter und ungleich starker Einzelinteressen das Wohl der Gesamtheit nicht verbürgt, dass vielmehr [...] das wohlerwogene Eingreifen des Staates zum Schutze der berechtigten Interessen aller Beteiligten zeitig wachzurufen ist.“ (Zit. n. Kern 1981, S. 88)

Entsprechend wendet sich der Ökonom Gustav von Schmoller in seiner Gründungsrede sowohl gegen die „Manchesterschule", die einen sozial nicht abgefederten Kapitalismus vertritt, als auch gegen die „mögliche Gefahr einer [...] socialen Revolution" (zit. n. Boese 1939, S. 6). Methodisch lehnt die sogenannte ‚historische Schule', die er selbst vertritt, zudem überwiegend die Sozialstatistik ab; statt Verhaltensweisen zu zählen und zu berechnen, will sie kulturelle Gefüge in ihrer Gesamtheit verstehen (vgl. Hacking 1990, S. 130 f.; Reitz 2015, S. 142 f.). Der Verein für Socialpolitik untersucht trotzdem auch konkrete soziale Fragen. Ab den 1880er Jahren führt er – sozusagen im Windschatten von Bismarcks Sozialgesetzen – sogenannte Enqueten durch, also Untersuchungen in Feldern, in denen man Regelungsbedarf sieht: Steuerprogression, Fabrikarbeit von Frauen und Kindern, die Lage der Landarbeit. In diesem Kontext entwickelt Max Weber, der als Jurist promoviert worden war und sich 1891 mit einer Arbeit zur römischen Agrargeschichte habilitiert hatte, seine ersten soziologischen Ansätze und Thesen.

Veranlasst durch landwirtschaftliche und sozialpolitische Umbrüche hatte der Verein eine große Zahl Gutsbesitzer über ihre Arbeiterschaft befragt; der gerade einmal 28 jährige Weber sollte die besonders brisanten Ergebnisse zu den „ostelbischen" Gebieten auswerten, in denen es u. a. die Rolle der Junker (der preußischen Landadligen), den Einsatz polnischer Arbeiter und Wahlerfolge der SPD zu verarbeiten galt (vgl. Torp 1998, S. 16 f.). Weber erfüllte die Aufgabe vorbildlich: Im Lauf eines halben Jahres erstellte er eine 900 seitige Studie, die sowohl Methodenprobleme diskutierte als auch Thesen zu den Sachfragen erarbeitete (vgl. ebd., S. 21). Weber sah vor allem Probleme, die sich aus dem Vorrücken kapitalistischer Verkehrsformen ergaben. Die Loyalitäten zwischen Landarbeitern und Gutsherren, die noch aus der feudalen Unterordnung stammten, wurden geschwächt, sofern es den Arbeitenden vorrangig um entlohnte Beschäftigung und den Landeigentümern vorrangig um profitabel einsetzbare Arbeitskräfte ging. Weber argumentiert hier ähnlich wie Durkheim mit Blick auf die (bedrohten) moralischen Bedingungen von Arbeitsteilung. Er stellt jedoch anders als dieser ein staatliches Interesse in den Mittelpunkt: Entscheidend ist für ihn, unter welchen Bedingungen die Landarbeiter politisch loyal bleiben. Daher lehnt er Arbeitsmigration aus Polen entschieden ab, und er verurteilt die neue Wirtschaftsform generell als ökonomisch, politisch und militärisch schädlich:

> „[D]er patriarchalische Großbetrieb hat den Nahrungsstand der Landarbeiterschaft und ihre militärische Tüchtigkeit konserviert, der kapitalistisch organisierte Großbetrieb aber besteht heute auf Kosten des Nahrungsstandes, der Nationalität und der Wehrkraft des deutschen Ostens" (Weber 1892/1984, S. 795).

Selbst wenn man die sprachliche Form dieser Äußerung zeitlich einbettet – erst ab den 1930er Jahren formulierten so vor allem Wissenschaftler, die der NSDAP nahestanden, nach 1945 konnte man so nicht mehr schreiben – ist ihre Einseitigkeit offensichtlich.

Kurz nach der Veröffentlichung, zu der Zeit von Webers erster Berufung in Freiburg (1894), brach in Deutschland ein Streit über politische Parteinahmen in der Wissenschaft aus. Im Kreuzfeuer standen allerdings nicht Weber, die Landarbeit oder der Nationalismus, sondern die sogenannten „Kathedersozialisten" im Verein für Socialpolitik, ihre vermutete Nähe zur Sozialdemokratie und der „Universitätssozialismus", den sie angeblich in Berlin aufbauten (Rammstedt 1988, S. 267). Sie wurden im Reichstag angegriffen, konnten sich von einem Gesetzentwurf gegen staatsgefährdende Äußerungen (der „Umsturzvorlage") gemeint fühlen und bekamen staatsnähere Kollegen zur Seite gestellt. Die erste (allerdings außerordentliche, d. h. unbezahlte) Professur für Sozialwissenschaft in Deutschland erhielt 1897 Karl Theodor Reinhold, ein wissenschaftlich kaum profilierter Jurist und nationalliberaler Abgeordneter, der sich von den Kathedersozialisten abgewandt hatte (vgl. ebd.). Ebenso wie Webers Berliner Vereinskollegen Schmoller und Wagner setzte dies auch Wissenschaftler wie **Ferdinand Tönnies** und **Georg Simmel** zurück, die sich als Soziologen begriffen und deren Berufung auf Professuren nicht zuletzt Regierungsstellen verhinderten. Simmel erhielt immerhin 1900, nach 15 Jahren philosophischer Privatdozentur, ebenfalls eine außerordentliche Professur in Berlin und musste dann sogar Soziologie lehren; die ersten ordentlichen Professuren für Soziologie in Deutschland haben, im internationalen Vergleich sehr spät, 1919 Franz Oppenheimer und Leopold von Wiese angetreten.

Weber hat sich in dieser Lage ähnlich wie Durkheim den verfestigten Fronten entzogen. Um 1904 führte er (nach einer längeren, krankheitsbedingten Krise) eine Bewegung im Verein für Socialpolitik an, die von politischen Zielen überhaupt abrückte, um nun rein wissenschaftlich forschen zu können. Weber spricht hier mit einem einflussreich gewordenen (in Kap. 1 bereits eingeführten) Begriff von ‚Werturteilsfreiheit': Sozialwissenschaftler sollen die Phänomene, die sie beschreiben oder erklären, nicht zugleich bewerten. Webers Kernargument lautet, dass Werte Lebenszielen darstellen, über die sich nicht wissenschaftlich entscheiden lasse (vgl. u. a. Weber 1904/1988, S. 151 f., siehe auch Kap. 4). In der Deutschen Gesellschaft für Soziologie, die 1909 mit Beteiligung Webers von Forschern wie Simmel und Tönnies gegründet wird, ist die Werturteilsfreiheit ein grundlegender, schon in § 1 der Satzung festgeschriebener Konsens (vgl. Kern 1982, S. 119 f.; zu den umstrittenen Gründen Rammstedt 1988). Insgesamt liegt der Schluss nahe, dass in Deutschland erst die Abkehr von Zielen, die mit der Regierungspolitik in Konflikt kommen konnten, die Soziologie als Wissenschaft möglich machte.

Weber sucht sich für politische Äußerungen fortan betont nichtwissenschaftliche Foren. Seine Forschungsthemen und Methodenreflexionen zeugen allerdings weiter von Staatsnähe – und sogar von einer Ausblendung des Sozialen. In späteren Jahren entwickelt Weber eine (gleich zu betrachtende) Soziologie des Staats und der Herrschaft, in der die ‚soziale Frage' keine Rolle mehr spielt.

Aus dem Blick geraten auch die fürs sozialstatistische Denken zentralen Zustände oder Verhältnisse, die sich unbeabsichtigt aus dem Zusammenspiel einzelner Handlungsvollzüge ergeben. Mit Weber kann man sie schließlich nicht einmal mehr als „soziales Handeln" begreifen, weil dieses Handeln sich seiner Definition nach sinnhaft „am Verhalten anderer orientiert" (Weber 1921/1976, S. 11). Entsprechend hält er fest: „Soziales Handeln ist weder identisch a) mit einem gleichmäßigen Handeln mehrerer noch b) mit jedem durch das Handeln anderer beeinflussten Handeln." (Ebd.) Dass ich bei Regen noch rasch einen Schirm kaufe und damit die erhältlichen Schirme verknappe, auf der Straße oder bei der Arbeit einen Unfall habe, gehört nicht dazu. Diese Begrenzung ist logisch möglich, aber sie verengt erheblich das Themengebiet der Soziologie – der „Wissenschaft", die laut Weber „soziales Handeln deutend verstehen [...] will" (ebd., S. 1). So vollzieht Weber unter sehr speziell begriffenen deutschen Vorgaben, im Verzicht auf Sozialstatistik und -politik, den Schritt zur Soziologie als Wissenschaft.

Drei Stellungen der Soziologie zum Staat: Rechtfertigung, Reform und Rückzug

Die Ausgangsthese, dass sich die Soziologie nur durch eine staatsnahe Ausrichtung als akademisches Fach etablieren konnte, habe ich am Ende vielleicht weniger klar belegt als erhofft. Zwar sollte ein verbindendes Medium erkennbar geworden sein, das in diesem Sinn die *Entstehung* des Fachs ermöglicht hat. Die Sozialstatistik, die im neuen Zentral-, National- und Sozialstaat zu einem wichtigen Steuerungsmittel wurde, hat auch der Soziologie Material geliefert und ein Bedürfnis nach soziologischen Deutungen erzeugt. Weniger umfassend lässt sich jedoch zeigen, dass die frühe Soziologie dieses Material verarbeitet hat – Durkheims Selbstmordbuch bildet das einzige starke Beispiel – oder dass dies sogar eine bestimmte *Funktion* erfüllt hätte. Andere Staatsbeziehungen konnten breiter belegt werden, sehen jedoch besonders bei und um Weber uneindeutig aus. Das lückenhafte Bild ist teilweise dadurch bedingt, dass ich bisher nur im Fall Durkheims grundlegende Texte vorgestellt habe; Webers wichtigste inhaltliche Arbeiten kommen erst im nächsten Kapitel in einem anderen Kontext zur Sprache. Zu bedenken ist auch, dass beide Autoren nicht unmittelbar Klassiker sind; viele ihrer Texte und Begriffe werden erst nach dem Zweiten Weltkrieg feste Bezugsgrößen der Soziologie. Für ihre methodischen und methodologischen Ansätze – die Vorgehensweisen, die sie erproben und als Regeln festzuschreiben versuchen – kann man schließlich noch nicht einmal das sagen. Sie stehen neben vielen anderen Einzelversuchen, aus denen sich im frühen 20. Jh. noch keine fachtypische Methodik bildet. Sehr schematisch kann man bei Durkheim eine Linie der quantitativen, zahlenbasierten Soziologie (vgl. Kap. 5 und 8) und bei Weber eine Linie der qualitativen, ‚verstehenden' Soziologie (vgl. Kap. 10) ansetzen. Grundlegende Techniken der Erhebung, statistischen Beurteilung und Auswertung quantitativer Daten, der Interviewführung und -auswertung sowie Dokumentenanalyse kommen jedoch erst später hinzu.[6] Die funktional bestandsfähigen Ansätze Durkheims und Webers sind daher eher in ihrer Deutung der Phänomene zu suchen, die man nun häufig als ‚sozial' einstuft.

In diesen Deutungen zeichnet sich zumindest klar ab, wie die Soziologie zum Staat stehen bzw. wie sie soziale Phänomene unter staatlicher Aufsicht aufbereiten kann. Die Rolle, die Durkheim für eine liberale und soziale Demokratie übernimmt, bildet in gewisser Weise den Idealfall. Er legt mit Begriffen wie Solidarität, Anomie oder ‚Religion des Individuums' dar, wie staatliche, rechtliche und moralische Regeln und Einrichtungen beschaffen sein müssen, wenn unter bestimmten (modernen) Bedingungen überhaupt soziale Ordnung bestehen soll. Damit erfindet er eine neue Weise, solche Regeln und Einrichtungen zu *rechtfertigen*. Sie werden nicht mehr aus der menschlichen Natur oder aus einem göttlichen Plan, sondern aus dem gegebenen Stand sozialer Probleme heraus begründet. Ähnliche Leistungen erbringen später u. a. die funktionalistische Schichtungstheorie (vgl. Kap. 7), die Theorie funktionaler Differenzierung (Kap. 9) und wohl auch die Diskurs- und Anerkennungstheorie der neueren Frankfurter Schule (Kap. 6). In der (Vor-)Geschichte der deutschen Soziologie lässt sich ein gespannteres Verhältnis zum Staat beobachten. Dem Verein für Socialpolitik geht es zunächst einfach darum, mit welchen *Reformen* der Staat soziale Probleme bewältigen kann. Da das Kaiserreich hier jedoch eigene Ziele verfolgt und sich autoritär gegen Alternativen abdichtet, haben Sozialwissenschaftler in diesem Feld eine schwierige Stellung, und für eine wesentlich reformorientierte Soziologie ist kein Platz. Die Gründung des Fachs wird daher erst möglich, als führende Soziologen ihren *Rückzug* aus dem politischen Engagement erklären, und erst in der Weimarer Republik kann dieses Fach auch an Universitäten Fuß fassen.

In den westlichen Demokratien nach 1945 haben alle drei Staatsverhältnisse Platz gefunden. Viele Soziologinnen setzen sich für soziale Reformen ein bzw. werden in sie eingebunden; im Kampf gegen Politisierung, gegen Moralisierung oder um Forschungsgeld pochen andere auf wissenschaftliche Objektivität; Beispiele für Rechtfertigung wurden bereits genannt. Konkret gehen alle drei Staatsverhältnisse nicht selten Hand in Hand: Wenn Soziologen z. B. mehr Chancengleichheit verlangen (vgl. Kap. 7 und 12), fordern sie häufig institutionellen Wandel, wirken an einer Selbstrechtfertigung unserer staatlich-sozialen Ordnung mit und tragen (etwa in statistischen Analysen von Einkommen und Bildungserfol-

6 Erste Ansätze für qualitative und quantitative Erhebungs- und Auswertungsmethoden hat Weber entwickelt, als er 1908–9 eine Studie zu Motivation und Erschöpfung in der Industriearbeit plante (s. u., Kap. 4).

gen) wertungsfreie Erkenntnisse bei. So ist die Soziologie bis heute an der Regierung des Sozialen beteiligt.

Literatur

Boese, Franz (1939): Geschichte des Vereins für Socialforschung 1872–1932. Berlin: Drucker & Humblot.

Bourdieu, Pierre (1982/2005): Was heißt Sprechen? Zur Ökonomie des sprachlichen Tausches. 2. Auflage. Wien: Braumüller.

Donzelot, Jacques (1984): L'invention du social. Essai sur le declin des passions politiques. Paris: Fayard.

Durkheim, Émile (1893/1993): Über die soziale Arbeitsteilung, Studien über die Organisation höherer Gesellschaften. Frankfurt a. M.: Suhrkamp.

Durkheim, Émile (1895/1984): Die Regeln der soziologischen Methode. Frankfurt a. M.: Suhrkamp.

Durkheim, Émile (1897/2006): Der Selbstmord. Frankfurt a. M.: Suhrkamp.

Durkheim, Émile (1898/1986): Der Individualismus und die Intellektuellen. In: Bertram, Hans (Hrsg.): Gesellschaftlicher Zwang und moralische Autonomie. Frankfurt a. M.: Suhrkamp. S. 54–70.

Durkheim, Émile (1912/1981): Die elementaren Formen des religiösen Lebens. Frankfurt a. M.: Suhrkamp.

Durkheim, Émile (1950/1999): Physik der Sitten und des Rechts. Vorlesungen zur Soziologie der Moral. Hrsg. v. Müller, Hans-Peter. Frankfurt a. M.: Suhrkamp.

Ewald, François (1986): L'État providence. Paris: Bernard Grasset.

Foucault, Michel (1997/2001): In Verteidigung der Gesellschaft. Vorlesungen am Collège de France 1975–1976. Frankfurt a. M.: Suhrkamp.

Foucault, Michel (1976a/1983): Der Wille zum Wissen. Sexualität und Wahrheit. Band 1. Frankfurt a. M.: Suhrkamp.

Hacking, Ian (1982): Biopower and the Avalanche of Printed Numbers. In: Humanities in Society 5, H. 3–4, S. 279–295.

Hacking, Ian (1990): The Taming of Chance. Cambridge: Cambridge University Press.

Hobsbawm, Eric (1996): Mass-Producing Tradition. Europe, 1870–1914. In: Hobsbawm, Eric / Ranger, Terence (Hrsg.): The Invention of Tradition. Cambridge: Cambridge University Press. S. 263–308.

Kern, Horst (1982): Empirische Sozialforschung. Ursprünge, Ansätze, Entwicklungslinien. München: Beck.

König, René (1984): Einleitung. In: Durkheim, Émile, Die Regeln der soziologischen Methode. Hrsg. u. eingel. v. René König. Frankfurt a. M.: Suhrkamp. S. 21–82.

Lemke, Thomas (1996): Eine Kritik der politischen Vernunft. Foucaults Analyse der modernen Gouvernementalität. Berlin: Argument-Verlag.

Makropoulos, Michael (1990): Möglichkeitsbändigungen. Disziplin und Versicherung als Konzepte zur sozialen Steuerung von Kontingenz. In: Soziale Welt 41, H. 4, S. 407–423.

Mannheim, Karl (1929/1952): Ideologie und Utopie. 3., vermehrte Auflage. Frankfurt a. M.: Schulte-Bulmke.

Marx, Karl (1871/1962): Der Bürgerkrieg in Frankreich. In: Marx Engels Werke (MEW). Band 17. Berlin: Dietz. S. 313–365.

Nisbet, Robert A. (1966/1993): The Sociological Tradition. New Brunswick: Transaction Publishers.

Porter, Theodor M. (1986): The Rise of Statistical Thinking 1820–1900. Princeton / N. J.: Princeton University Press.

Quetelet, Adolphe (1832): Sur la possibilité de mesurer l'influence des causes qui modifient les éléments sociaux. Lettre à m. Villermé de l'Institut de France. Brüssel: M. Hayez.

Quetelet, Adolphe (1851/1869): Physique sociale ou essai sur le développement des facultés de l'homme. Brüssel: Muquardt.

Rammstedt, Otthein (1988): Wertfreiheit und die Konstitution der Soziologie in Deutschland. In: Zeitschrift für Soziologie 17, H. 4, S. 264–271.

Rehmann, Jan (1998): Max Weber. Modernisierung als passive Revolution. Kontextstudien zu Politik, Philosophie und Religion im Übergang zum Fordismus. Berlin / Hamburg: Argument.

Reitz, Tilman (2015): Das zerstreute Gemeinwesen. Politische Semantik im Zeitalter der Gesellschaft. Wiesbaden: Springer VS.

de Tocqueville, Alexis (1856/1989): Der alte Staat und die Revolution. München: dtv.

Torp, Cornelius (1998): Max Weber und die preußischen Junker. Tübingen: Mohr Siebeck.

Weber, Max (1892/1984): Die Verhältnisse der Landarbeiter im ostelbischen Deutschland. Dargestellt auf Grund der vom Verein für Socialpolitik veranstalteten Erhebungen von Max Weber. In: Max Weber Gesamtausgabe. Abt. I, Band 3.2. Tübingen: Mohr Siebeck.

Weber, Max (1904/1988): Die „Objektivität" sozialwissenschaftlicher und sozialpolitischer Erkenntnis. In: Gesammelte Aufsätze zur Wissenschaftslehre. Hrsg. v. Winckelmann, Johannes. Tübingen: Mohr Siebeck. S. 146–214.

Weber, Max (1921/1976): Wirtschaft und Gesellschaft. Grundriss der verstehenden Soziologie. 5. Auflage. Hrsg. v. Winckelmann, Johannes. Tübingen: Mohr.

Worms, René (1896): Organisme et société. Paris: V. Giard et E. Brière.

4. Weber, Simmel, Pareto: Krise der bürgerlichen Kultur und Soziologie der Herrschaft

In ganz anderer Weise als durch Sozialstatistik, Bevölkerungs- und Sozialpolitik wird die entstehende Soziologie durch die kulturelle Dynamik geprägt, die ab dem späten 19. Jh. den Zustand und die Verständnisse der Gesellschaft in Europa verändert. Die entscheidenden Prozesse hat man oft mit dem Stichwort ‚Moderne' gefasst: Die Menschen sehen sich von Traditionen befreit, technisch handlungsfähig wie niemals zuvor und gesellschaftlich zu gewaltigen Experimenten fähig, aber auch verunsichert, orientierungslos und entfremdet. Im Folgenden will ich diese Motive genauer nachvollziehen und ihre politischen Konsequenzen ausloten, indem ich zwei teils personell, teils sachlich verbundene Denkrichtungen vorstelle: soziologische Befunde zu Kulturkrisen und Soziologien der Herrschaft. Bei **Max Weber** und in seinem Umfeld sind beide Ansätze vielfältig verwoben; Beispiele geben **Georg Simmel** und Georg Lukács. Als vorrangig politische Ansätze ziehe ich die Theorie der ‚herrschenden Klasse' und die ‚Elitensoziologie' der Italiener Gaetano Mosca und **Vilfredo Pareto** heran. Fortgeführt hat sie Robert Michels, der wiederum für Webers Herrschaftssoziologie wichtig war – und in Italien unter Mussolini Professor wurde. Mit der Verbindung dieser Denklinien will ich vorführen, wie in Zeiten extremer kultureller Verunsicherung eine ebenso extreme, von allen Abfederungen befreite Herrschaft neuen Halt versprach.

Zur Erläuterung meiner These werde ich zunächst einige in der Kapitelüberschrift und im vorigen Absatz genannte Begriffe – Kultur, Kulturkrise, Herrschaft und Elite(n) – vorläufig bestimmen. Ergänzend will ich geschichtlich erläutern, weshalb man um 1900 in Europa von einer Krise der ‚bürgerlichen' Gesellschaft und Kultur sprechen kann. Der Hauptteil des Kapitels hat dann zwei Teile. Zum einen stelle ich dar, wie sich bei Weber und um ihn herum kulturelle Verunsicherung und Herrschaftsdenken verbinden. Zum anderen schildere ich die ‚reine', höchstens schwach kultursoziologisch gerahmte Herrschafts- und Elitensoziologie von Mosca, Pareto und Michels. Als Abschluss bieten sich die Rückkehr zu Weber und eine Reflexion zum Faschismus an.

Kultursoziologie und Herrschaftssoziologie

Der Begriff der Kultur ist grundlegend, wenn man im Zusammenleben mehr sehen will als die Reproduktion von Menschen, die Produktion von Gütern und die

Ausübung von Gewalt. Zugleich ist er nicht einfach zu fassen, weil er so unterschiedliche Elemente wie Sitten und Bräuche, Kunstwerke und Religion umfasst (und erst entstanden ist, als man alles dies länder- und zeitübergreifend zu vergleichen bereit war). Eine brauchbare Definition könnte lauten, dass ‚Kultur' die *symbolisch organisierten Welt- und Selbstverhältnisse* zusammenlebender Menschen bezeichnet. Mit Welt- und Selbstverhältnissen ist dabei gemeint, dass wir das, was wir tun und erfahren, immer in bestimmter Weise verstehen und deuten. Ich sitze nicht bloß in einem Raum und beschrifte ein Blatt, sondern schreibe meine erste Soziologieklausur, was sehr aufregend ist, weil ich neu an der Universität bin und noch gar nicht richtig weiß, wofür die Soziologie gut ist, ob ich so etwas kann oder nicht lieber etwas Praktisches machen will. Gedanken, Empfindungen und Orientierungen dieser Art habe ich gewöhnlich nicht einfach von mir aus. Sie sind ‚symbolisch', also durch kommunizierbare Verständnismuster geprägt: Auffassungen der Universität, Einschätzungen von Berufen oder auch Debatten darüber, wie viele Menschen studieren sollten und welche Fächer wichtig sind. Die Kultur ist (gemäß dem ursprünglichen Sinn von ‚cultura') die Pflege solcher Verständnismuster, die etwa überliefert, erlernt, verfeinert und ausgehandelt werden, wenn wir Zeichen austauschen, Kinder erziehen oder Rituale vollziehen. Kultursoziologisch lässt sich u. a. untersuchen, welche Kräfte hieran beteiligt sind, wie sie Welt- und Selbstdeutungen prägen und festschreiben, welche Probleme sie verarbeiten und welche neuen Lösungen sie finden.

Probleme entstehen besonders dann, wenn die verfügbaren Verständnismuster das, was die meisten tun (Studieren, Erwerbsarbeit, Konsumieren ...), vielen nicht (mehr) als sinnvoll vermitteln können. In dieser Lage kann Kulturkritik laut werden, die verbreitete Selbst- und Weltverhältnisse angreift (z. B. als egoistisch und oberflächlich). Beteiligte und Beobachter können aber auch eine allgemeine Störung bemerken (weil etwa alle kommunizieren und die meisten sich trotzdem allein fühlen). Wenn diese Störung umfassend ist, kann man von einer ‚Kulturkrise' sprechen. Menschen gehen zwar noch ihren erforderten Tätigkeiten nach, sind aber nicht mehr davon überzeugt und wären bereit, sich anders zu orientieren.

Die Antwort muss nicht immer auf kulturelle Weise erfolgen. Wenn keine neuen Sinnmuster die Verunsicherung oder Unzufriedenheit aufzufangen vermögen, können auch Interessen, Übermacht und Befehle für eine gewisse Zeit eine gewisse Ordnung herstellen. Man glaubt zwar nicht, dass das Studium oder der Militärdienst sinnvoll ist, will aber einen schlechten Job oder den Konflikt mit der Staatsmacht vermeiden. Die Idee, dass die reine Androhung oder sogar Ausübung von Gewalt das Zusammenleben bestimmen kann, ist wie erwähnt ein Extremfall, und auch die Soziologie politischer Herrschaft betont zumeist, dass Menschen ihrer Beherrschung zustimmen. Für das Folgende wird jedoch die Bewegung zwischen den Polen von Zustimmung und Zwang wichtig sein. Im Zweifelsfall können Menschen etwas *vorwiegend* deshalb akzeptieren, weil sie sich dazu gezwungen sehen, oder Zwängen *aus starker Überzeugung* entgegentreten.

Wenn es nicht zumindest vorstellbar wäre, die eine Art Handlungsmotivation teilweise durch die andere zu ersetzen, gäbe es jedenfalls nicht die hier erörterte Herrschaftssoziologie.

Um den Gegenstand dieser Soziologie zu kennzeichnen, eignet sich eine Definition Webers: „Herrschaft" ist für ihn „die Chance, für einen Befehl bestimmten Inhalts bei angebbaren Personen Gehorsam zu finden" (Weber 1921/1976, S. 28). Am größten ist diese ‚Chance', wenn niemand den Befehl infrage stellt und man ihm ggf. Nachdruck verleihen kann. Als ultima ratio sind dafür Gewaltmittel hilfreich – Waffen und Menschen, die sie wiederum auf Befehl einsetzen. Der typische Ort solcher Herrschaft ist der Staat, dem Weber einerseits ein Monopol auf den legitimen Gewalteinsatz zuschreibt (vgl. Kap. 2) und den er andererseits als höchst effiziente ‚bürokratische' Ordnung beschreibt (vgl. Kap. 3). Um ‚bestimmte Inhalte' und ‚angebbare Personen' geht es Weber besonders deshalb, weil für ihn erst klar umrissene und abgestimmte Befugnisse die Herrschaft zu zielgerichtetem Handeln befähigen. Der Offizier, aber nicht der Leutnant kann mir z. B. befehlen, einen Angriff zu starten, und keiner von beiden hat Einfluss auf meine Besoldung. Andere Herrschaftssoziologen betonen statt solcher Ordnungen eher, dass bestimmte Gruppen über anderen stehen, weil sie über deren Handeln verfügen und sich selbst Vorteile sichern können. Das betrifft in der Regel politische Führungsgruppen, kann aber auch die ‚herrschende Klasse' der wirtschaftlich Mächtigen kennzeichnen oder sich auf ‚Eliten' beziehen, deren Funktion Entscheidungen über viele Menschen einschließt – Richter, Chefärzte u. a. Mit diesen Stichworten ist bereits die spätere Elitensoziologie angesprochen, die nach 1945 eigene Fragen stellen wird. In der geschichtlichen Phase, die hier zu betrachten ist, treten allerdings selbst die Aufgaben der Eliten auffällig zurück. Entscheidend sind die Befehlsgewalt sowie die Über- und Unterordnung als solche.

Krisentendenzen der bürgerlichen Gesellschaft bei Marx

Im frühen 20. Jh. beschäftigt die Krise einer sehr bestimmten, nämlich der ‚bürgerlichen' Kultur die Gesellschaftstheorie. Um hierbei das Bürgerliche genauer zu fassen, bietet sich ein Seitenblick auf **Marx** an. Im Zentrum seiner Analysen steht das Bürgertum als Klasse oder zumindest die Dominanz privater Interessen, nicht die Gemeinschaft der Staatsbürger, die mit dem Begriff ‚bürgerliche Gesellschaft' bis zum frühen 19. Jh. gemeint war (vgl. Reitz 2003, S. 12–16; 2014, S. 87). Auch die neue bürgerliche Gesellschaft kann man je nach Bewertung sehr unterschiedlich auffassen. Einerseits lässt sie sich als liberale Marktwirtschaft denken. Die Mitglieder dieser Gesellschaft genießen alle gleichermaßen Grundrechte wie das auf den Schutz der Person, freie Meinungsäußerung und Eigentum, sie ernähren sich durch privat organisierte Arbeit, deren Produkte sie auf dem Markt tauschen, und während typischerweise die Männer erwerbstätig sind, kümmern sich die Frauen in der bürgerlichen Kleinfamilie um Haushalt und Kinder. Vollständig hat nie eine Gesellschaft diesem Muster entsprochen, aber Vorstellungen des normalen und richtigen Zusammenlebens haben sich in der Geschichte häufig (schon bei Hegel, aber auch in den westlichen Staaten nach dem Zweiten Weltkrieg) eng daran orientiert. Kritiker arbeiten sich ebenfalls an dem Muster ab.

Statt durch Freiheit, Gleichheit und familiäre Liebe kann man die umrissene Gesellschaft nämlich auch durch Ausbeutung, ideologisch verkleidete Klassenherrschaft und enge Lebensregeln gekennzeichnet sehen. Besonders die ersten beiden Stichworte lassen sich gut mit Marx erläutern. Für ihn herrscht das Bürgertum wirtschaftlich, weil die Eigentümer von Produktionsmitteln alle anderen für sich arbeiten lassen – vor allem die abhängig Beschäftigten, die nichts als ihre Arbeitskraft zu verkaufen haben und nicht mehr bezahlt bekommen als die Wiederherstellung dieser Arbeitskraft (vgl. Marx 1876/1968, MEW 23, S. 181–189). Alle weiteren Produkte werden von der ‚Bourgeoisie' konsumiert und vor allem erneut in ihre Unternehmen investiert, um noch mehr Arbeit im ‚Proletariat' ausbeuten zu können. Die gleichen Grundrechte aller lenken damit (obwohl sie durchaus handfest, z. B. vor Gericht einklagbar sind) den Blick von der Kernstruktur der bürgerlichen Gesellschaft ab (vgl. ebd., S. 189–191; Marx 1844/1957, MEW 1, S. 363–370). Ähnliches kann man von den moralischen Grundsätzen sagen, die in der Erwerbsarbeit oder in der Familie vorherrschen. Solche Ideale entstehen zudem nicht individuell und zufällig, sondern werden u. a. von den „Ideologen" der herrschenden Klasse gepflegt und „den Individuen der beherrschten Klasse als Lebensnorm entgegengehalten" (Marx/Engels 1844–45/1969, MEW 3, S. 405). Aus dieser Perspektive betrachten Marx und Engels Kultur. Sie vollziehen aber nicht genauer nach, was die ‚Lebensnorm' ausmacht.

Mit Marx kann man daher zwar viele Krisen der bürgerlichen Gesellschaft beschreiben, von kurzfristigen und dauerhaften Wirtschaftskrisen bis hin zu den Katastrophen, die möglich werden, weil der Profitwirtschaft ihre Umwelt gleichgültig ist: „Die kapitalistische Produktion entwickelt [...] nur die Technik [...] des gesellschaftlichen Produktionsprozesses, indem sie zugleich die Springquellen alles Reichtums untergräbt: die Erde und den Arbeiter." (Marx 1867/1968, MEW 23, S. 529 f.) Erst spätere, weniger kapitalismuskritische Autoren wie Weber erörtern jedoch, dass den bürgerlichen Individuen ihre eigenen Grundsätze fragwürdig werden.

Die Krise der bürgerlichen Kultur bei Weber

Wie Durkheim verdient Weber (1864–1920) als Gründungsfigur der Soziologie vorgestellt zu werden. Früh als begabter Wissenschaftler gehandelt, erhielt er 1894 eine Professur in der Nationalökonomie, war aber schon ab 1897 aufgrund einer Nervenkrankheit lange praktisch arbeitsunfähig; von 1903 bis 1917 hatte er keine Professur inne. Seine größte soziologische Studie (zugleich die einzige, die er selbst geplant und fertiggestellt hat), entstand zu Beginn dieser Pause: ***Die protestantische Ethik und der ‚Geist' des Kapitalismus*** (1904–5). Im Verein für Socialpolitik begann er mit einem empirisch angereicherten Literaturbericht zur *Psychophysik der industriellen Arbeit* (1908–9) und einer detaillierten Methodenskizze ein weiteres Projekt, brach es jedoch ab, als die ersten Ergebnisse vorlagen. Hinzu kamen Aufsätze und ausufernde, nach Webers Tod unter dem Titel ***Wirtschaft und Gesellschaft*** herausgegebene Manuskripte, die nicht zuletzt die Methoden und den Themenbereich der Soziologie betreffen. Weitere Hauptideen hat Weber 1919 in Verschriftlichungen der Vorträge ***Wissenschaft als Beruf*** und ***Politik als Beruf*** gebündelt. Institutionell war er nicht nur bei der Gründung der Deutschen Gesellschaft für Soziologie aktiv, sondern gab ab 1904 auch die Zeitschrift *Archiv für Sozialwissenschaft und Sozialpolitik* mit heraus. Mindestens ebenso wichtig wurde schließlich sein privater, zusammen mit seiner Ehefrau Marianne geführter Heidelberger ‚Sonntagskreis', in dem sich ab 1910 namhafte und vielversprechende Geistes- und Sozialwissenschaftler zum Gespräch trafen. Einige Beteiligte treten in diesem Kapitel noch auf: Georg Simmel (der etwas älter als Weber war und in Berlin eine ähnlich wichtige Rolle spielte), Georg Lukács, **Karl Mannheim** und Robert Michels.

Die Krise, die sie in je verschiedener Weise wahrnehmen, erschließt sich bereits in Webers eigenwilligem Hauptwerk, der *Protestantischen Ethik*. Obwohl es historisch ansetzt, enthält es eine Zeitdiagnose, die direkt auf ein Kernelement der bürgerlichen Kultur zielt: die Disziplin und den Verzicht auf unmittelbaren Genuss, die zum Arbeiten und Reinvestieren oft nötig sind. Weber nennt beides mit einem religiös konnotierten Begriff ‚Askese'. Er leitet auch die ‚innerweltliche Askese' des gewinnorientierten Wirtschaftens aus religiösen Problemlagen her, fügt aber hinzu, dass sie nicht mehr als religiös sinnvoll erfahren wird. Während die Menschen Weber zufolge im frühen Kapitalismus mit Arbeit, Genussverzicht, Produktivität und sogar Profitanhäufung Hoffnungen auf ihr Seelenheil verbunden hatten, folgen sie darin inzwischen nur noch äußeren Zwängen.

Methodisch legt Weber seine Studie als Widerlegung von Marx an: Er will zeigen, dass gerade der Kapitalismus nicht bloß aus materiellen Umständen entstanden ist und eine bestimmte ‚Ideologie' hervorbringt, sondern dass umgekehrt eine ‚geistige' Haltung den Kapitalismus ermöglicht hat. Um seine Problemstellung zu erläutern, betont er (mit Begriffen seines Kollegen Werner Sombart), dass sich die Einzelnen im Kapitalismus auf „Erwerb" statt auf „Bedarfsdeckung" ausrichten (Weber 1904–5/2014, S. 163): Sie wollen nicht bloß so viel erwirtschaften, wie sie benötigen, sondern immer mehr Geld und Güter anhäufen. Auch dass Beschäftigte ggf. länger arbeiten, um mehr zu verdienen, statt ihre freie Zeit zu genießen, sei keineswegs selbstverständlich (ebd., S. 155–163). Weber erklärt die Ausrichtung aufs Immer-Mehr-Haben, die lange als unethisch galt, historisch aus den Seelennöten der Protestanten. Indem Reformatoren wie Luther, besonders aber Calvin, Zwingli und ihre puritanischen Nachfolger die katholische Werkgerechtigkeit (gute Taten führen ins Paradies) durch die Idee ersetzten, dass Gott mich im Zweifelsfall nur *trotz* meiner bleibenden Sündhaftigkeit erlöst, machten sie die Gläubigen dauerhaft unsicher, ob gerade sie persönlich erwählt seien (ebd., S. 342–366). Die Verarbeitung dieses Problems hat für Weber besonders in England und in den USA die Einstellungen hervorgebracht, die Kapitalismus ermöglichten. Einerseits wurde eine ständige Selbstbeobachtung ausgelöst, weil man sich immer neu fragen musste, ob man insgesamt gottgefällig ist; kein Priester konnte einen von Fehlern freisprechen oder für Gutes loben. Andererseits blieb als äußeres Zeichen dafür, dass man zu den Erwählten zählt, nur der Erfolg in der Welt, zumal der Wohlstand, der aber nicht sinnlich-sündhaft genossen werden durfte (ebd., S. 397–420). Als Ergebnis schildert Weber eine ‚methodische Lebensführung', die sich in ‚rastloser Berufsarbeit' auslebt. Der spätere Kapitalismus, in dem starker Glaube selten ist, erscheint vor diesem Hintergrund dramatisch sinnentleert:

> „Indem die Askese die Welt umzubauen und in der Welt sich auszuwirken unternahm, gewannen die äußeren Güter dieser Welt zunehmende und schließlich unentrinnbare Macht über den Menschen, wie niemals zuvor in der Geschichte. Heute ist ihr Geist – ob endgültig, wer weiß es? – aus diesem Gehäuse entwichen." (Weber 1904–5/2014, S. 422)

Ob Webers Erklärung in allen Punkten zutrifft und generell überzeugen kann, ist umstritten. Skeptisch stimmt etwa, dass er die Entstehung der fraglichen Ethik selbst in keiner Weise erklärt und auch ihre bewegten politisch-sozialen Kontexte – etwa den englischen Bürgerkrieg – nicht weiter erörtert. Bei genauer Betrachtung bleibt sogar ungewiss, ob er tatsächlich den Kapitalismus aus dem Protestantismus erklären oder bloß eine „Wechselwirkung" zwischen Wirtschaftsweise und Ideologie aufweisen will (Rehmann 1998, S. 204 f.). Unklar ist auch, wie sich die behauptete unternehmerische Selbstdisziplin zur zwangsförmigen Disziplinierung der Arbeiterschaft verhält. Da Weber das Arbeitsethos in protestantisch und puritanisch geprägten Milieus sehr plastisch belegt, bleibt seine Studie in jedem Fall anregend und fast unabhängig von der historischen These aufschlussreich. Die geplante Studie zur Industriearbeit und die Berichte von einer USA-Reise 1904 lassen vermuten, dass Weber gerade die Arbeitsdisziplin in den Fabriken potenziell wegweisend reflektierte (vgl. ebd., S. 24–28, sowie Kap. 5). Und in jedem Fall verdienen seine Befunde zur modernen Kultur näher betrachtet zu werden.

Ein Motiv, das Weber auch in der Vorbemerkung zur Neuauflage der *Protestantischen Ethik* beschäftigt (vgl. Kap. 1), führt er andernorts als weitere kulturelle Krisendiagnose aus: Die ‚Rationalisierung' oder der wissenschaftlich-technische

Fortschritt zerfrisst den Sinn dessen, was man mit den verbesserten technischen Mitteln erreichen kann. Weber prägt dafür den berühmt gewordenen Begriff einer „Entzauberung der Welt“ (Weber 1919/1988, S. 594). Gemeint ist einerseits gemäß der bereits oben zitierten Definition von Rationalisierung, dass man die Natur immer besser „durch Berechnen beherrschen“ kann (ebd.). Zum anderen ist von dieser Möglichkeit nichts mehr prinzipiell ausgenommen; die Welt wird beliebig gestaltbar. Das heißt nicht notwendig, dass die Menschen keine Grenzen mehr kennen und nicht mehr wissen, was sie im Leben wollen. Einige sind weiterhin christlich oder fordern soziale Gerechtigkeit, andere streben nach politischer Macht oder verehren große Kunst. Doch jede Orientierung stößt auf andere Möglichkeiten, und in seiner dramatischsten Fassung der ‚Werturteilsfreiheit‘ meint Weber, dass zwischen diesen Möglichkeiten nur durch Konflikt zu entscheiden ist. Sie stehen ebenso im Kampf wie die Gottheiten vorchristlicher und nichtwissenschaftlicher Zeiten und Kulturen:

> „Wie man es machen will, [zwischen Werten] ‚wissenschaftlich‘ zu entscheiden [...], weiß ich nicht. [...] Die alten vielen Götter, entzaubert und daher in Gestalt unpersönlicher Mächte, entsteigen ihrem Grab, streben nach Gewalt über unser Leben und beginnen untereinander wieder ihren ewigen Kampf.“ (Ebd., S. 605)

Der Normalzustand disziplinierter Berufsarbeit öffnet sich mit solchen Formulierungen zu den für Weber akuten Ausnahmezuständen von Krieg, Revolution und Lebensexperimenten.

Die Krise der bürgerlichen Kultur in Webers Umfeld: Simmel und Lukács

Weber steht mit seiner Diagnose nicht allein. Ähnliche und ähnlich komplexe Befunde hat auch Georg Simmel entwickelt, der als ein weiterer Gründervater der Soziologie gelten kann. Simmel (1858–1918) hat wie Weber als Privatgelehrter gewirkt – und hatte wie dieser die dafür nötigen Mittel geerbt –, wurde aber sozial von der Universitätskarriere ausgeschlossen, nicht zuletzt, weil er jüdischer Herkunft war. Von Weber und anderen unterstützte Versuche, ihn auf eine Professur zu berufen, scheiterten an antisemitischen Vorurteilen in Universitäten und Ministerien (vgl. Müller 2019, S. 67 ff.). Simmel verfolgte bereits deutlich vor Weber das Projekt, die Soziologie als Wissenschaft zu gründen, und setzte dabei durchgängig kulturelle Akzente. In einer Zeit, in der er dieses (auch mit Durkheim kommunizierte) Projekt ein erstes Mal als gescheitert ansieht, entstehen seine vielleicht wichtigsten Texte: das umfangreiche Buch ***Philosophie des Geldes*** (1900) und der thesenreiche, viele andere Schriften verbindende Vortrag ***Die Großstädte und***

das Geistesleben (1903). In diesen beiden Texten verdichten sich auch Problemdiagnosen, die sich durch Simmels gesamtes Werk ziehen.

Erstens geht er einige Jahre vor Webers Thesen zur Berufsarbeit auf die Effekte ein, die das wichtigste Medium bürgerlicher Vergesellschaftung, das Geld, im Leben der Beteiligten hat. Sie betreffen Simmel zufolge vor allem das Verhältnis unserer Mittel zu unseren Zwecken. Während dieses Verhältnis unter einfachen Bedingungen sehr direkt sein kann – wir wollen essen, also sammeln wir Früchte –, werden mit der Arbeitsteilung die ‚Zweck-Mittel-Reihen' länger – ich gehe zur Schule, damit ich die Universität besuchen kann, um mich mit meinem Abschluss für einen Beruf zu qualifizieren, dessen Ausübung mir nach vielen Jahren den Kauf eines Häuschens im Grünen erlaubt. Zwei wahrscheinliche Folgen sind, dass die Zwecke mir ferner rücken und die Mittel wichtiger werden. Ich werde mich nicht in jeder Klausur auf das zu erwerbende Haus freuen; eher richte ich meine Energie auf die Mittel, und zwar vor allem – das ist Simmels Hauptpunkt – auf das „absolute Mittel" zu allen beliebigen Zwecken, das Geld (Simmel 1900/1996, S. 261). Kulturell befördert dies nicht nur Züge wie Geldgier und Geiz, sondern auch eine Gleichgültigkeit der Zwecke. Sie werden austauschbar (statt des Hauses kann es auch eine Yacht sein) und emotional blasser. Simmels Schlussfolgerungen liegen nah bei denen Webers. Er vermutet, dass zunehmend eine „rechnende Intellektualität [...] das moderne Leben beherrscht" (ebd., S. 615), und er sieht ebenfalls eine neue Vielfalt von Lebenszielen, über deren Wert man nicht allgemeingültig entscheiden kann.

Dazu trägt auch bei, dass Simmel *zweitens* größere Freiheit durch weniger direkte soziale Einbindung annimmt. In der Großstadt fordert nicht nur der Geldverkehr, sondern auch die Anonymität und die Häufigkeit neuer, unvorhergesehener Eindrücke eine eher verstandes- als gefühlsbetonte Lebensführung (vgl. ebd., S. 665; Simmel 1903/1995, S. 117). Die Menschen werden einander dabei in doppelter Weise gleichgültig: Einerseits lässt man den anderen fast alles durchgehen; andererseits kümmert man sich auch nicht um sie, wenn sie einen vielleicht bräuchten. Simmels Befund ähnelt hier Durkheims These zum Abbau sozialer Kontrolle. Mit sehr eigenen Begriffen, wenn auch weiterhin sachlich nahe an Durkheim und Weber, beschreibt er schließlich ein wachsendes Übergewicht der ‚objektiven' über die ‚subjektive' Kultur. Je mehr wir durch Arbeitsteilung und durch technische Instrumente erreichen, desto schwächer werden unsere je individuellen Fähigkeiten im Vergleich dazu (vgl. u. a. Simmel 1900/1996, S 631). Uns sind in Aufführungen und Aufnahmen jederzeit virtuos gespielte Werke großer Komponisten verfügbar, ohne dass wir in der Lage sein müssen, eine Note zu lesen oder einen Ton zu erzeugen; vom Automobil bis zum Computer bedienen uns Geräte, die wir zumeist nicht einmal reparieren können.

Simmels Kulturdiagnosen sind erkennbar auf Ambivalenz angelegt. Wir werden einerseits rationaler und andererseits zielloser, zugleich freier und gleichgültiger, können kollektiv mehr und individuell weniger als früher. Die längste Zeit wahrt Simmel die Balance zwischen den eher positiven und den eher negativen Bestandteilen seiner Analysen. Als er gegen Ende seines Lebens explizit eine „Krisis der Kultur" erklärt (so der Titel eines Vortrags von 1916), hat sich diese Haltung jedoch verschoben: Simmel will nun das Sowohl-als-auch durch die *geistigen Entscheidungen* ersetzen, die (gemäß dem Titel des Sammelbandes, in dem der Vortrag erscheint) der *Krieg* fordert (Simmel 1917/1999). Als Theoretiker sieht er nun eine „Tragödie der Kultur", in der die Kräfte des „Lebens" ständig starre „Formen" schaffen, die sie dann wieder aufsprengen müssen (zit. bei Rehberg 2018, S. 566 f.). Politisch bedeutet dies, dass Simmel den deutschen Gang in den Weltkrieg begeistert begrüßt.

Auch jüngere Intellektuelle im Weber-Kreis begegnen Sinnungewissheit durch Politik. Das interessanteste Beispiel gibt Georg Lukács, der in kurzer Zeit vom Literaturtheoretiker zum marxistischen Kulturpolitiker und Sozialphilosophen wird. Unmittelbar vor dieser Wendung spricht er, deutlicher als Simmel und Weber, von einer ‚transzendentalen Heimatlosigkeit' der modernen Menschen: Sie haben keine objektive Instanz – wie die Ordnung des Kosmos oder den christlichen Gott –, die ihnen sagt, worauf sie ihr Leben ausrichten müssen, und sind sozusagen von vornherein nicht in der Welt zuhause. Lukács führt dies in einer *Theorie des Romans* (1916) aus. In dieser erst seit dem 18. Jh. verbreiteten literarischen Gattung suchen regelmäßig Individuen ihren Platz in Welt – und stellen zugleich häufig die vorgefundene Weltordnung infrage: „Kontingente Welt und problematisches Individuum sind einander wechselseitig bedingende Wirklichkeiten." (Lukács 1916/1994, S. 72) Lukács benennt in dem Buch auch den Horizont, in dem sich die Sinnprobleme auflösen könnten: eine „organische – und darum in sich sinnvolle – konkrete Totalität" (ebd., S. 58), also eine „Gemeinschaft" (ebd.) oder Gesamtordnung, in die sich alle Menschen und Geschehnisse einfügen. Wenige Jahre später, nachdem er an einer kurzlebigen sozialistischen Revolution in Ungarn beteiligt war, meint Lukács den Schlüssel zu dieser ‚Totalität' bei Marx gefunden zu haben. Da in der kapitalistischen Ordnung die abhängig Arbeitenden allen Reichtum erzeugen und zugleich der Dynamik des Marktes am stärksten unterworfen sind, geht es dem Proletariat notwendig ums Ganze, sobald es sich auf strukturelle Veränderung ausrichtet. „Das Einzigartige seiner Lage beruht darauf, dass das Hinausgehen über die Unmittelbarkeit hier eine [...] Intention auf die Totalität der Gesellschaft hat" (Lukács 1923/1968, S. 358). Die Revolution verspricht damit nicht nur soziale Befreiung, sondern auch eine neue sinnhafte Ordnung.

Die Entstehung der Herrschafts- und Elitensoziologie: Mosca, Pareto und Michels

Der sowjetisch geprägte Staatssozialismus, an dessen Aufbau sich Lukács später beteiligt hat, gilt vielen als ein ‚totalitäres' System, das alle Bereiche des Lebens beherrschen wollte. Die Verarbeitung der Kulturkrise auf der Rechten fordert zunächst andere Vorwürfe heraus – sie behandelt Herrschaft unabhängig vom Rest des sozialen Lebens. Der erste Stichwortgeber für diese Tendenz ist der Jurist, Parlamentarier und Politikwissenschaftler Gaetano Mosca (1858–1941). Seine Bekanntheit verdankt sich einem einzigen Werk, genauer einer einzigen These: den *Elementi di scienza politica* (erster Teil 1895, zweiter Teil 1923), die unter dem sachlich deutenden Titel *The Ruling Class* (1939) und *Die herrschende Klasse* (1950) ins Englische und Deutsche übersetzt wurden. Dieser Titel bringen die Grundidee Moscas auf den Punkt:

> „In allen Gesellschaften [...] gibt es zwei Klassen von Personen, die der Regierenden (*governanti*) und die andere der Regierten (*governati*). Die erste ist immer die weniger zahlreiche, sie füllt alle politischen Funktionen aus, monopolisiert die Macht und genießt die Vorteile, die bei ihr vereinigt sind, während die zweite, zahlreichere Klasse von der ersten geleitet und reglementiert (*diretta e regolata*) wird, in mehr oder weniger legaler oder mehr oder weniger gewaltsamer und willkürlicher Weise" (Mosca 1896, S. 60, Übers. TR).[7]

Hierfür ist es laut Mosca nicht wichtig, ob das Gemeinwesen als Monarchie, Aristokratie oder Demokratie organisiert ist; die Herrschaft ausübende Gruppe muss es immer geben:

> „[D]er Mann an der Spitze des Staates könnte gewiss nicht ohne die Unterstützung einer zahlreichen Klasse regieren. [...] Andererseits muss sich, selbst wenn es der Unzufriedenheit der Massen gelingt, die herrschende Klasse (*classe dirigente*) zu stürzen, notwendiger Weise [...] eine andere organisierte Minderheit innerhalb der Massen finden. Andernfalls würde jede Organisation und jeder soziale Zusammenhalt zerstört." (Ebd., S. 62 f., Übers. TR)

Mosca spricht auch über materielle Verteilungsfragen (etwa davon, dass die beherrschte Klasse der herrschenden die materiellen Lebensmittel zuführt), konzentriert seine Theorie aber generell auf Fragen der mehr oder weniger gesetzlichen Regierung. Sein Thema ist die ‚politische Klasse' (*classe politica*).

Vilfredo Pareto (1848–1923), der vor allem durch ökonomisch-statistische Modelle wie das ‚Pareto-Optimum' und die ‚Pareto-Verteilung' bekannt ist, teilt Mos-

7 Vgl. Mosca 1896/1950, S. 53; da die deutsche Ausgabe stark interpretiert, habe ich den italienischen Text von 1896 selbst übersetzt.

cas Kernthese. Seine vielleicht wirkungsvollste Neuerung besteht darin, dass er von den ‚Eliten' spricht und auch nichtpolitische führende Gruppen mit meint. Zudem war der Titel (trotz eigener politischer Probleme) für spätere Soziologinnen offenbar besser zu verkraften als die Begrifflichkeit von ‚Herrschaft'. Pareto gilt jedenfalls als Gründer der ‚Elitensoziologie'. In der Sache setzt er zumindest einige neue Akzente. Vor allem stellt er der Herrschaftsgewalt Äußerungen zur Seite, die er als notwendige Lügen oder ‚Ideologien' analysiert. Ein Beispiel lautet: „Ein Politiker verkündet eine Theorie der Solidarität, und ihn treibt die Sucht nach Geld, Macht und Ehre" (*Allgemeine Soziologie*, § 854). In seinen öffentlichen Äußerungen ist dieser Politiker sogar gezwungen, sich zu verstellen – er „muss er sich auf bestimmte Prinzipien stützen, die von seinen Zuhörern gebilligt werden können" (ebd.). Die Stelle kennzeichnet Paretos Art, sich dem Thema zu widmen. Seinen zweiten zitierten Satz kann man schwer bestreiten: Wer politisch erfolgreich sein will, muss sich nach den Normen und Interessen seiner Adressaten richten. Der erste Satz unterstellt jedoch unbegründet, dass es Politikern eigentlich nur um egoistische Ziele geht. Pareto bewegt sich derartig immer wieder zwischen analytischen Wahrheiten und tendenziösen Vereinfachungen. Er hält etwa als einer der ersten Soziologen fest, dass man bei „jeder Doktrin oder Theorie [...] ihre Übereinstimmung mit den Tatsachen und ihre soziale Bedeutung unterscheiden [muss]. Die erste kann null und nichtig und die zweite sehr groß sein." (Ebd., § 1552) Brexit-Befürworter mussten mit ihren Aussagen zu Geldflüssen an die EU nicht Recht haben, waren damit aber erfolgreich. Zugleich stellt Pareto alle Überzeugungen unter Verdacht und scheint nur Gewalt als authentisches Mittel zu respektieren. Ein Beispiel gibt die Figur einer ‚Zirkulation der Eliten'. Herrschende Gruppen werden, wie schon Mosca meinte, irgendwann durch andere ersetzt, weil sie die Herrschaft nicht mehr an die nächste Generation weiterzugeben vermögen. Pareto schildert dies als gewaltsame Durchsetzung der Stärkeren:

> „Die herrschende Klasse wird [...] von Familien erneuert, die aus den unteren Klassen kommen und die für die Behauptung der Macht nötige Energie [...] mitbringen. Durch den Verlust ihrer dekadentesten Mitglieder erneuert sich die herrschende Klasse." (Ebd., § 2054, Übers. verbessert)

Der deutsch-italienische Ökonom, Politiker und politische Soziologe Robert Michels (1871–1936) hat diese Ansätze fortgeführt. Nach Erfahrungen in der sozialistischen Bewegung und sogar im Anarcho-Syndikalismus, der den revolutionären Arbeitskampf jenseits des Staats vertritt, schreibt er das materialreiche Buch *Zur Soziologie des Parteiwesens in der modernen Demokratie* (1911). Ein Kernstück darin ist das „eherne Gesetz der Oligarchie" (Michels 1911, S. 362), das Paretos ‚Kreislauf der Eliten' ersetzt. Michels will gerade anhand der sozialistischen Parteien und Organisationen zeigen, dass es keine Politik ohne herrschende Gruppen gibt. Die ‚Oligarchie', die Herrschaft der Wenigen, durchläuft ihm zufolge immer drei Phasen: Zunächst bildet sich in jeder größeren Bewegung eine kleine Gruppe, bei der faktisch die Fäden zusammenlaufen. Dann entwickelt diese Gruppe Eigeninteressen, die von denen der Masse abweichen, z. B. bei Partei- und Gewerkschaftsfunktionären im Gegensatz zur Arbeiterklasse. Schließlich führt die Selbstbedienung jedoch dazu, dass die herrschende Gruppe an Führungskraft verliert und verfällt – und eine neue Gruppe kann sich ihre Stelle erkämpfen.

Michels erhält 1928 wie erwähnt eine (politisch zugeschnittene) Professur im faschistischen Italien, wird im gleichen Jahr Mitglied der Staatspartei und hat schon davor Sympathien für den Faschismus geäußert. Dass die Oligarchie-, Eliten- und Herrschaftssoziologie in diesen politischen Hafen einmündet, ist kein Zufall. Erstens besetzt sie eine Position jenseits von Liberalismus und Sozialismus: Hinter den Formen der liberalen Demokratie vermutet sie nackte Machtinteressen und Herrschaftsstrukturen, und anders als die Sozialisten hofft sie nicht (mehr) auf deren Abschaffung. Zweitens wird realistisch bis zynisch behauptet, dass allein der Kampf um Herrschaft und Vorteile die Entwicklung der Menschheit bestimmt. Schließlich bleiben damit (zumal bei Pareto) nur Gewalt und Täuschung als Mittel der Politik – eine Anschauung, die auch bei Faschisten und Nationalsozialisten verbreitet war. Konkret haben sich die Herrschaftssoziologen verschieden zum Faschismus verhalten. Mosca war zwar in dessen Anfangsjahren Beamter und Parlamentarier, hat sich aber ab 1925 offen gegen Mussolini geäußert und in der Folge aus der Politik zurückgezogen. Pareto unterhielt gute Beziehungen zu faschistischen Intellektuellen und wurde vom Regime als Vordenker gewürdigt, erlebte jedoch nur noch ein Jahr faschistischer Herrschaft. Bei Michels schließlich ist die Verbindung klar; der enttäuschte Sozialismus seines wissenschaftlichen Hauptwerks liegt allerdings lange vor seinem faschistischen Engagement.

‚Legitimitätsgründe' von Herrschaft bei Weber

Max Weber starb bereits vor den Erfolgen des italienischen Faschismus und lange vor der Machtergreifung der Nationalsozialisten. Seine Herrschaftssoziologie gibt jedoch ebenfalls Aufschlüsse zum Profil dieser Bewegungen, durch Analysen wie durch verwandte Impulse. Weber hat das Bild vom „stahlharte[n] Gehäuse“ (1904–5/2014, S. 422), das zunächst die kapitalistische Konkurrenz meinte, zunehmend auf die bürokratischen Gefüge des Staats und der Unternehmen übertragen. Auch sie bezeichnet er nun als „Gehäuse“ der „Hörigkeit“ (Weber 1918/1980, S. 332), auch der Bürokratie schreibt er nun „*Unentrinnbarkeit*“ zu (ebd., S. 330, Hv. i. O.), weil sie einfach die leistungsfähigste Form sozialer Organisation sei. In diesem Rahmen vorrückenden Zwangs und verblassten Sinns fragt Weber, weshalb sich Menschen beherrschen lassen. Seine Antwort zeigt die Schwierigkeit der Problemsicht. Einerseits bedeutet Herrschaft nicht nur, dass wir uns den Drohungen Stärkerer beugen; gefestigt ist sie erst dann, wenn wir ihr auch zustimmen. Andererseits will Weber die Motive der Zustimmung, die er „Legitimitätsgründe" der Herrschaft nennt, möglichst unabhängig von den wechselnden, umstrittenen und unbegründbaren ‚Werten' beschreiben, die Menschen in der Moderne haben. Daher zieht er nur sehr inhaltsarme Beweggründe in Betracht. Menschen können sich *erstens*, wie der Erfolg von Rechtsstaat und Bürokratien zeigt, an Regeln halten, die für sie festgelegt sind. Was im Gesetz und in der Verwaltungsvorschrift steht, hat für mich Geltung, bis hin zu Fragen des Wahlrechts und der Regierungsauflösung. Bevor sich diese ‚gesatzte' Herrschaft durchgesetzt hat, sind viele Regeln und Unterordnungen *zweitens* wohl einfach kulturell eingeübt und weitergegeben wurden; Weber spricht hier von ‚traditionaler' Herrschaft. Da die Tradition jedoch abgebaut wird und die Regelherrschaft vor allem leblose Zwänge verspricht, betont Weber einen *dritten* Typus, der aus dem Regelkreis ausbricht: die ‚charismatische' Herrschaft von Führerfiguren, denen die Beherrschten vertrauen und zu folgen bereit sind (Weber 1919a/1988, S. 507 f.).

Weber knüpft mit dem Begriff des Charismas – der ‚Gnadengabe', die etwa Sektenführern ihre Gefolgschaft sichert – an seine Religionsstudien an. Er beschreibt die charismatische Herrschaft aber vor allem mit Blick auf die Gegenwart und die nähere Zukunft. Zum einen interessiert ihn im Anschluss an Michels und weitere Parteisoziologen, wie die Beziehung der Massen zu Führerfiguren organisiert wird. Der Blick auf Präsidentschaftswahlkämpfe in den USA lehrte schon damals, dass gerade die regelsprengende Wirkung Einzelner von einer bürokratischen ‚Maschine' mit viel Geld und Propagandamaterial ermöglicht wird. Zum anderen vermutet Weber in einer bis auf den Staatsstreich Napoleons III. zurückreichenden Linie, dass die demokratische Öffnung moderner Staaten auch in ‚Cäsarismus' umschlagen kann: Die politisch aufgewerteten Massen können sich im Zweifelsfall auch für diktatorische Herrschaftsformen entscheiden bzw. diese nachträglich bejahen. Webers führt zuspitzend aus, unter welchen Bedingungen diese ‚plebiszitäre Führerdemokratie' attraktiv werden kann:

> „[D]ie Leitung der Parteien durch plebiszitäre Führer bedingt die ‚Entseelung' ihrer Gefolgschaft [...]. Um für den Führer als Apparat brauchbar zu sein, muss sie blind gehorchen [...]. Aber es gibt nur die Wahl: Führerdemokratie mit ‚Maschine' oder führerlose Demokratie, das heißt: die Herrschaft der ‚Berufspolitiker' ohne Beruf" (ebd., S. 544).

Die faschistischen Regimes in Europa haben gezeigt, dass diese Wahl tatsächlich bestand. Webers vorgreifende Analyse zeugt allerdings nicht nur von soziologischer Hellsicht. In die Führerherrschaft, die den bürokratischen Rahmen sprengt, hat er vermutlich selbst Hoffnung gesetzt (vgl. Mommsen 2004, S. 424–441). Seine Herrschaftssoziologie sieht als Grundlage politischer Ordnung in jedem Fall nur verschiedene Formen unbegründeter Unterwerfung vor. Dafür dürfte u. a. verantwortlich sein, dass nichts von dem, was in moderner Politik sachlich ausgefochten wird, in Webers Analyse vorkommt. Arbeits- und Lebensverhältnisse, Bildung und technologische Entwicklung, selbst Krieg und Frieden spielen in seiner Theorie der Politik keine Rolle. Sie ist so sinnfern wie die kulturelle Situation, in der er seine Zeit sieht.

Deutungseliten und politische Macht

Karl Mannheim hat in seinem Versuch, den politischen Strömungen seiner Zeit soziale Gruppen zuzuordnen (vgl. Kap. 2), die ‚Intellektuellen' wohlwollend ausgenommen. Sie sind in der Lage, beweglich zwischen den Standpunkten von Bürgertum, Arbeiterschaft, Beamten u. a. zu wechseln oder sogar zu vermitteln (vgl. Kap. 7). Mannheim weicht hiervon jedoch ab, als er den Faschismus bespricht: Dieser sei eine „Ideologie putschistischer Gruppen, geführt von Intellektuellenkreisen, die der liberal-bürgerlichen und sozialistischen Führungsschicht gegenüber outsiders sind" (Mannheim 1929/1952, S. 123). Unter den Schriftstellern und Gelehrten seiner Zeit hatte Mannheim viele Beispiele. Auch argumentativ leuchtet seine Zuordnung ein: Menschen, die in ihrer Weltdeutung große Spielräume sehen, werden sie in der Politik ebenfalls erkennen und ggf. praktisch nutzen. Das Kapitel hat gezeigt, wie sich diese Möglichkeit nicht bloß bei immer vorhandenen ‚outsidern' zuspitzt, sondern auch dann, wenn Sinnordnungen in die Krise geraten und die Vertreter der Gruppen, die sie zuvor gepflegt haben, nach neuer Ordnung suchen.

Einiges aus der geschilderten Situation schien sich in jüngerer Zeit zu wiederholen. Auch die Vertreter des neuen Rechtspopulismus predigen die Durchsetzung der je stärkeren Gruppe, verachten eine bloß bürokratische Politik und folgen Führerfiguren, die ein flexibles bis zynisches Verhältnis zur Wahrheit pflegen. Ein Unterschied fällt allerdings ins Auge: Anders als die rechtslastigen Herrschaftssoziologen stellt sich der neue Rechtspopulismus bisher in den meisten Fällen gegen die ‚Eliten', und anders als beim Faschismus laufen ihm bisher nur kleine Teile der Deutungseliten zu. Ob dies einen verlässlichen Schutz gegen terroristische Staatsmacht bedeutet oder bisher unbekannte Formen autoritärer Herrschaft hervortreiben wird, hat sich noch nicht entschieden.

Literatur

Lukács, Georg (1916/1994): Die Theorie des Romans. Ein geschichtsphilosophischer Versuch über die Formen der großen Epik. München: dtv.

Lukács, Georg (1923/1968): Geschichte und Klassenbewusstsein. Studien über marxistische Dialektik. In: Georg Lukács Werke. Bd. 2. Neuwied, Berlin: Luchterhand. S. 161–517.

Mannheim, Karl (1929/1952): Ideologie und Utopie. 3., vermehrte Auflage. Frankfurt a. M.: Schulte-Bulmke.
Marx, Karl (1844/1957): Zur Judenfrage. In: Marx Engels Werke (MEW). Band 1. Berlin: Dietz. S. 347–377.
Marx, Karl / Engels, Friedrich (1845–46/1969): Die deutsche Ideologie. In: Marx Engels Werke (MEW). Band 3. Berlin: Dietz. S. 5–530.
Marx, Karl (1852/1969). Der achtzehnte Brumaire des Louis Bonaparte. In: Marx Engels Werke (MEW). Band 8. Berlin: Dietz. S. 111–207.
Marx, Karl (1867/1968): Das Kapital. Kritik der politischen Ökonomie. Band 1. Marx Engels Werke (MEW). Band 23. Berlin: Dietz.
Michels, Robert (1911/1989): Zur Soziologie des Parteiwesens in der modernen Demokratie. Untersuchungen über die oligarchischen Tendenzen des Gruppenlebens. Stuttgart: Kröner.
Mommsen, Wolfgang (2004): Max Weber und die deutsche Politik. 3. Auflage. Tübingen: Mohr Siebeck.
Mosca, Gaetano (1896): Elementi di scienza politica. Band 1. Rom u. a.: Fratelli Bocca.
Mosca, Gaetano (1895/1950): Die herrschende Klasse. Grundlagen der politischen Wissenschaft. Bern: Francke.
Müller, Hans-Peter (2018): Einleitung. In: Müller, Hans-Peter / Reitz, Tilman (Hrsg.): Simmel-Handbuch. Frankfurt a. M.: Suhrkamp. S. 11–92.
Pareto, Vilfredo (1955): Allgemeine Soziologie. Tübingen: Mohr Siebeck.
Rehberg, Karl-Siegbert (2018): Tragödie der Kultur. In: Müller, Hans-Peter / Reitz, Tilman (Hrsg.): Simmel-Handbuch. Begriffe, Hauptwerke, Aktualität. Berlin: Suhrkamp. S. 566–572.
Reitz, Tilman (2014): Politik und Ideologie der bürgerlichen Gesellschaft. In: Artus, Ingrid / Krause, Alexandra / Nachtwey, Oliver / Notz, Gisela / Reitz, Tilman / Vellay, Claudius / Weyand, Jan: Marx für SozialwissenschaftlerInnen. Eine Einführung. Wiesbaden: Springer VS. S. 83–107.
Reitz, Tilman (2003): Bürgerlichkeit als Haltung. Zur Politik des privaten Weltverhältnisses. München: Fink.
Simmel, Georg (1900/1996): Philosophie des Geldes. 4. Auflage. Frankfurt a. M.: Suhrkamp.
Simmel, Georg (1903/2006): Die Großstädte und das Geistesleben. Frankfurt a. M.: Suhrkamp.
Simmel, Georg (1911/1919): Der Begriff und die Tragödie der Kultur. In: Philosophische Kultur. 2. Auflage. Leipzig: Alfred Kröner Verlag. S. 223–253.
Simmel, Georg (1916/2000): Krisis der Kultur. In: Gesammelte Schriften. Band 13. Frankfurt a. M.: Suhrkamp. S. 190–201.
Simmel, Georg (1917/1999): Die geistigen Entscheidungen und der Krieg. In: Gesammelte Schriften. Band 17. Frankfurt a. M.: Suhrkamp.
Simmel, Georg (1918): Der Konflikt der modernen Kultur. München / Leipzig: Duncker & Humblot.
Weber, Max (1904–5/2014): Die protestantische Ethik und der ‚Geist' des Kapitalismus. In: Max Weber Gesamtausgabe. Abt. I, Band 9. Tübingen: Mohr Siebeck. 123–215 und 242–425.
Weber, Max (1918/1980): Parlament und Regierung im neugeordneten Deutschland. In: Gesammelte Politische Schriften. Hrsg. v. Winckelmann, Johannes. Tübingen: Mohr. S. 306–443.
Weber, Max (1919a/1988): Politik als Beruf. In: Gesammelte Politische Schriften. Hrsg. v. Winckelmann, Johannes Tübingen: Mohr. S. 505–560.
Weber, Max (1919b/1988): Wissenschaft als Beruf. In: Gesammelte Aufsätze zur Wissenschaftslehre. Hrsg. v. Winckelmann, Johannes Tübingen: Mohr. S. 582–613.
Weber, Max (1921/1976): Wirtschaft und Gesellschaft. Grundriss der verstehenden Soziologie. 5. Auflage. Hrsg. v. Winckelmann, Johannes. Tübingen: Mohr.

5. Lazarsfeld, Mayo und Stouffer: Empirische Sozialforschung und Verhaltenssteuerung

In den 1920er bis 1940er Jahren entsteht die empirische Sozialforschung, die nach weithin anerkannten Regeln Daten und Äußerungen verschiedenster Art erhebt, auswertet und deutet. Vorläufer gab es schon länger. Fréderic le Play hat ab 1830 Befragungen von europäischen Arbeiterfamilien durchgeführt und die Ergebnisse 1855 in sechs Bänden publiziert; **Weber** hat wie gesehen Befragungen zur Landarbeit ausgewertet und zur Industriearbeit entworfen; in den USA entstand im frühen 20. Jh. das Genre der *social surveys*, von Datensammlungen zu Städten und Problemlagen (vgl. Kern 1982, S. 181–183). In der Folgezeit wird zunehmend wichtig, dass die Forschung methodisch, also mit klaren Verfahrensregeln erfolgt, dass die Methoden begründet werden und tendenziell einheitlich sind. Zugleich wird die Forschung arbeitsteilig organisiert, und kommerzielle Aufträge ermöglichen auch außerhalb (oder am Rand) der Universität Soziologie als Beruf. Drei frühe Meilensteine dieser Entwicklung sollen im Folgenden vorgestellt werden.

Das erste Beispiel bietet **Paul Felix Lazarsfeld**, der in Wien erste Versuche mit Sozial- und Marktforschung machte, dort die wegweisende, von **Marie Jahoda** und Hans Zeisel durchgeführte Studie ***Die Arbeitslosen von Marienthal*** (1933) betreut hat und als Emigrant in den USA zum höchst erfolgreichen Sozialforscher wurde. Das zweite Beispiel bilden die „Hawthorne-Experimente", 1927 bis 1932 durchgeführte Studien in einem Werk des US-Unternehmens Western Electric, deren Leiter Elton Mayo (im Wechselspiel mit seinen Mitarbeitern) berühmt gewordene Ergebnisse und Selbstkorrekturen veröffentlicht hat. Dass es in beiden Fällen wie bei den Vorläufern um Arbeit und um die arbeitende Klasse geht, dürfte kein Zufall sein. Im frühen und mittleren 20. Jh. wurde das Arbeits-, Konsum- und Wahlverhalten der abhängig Beschäftigten vielerorts als entscheidend für Wirtschaft und Politik erkannt. Entsprechend häuften sich die Versuche, dieses Verhalten zu steuern – und empirische Erhebungen versprachen dabei Unterstützung. Statt der Kultur der Eliten galt es erneut die Praxis der Massen zu untersuchen. Besonders deutlich wird dies in einem dritten Beispiel, der Arbeit Samuel Stouffers im „Research Branch", der die US-Armee im Zweiten Weltkrieg begleitete. Methodisch angelegte Befragungen, an denen etwa 500.000 Soldaten teilnahmen, sollten auch in der Armee einer zunehmend demokratischen Gesellschaft die Kampfmoral sicherstellen. Zugleich boten sie Anlass und Material für nachträgliche *Studies in Social Psychology in World War II* (vier Bände, 1949), die systematischer fragen, was man mit Fragebögen über Verhaltensneigungen herausfinden kann.

Um die genannten Kontexte der Form annehmenden empirischen Sozialforschung nachvollziehbar zu machen, stelle ich sie zunächst mit einem gebräuchlich gewordenen Begriff als ‚fordistisch' vor. Ihr Muster bildet die Weise, in der der Autohersteller Ford Fließbandproduktion, eine hohe Bezahlung und enge Kontrolle seiner Beschäftigten verbindet; verwandte Regelungen lassen sich bis in den Sozialstaat, die Trink- und Sexualmoral verfolgen. In den Hauptteilen setze ich dann verschiedene Akzente. Lazarsfeld ist nicht nur als Betreuer der Marienthal-Studie, sondern auch als beispielhafter Sozialforschungs-Organisator interessant, sodass sich ein Durchgang durch seine Stationen und Werke anbietet. Im Fall der Hawthorne-Experimente geht es dagegen um die Gestaltung und Deutung einer bestimmten Forschungssituation. Mayo wird hier vor allem als Ratgeber der Unternehmen betrachtet, die ihre Produktivität erhöhen und ihre Arbeiterinnen disziplinieren wollen. Sie geben Erhebungen u. a. deshalb in Auftrag, weil sie an möglichst ertragreichen Führungsmethoden interessiert sind. Ein Nebenmotiv des Kapitels wird daher ein Umbruch in der westlichen Managementlehre sein – vom „Scientific Management", mit dem Frederic W. Taylor die Entwicklung der Fließbandarbeit begleitete, zum „Human Relations Management", das Mayo für Unternehmen mit reifer technischer Infrastruktur empfohlen hat. Die Studien zum *American Soldier* (so der Obertitel von Stouffers ersten zwei Bänden) stehen schließlich in einem Kontext, in dem es am ehesten demokratisch vertretbar scheint, große Massen von Menschen auf ein bestimmtes Verhalten auszurichten. Sie sollen ja die freie Gesellschaft verteidigen; allzu autoritäre oder rassistische Strukturen in der Armee sind hierfür eher hinderlich und werden in der Forschung vorsichtig kritisiert. Die Absicht, die arbeitenden, konsumierenden und kämpfenden Massen zu steuern, bleibt jedoch in keinem Kontext unumstritten. Mayo sieht seine Anliegen durch unzufriedene Beschäftigte gestört, Lazarsfelds Forschungsbetrieb und selbst Stouffers Projekt rufen intellektuelle und politische Einwände auf den Plan. Auch dieser Sand im Getriebe wird Thema sein.

Massenproduktion, Massenkonsum und Massenpolitik im frühen ‚Fordismus'

Henry Ford hat in seinem Unternehmen ab etwa 1910 Neuerungen eingeführt, die danach in vielen Ländern für einen großen Teil des Jahrhunderts prägend wurden: das Fließband, die ‚tayloristische' Arbeitsgestaltung und ‚Effizienzlöhne' (*efficiency wages*). Die technologische Neuerung des Fließbands war dabei eng mit der neuen Arbeitsorganisation verknüpft. Indem man, wie es Frederic Taylor u. a. in den *Principles of Scientific Management* (1911) darlegte, für jeden einzelnen Handgriff die bestmögliche Bewegungsfolge (*one best way*) ermittelte und allen Beschäftigten beibrachte, konnte man die manuelle Arbeit zugleich auf maschinelle Produktionsanlagen abstimmen. Das legte die Menschen auf immer gleiche Teiltätigkeiten fest und machte sie, wie es schon Marx formuliert hatte, zum „Anhängsel der Maschine" (Marx, 1867/1968, MEW 23, S. 674); eine Vorstellung davon gibt z. B. Charlie Chaplins *Modern Times*. Die neue Fertigungsweise ermöglichte es aber auch, die Produktivität (das Arbeitsergebnis pro Zeiteinheit) so stark zu erhöhen, dass man Arbeitszeit und Entlohnung großzügiger gestalten konnte – u. a. im unternehmerischen Interesse. Die mehr als verdoppelten Löhne, die Ford ab 1914 zahlte, schufen einerseits Kaufkraft für seine Güter; drei Monatsgehälter entsprachen dem Preis eines Ford T. Andererseits waren die ‚Effizienzlöhne' ihrem Namen gemäß an Disziplin und Verlässlichkeit der Arbeitskräfte gekoppelt. Zu ihren Bedingungen zählten eine lange Anstellungszeit und häufig ein überwachtes Privatleben. Bei Ford wurde ein „Sociology Department" gegründet, dessen Mitarbeiter in unangekündigten Besuchen etwa mäßigen Alkoholgenuss, anständige Ehen, Reinlichkeit und Patriotismus der Arbeiter sowie den Schulbesuch ihrer Kinder überprüften; selbst der Kauf eines Ford-Autos gehörte zum erwarteten und gewährten anständigen Lebensstil (vgl. Loizides 2004, S. 90).

Der zuerst vom deutschen Nationalökonomen Gottl-Ottlilienfeld so genannte und kurz darauf vom italienischen Marxisten **Antonio Gramsci** analysierte ‚Fordismus' war daher nicht bloß eine Weise, Unternehmen zu führen. Er verband sich mit gesellschaftlichem Umbau. Gramsci nimmt an, dass in den USA die zunehmende Genusskontrolle (bis zum Alkoholverbot, der ‚Prohibition' von 1920–1933), die verengte Sexualmoral und Geschlechterordnung (mit berufstätigen Männern und Hausfrauen) nicht bloß auf puritanische Traditionen zurückgeht. Vielmehr sieht er sie durch das Interesse bedingt, die für die Fließbandarbeit nötige Disziplin zu gewährleisten (Gramsci 1934/1999, S. 2086–2090).[8] Die „*objektive Tragweite* des amerikanischen Phänomens" liege darin, dass es „die größte bisher zustandegekommene kollektive Anstrengung ist, [...] einen neuen Arbeiter- und Menschentypus zu schaffen." (Ebd., S. 2086, Hv. i. O.) Auch im Konsum der neuen Massenprodukte wurden Normierungen durchgesetzt. Von Ford ist der Satz bekannt, jede Person könne den Ford T in ihrer Lieblingsfarbe erwerben, vorausgesetzt, es sei Schwarz. Die am Fließband produzierten Standardgüter verlangten einen relativ einheitlichen Geschmack der Käuferinnen, der

8 Ähnliche Ziele bestimmen auch Webers (wertfreie) Ausführungen *Zur Psychophysik der industriellen Arbeit*. „Denn *wir* fragen: welche Bedingungen für die *ökonomische* Verwertbarkeit, die *Rentabilität* der Verwendung von Arbeitern in den einzelnen Industrien bestehen und inwieweit diese Bedingungen von Arbeiterschaften bestimmter ethnischer, kultureller, beruflicher sozialer Provenienz erfüllt [...] werden." (Weber 1908–9/1988, S. 124, Hv. i. O.) Webers Interesse am Puritanismus lässt sich ebenfalls u. a. in diesem Horizont sehen (vgl. Rehmann 1994, S. 27 f.).

im Zweifelsfall durch Werbung geschult werden musste. Zugleich war Disziplin nötig, um überhaupt Geld für größere Anschaffungen wie ein Auto zu sparen, statt den Lohn (wo das legal oder illegal möglich war) direkt nach der Auszahlung in die Kneipe zu tragen. Die Hausfrauen waren hier nicht zuletzt als Aufpasserinnen gefragt (vgl. Haug 2003, S. 610). Auch im Betriebsleben war schließlich Disziplinierung nötig, da die Balance von hohen Löhnen, hoher Produktivität und Massenkonsum nicht immer vorausschauend von oben eingerichtet wurde. Die Regel waren vielmehr Kämpfe um Arbeitszeiten, Lohnhöhe und Arbeitervertretungen (Ford duldete keine Gewerkschaften; umgekehrt wurden in ‚closed shops' keine Nicht-Gewerkschaftsmitglieder beschäftigt). Die Arbeitskonflikte waren oft gewaltvoll und sogar tödlich. Die anarchistischen Gewerkschafter Ferdinando Sacco und Bartolomeo Vanzetti wurden in einem fragwürdigen, berüchtigten Prozess für Raubmord verurteilt und 1927 hingerichtet.

Für die Sozialforschung ergab sich mit dieser Entwicklung der Auftrag, den Grad betrieblicher (Un-)Zufriedenheit und gewerkschaftlicher Organisierung zu untersuchen. Im weiteren politisch-sozialen Kontext konnte sie auch die Problemlösungen, die (besonders nach der Weltwirtschaftskrise von 1929 und besonders in den USA des New Deal) der Wohlfahrtsstaat fand, forschend begleiten. Man kann dem ‚Fordismus' also weit über Arbeitskämpfe hinaus neue Weisen zuordnen, politische Zustimmung zu organisieren. In jedem Fall bilden die zeitgenössischen Massenparteien und Wahlkämpfe ebenfalls einen wichtigen Kontext der frühen empirischen Sozialforschung. Der Herausbildung von Eliten, die im vorigen Kapitel Thema war, entspricht hier die Organisation großer Menschenmengen bzw. die Anstrengung, sie als Parteimitglieder, für Kampagnen oder eben für Wahlstimmen zu gewinnen. Auch diese Seite ist bei Weber, Michels sowie ihrem Stichwortgeber Moissei J. Ostrogorski ein Thema. Nur am Rand bemerken sie allerdings die ästhetische, sinnlich gestaltete Inszenierung der Politik, die im 20. Jh. deren Massenwirkung vermittelt. Mit Wort- und Bildpropaganda, Massenaufmärschen und sogar Architektur sorgen politische Kräfte mehr und mehr dafür, dass „die Massen zu ihrem Ausdruck (beileibe nicht zu ihrem Recht) kommen" (Benjamin 1936/1974, S. 506). **Walter Benjamin** (siehe Kap. 8) bezieht sich hier auf den Faschismus, dem er die *„Ästhetisierung des politischen Lebens"* spezifisch vorwirft (ebd., Hv. i. O.), und er nennt als Anwendungsfeld den Krieg, in dem die gesteigerten Produktivkräfte zerstörerisch eingesetzt werden. In einem gewissen Ausmaß werden die Massen aber im gesamten politischen Spektrum ästhetisch angesprochen und inszeniert, und totalitäre wie demokratische Staaten nutzen alle verfügbaren Kanäle, um ihre Bevölkerungen für die höchst verlustreiche hochtechnologische Kriegführung zu gewinnen. Grundlegend für diesen Wandel der Politik und der Öffentlichkeit ist schließlich, wie Benjamin ebenfalls sieht, auch der technologische Fortschritt der Kommunikations- und Verbreitungsmedien. Von Telegrafen und Tageszeitungen bis hin zu Radio, Kino-Wochenschauen und Schulungsfilmen in der Armee ermöglichen sie es, dass zahllose Menschen gleichzeitig über die neuesten Ereignisse informiert, mit den aktuellen politischen Botschaften versorgt oder für neue Waren begeistert werden. Dabei herrscht, anders als vielleicht im Internet-Zeitalter, das Prinzip ‚one to many' vor; ein einziger Sender bestrahlt Tausende oder Millionen von Empfängern. Trotz oder wegen der so geschaffenen Macht will man nun auch genauer erfahren, was das bei den Empfängerinnen bewirkt.

Von der Wirtschaftspsychologie zur Methodenlehre: Lazarsfelds Forschungsunternehmen

Paul Lazarsfeld (1901–1976) hat über das Radiohören geforscht. Seine Bedeutung für die Soziologie ist jedoch keineswegs nur an dieses Thema geknüpft; Lazarsfeld wurde bekannt für Methoden, die in verschiedensten Themenfeldern einsetzbar waren. Als Mathematiker ausgebildet, in der Arbeiterbewegung aktiv und ab 1929 auch am psychologischen Institut der Universität Wien beschäftigt, wurde er wissenschaftsunternehmerisch tätig. 1931–1933 war er am Aufbau der Österreichischen Wirtschaftspsychologischen Forschungsstelle beteiligt, die mit Aufträgen aus Wirtschaft und Politik neue Weisen der Sozialforschung erprobte. Die Stelle konnte ihre Mitarbeiter noch kaum bezahlen (Kern 1982, S. 165 f.), versprach aber Verfahren wie „statistische Massenerhebungen" (Lazarsfeld 1931) für Forschungsthemen zu nutzen, die später lukrativ werden sollten: Konsum, Kaufbereitschaft und Werbewirkungen (vgl. ebd.). Die Hauptmethode waren ausführliche Fragebögen für die Verbraucherinnen; zu den Kunden zählten der Schuhproduzent Bally, die Kaffee- und Lebensmittelkette Julius Meinl, ein Warenhaus und ein Versandhandel. Gegenüber standen dem, z. T. besser finanziert, politische Studien im Umfeld der Arbeiterbewegung. Die wichtigste, *Die Arbeitslosen von Marienthal*, wird gleich noch ausführlicher darzustellen sein.

1935 wanderte Lazarsfeld (anschließend an ein Gaststipendium der Rockefeller-Stiftung) in die USA aus, wo er sich erneut als Forschungsstellenleiter etablierte; 1940 erhielt er zudem eine Professur für Soziologie an der Columbia University in New York. Die Titel seiner US-amerikanischen Buchpublikationen, die zumeist aus organisierter Forschung hervorgingen und oft mehrere Autoren hatten, verweisen auf wichtige Stationen. Nach ersten kleineren Aufträgen aus Wirtschaft und Sozialpolitik (Fleck 2015, S. 352–371) beteiligt sich Lazarsfeld an einer Studie dazu, wie Familien die Wirtschaftskrise verarbeiten (*Research Memorandum on the Family in the Depression*, 1937); sein Mitautor Samuel Stouffer leitet zugleich die Themenreihe und bleibt ein wichtiger Partner in der Entwicklung von Forschungsmethoden. Eine herausgehobene eigene Stellung erreicht Lazarsfeld, als er ein (erneut von Rockefeller-Stiftung finanziertes) Projekt zu den Effekten des Radiohörens übernehmen kann, aus dem die zwei Bände *Radio Research*

(1941–43) hervorgehen. Weiterhin fragt er, wie sich in einer Präsidentschaftskampagne Wahlentscheidungen bilden: *The People's Choice. How the Voter Makes up his Mind in a Presidential Campaign* (1944, mit Bernard R. Berelson und Hazel Gaudet). Anschließend wirkt er an der Auswertung von Stouffers Soldatenstudie mit, die unten genauer vorzustellen sein wird; sein methodologischer Beitrag erscheint im vierten Band, *Measurement and Prediction*. Auffällig ist die öffentlich-private Mischung der Themen und Aufträge: Lazarsfeld forscht kaum mehr einfach für Firmen oder Parteien, aber weiterhin zu wirtschafts- und wahlrelevanten Themen; ebenso wichtig werden Bereiche, in denen die Regierung, Stiftungen und Wissenschaftsorganisationen mit sozialen Problemen rechnen. Hierfür stehen teilweise erhebliche Mittel bereit, die neue quantitative Verfahren einzuführen erlauben. Ab Ende der 1940er Jahre konzentriert sich Lazarsfeld auf statistische Methodenfragen; nach seinem äußerst mathematischen Beitrag zu *Measurement and Prediction* gibt er etwa auch den Band *Mathematical Thinking in Sociology* (1954) heraus. Weitere Methoden-, Übersichts- und Sammelwerke zu Sozialforschung schreibt und ediert er gemeinsam mit anderen (später) namhaften Forschern wie **Robert K. Merton** und Robert A. Dahl. Das derart gefestigte Forschungsverständnis hat Lazarsfeld schließlich auch wieder in Europa vertreten, erneut zusammen mit Schlüsselfiguren wie **Raymond Boudon**. Der Reimport war erfolgreich; in der Nachkriegszeit wurden zwischen den USA und Europa gemeinsame Standards sozialwissenschaftlicher Forschung geschaffen.

Die Entwicklung, die sich auf diesen Stationen vollzieht, kann man mit Horst Kern als Aufbau eines arbeitsteiligen Auftragsbetriebs in der Soziologie beschreiben. Erforderlich waren zahlungskräftige, aber auch öffentlich angesehene Auftraggeber; beteiligt war immer ein größeres Team mit verschiedenen Aufgaben (von der Erstellung von Fragebögen und Interview-Leitfäden bis zur statistisch geschulten Auswertung des erhobenen Materials); als deren Arbeitgeber musste man ein Institut, ein ‚Forschungsbüro' oder eine ‚Forschungsstelle' betreiben; schließlich stand die Anbindung an eine Universität (im besten Fall eine Professur) dafür, dass die Forschung wissenschaftlichen Standards genügte (vgl. Kern 1982, S. 131).

In der (Selbst-)Beschreibung und der Kritik dieses Betriebs wurden zumeist die öffentlichen und akademischen Anteile als selbstverständlich betrachtet, die unternehmensähnlichen dagegen betont. Lazarsfeld selbst hat wiederholt berichtet, dass er zwar Aufträge erfüllen musste, aber eigentlich politische Ziele hatte. In seinem vielleicht bekanntesten Selbstzeugnis bezeichnet er sich als „Marxist auf Urlaub": „Von 9 bis 17 Uhr organisiere ich empirische Sozialforschung und nach 17 Uhr politisiere ich." (Zit. n. Kern 1982, S. 179) Er bemerkt allerdings auch, dass er faktisch doch eher wenig politisierte:

> „Ich bezeichne mich manchmal als einen frustrierten Politiker, und da ich nie eine Parteiorganisation leiten konnte, habe ich in Amerika immer nur Forschungsinsti-

tute geleitet. Ich habe das Gefühl, dass meine politischen Instinkte in den USA völlig verkümmerten" (zit. n. ebd.).

Soziologen, die dem von Lazarsfeld aufgebauten Betrieb kritisch gegenüberstanden, haben diese Punkte nur etwas anders gewichtet. Ein naheliegender Einwand lautet, dass nicht zu selbst gewählten Zielen geforscht wird; Lazarsfeld „liefert Ideen für Marktstrategien, Werbe- oder Wahlkampagnen" (Pollak 1979, S. 185 f.). Selbst wenn er am Rand eigene Vorhaben verfolgt, bleiben die Auftrag- und Geldgeber bestimmend: „Das gutgemeinte Sich-Einlassen auf Auftragsforschung schuf Abhängigkeiten. Man hatte einen großen Forschungsbetrieb eingerichtet, nun musste er, komme was wolle, auch unterhalten werden." (Kern 1981, S. 178) Kritisiert wurde auch die „zunehmende Verwandlung von Soziologie in Methodologie" (ebd., S. 187) auf Kosten von Inhalten überhaupt, die sich an Lazarsfelds späteren Schriften ablesen lässt. Der stärkste Einwand dürfte sein, dass der arbeitsteilige Forschungsbetrieb selbst zum politisch abzulehnenden System gehört. **Theodor W. Adorno**, ein ebenfalls emigrierter Marxist, der an Lazarsfelds Radioprojekt mitarbeiten sollte (vgl. Kap. 6), hat diese Erfahrung in einer Kritik der gesamten standardisierten Sozialforschung verarbeitet. Für ihn tragen vorgefertigte Fragebögen, die schematische Einordnung und Quantifizierung menschlicher Einstellungen immer vorrangig zum organisierten Kapitalismus bei, der systematisch die Massen beeinflussen will. Die Folge ist, „dass auch der ehrlichste Reformer [...] durch Übernahme des eingeschliffenen Kategorienapparats [...] die Macht des Bestehenden verstärkt, die er brechen möchte" (Horkheimer / Adorno 1947/1988, S. 4).

Diese Vorwürfe sollen hier nicht im Einzelnen diskutiert und bewertet werden. Einerseits erscheinen sie Forschenden, die mit den u. a. von Lazarsfeld entwickelten Methoden gut arbeiten können oder in ähnlichen Feldern wie er tätig sind, vermutlich stark übertrieben und unnötig wertend. Andererseits sind sie nicht leicht von der Hand zu weisen – und sie unterstreichen (ohne dass man dies so bewerten muss wie Adorno), dass Lazarsfelds Neuerungen eng in die oben umrissene ‚fordistische' Ordnung eingebunden sind. Für eine ausgewogene Prüfung sollte jedoch auch der Fall dargestellt werden, in dem sein Team die Lage besonders kreativ und erfahrungsoffen genutzt hat: die Studie zu den *Arbeitslosen von Marienthal*.

Die Marienthal-Studie: methodisch objektivierter Verfall

Nachdem Lazarsfeld bereits Ende der 1920er Jahre Fragebögen über die sozialistische Arbeiterjugend ausgewertet hatte, war eine Auftragsarbeit der Wiener Forschungsstelle für die Sozialdemokratische Partei im Gespräch. Lazarsfeld schlug vor, das Freizeitverhalten der Arbeiterinnen und Arbeiter zu untersuchen. Doch angesichts der ökonomischen Lage drängte der Parteivertreter Otto Bauer auf ein anderes Thema, aus dem dann die Fragestellung der Studie hervorging: Kann Arbeitslosigkeit zu Empörung führen, oder werden die Betroffenen vor allem hoffnungslos, sodass keine revolutionären Impulse von ihnen zu erwarten sind? In der Studie stellte sich, wie gleich gesagt werden darf, die zweite Antwort als richtig heraus. Die in der Nähe Wiens gelegene Siedlung Marienthal bot Anschauungsmaterial für das Thema; die Wirtschaftskrise hatte zur Schließung des Textilfabrik-Komplexes geführt, dessen Beschäftigte hier lebten. Das Team von Jahoda, Zeisel und Lazarsfeld (der am Ende nur das Vorwort beisteuerte) setzte verschiedene Mittel ein, um die nun Arbeitslosen umfassend zu beleuchten: Es verwendete ‚natürliche', also bereits vorliegende Daten von Ämtern, Vereinen u. Ä., es verteilte Fragebögen, namentlich zu Essen und Zeitverwendung, führte Interviews über die Lebensgeschichten Ansässiger und ließ eine Forscherin vor Ort in politischen und philanthropischen Gruppen mitarbeiten, um teilnehmend vertrautere Einblicke zu erlangen. In der Auswertung und Deutung des Materials ging es darum, Eindrücke nur nach „objektiven Kriterien und zahlenmäßig belegt" festzuhalten (Jahoda u. a. 1933, S. 24). Statt etwa bloß zu sagen, dass das Leben in Marienthal langsam und ereignislos dahinfließt, wurde an den Zeitverwendungsbögen gezeigt, dass ein Tag dem anderen gleicht und oft (besonders bei den nicht einmal mit Hausarbeit beschäftigten Männern) ganze Stunden ohne erinnerten Inhalt bleiben. Bekannt wurden die Zeilen: „10-11 einstweilen wird es Mittag" und „11-12 (leer)" (ebd., S. 84).

Die Stelle kennzeichnet auch gut die Hauptbeobachtung der Studie: Je länger sich die Marienthaler im Zustand der Arbeitslosigkeit befinden, desto schwächer werden ihre Handlungsantriebe. Vereins- und Parteitätigkeit, Zeitungsabonnements und Buchlektüre, Motive der Pflichterfüllung und Zukunftspläne gehen durchgängig zurück. So zerfallen soziale Strukturen und sogar die Zeit selbst: „Losgelöst von ihrer Arbeit und ohne Kontakt mit der Außenwelt, haben die Arbeiter die materiellen und moralischen Möglichkeiten eingebüßt, ihre Zeit zu verwenden." (Ebd., S. 83) In der Dokumentation dieser Beobachtung verbinden sich eng qualitative und quantitative Gesichtspunkte – ein Ansatz, der unter dem Titel ‚mixed methods' weiterhin bzw. erneut aktuell ist. Zwar glänzt die Studie nicht durch komplexe Berechnungen, aber sie zeigt mit einfachen Mitteln Entscheidendes. So wird berichtet, dass die zunächst qualitativ eingestufte „Haltung" verschiedener Familien klar mit deren Einkommen verknüpft ist; ob sie noch „ungebrochen", schon „resigniert", sogar „verzweifelt" oder „apathisch" sind, hängt mit einer durchschnittlichen „Differenz von monatlich 5 Schilling" zusammen (ebd., S. 96).

Dass die Methodenmischung der Studie in Erinnerung geblieben ist, verdankt sich wohl auch ihrer Selbstbeschreibung. In einem Anhang „Zur Geschichte der Soziographie" schildert Hans Zeisel frühere Beispiele wie die *social surveys*, die Sozialstatistik, Einzelfallerhebungen bei Le Play und die Entqueten des Vereins für

Socialpolitik, um schließlich Marienthal als krönenden Abschluss zu präsentieren: „Wir haben […] alle jene Methoden, die sich bewährt haben, […] bewusst zu einer Einheit verbunden“ (ebd., S. 142). Der ohnehin sehr präzise, einfallsreiche und flüssig lesbare Haupttext von Marie Jahoda wird dadurch zusätzlich aufgewertet.

Die Hawthorne-Experimente: Produktivitätssteigerung und Selbstkorrektur

Zeisel nennt in seinem Anhang auch erste Hauptwerke empirischer Soziologie aus den USA, etwa die Studie *Middletown* von Helen und Robert Lynd (der später Lazarsfeld förderte). Das wohl interessanteste US-amerikanische Gegenstück zu Marienthal bilden jedoch die beinahe zeitgleich (1924 bzw. 1927–1932) durchgeführten Hawthorne-Experimente. Sie befassen sich, auch wenn sie gleichfalls von der Weltwirtschaftskrise erfasst werden, nicht mit Untätigkeit, sondern mit der Erhöhung von Arbeitsproduktivität. Die Hawthorne-Werke bei Chicago, in denen Elektrogeräte gefertigt wurden, beschäftigten tausende Arbeiterinnen mit gleichförmig wiederholten Teilarbeiten. Daher bot es sich an, Faktoren zur Steigerung des Arbeitstempos zu suchen. Aus einem anderen Teil der Elektrobranche, der Industriebeleuchtung herstellte, kam dazu ein verlockendes Angebot: „Electrical manufacturers and utilities claimed that lighting would reduce accidents, save workers' sight, and raise production by as much as 25 percent.“ (Gillespie 1991, S. 38) Die Abnehmer wollten dies allerdings nicht einfach glauben, sondern ließen Experimente durchführen, zu deren wichtigsten Standorten 1924–1927 die Hawthorne-Werke zählten. Noch in der Woche des letzten Beleuchtungstests begann man dort dann auch andere, ‚soziale‘ Mittel zur Leistungssteigerung zu erproben. Man veränderte u. a. Pausen und Bezahlung; 1928 zog man akademische Berater hinzu, die in einer weiteren Erhebung auch Einstellungen der Beschäftigten erfragten. Der Psychologe Elton Mayo, ein Industrieforscher mit Ideen zu Streikbekämpfung (vgl. ebd., S. 96–126), wurde dabei vom Berater zu Leiter der Studie. Nachdem die Forschungen in der Depression eingestellt worden waren, präsentierten er und seine Mitarbeiter Roethlisberger und Dickson ein überraschendes Resultat: Erhöhte Produktivität ergab sich vor allem daraus, dass sich die Beforschten als Teil eines wichtigen sozialwissenschaftlichen Experiments sahen.

Schlüsselt man die Ergebnisse näher auf, findet sich eine ganze Reihe solcher Pointen. Das Versprechen, durch mehr Beleuchtung die Produktivität zu steigern, erwies sich als völlig verfehlt – am Ende bemerkte man, dass sogar etwas verschlechterte Beleuchtung sie nicht beeinträchtigte. Schon in dieser Phase wurde zudem vermutet und protokolliert, dass viel eher das Bewusstsein, Teil eines Experiments zu sein, die begleitend verstärkte Aufsicht und die Konkurrenz zwischen untersuchten Gruppen die Arbeitsleistung erhöhten (ebd., S. 43–45). Im Relay Assembly Room, in dem man die Effekte veränderter sozialer Bedingungen erprobte, konnte man dann große Produktivitätssteigerungen (um zunächst 34 %, insgesamt sogar 46 %; ebd., S. 89) beobachten, aber auf kein Untersuchungsparameter wie etwa die Pausenlänge zurückführen. Die unweigerlich engen Verhältnisse, die sich zwischen den sechs beforschten Arbeiterinnen, ihrem Aufseher und Beobachter, dessen Chef und den akademischen Beratern herausbildeten, waren für Mayo zunächst kein Thema. Stattdessen sah er lange den körperlichen und psychischen Zustand der Arbeiterinnen als leistungsbestimmend an – von Blutdruck über Ermüdung bis zu Paranoia und damit verbundenem Bolschewismus.[9] Die Versuche in zwei weiteren Testräumen und vor allem die Einstellungsbefragung bezogen zwar schon das soziale Betriebsklima ein, änderten die Expertensicht jedoch zunächst kaum. Erst in der Auswertung der Experimente ab 1933 schilderte Mayo die Rückkopplung zwischen Forschenden und Beforschten als vorher übersehenen entscheidenden Faktor. Dafür zog er dann umso stärkere theoretische und praktische Schlussfolgerungen: Nicht objektive Bedingungen, sondern die ‚menschlichen Beziehungen' entscheiden über die Produktivität. Erst wenn Einverständnis herrscht, wird kooperiert: „Human collaboration in work [...] has always depended for its perpetuation upon the evolution of a non-logical social code which regulates the relations between persons and their attitudes to one another." (Mayo 1933, S. 120)

Diese Deutung wurde berühmt; die anschließende kritische Diskussion zeigt jedoch, dass sie nicht die einzig mögliche ist. Die allgemeine Theorie, in die Mayo seine Funde einbettete, war umfassend. Er vertrat nicht nur den Wechsel vom *scientific management* zum *human relations management*, sondern schien *The human problems of an industrial civilization* (1933) und *The social problems of an industrial civilization* (1945) insgesamt lösen zu wollen. Bereits das zuerst genannte Buch bietet eine umfassende Zeitdiagnose:

> „The situation is as if Pareto's circulation of the élite had been fatally interrupted – the consequence, social disequilibrium. We have too few administrators alert to the fact that it is a human social and not an economic problem which they face." (Ebd., S. 188)

9 Brieflich erklärt er zur Ersetzung einer beobachteten Arbeiterin (s. u.): „a former worker in the testroom [...] was permitted to withdraw because she complained of fatigue, became paranoid and ‚turned Bolshewik'" (zit. ebd., S. 73). Noch 1932 wollte Mayo auch den Menstruationszyklus der Arbeiterinnen erklärend heranziehen (vgl. ebd., S. 88). Zu seiner Verknüpfung von Sozialismus und Neurose siehe auch ebd., S. 99 f., zu seiner vielleicht etwas seriöseren Theorie ermüdender Arbeitsbedingungen S. 71–73.

Gegen diese Gesamtsicht konnte man einwenden, dass sich Interessenkonflikte zwischen Beschäftigten und Unternehmen, Arbeiterinnen und Aufsehern nicht einfach durch einen neuen Führungsstil auflösen lassen: „[I]f ‚spontaneous cooperation' is not characteristic of industrial relations [...], then the human relations approach is only an embellishment of the antagonistic cooperation between workers and managers" (Bendix/Fisher 1949, S. 317 f.).

Aber auch Mayos Material bot Anlass zu kritischen Fragen. In einem grundlegenden Beitrag hat Alex Carey dargelegt, dass bei genauer Analyse der Daten nicht ‚friendly supervision', sehr wohl aber die Lohnhöhe messbaren Einfluss auf die Arbeitsleistung hatte (Carey 1967, S. 406–410). Zudem stellt er einen am Rand bereits genannten Konflikt heraus, der das Experiment erheblich beeinflusste: Zwei der Arbeiterinnen im Relay Assembly Room wurden im Januar 1928 aufgrund mangelnder Kooperation bzw. „gross insubordination" (ebd., S. 411) entfernt. Sie hatten sich geweigert, Unterhaltungen während der Arbeit zu unterlassen; eine der beiden, Irene Rybacki, zog zudem durch kritische Äußerungen den Bolschewismusverdacht auf sich. Sie wollte sich von der Testsituation bewusst nicht in ihrem Verhalten beeinflussen lassen: „We do what we want, we work how we feel and we say what we know." (Zit. n. Gillespie 1991, S. 61) Die beiden neuen Arbeiterinnen, die sie und ihre Kollegin Bogatowicz ersetzten, erhöhten durch ihre Leistungen die Produktivität im Raum unmittelbar um 12,7 %; eine weitere Steigerung ergab sich vermutlich daraus, dass nun auch die anderen befürchteten, ausgesondert zu werden (ebd., S. 63). Mayos Erkenntnis, dass empirische Sozialforschung auf das Verhalten der Beforschten zurückwirkt, trifft also in der Studie viel konkreter zu, als seine Mitarbeiter und er es erkennen lassen.

Der Amerikanische Soldat: ‚Social Engineering' und Einstellungsforschung

Samuel Stouffer gehört zusammen mit Lazarsfeld – dessen statistische Interessen er teilte – zu den Sozialwissenschaftlern, die Methoden und Muster empirischer Forschung geprägt haben. Sein Hauptwerk, die soziologische Beforschung US-amerikanischer Soldaten im Zweiten Weltkrieg, war zugleich besonders deutlich auf Verhaltenssteuerung angelegt. Im Vorwort der Ergebnisbände spricht Stouffer dies unmittelbar an. Er nutzt dafür den Mitte des 20. Jh. verbreiteten Begriff sozialer oder praktischer ‚Ingenieursarbeit': „The Research Branch existed to do a practical engineering job, not a scientific job. Its purpose was to provide the Army command quickly and accurately with facts about the attitudes of soldiers which [...] might be helpful in policy formation." (Stouffer u. a. 1949/1965, I, S. 5) Das nähere und nachträgliche Nachdenken darüber, wie diese ‚Fakten' festgestellt werden konnten und worin jene ‚Einstellungen' bestehen, führte dann allerdings wieder ins Feld der nicht allein praktisch oder sozialtechnisch ausgerichteten Wissenschaft.

Von den Soziologen erwartete man sich zunächst Hilfe dabei, ein weiteres Mal Soldaten für einen großen Krieg auf anderen Kontinenten zu gewinnen. Vor dem japanischen Angriff auf Pearl Harbour, der den Kriegseintritt der USA politisch durchsetzbar machte, war die Armee durch Einberufungen bereits stark vergrößert worden (von knapp 270.000 Mitgliedern im Juni 1940 auf fast 1,5 Millionen im Juni 1941; vgl. Ryan 2011, S. 40), hatte jedoch mit einer hohen Desertationsquote zu kämpfen. Nach Urlauben kehrten die Soldaten oft nicht in ihre Kaserne bzw. zum Hafen zurück. Stouffer, der im Spätsommer 1941 eingestellt wurde, soll diese Lage gleich kreativ bearbeitet haben: Nachdem eine kurze Untersuchung ergeben hatte, dass die Soldaten zumeist in Zivil auf Heimurlaub gingen, regte er an, sie stattdessen in Uniform reisen zu lassen. Die Desertationen nahmen Stouffers Vorgesetztem zufolge mit dieser Maßnahme steil ab (vgl. ebd., S. 6). Die anekdotische Episode veranschaulicht gut, worum es beim ‚social engineering' ging – mithilfe soziologischer Einsichten (etwa dazu, wann man nicht umhin kann, sich als Soldat zu begreifen) sollte die Einsatzbereitschaft und später die Kampfmoral gestärkt werden. Das entsprechende Wort ‚morale' (im Unterschied zu ‚morals', ‚Moral' im allgemeinen Sinn) kann als Titel über den Soldatenstudien stehen. Nicht nur hieß die Abteilung, der Stouffer zugeordnet wurde, anfangs tatsächlich „Morale Division" (später „Information and Education Division"; vgl. ebd., S. 5). Die Kampfmoral löste auch andere Gesichtspunkte, besonders die psychisch-physische Eignung, als Hauptfrage in der Bemühung um einsatzfähige Soldaten ab. Joseph Ryan, der Stouffers Studien historisch aufgearbeitet hat, sieht das Hauptproblem darin, dass für die Kriegsteilnahmen der USA das Armeepersonal erstmals aus einer demokratischen Alltagskultur heraus rekrutiert werden musste. Schon im Ersten Weltkrieg hätten einige Offiziere erkannt, „that the authoritarian modes of coercion – particularly in democratic societies – were no longer completely effective in managing mass conscripted armies in an era of industrial warfare" (ebd., S. 30). Als der Eintritt in einen weiteren großen Krieg näher rückte, sei die Schlussfolgerung daher klar gewesen: „to enlist psychology and sociology to help the army make the transition from authoritarian to managerial models" (ebd.).

In den militärischen Führungsetagen war man sich über diesen Wandel zunächst keineswegs einig. Viele Offiziere wollten nicht mit den Soziologen kooperieren, und der Kriegsminister hatte noch im Mai 1941 öffentlich erklärt: „Anonymous opinion or criticism, good or bad, is destructive in its effect on a military organization where accepted responsibility on the part of every individual is fundamental." (Zit. bei Stouffer u. a. 1949/1965, I, S. 12) Die Umfragen mussten daher zunächst am Ministerium vorbei organisiert werden; erst eine wachsende Nachfrage nach den Ergebnissen führte dazu, dass sie offiziell anerkannt und gefördert wurden; die hochaktive Abteilung von zunächst über 80 und bald über

100 Mitarbeitenden ließ sich dauerhaft wohl auch kaum übersehen (vgl. Ryan 2011, S. 48–57). Mit der Zeit ging sie hoch professionell vor, von standardisierten Fragebögen bis zur Auswertung mit IBM-Lochkartenmaschinen. Die Ergebnisse waren in vielen Themenbereichen ebenso nützlich wie heikel. Am besten ließen sich (neben Auskünften zu Essen, Kleidung und Unterkünften) wohl Befunde dazu verwerten, welcher Typ von Soldaten geneigt war, zu desertieren, psychische Probleme zu bekommen oder aus anderen Gründen bereits vor dem Gefecht kampfunfähig zu werden. Die Befragungen gaben hier klare Anhaltspunkte (vgl. etwa Stouffer u. a. 1949/1965, II, S. 14). Konfliktträchtiger waren wohl Untersuchungen dazu, wie Soldaten die Kompetenz ihrer Vorgesetzten einschätzten und wie sehr sie mit ihren eigenen Aufstiegschancen zufrieden waren. Dafür zeigten sich im Ergebnis interessante Spannungen: Höher gebildete Soldaten, die sich ansonsten besonders mit der Armee und den Kriegszielen identifizierten, stellten am stärksten die Befehlshierarchien infrage (vgl. Stouffer u. a. 1949/1965, I, S. 365), und gerade in den Teilen der Armee, in denen die Aufstiegsmöglichkeiten besonders groß waren, war man mit ihnen am wenigsten zufrieden (vgl. ebd., S. 256 f.). Der letzte Befund gab zugleich Anlass zu einer der (wenigen) weiterreichenden Schlussfolgerungen der Studie: Wichtiger als ‚absoluter' Mangel (etwa an Aufstiegschancen) ist sozial ‚relative Deprivation' (wie die Erfahrung, dass man nicht aufsteigt, *obwohl* es möglich wäre und es anderen gelingt; vgl. Stouffer 1962, S. 13 f.).

Geschult durch eine frühere Zusammenarbeit mit Gunnar Myrdal griff Stouffer schließlich auch eines der heißesten Eisen im Armeebetrieb auf: das Verhältnis zwischen weißen und schwarzen Soldaten. Der in den USA der ersten Jahrhunderthälfte vorherrschende Rassismus sorgte dafür, dass – nach großer Beteiligung im Ersten Weltkrieg – zunächst nur wenige Schwarze in der Armee zugelassen wurden und ihr Anteil erst anwuchs, als man dringend Personal brauchte (vgl. Stouffer u. a. 1949/1965, I, 494 f.). Sie schnitten bei Einstellungstests schlechter ab (vgl. zu den Ursachen White 2012, S. 203–207), wurden besonders im Süden von weißen Mitsoldaten herabgewürdigt und attackiert (vgl. Buckley 2001, S. 257–261) und sollten nicht durch Verdienste im Kampf aufgewertet werden. In der Armeeordnung waren sie zumeist für Hilfsdienste wie Nachschub und Versorgung zuständig und dienten grundsätzlich in segregierten, rein schwarzen (allenfalls von Weißen befehligten) Einheiten. Als diese Regelung gegen Ende des Kriegs fallweise gelockert wurde, machte der Research Branch eine interessante Entdeckung: Weiße Soldaten, die sich sonst mehrheitlich gegen gemischte Kompanien aussprachen – im Durchschnitt kreuzten 62 % „Would dislike it very much" an –, änderten ihre Meinung, sobald sie zusammen mit Schwarzen gekämpft hatten – die starke Ablehnung schrumpfte auf 6 %, Zustimmung und Indifferenz stiegen auf 32 % und 28 % (Stouffer u. a. 1949/1965, I, S. 594). Nach Kriegsende verstärkte sich der Trend zu mehr Einheit. 1948 beendete Präsident Truman die Segregation in der Armee, und ausgerechnet als sie Mitte der 1960er Jahre mit voller

Kraft in den Vietnamkrieg eintrat, war einer engagierten Darstellung zufolge ihr Umbau vollendet: „And what an Army it was – a model of integration and high morale, with little or no racial tensions.“ (Buckley 2012, S. 389)

In Stouffers Ergebnisbänden und ihrer kritischen Aufnahme treten sachliche Fragen hinter Diskussionen zu Theorie und Methode zurück – nicht umsonst liefert Lazarsfeld schließlich die umfangreichste, 28 Seiten lange Besprechung (vgl. Ryan 2011, S. 127). Im dritten und vierten Band waren ergänzend *Experiments in Mass Communication* (Hovland u. a. 1949, namentlich zur Wirkung von Propaganda- und Schulungsfilmen) und die erwähnten Texte zu *Measurement and Prediction* (Stouffer u. a. 1949/1973) hinzugekommen. Ein lesenswerter Beitrag zum letzten Band versucht etwa genau zu bestimmen, inwiefern die erfragten Meinungen als Ausdruck verhaltenswirksamer Einstellungen (*attitudes*) gelten können und wie man diese *attitudes* sauber vom dokumentierten Folgeverhalten trennen kann (Stouffer u. a. 1949/1973, S. 46–49). Generell forderte die große Menge der Befragungen eine Reflexion der Ankreuzhäufigkeiten geradezu heraus – von Einsichten zur guten Fragegestaltung bis zur mathematischen Analyse der Antworten. Das Gesamtresultat bewerteten Rezensentinnen der Bände unterschiedlich. Während einige die Armeeanliegen für nicht theoriefähig hielten, die Ergebnisse als vorhersehbar einstuften und die Frage- und Auswertungsmethoden als viel zu schematisch einschätzten, lobten andere die theoretische Zurückhaltung und formale Präzision der Studien. Die vielleicht interessanteste Reaktion fasst – ähnlich wie schon Adornos Kritik an Lazarsfeld – die Befragungstechnik selbst theoretisch-politisch auf und sieht im *social engineering* als solchem eine Bedrohung. Für Robert Lynd wird in der neuen „Science of Inhuman Relations“ Sozialforschung zunehmend zum „instrument of mass control, and thereby a further threat to democracy“ (zit. n. Ryan 2011, S. 126 f.).

Steuerungsziele und Forschungsmethoden

Die vorgestellten Beispiele für die frühe empirische Sozialforschung lassen sich unter zwei Gesichtspunkten wissenssoziologisch einordnen. *Inhaltlich* habe ich herausgestellt, dass sie das Verhalten systemrelevanter Massen erschließen – von Käuferinnen, Wählerinnen, Soldaten, Fabrikbeschäftigten und Arbeitslosen. Die besprochenen Studien und Titel zeigen, dass dabei oft auch zur Debatte steht, wie sich dieses Massenverhalten steuern oder zumindest beeinflussen und für die Zwecke großer Organisationen einspannen lässt. Es gilt Stimmen- und Verkaufszahlen zu erhöhen, die Produktivität zu steigern und Antworten auf die sozialen Probleme zu entwickeln, die in einer Wirtschaftskrise oder im Krieg aufkommen. Viele dieser Funktionen bleiben in der späteren empirischen Sozialforschung erhalten, und neue Aufgaben treten hinzu. Die kommerzielle Marktforschung hat sich eigenständig weiterentwickelt (vgl. Kap. 8), in der Nachkriegszeit verändert ein breites fordistisch fundiertes Wachstum die westlichen Länder (vgl. Kap. 7), und in der Erforschung benachteiligter Gruppen kommen vermehrt organisierte Interessen und politische Gleichheitsversprechen zur Geltung (vgl. Kap. 12). Begleitend sind zudem immer neue Managementlehren entstanden, die mit der Arbeits- und Organisationssoziologie kommunizieren oder in industriepolitischen Programmen mit ihr verbunden wurden – neuere Beispiele sind ‚Qualitätsmanagement', ‚lean management' und ‚agile Methoden', die ‚Humanisierung', ‚Flexibilisierung' und ‚Digitalisierung' der Arbeit (vgl. Kap. 12). Aus diesen Lehren gehen zudem wie bei Mayo oft Zeitdiagnosen hervor, die den Zustand der Gesellschaft insgesamt kommentieren (vgl. Kap. 13).

Im betrachteten Kernbereich bestimmen die Zwecke der Auftraggeber – Regierungen, Parteien, Firmen, Unternehmensverbände, Gewerkschaften usw. – jedoch nie vollständig, wie die Forschung erfolgt. Vielmehr schaffen sich die Forschenden durch Methodenreflexion und -entwicklung *formale* Standards, die sie davor schützen, sich unmittelbar Einzelinteressen unterzuordnen (oder dafür kritisiert zu werden). Was die Marienthal-Studie durch ihren methodologischen Anhang erreicht, ist Mayo und seinen Mitarbeitern durch die Darstellung ihrer Selbstkorrekturen geglückt: „[The] narrative of scientific defeat transformed into victory by a leap of insight has played a major role in investing the Hawthorne experiments with their mythic power." (Gillespie 1991, S. 47) In der Entwicklung quantitativer und statistischer Methoden, an der Lazarsfeld und Stouffer teilhaben, erreicht die Formalisierung schließlich systematische Breitenwirkung. Die Regeln sind nun so formal und die Reflexionen dazu so abstrakt, dass sie fast von selbst als wissenschaftlich anerkannt werden. Voreingenommenheit wird ihnen nur in einigen Konfliktfällen vorgeworfen – etwa beim Bruch zwischen Adorno und Lazarsfeld, im deutschen Positivismusstreit (vgl. Kap. 6), in Auseinandersetzungen um einen ‚ökonomischen Imperialismus' (vgl. Kap. 14) oder zwischen quantitativer und qualitativer Forschung.

Die praktische Einbindung und die methodologische Abdichtung stützen sich dabei wechselseitig. Erst in ihrem Zusammenspiel ist die empirische Sozialforschung zu einer Institution geworden, die wir kaum noch aus unseren Gesellschaften wegdenken können. Ihr zentrales Format, das zeitlich begrenzte Forschungsprojekt, beherrscht sogar zunehmend die akademische Wissenschaft. Wie schon bei Lazarsfeld ist die Pointe hier nur fallweise, dass private Geldgeber die Inhalte bestimmen. Die meisten sogenannten Drittmittel kommen vom Staat, und während Auftraggeber wie das Bundesministerium für Bildung und Forschung inhaltliche Vorgaben machen, entscheiden in der führenden Förderinstitution, der Deutschen Forschungsgemeinschaft, die Wissenschaftlerinnen selbst, welche Projekte ihrer Kollegen gefördert werden. Die wichtigsten strukturellen Folgen entstehen an anderer Stelle. Einerseits schaffen die Fördergelder große Macht- und Ansehensunterschiede, um die Wissenschaftler nun quasiunternehmerisch konkurrieren. Andererseits werden die Projektmitarbeitenden zumeist nur für die Projektdauer beschäftigt, müssen also nicht weiterbezahlt werden, nachdem sie ihre vereinbarte Leistung erbracht haben. Der in den USA geprägte Begriff *Akademischer Kapitalismus* wurde angesichts dieser Effekte auch auf die deutsche Wissenschaft angewendet (Münch 2011). Zumindest in einem Punkt trifft dies zu: Neben Fabrikarbeiterinnen, Käufern oder Soldaten sollen nun auch die Forschenden selbst immer besser erfasst und immer produktiver eingesetzt werden.

Literatur

Bendix, Reinhard / Fisher, Lloyd (1949): The Perspectives of Elton Mayo. In: Review of Economics and Statistics 31, H. 4, S. 112–119.

Benjamin, Walter (1939/1974): Das Kunstwerk im Zeitalter seiner technischen Reproduzierbarkeit. Dritte Fassung. In: Gesammelte Schriften. Band 1, Teil 2. Hrsg. v. Tiedemann, Rolf / Schweppenhäuser, Hermann. Frankfurt a. M.: Suhrkamp. S. 471–508.

Buckley, Gail (2012): American Patriots. The Story of Blacks in the Military from the Revolution to Desert Storm. New York: Random House.

Carey, Alex (1967): The Hawthorne Studies. A Radical Criticism. In: American Sociological Review 32, H. 3, S. 403–416.

Fleck, Christian (2015): Etablierung in der Fremde. Vertriebene Wissenschaftler in den USA nach 1933. Frankfurt a. M. / New York: Campus.

Gillespie, Richard (1991): Manufacturing Knowledge. A History of the Hawthorne Experiments. Cambridge: Cambridge University Press.

Gramsci, Antonio (1934/1999): Heft 22 (V). Amerikanismus und Fordismus. In: Ders.: Gefängnishefte. Kritische Gesamtausgabe. Band 9. Hamburg: Argument-Verlag. S. 2061–2102.

Horkheimer, Max / Adorno, Theodor W. (1947/1988): Dialektik der Aufklärung. Philosophische Fragmente. Frankfurt a. M.: Fischer.

Haug, Frigga (2003): ‚Schaffen wir einen neuen Menschentyp'. Von Henry Ford zu Peter Hartz. In: das Argument 252, S. 606–617.

Hovland, Carl I. / Lumsdaine, Arthur A. / Sheffield, Fred D. (1949): Studies in Social Psychology in World War II. Bd. 3. Experiments on Mass Communication. Princeton / NJ.: Princeton University Press.

Jahoda, Marie (1979/1989): „Ich habe die Welt nicht verändert". Gespräch mit Marie Jahoda. In: Greffrath, Matthias, Die Zerstörung einer Zukunft. Gespräche mit emigrierten Sozialwissenschaftlern. Frankfurt a. M., New York: Campus. S. 95–136.

Jahoda, Marie / Lazarsfeld, Paul / Zeisel, Hans (1933/1975): Die Arbeitslosen von Marienthal. Ein soziographischer Versuch über die Wirkungen langandauernder Arbeitslosigkeit. Frankfurt a. M.: Suhrkamp.

Kern, Horst (1982): Empirische Sozialforschung. Ursprünge, Ansätze, Entwicklungslinien. München: Beck.

Lazarsfeld, Paul F. (1931): Verein Österreichische Wirtschaftspsychologische Forschungsstelle. In: Archiv für die Geschichte der Soziologie in Österreich (Graz), Nachlass Paul Felix Lazarsfeld. http://agso.uni-graz.at/marienthal/archiv/lazarsfeld_paul_felix/nachlass_paul_lazarsfeld/01_t.htm (Abgerufen 11.03.2021)

Lazarsfeld, Paul F. / Stanton, Frank (Hrsg.) (1941): Radio Research 1941. New York: Essential Books.

Lazarsfeld, Paul F. / Stanton, Frank (Hrsg.) (1944a): Radio Research 1942–193. New York: Duell, Sloan and Pearce.

Lazarsfeld, Paul F./Berelson, Bernard/Hazel, Gaudet (1944b/1968): The People's Choice. How the Voter Makes up his Mind in a Presidential Campaign. 3. Auflage. New York: Columbia University Press.
Lazarsfeld, Paul F. (Hrsg.) (1954): Mathematical Thinking in Social Sciences. Glencoe, Illinois: The Free Press.
Loizides, Georgios Paris (2004): Deconstructing Fordism. Legacies of the Ford Sociological Department. www.scholarworks.wmich.edu/dissertations/1122 (Abfrage: 21.07.2020).
Marx, Karl (1867/1968): Das Kapital. Kritik der politischen Ökonomie. Band 1. Marx Engels Werke (MEW). Band 23. Berlin: Dietz.
Mayo, Elton (1933): The Human Problems of an Industrial Civilization. New York: The Macmillan Company.
Mayo, Elton (1945): The Social Problems of an Industrial Civilization. Andover/Massachusetts: The Andover Press.
Münch, Richard (2011): Akademischer Kapitalismus. Über die politische Ökonomie der Hochschulreform. Berlin: Suhrkamp.
Pollak, Michael (1979): Paul F. Lazarsfeld. Gründer eines multinationalen Wissenschaftskonzerns. In: Lepenies, Wolf (Hrsg.) (1981): Geschichte der Soziologie. Studien zur kognitiven, sozialen und historischen Identität einer Disziplin. Band 3. Frankfurt a. M.: Suhrkamp.
Rehmann, Jan (1998): Max Weber. Modernisierung als passive Revolution. Kontextstudien zu Politik, Philosophie und Religion im Übergang zum Fordismus. Berlin/Hamburg: Argument.
Ryan, Joseph W. (2013): Samuel Stouffer and the GI Survey. Sociologists and Soldiers During the Second World War. Knoxville: University of Tennessee Press.
Stouffer, Samuel A. (1962): Social Research to Test Ideas. Selected Writings of Samuel A. Stouffer. With an Introduction by Paul F. Lazarsfeld. New York: The Free Press of Glencoe.
Stouffer, Samuel A./Lazarsfeld, Paul F. (1937): Research Memorandum on the Family in the Depression. New York: Social Science Research Council.
Stouffer, Samuel A./Suchmann, Edward A./DeVinney, Leland C./Star, Shirley A./Williams, Robin M. Jr. (1944/1965): The American Soldier. Bd. I: Adjustment During Army Life, New York: John Wiley & Sons.
Stouffer, Samuel A./Lumsdaine, Arthur A./Lumsdaine, Marion Harper/Williams, Robin M. Jr./ Smith, M. Brewster/Janis, Irving I./Star, Shirley A./Cottrell, Leonard S. Jr. (1965/1965): The American Soldier. Bd. II, Combat and its Aftermath. New York: John Wiley & Sons.
Stouffer, Samuel A./Guttman, Louis/Suchman, Edward A./Lazarsfeld, Paul F./Star, Shirley A./ Clausen, John A. (1949/1973): Studies in Social Psychology in World War II. Bd. 4, Measurement and Prediction. Gloucester/Mass: Peter Smith.
Weber, Max (1908–9/1988): Zur Psychophysik der industriellen Arbeit. In: Gesammelte Aufsätze zur Soziologie und Sozialpolitik. Hrsg. v. Weber, Marianne. Tübingen. Mohr Siebeck. S. 61–66.
White, George Jr. (2012): „I am Teaching Some of the Boys". Chaplain Robert Boston Dokes and Army Testing of Black Soldiers in World War II. In: The Journal for Negro Education (81/3), 200–217.

Forschungsgebiete und Theorieschulen

6. Kritik und akademisch (nicht) integrierte Intellektuelle – die Frankfurter Schule

Auch die nun vorzustellende ‚Frankfurter Schule' oder ‚Kritische Theorie' ist mit einem neuartigen, weitgehend unabhängigen Institut verbunden, dem 1923 an der Universität Frankfurt gegründeten Institut für Sozialforschung. Seine Mitglieder fliehen wie Lazarsfeld vor der NS-Herrschaft in die USA. In fast allen anderen Punkten unterscheiden sich das Profil und die Arbeit der Frankfurter jedoch deutlich vom eben geschilderten Forschungsbetrieb. Während die empirische Sozialforschung darauf angelegt ist, nützliche Funktionen in der Gesellschaft ihrer Zeit zu erfüllen, wollen die Intellektuellen der Kritischen Theorie dieser Gesellschaft nicht dienen und lehnen sie insgesamt ab. In der Massenproduktion, -politik und -kultur sehen sie eine Unterdrückungsmaschinerie, die vom Faschismus perfektioniert wird, aber auch im US-amerikanischen Kapitalismus und im (weniger intensiv untersuchten) Staatssozialismus die Menschen in enge Muster zwingt. Im Folgenden will ich zeigen, unter welchen Bedingungen eine solche Gesamtkritik möglich wurde und wie sie sich entwickelt hat, als sich die Bedingungen änderten.

Dazu greife ich auf soziologische Reflexionen zu den ‚Intellektuellen' zurück – zu Menschen, die relativ ungebunden über Gesellschaft nachdenken und gegen Webers Prinzip auch Urteile fällen. Die ersten Vertreter der Kritischen Theorie, vom Stichwortgeber **Walter Benjamin** über Erich Fromm bis zu Max Horkheimer, Herbert Marcuse und **Theodor W. Adorno**, kann man als *nonkonformistische Intellektuelle* beschreiben (Demirović 1999; Martin 2013). Sie haben ihre Theorien am Rand oder im Konflikt mit der Universität entwickelt und hielten sich auch von der Auftragsforschung fern. Die Lage änderte sich erst mit der Remigration nach dem Krieg, die Horkheimer und später Adorno auf Professuren in Frankfurt führte, und mit den neueren Generationen der Kritischen Theorie, für die namentlich **Jürgen Habermas** steht. Für Habermas (wie alle bekannten Vertreter nach ihm) bildet die Universität das selbstverständliche Arbeitsfeld; als *Intellektueller* sieht er sich nur noch im *Nebenberuf* (Biebricher 2013). Entsprechend verändern sich die Themen. Wenngleich um 1968, als Habermas sein Profil ausbildet, Kapitalismuskritik noch wichtig ist, rücken bei ihm zugleich andere, weniger oppositionelle Themen auf die Tagesordnung, besonders die Begründung der liberalen Demokratie. Es wird zu erörtern sein, weshalb man trotzdem Kontinuität in der ‚Kritischen Theorie' wahrgenommen hat.

Als wissenssoziologisches Nebenmotiv kommt damit auch die Denkschule – oder einfach nur ‚Schule' – zur Sprache. Wie wird es möglich und was kann daraus folgen, dass eine Gruppe Forschender und Schreibender nicht nur eng zusammenarbeitet und ähnlich denkt, sondern ihre Ansätze an folgende Generationen weitergibt? Und weshalb kann die Schule Bestand haben bzw. weiterhin als Einheit wahrgenommen werden, selbst wenn sich wichtige Thesen, Fragen und Bedingungen ändern? Die beiden gewöhnlich austauschbar verwendeten Namen ‚Frankfurter Schule' und ‚Kritische Theorie' geben erste Hinweise: Der Bezugsort der Gruppe blieb nach Flucht und Rückkehr stabil, und der Anspruch, grundsätzlich ‚kritisch' zu sein, ist offensichtlich für mehrere Nachwuchskohorten attraktiv geblieben. Um die Entwicklung dieses Motivs genauer zu beschreiben und zu erklären, führe ich zunächst den theoretischen Rahmen aus und gehe dann chronologisch vor. Am Beginn steht ein Abschnitt zur Soziologie der Intellektuellen, der den Sinn kritischer Stellungnahmen zur Gesellschaft umreißt und ‚öffentliche Intellektuelle' von ‚akademischen Intellektuellen' unterscheidet. Anschließend schildere ich die Arbeitsumstände und Themen der Generation von Horkheimer und Adorno, um dann vergleichend die institutionellen und inhaltlichen Umbrüche bei und nach Habermas zu diskutieren. Zum Schluss beziehe ich meine Resultate auf andere Interpretationen der Schulgeschichte.

Freischwebende und organische, öffentliche und akademische Intellektuelle

‚Intellektuelle' sind Menschen, die vorrangig nachdenken, reden und schreiben. Da der Begriff erst um 1900 entsteht und zumeist nicht alle hauptberuflich Denkenden und Schreibenden bezeichnet, sind allerdings wohl noch andere Faktoren bedeutsam. Wichtig ist zunächst, dass die Intellektuellen nicht wie etwa Geistliche, Pressesprecherinnen oder Beamte direkt einer Organisation dienen und dort Aufgaben erfüllen, sondern sich relativ unabhängig zu selbst gewählten Problemen äußern. Der typische Fall ist, dass professionell geistig Tätige ihr Ansehen nutzen, um ‚öffentliche', meistens politische Fragen zu kommentieren (vgl. z. B. Bourdieu 1992/1999, S. 524). In dieser Weise haben sich etwa Schriftsteller, Wissenschaftler, Journalisten u. a., deren Stellungnahme begriffsprägend als ‚Manifest der Intellektuellen' bezeichnet wurde, für Dreyfus eingesetzt (vgl. Kap. 4).

Nach den Diskussionen zur Dreyfus-Affäre sind ab Ende der 1920er Jahre erste soziologische bzw. soziologisch einflussreiche Intellektuellentheorien entstanden. Besonders aussagekräftig sind zwei komplementäre Ansätze: Während **Antonio Gramsci** ‚organische Intellektuelle' betrachtet, deren Rolle durch Klasseninteressen bestimmt wird, erörtert **Karl Mannheim** mit einem Begriff Alfred Webers (dem Bruder von Max) die ‚sozial freischwebende Intelligenz', die sich ihre Bündnispartner sozusagen aussuchen kann. Beide teilen viele Voraussetzungen. Sie nehmen an, dass Intellektuelle an Weltauffassungen arbeiten, die eng mit den Erfahrungen und politischen Interessen bestimmter Gruppen verbunden sind, wie das liberale Denken im Bürgertum oder die in der Arbeiterbewegung gepflegten sozialistischen Ansichten. Die geistig Tätigen selbst gehören allerdings meistens nicht unmittelbar zur vertretenen Klasse. Sie sind z. B. nicht Unternehmerinnen oder Beschäftigte, sondern Professoren, freie Autorinnen oder Erben; insgesamt fehlt „jene Eindeutigkeit der Zurechnung", die „bei den am ökonomischen Prozess unmittelbar beteiligten Schichten" möglich erscheint (Mannheim 1929/1950, S. 135). Mannheim schließt daraus, dass Intellektuelle über ihre Rolle entscheiden können: Ihnen steht nicht nur „der weitgehend aus freier Wahl erfolgende *Anschluss an die verschiedensten sich jeweils bekämpfenden Klassen*" offen; sie können sich sogar darum bemühen, „Anwalt der geistigen Interessen des Ganzen zu sein" (ebd., S. 138, Hv. i. O.). Gramsci sieht weniger Freiheiten. Für ihn gibt es neben „traditionellen" geistigen Ständen wie dem Klerus nur „organische" Intellektuelle, die je eine bestimmte Klasse vertreten und organisieren, mit einem Sog zur jeweils führenden Klasse (vgl. Gramsci 1932/1990, S. 1497–1503). Je stabiler das Bürgertum herrscht, desto liberaler, markt- und unternehmensorientierter begreifen die wichtigsten geistig Tätigen die Welt. Ähnlich wie bei Marx ist das Ganze – das Gemeinwohl, die Wahrheit oder Moral – hier nur als Vorherrschaft einer Seite zu denken.

Nach dem Zweiten Weltkrieg sieht man Intellektuelle (im Westen) individualistischer als Gramsci und Mannheim. Das Verständnis, das sich nun durchsetzt, betont die unerbetene Einmischung Einzelner: „Der Intellektuelle ist jemand, der sich um Dinge kümmert, die ihn nichts angehen." (Sartre 1956/1995, S. 91) Intellektuelle kritisieren verfehlte Zustände und setzen sich für Verbesserung ein, ohne dass sie für die betreffenden Probleme zuständig sind. Sie vertreten allenfalls allgemeine Werte, wenn sie z. B. zur atomaren Aufrüstung, zum Vietnamkrieg, zur Ausbeutung der ‚Dritten Welt' oder zum Fernsehen Stellung nehmen. Daher kann man wie der französische Philosoph Jean-Paul Sartre selbstbewusst festhalten, dass die Intellektuellen unbeauftragt für das Universelle kämpfen (vgl. ebd., S. 122) – oder ihnen wie der deutsche Soziologe M. Rainer Lepsius „inkompetente, aber legitime Kritik" (Lepsius 1964, S. 88) zuschreiben. In beiden Fällen geht es (mit verschieden akzentuierter Wertung) darum, dass die Gesellschaft auch solche unabhängigen Universalistinnen benötigt. Militärangehörige werden den Krieg schließlich selten öffentlich kritisieren.

Das Stichwort ‚öffentlich' ist zugleich die letzte hier wichtige Variable. Intellektuelle äußern sich nicht nur zu öffentlichen Themen und suchen öffentliche Wirkung, sie konnten in den 1950er bis 1970er Jahren sogar oft von ihrer publizistischen Tätigkeit leben. Diese Ära der ‚öffentlichen Intellektuellen' – wie etwa Sartre in Frankreich, Susan Sontag in den USA oder Günter Anders in Deutschland – hat besonders Russell Jacoby geschildert und zugleich für beendet erklärt: Seit den 1970er Jahren gehen die Intellektuellen an die Universität, in der sie verlässlicher finanziert sind (vgl. Jacoby 1987, S. 3–26). Als Folge betont Jacoby, dass sie ihr „public idiom" und ihre „public identity" einbüßen (ebd., S. 26), weil sie nun bevorzugt für Fachkolleginnen schreiben. In diesem Kapitel will ich ergänzend zeigen, dass sich auch ihre sozialtheoretischen Inhalte ändern. In der Kritischen Theorie lässt sich sogar ein deutlicher Bruch sehen: Während die ‚freischwebenden Intellektuellen' der Gründungsgeneration fast alles, was sie umgibt, radikal kritisieren, gehen die akademisch eingebundenen Frankfurter Theoretiker dazu über, unsere Gesellschaftsordnung zu *rechtfertigen*.

Institutionelle Abkopplung: die frühe Kritische Theorie

Die Geschichte des Frankfurter Instituts für Sozialforschung ist oft erzählt worden. Bereits die Grundlinien sind bewegt genug. Das Institut wird 1923 mit Geldern des Multimillionärssohns Felix Weil gegründet und marxistisch ausgerichtet; nach der Machergreifung der Nazis wird es geschlossen und muss emigrieren, wobei Max Horkheimer das Vermögen der seit 1930 von ihm geleiteten Einrichtung in die USA retten kann; 1949–50 kehren er und der mittlerweile federführend gewordene Adorno nach Deutschland zurück und werden wichtig für kritische Studierende, mit denen sie schließlich vor Adornos Tod 1969 in Konflikt geraten.

Das Forschungsprogramm des Instituts hat sich dabei mehrfach verschoben. Nachdem unter der Leitung des Wirtschaftshistorikers Carl Grünberg zunächst die Arbeiterbewegung erforscht werden sollte (nicht ohne politische Probleme; vgl. Wiggershaus 1988, S. 36–49), setzte der Philosoph Horkheimer, der dem erkrankten Grünberg nachfolgte, neue Akzente. Er erklärte schon in seiner Antrittsrede 1931 die Absicht, „Untersuchungen zu organisieren, zu denen Philosophen, Soziologen, Nationalökonomen, Historiker, Psychologen in dauernder Arbeitsgemeinschaft sich vereinigen" (zit. n. ebd., S. 52), und plante in den 1930er Jahren eine umfassende Theorie der Gegenwartsgesellschaft. Entsprechend wurde das Team ergänzt und die *Zeitschrift für Sozialforschung* ausgerichtet, die ab 1932 Grünbergs *Archiv für die Geschichte des Sozialismus und der Arbeiterbewegung* ersetzte. Für die neuen Perspektiven gab es unmittelbar Bedarf: Man bemerkte und wollte erklären, dass die Arbeiterschaft in der Krise nicht nach links, sondern nach rechts rückte. Eine Untersuchung von 1929–30, deren Teilergebnisse unter dem Titel *Arbeiter und Angestellte am Vorabend des Dritten Reiches* verfügbar sind (Fromm 1980), wurde nicht fertiggestellt; interdisziplinäre Erklärungsansätze bieten die 1936 publizierten *Studien über Autorität und Familie*, an denen verschiedene Forschende (bis hin zu Paul Lazarsfeld) beteiligt waren. In den USA wurde die weitere politische Entwicklung, nicht zuletzt die Vernichtungspolitik der Nationalsozialisten, zunehmend philosophisch gedeutet. Zur dieser Verarbeitungsweise trug bei, dass der Ästhetiker und Philosoph Adorno nach einem (bei Lazarsfeld) missglückten Start in der Sozialforschung zum Koautor von Horkheimer aufstieg. Ihr gemeinsames Buch ***Dialektik der Aufklärung*** (in Kleinauflage 1944, in einer veränderten Druckfassung 1947 publiziert), kann als Hauptwerk der Kritischen Theorie gelten.

Gegen Ende seiner US-Zeit arbeitete Adorno dann erfolgreicher in einem empirischen Projekt mit, den sozialpsychologischen Studien zur faschistisch beherrschbaren ***Authoritarian Personality*** (1950). Seine Frankfurter Professur war für Philosophie und Soziologie ausgelegt, und 1958 übernahm er die Leitung des Instituts für Sozialforschung. Kurz darauf brachte er, unterstützt von Habermas, den sogenannten Positivismusstreit in der deutschen Soziologie in Gang, in dem über den Sinn standardisierter Forschungsmethoden diskutiert wurde.

Mindestens bis zur Neugründung des Instituts und der akademischen Etablierung seiner Leiter (Horkheimer wurde sogar Rektor der Universität Frankfurt) ist diese Geschichte von Brüchen und Ablösungen geprägt. Ab 1930 löst sich der Bezug zur Arbeiterbewegung; 1933 werden die Institutsmitarbeiter politische Flüchtlinge; in den USA integrieren sie sich weder als Teil der akademischen Soziologie noch der Auftrags-Sozialforschung; auch nach der Rückkehr ist Adorno zwar an soziologischer Fachpolitik beteiligt (s. u.), aber eher in der Öffentlichkeit als in seiner Fakultät zuhause. Adornos gescheiterte Mitarbeit im Radio Research Project zeigt exemplarisch, dass die Nicht-Integration kein Zufall war. Das Institut für Sozialforschung hatte mit Lazarsfeld kooperiert und ihm finanziell wie organisatorisch geholfen (vgl. Fleck 2015, S. 356 f.; Wiggershaus 1988, S. 188–191). Im Gegenzug konnte Adorno für seine geplante Mitarbeit am Radioprojekt in die USA übersiedeln. Weshalb sie trotz guten Willens nicht gut ausging, lässt sich bereits Arbeitstiteln entnehmen. Das Teilprojekt, das Adorno leiten sollte, hieß „The Essential Value of Radio to all Types of Listeners“; als eigenen Text zum Thema hatte er „Über den Fetischcharakter der Musik und die Regression des Hörens“ (1938) in Arbeit. Hauptthesen dieses Aufsatzes prägen auch ein Memorandum, das Adorno nach erster Kritik an seiner Arbeitsweise verfassen musste, und seine im Projekt entstandenen Texte. Für Adorno war das Musikangebot des Radios auf niedrigstem Niveau normiert und die Hörerschaft in verschiedener Weise unfähig, gute Musik wahrzunehmen; mit Marx und Freud erklärte er beides aus den kapitalistischen Funktionen des Radios und der psychischen Beschädigung seines Publikums. Im Gegenzug kritisierte Lazarsfeld Adorno für mangelnde Wissenschaftlichkeit, und obwohl er auch zu vermitteln versuchte, entschied die Rockefeller-Stiftung 1940, diesen Mitarbeiter nicht mehr zu beschäftigen. Nur ein Text Adornos erschien dann in Lazarsfelds Radiobüchern (vgl. Wiggershaus 1988, S. 272–276).

Nichtintegrierbarkeit prägt die Laufbahnen fast aller bekannten Kritischen Theoretiker. Ein erstes Beispiel gibt der Vorläufer Walter Benjamin (1889–1940), der bereits eng mit dem Institut für Sozialforschung kooperierte. Benjamin war in Literaturwissenschaft ausgebildet, scheiterte jedoch 1925 mit seiner Habilitation in Frankfurt (am Unverständnis der Gutachter) und schlug sich danach als freier Autor mit zunehmend marxistischer Orientierung durch. 1933 ging er nach Paris ins Exil, wo er mit Unterstützung des Instituts an einem Werk zur Geschichte der Konsumkultur und der sozialistischen Utopien in Frankreich arbeitete. 1940 versuchte er vor der einmarschierten deutschen Armee in die USA zu fliehen; als er gefasst zu werden drohte, tötete er sich selbst. Im Werdegang Adornos (1903–1969) finden sich einige Parallelen. In Komposition und Philosophie ausgebildet, scheiterte er 1928 zunächst ebenfalls mit dem Versuch, sich in Frankfurt zu habilitieren (ein zweiter Anlauf gelang), konnte sich aber auch keine Existenz als Musikkritiker aufbauen. Er floh über England in die USA, wo er nach der Radio-Episode fest beim Institut angestellt wurde. Eine akademische Stelle erhielt er sehr spät: Erst 1953 (mit 50 Jahren) wurde er in Frankfurt Professor, erst 1957 Ordinarius. Herbert Marcuse (1898–1979), ein weiterer Philosoph, musste seine Habilitationspläne begraben, weil der erwünschte Betreuer Heidegger sie nicht unterstützte. Marcuse ging bereits früh mit dem Institut nach New York und blieb nach 1945 in den USA; dort erhielt er (nach längerer Geheimdiensttätigkeit zu Deutschland und Russland) 1956 eine Professur; ab 1955 veröffentlichte er Bücher, die ihn zu einem Partner der Studentenbewegung machten. Erich Fromm schließlich (1900–1980) hatte nach seinem Jurastudium und einer soziologischen Promotion eine fachfremde Ausbildung in Psychoanalyse gemacht. Am Institut betrieb er lange maßgeblich die sozialpsychologischen Forschungen, schied aber nach Streitigkeiten 1940 aus. Fromm lehrte seit 1933 an US-amerikanischen Universitäten und publizierte ab 1941 äußerst erfolgreiche Bücher; eine Professur erhielt er erst 1950 (in Mexiko).

Diesen Werdegängen könnten andere hinzugefügt werden, etwa auch der weniger bewegte des Ökonomen Friedrich Pollock (1894–1970), der schon unter Grünberg Mitarbeiter war und es an der Seite Horkheimers zeitlebens blieb. Entscheidend für ihr Verständnis ist Horkheimer selbst. Max Horkheimer (1895–1973) kam wie alle bisher Genannten aus einer jüdischen Familie, in seinem (auch darin nicht untypischen) Fall aus einem reichen Unternehmerhaushalt. Wie seine Kollegen hat er an neuen Verbindungen von Marx' Wirtschaftstheorie, Freuds Psychoanalyse und klassischer deutscher Philosophie gearbeitet. Auf seinen Programmtext *Traditionelle und kritische Theorie* (1937) führt man den Namen der Schule zurück. Sein wichtigster Beitrag lag aber wohl nicht in seiner (häufig stockenden) theoretischen Arbeit und seiner (wenig engagierten) Organisation empirischer Sozialforschung. Vielmehr gelang es ihm, einen Kreis akademisch und politisch heimatloser, auch aus Not unabhängiger Autoren und Forscher an sich zu binden. Indem Horkheimer das Vermögen des Instituts kontrollierte, hatte er im Exil eine große Bedeutung für und Macht über dessen feste und freie Mitarbeiter. Intellektuelle aus ganz Europa arbeiteten der *Zeitschrift für Sozialforschung* zu (und mussten wie Benjamin ggf. weitreichende Vorsichts-Zensuren hinnehmen); Gelehrte aus dem näheren Umkreis rangen um die Stellen am Institut. Konflikte um Sozialpsychologie waren eng mit der Frage verbunden, wer zum innersten Kreis gehörte – und Adorno, der sich gegen Fromm durchsetzte, kämpfte zugleich lange (mit Marcuse) darum, zum einzigen philosophischen Partner des Chefs zu werden. Alles dies sorgte immerhin dafür, dass die entwickelte Theorie dem Rest der Gesellschaft mit größtmöglicher Distanz entgegentreten konnte.

Das geschlossene System: Themen und Thesen der frühen Kritischen Theorie

Die Texte der frühen Kritischen Theorie sind oft anspruchsvoll und komplex geschrieben. Man kann sie jedoch auf recht einfache Probleme und Thesen beziehen. Mindestens drei Fragen wurden bestimmend:

- Weshalb haben große Teile der westeuropäischen Arbeiterschaft in den 1920er und 30er Jahren nicht den Sozialismus, sondern den Faschismus unterstützt?
- Weshalb hat der wissenschaftlich-technische Fortschritt die Menschheit nicht in die Freiheit, sondern zur industriellen Massenvernichtung geführt?
- Was macht die Menschen auch in kapitalistischen Demokratien unfrei?

Die erste Frage stellt sich seit der Zeit um 1930. Schon damals hatte die erwähnte Erhebung des Instituts autoritäre Einstellungen in der deutschen Arbeiterschaft zutage gebracht, und nach der Machtergreifung begann man Erklärungen zu entwickeln. Sozialpsychologisch wurde vermutet, dass die Autorität des Vaters, die in der Kleinfamilie vorherrscht, auch für autoritäre Führung in der Politik empfänglich macht – besonders dann, wenn die Verhältnisse (etwa in der Wirtschaftskrise) unsicher waren, die Individuen alltäglich Fremdbestimmung erfuhren und auch außerhalb der Familie nach Führungsfiguren suchten. In den *Studien über Autorität und Familie* hatte Erich Fromm diese Thesen in Auseinandersetzung mit Freud entwickelt (vgl. Fromm 1936/1980, S. 146 f. und 184–187); später brachte Adorno sie in die Untersuchung zur *Authoritarian Personality* ein. Eine andere Antwort fanden Adorno und Horkheimer in der *Dialektik der Aufklärung*: Die kapitalistische Massenkultur, vom Radio übers Kino bis zu den Printmedien, bringt nicht nur Profite, sondern übt noch in der Freizeit gleichförmige Einstellungen für Arbeit und Politik ein. Weshalb die ‚Kulturindustrie' derart „das Lob des stählernen Rhythmus" verkündete (Horkheimer/Adorno 1947/1988, S. 128), wurde nicht eindeutig begründet. Die Beschreibung passt aber zu einer dritten These, für die sich der von Pollock geprägte Begriff *State Capitalism* (Pollock 1941) eignet. Man nahm an, dass der liberale, durch den Wettbewerb vieler Firmen geprägte Kapitalismus im 20. Jh. zunehmend durch die Macht einiger großer Konzerne ersetzt wurde, die eng mit dem Staat verzahnt waren. Im neuen Regime (das auch als ‚fordistisch' diskutiert wird; vgl. Kap. 5) wurde die Arbeiterschaft materiell bessergestellt, aber ein zunehmender Teil der Erwerbstätigen wurde (wieder) direkten Befehlen unterworfen:

> „Gehörte im Liberalismus Individuation eines Teils der Bevölkerung zur Anpassung der Gesamtgesellschaft an den Stand der Technik, so fordert heute das Funktionieren der wirtschaftlichen Apparatur die durch Individuation unbehinderte Direktion der Massen." (Ebd., S. 93)

Auf diese Weise ließ sich die „rätselhafte Bereitschaft der technologisch erzogenen Massen, in den Bann eines jeglichen Despotismus zu geraten" (ebd., S. 3), zumindest besser verstehen. In ihrer „selbstzerstörerischen Affinität zur völkischen Paranoia" (ebd.) sahen Adorno und Horkheimer jedoch weiter ein Rätsel, das mit verfügbaren Theorien nicht zu lösen war. Kaum zu begreifen und zu verarbeiten war auch, dass moderne Staaten wie (besonders) der deutsche in organisierter Weise große Teile der eigenen und unterworfener Bevölkerungen umbrachten. Diese Entwicklung, besonders der später so bezeichnete Holocaust, veranlasste grundsätzliche Fragen. Wieso mündete der wissenschaftlich-technische Fortschritt in der Massenvernichtung; weshalb hatten dieser Fortschritt und die Prinzipien der Aufklärung nicht vielmehr Wohlstand und Frieden gebracht? Adorno und Horkheimer geben eine ebenso grundsätzliche Antwort. Für sie ist das Problem eine Naturbeherrschung, die nicht einfach in die Sinnkrise führt (vgl. Kap. 4), sondern bis ins Selbstverhältnis hinein Unterdrückung verlangt und befördert. Um der Natur gewachsen zu sein bzw. sie mit technischen Mitteln ausbeuten und vernutzen zu können, müssen die Menschen sich selbst Gewalt antun:

> „Je weiter [...] der Prozess der Selbsterhaltung durch die bürgerliche Arbeitsteilung gewährleistet wird, um so mehr erzwingt er die Selbstentäußerung der Individuen, die sich an Leib und Seele nach der technischen Apparatur zu formen haben." (Ebd., S. 36)

Das bedeutet einerseits, dass mit fortschreitender Naturbeherrschung auch die Techniken der Beherrschung von Menschen immer weiter entwickelt werden. Andererseits werden in den Einzelnen selbst egoistische und aggressive Züge gefördert. Mit Freud kann man sehen, dass Arbeit, Genussaufschub, die Befolgung von Regeln und die Anerkennung von Autoritäten bedeuten, ständig eigene Triebe zu unterdrücken. Das Ergebnis ist in liberalen Gesellschaften ‚nur' Gefühlskälte und die Unfähigkeit, sich auf andere, auf die lebendige Außenwelt und die eigenen Triebe einzulassen. In der Massen- und Befehlsgesellschaft wird „die Rebellion der unterdrückten Natur gegen die Herrschaft" jedoch auch als Aggression auf Ausgeschlossene umgelenkt und „der Herrschaft [...] nutzbar" gemacht (ebd., S. 194).

Es bleibt die Frage, inwiefern die Menschen auch in kapitalistischen Demokratien unfrei sind. Sicher waren z. B. die USA Mitte des 20. Jh. von Rassismus, geschlechtlicher Ungleichheit und Tendenzen politischer Gleichschaltung geprägt (und zunehmend auf globale militärische Dominanz ausgerichtet). Doch anders als in faschistischen oder sozialistischen Staaten gab es eben auch freie Wahlen, individuelle Grundrechte und kulturelle Emanzipation, sogar im Bereich der Massenkultur (vgl. Kap. 8). Die bleibenden Gründe für Kritik lassen sich gut den Büchern Marcuses entnehmen. Bereits in *Eros and Civilization* (1955) bestreitet er, dass unser Glücksverlangen in den Grenzen von Freizeit und erlaubtem Sex gut aufgehoben ist. Kunst, Mythologie, Philosophie und Psychoanalyse zeigen, dass sich die menschlichen Triebenergien vielfältiger und kreativer ausleben könnten, als dies fortgeschrittene Industriegesellschaften zulassen. In *The One-dimensional Man* (1964) führt Marcuse dann näher aus, dass diese Gesellschaften menschliche Bedürfnisse und Handlungen auf eine alternativlose Normalität einschränken: Die Arbeit ist den Verwaltungen und Profitmotiven der großen Konzerne unterworfen, die Freizeit prägen vor allem durch Konsum stillbare, teilweise erst von der Werbung geweckte Bedürfnisse, politisch sind selbst Folter und Krieg in ‚unterentwickelten' Weltteilen kein Streitthema (Marcuse 1964, S. 84). In der Studierendenrevolte fanden diese Ideen breiten Anklang. Marcuse hat selbst in *An Essay on Liberation* den Widerstand reflektiert, der nun möglich war:

> „Very different from the revolution at previous stages of history, this opposition is directed against the totality of a well-functioning, prosperous society – [...] against the imposition of false values and a false morality." (Marcuse 1969, S. 51)

Die Diagnose eines geschlossenen, für alle Beteiligten alternativlosen Herrschaftssystems traf in dieser Situation allerdings offenkundig nicht mehr vollständig zu.

Eine akademische Denkschule: Habermas und die spätere Kritische Theorie

Das Frankfurter Institut hatte gegen Ende der 1960er Jahre eher praktische Probleme. Horkheimer und Adorno hatten anders als Marcuse ein gespanntes Verhältnis zu den rebellischen Studierenden. Die *Dialektik der Aufklärung* gaben sie z. B. nur deshalb neu heraus, weil zuvor Raubdrucke zirkulierten, und trotz aller Kritik an der Staatsmacht ließ Adorno im Januar 1969 Studierende von der Polizei verhaften, weil er die Besetzung seines Instituts befürchtete. Zudem fragte sich, ob die nun häufiger so genannte Frankfurter Schule Aussicht hatte, über ihre Gründer hinaus zu bestehen. Einerseits war die Startposition gut. Frankfurt zählte (neben Westberlin, Köln und Münster) zu den wenigen Universitäten, an denen es eine starke Soziologie gab; wichtige Entscheidungen im Fach und in der Deutschen Gesellschaft für Soziologie konnten Adorno und Horkheimer in Auseinandersetzung mit einigen anderen Professoren (Leopold von Wiese, René König, Helmut Plessner und Helmut Schelsky) beinahe persönlich treffen (vgl. Demirović 1999, S. 479–507). Andererseits wurden fachliche Methoden und Zugehörigkeit andernorts stärker eingeübt, und Frankfurt brachte nur wenige überzeugte Nachwuchssoziologinnen hervor. Versuche, bereits weiter fortgeschrittene Wissenschaftler zu gewinnen, scheiterten an politischen Fragen: **Ralf Dahrendorf** lehnte ab, weil er eher liberal orientiert war (er versuchte sich ab 1967 an einer politischen Karriere in der FDP), Habermas stand in Horkheimers Augen hingegen zu weit links (s. u.). Dazu kam schließlich, dass sich die Schülerinnen Adornos in diverse Bereiche zerstreuten – von Elisabeth Lenk über Joachim Kaiser bis zu Alexander Kluge hat er viele Intellektuelle ausgebildet, aber nur wenige Sozialwissenschaftlerinnen und akademische Philosophen. Es erscheint daher fast zufällig, dass Habermas am Ende doch die Kritische Theorie akademisch fortsetzte bzw. heute als Begründer ihrer ‚zweiten Generation' gilt.

Seine Rahmenbedingungen unterscheiden sich naturgemäß deutlich von denen der frühen Kritischen Theorie. Auch Jürgen Habermas (geb. 1929) hatte keine glatte, dafür aber eine steile akademische Karriere: Zunächst von konservativen Geisteswissenschaftlern geprägt, kam er 1956 mit einem Stipendium nach Frankfurt und blieb dort als Forschungsassistent. Seine Habilitation musste er allerdings 1961 nach Marburg verlegen, weil Horkheimer in seinen Texten Revolutionswünsche sah (vgl. Wiggershaus 1988, S. 615–625). Nach einer außerordentlichen Professur in Heidelberg wurde er 1964 dennoch auf den zuvor von Horkheimer bekleideten Lehrstuhl für Soziologie und Philosophie in Frankfurt berufen. Die Konflikte mit den Studierenden, die um 1968 auch Habermas austrug – in einer berühmten Äußerung warf er ihnen sogar „linken Faschismus" vor (ebd., S. 687) – schufen allerdings wohl innere Distanz. Statt nach Adornos Tod die Leitung des Instituts für Sozialforschung zu übernehmen, ging Habermas 1971 an ein neu gegründetes Max-Planck-Institut in Starnberg. In den gut zehn Jahren, die er dort tätig war, arbeitete er gesellschaftstheoretische Thesen aus, die er zunächst u. a. gegen **Niklas Luhmann** vertreten hatte – den zu dieser Zeit anderen Anwärter auf eine führende soziologische Großtheorie in Deutschland (vgl. Kap. 9). Das Resultat ist die zweibändige ***Theorie des kommunikativen Handelns*** (1981). Mit diesem Hauptwerk im Gepäck kehrte Habermas 1983 nach Frankfurt zurück und prägte dort viele der aussichtsreichen und bald erfolgreichen Philosophen, Soziologen und Politikwissenschaftler, aus denen seither die Frankfurter Schule besteht.

Diese Folgekohorten haben nicht nur immer mehr Professuren besetzt, sondern auch fachlich und regional die Schwerpunkte der Schule verschoben. Während Philosophie und im weiteren Verlauf Politikwissenschaft wichtiger wurden, rückte die Soziologie zunehmend an den Rand. Axel Honneth, der bei Habermas habilitierte, ihm 1996 auf dem Lehrstuhl nachfolgte und 2001–2019 das Institut für Sozialforschung leitete, hat trotz soziologischer Interessen nur philosophisch gearbeitet; Rainer Forst, der sich bei Honneth habilitiert hat und 2007–2019 dem

Frankfurter Exzellenzcluster Normative Orders vorstand, ist Philosoph und Professor für politische Theorie. Zur fachlichen Verschiebung trug auch die transatlantische Ausdehnung der Theorie bei: US-amerikanische Politikwissenschaftlerinnen und Philosophinnen wie Seyla Benhabib und Nancy Fraser stehen der Frankfurter Schule zumindest nahe. Im Gegenzug hat man in Frankfurt die Debatten zur politischen Theorie und Philosophie aufgenommen, die in den USA ausgehend von John Rawls' *Theory of Justice* (1971) geführt wurden. Auch die jüngste Generation der Schule – vertreten etwa durch Rahel Jaeggi, Martin Saar und Robin Celikates – bewegt sich bevorzugt im Feld politischer Philosophie. Bekannte Soziologen wie Hartmut Rosa sind in diesem Umfeld ein Sonderfall, am Frankfurter Institut für Soziologie sind verschiedene an Adorno anschließende Linien abgebrochen (worden), und die empirische Tradition am Institut für Sozialforschung fristet im Fach und im öffentlichen Diskurs seit den 1970er Jahren ein Schattendasein.

Die politisch-philosophische Neuausrichtung der Hauptlinie wird sich erst nach einer knappen Darstellung ihrer Inhalte näher erklären lassen. Als wichtigste praktische Veränderung ist aber schon jetzt die immer größere Normalität der Werdegänge erkennbar. Die Kritische Theorie ist zu einer akademischen Denkschule geworden, die sich nach den Regeln ihres Umfelds reproduziert. Ihre Nachwuchsmitglieder studieren, schreiben Abschlussarbeiten, werden von den amtierenden Professorinnen gefördert, haben Forschungsaufenthalte in den USA (zumeist an der New Yorker New School for Social Research) und rücken dann selbst auf Professuren nach. Kleinere Konflikte und Brüche gibt es natürlich weiterhin. Aber es erstaunt nicht, dass unter diesen Bedingungen eine andere Art Theorie gepflegt wird als in der nichtintegrierten Gründungsgeneration (und bei deren verbleibenden, nun randständigen Anhängerinnen).

Normative Maßstäbe: Themen und Thesen der späteren Kritischen Theorie

Die Texte der neueren Kritischen Theorie werden nach Habermas immer einfacher lesbar. Allerdings lässt sich mit zunehmender Aktualität nur noch raten, welche Positionen wichtig bleiben bzw. dauerhaft zur Schule gehören werden. Ich halte mich in der Zusammenfassung von Hauptfragen und -thesen daher an die Protagonisten Habermas und Honneth. Bei ihnen zeigt sich ein Neuanfang, zu dem neben der akademischen Einbindung erkennbar auch eine veränderte politisch-soziale Situation beiträgt. Die zentralen Fragen haben in jedem Fall nur noch wenig mit denen der Gründungsgeneration zu tun:

- Wie lässt sich Gesellschaftskritik normativ begründen?

- Wie lassen sich die Institutionen der liberalen Demokratie und der sozialen Marktwirtschaft rechtfertigen?
- Was bleibt in unseren Gesellschaften zu kritisieren?

Die erste Frage ist offenkundig wichtig, um Kritik dauerhaft an Universitäten vertreten zu können. Während für Soziologen wie Weber Wertungen einfach unbegründbar sind und für viele engagierte Autorinnen nicht infrage steht, dass etwa die Entwürdigung und Ausbeutung von Menschen zu bekämpfen ist, sollten Wissenschaftler, die im Seminar und auf Tagungen z. B. eine produktive kapitalistische Wirtschaft ablehnen, Gründe anführen können. Gefragt ist daher ein Ansatz, der „die normativen Grundlagen einer kritischen Gesellschaftstheorie aufklärt" (Habermas 1981/2, S. 583). Habermas findet diese Grundlagen (anschließend an den Philosophen Karl-Otto Apel) im Begründen selbst bzw. im Wesen der Kommunikation. Wenn wir uns wirklich mit anderen zu verständigen versuchen, erfahren wir Hierarchien und Inhaltsverbote als hinderlich. Wir beugen uns dann nur dem ‚zwanglosen Zwang des besseren Arguments'. Zudem müssen wir, wenn wir folgerichtig bleiben wollen, die gleichberechtigte Stellung aller nicht nur im ‚herrschaftsfreien Diskurs', sondern auch in anderen Bereichen anstreben, z. B. in politischer Mitwirkung oder im Zugriff auf knappe Güter. Axel Honneth hat diese Idee zum Prinzip der Anerkennung erweitert, mit dem er die „moralische Logik sozialer Konflikte" (Honneth 1994, S. 256–273) verstehen will. Wenn Menschen interagieren, spielt durchgängig eine Rolle, dass sie Bedürfnisse haben, selbstbestimmungsfähig und jeweils besonders sind. Für Honneth lassen sich daraus Ansprüche auf Liebe, Rechte und kulturelle bzw. ökonomische ‚Wertschätzung' ableiten – und solange sie nur begrenzt erfüllt werden, kämpfen Menschen um die Verbesserung der sozialen Ordnung. Das Muster findet Honneth in der Philosophie Hegels (sowie deren Deutung durch Habermas):

> „[E]s ist der Anspruch der Individuen auf die intersubjektive Anerkennung ihrer Identität, der dem gesellschaftlichen Leben von Beginn an als eine moralische Spannung innewohnt, über das jeweils institutionalisierte Maß an sozialem Fortschritt wieder hinaustreibt und so auf dem Weg eines sich stufenweise wiederholenden Konflikts allmählich zu einem Zustand kommunikativ gelebter Freiheit führt." (Ebd., S. 11)

Diese neu erschlossenen normativen Prinzipien begründen nicht nur Kritik, sondern auch Zustimmung. Bürgerliche Grundrechte, liberale Demokratie und eine soziale Marktwirtschaft scheinen die kommunikative Vernunft und die volle Anerkennung der Individuen in vieler Hinsicht zu begünstigen, sodass sie normativ zu bejahen sind. In der Tat hat sich Habermas als Vertreter der westlichen Demokratie hervorgetan. Nach Bemühungen dazu, eine radikalere Demokratie zu fordern und auch im wohlfahrtsstaatlich abgefederten *Spätkapitalismus* noch *Legitimationsprobleme* zu finden (Habermas 1973), verteidigt er später sogar häufig kritisierte Grundlagen des *demokratischen Rechtsstaats* (Habermas 1992). So schildert er den Markt als „Medium", das in kaum verzichtbarer Weise „die sprachliche Konsensbildung [...] entlastet" (Habermas 1981/2, S. 274), nimmt das Recht gegen moralische Angriffe in Schutz und erklärt, dass die ‚deliberative', auf Debatten setzende Demokratie bei den Stellvertreterinnen des Volks in Parlamenten und Medien gut aufgehoben ist (Habermas 1996). Honneth äußert seine Zustimmung grundsätzlicher. Im *Kampf um Anerkennung* (1992) sowie zwei weiteren Büchern, die Hegels Rechtsphilosophie rekonstruieren – *Leiden an Unbestimmtheit* (2001) und *Das Recht der Freiheit* (2013) –, legt er dar, dass die institutionellen Formen der Anerkennung in unseren Gesellschaften bereits recht vollständig verwirklicht sind. In der Familie und Freundschaft finden wir Anerkennung unserer Bedürfnisse bzw. Liebe, in den bürgerlichen, politischen und sozialen Rechten wird unsere Freiheit anerkannt, und unsere Leistungen honoriert ein sozialstaatlich eingehegter Arbeitsmarkt.

Damit bleibt die Frage, was in der Perspektive der jüngeren kritischen Theorie noch zu kritisieren ist. Habermas hat hierzu in der *Theorie des kommunikativen Handelns* einen systematischen Vorschlag gemacht. Während einige Institutionen wie das Recht und die repräsentative Demokratie rationale Verständigung zulassen, können Zusammenhänge, in denen Geld oder bürokratische Macht vorherrschen, oft nicht mehr sinnvoll diskutiert und gestaltet werden.

> „Entsprachlichte Kommunikationsmedien wie Geld und Macht verknüpfen Interaktionen in Raum und Zeit zu immer komplexeren Netzen, ohne dass diese überschaut und verantwortet werden müssten." (Habermas 1981/2, S. 275)

Das ermöglicht zwar eine leistungsfähige Arbeitsteilung, der wir einen großen Teil unseres Wohlstands und erhebliche Bewegungsfreiheit verdanken. Es hat aber ggf. unerwünschte Ergebnisse – etwa Umweltzerstörung –, und es schränkt rückwirkend die Räume ein, in denen man sich rational verständigen kann – weil gezahlt oder angewiesen wird, statt zu reden. Mit dieser Figur, die er ‚Kolonialisierung der Lebenswelt' nennt, findet Habermas einen neuen Bezug zu Themen der früheren Kritischen Theorie: Die Wirtschaft ist so sehr Profitzielen unterworfen, dass die Herstellung nützlicher Güter oft zweitrangig scheint; Politik ist so sehr durch Verwaltungszwänge bestimmt, dass kaum noch etwas zu entscheiden bleibt; selbst fatale Entwicklungen wie die Zerstörung natürlicher Lebensgrundlagen lassen sich tendenziell nicht beeinflussen. Dass gegen alles dies protestiert wird, beurteilt Habermas aufgrund der Komplexität moderner Gesellschaft allerdings wiederholt als „unrealistisch" (ebd., S. 582). Honneths Ansatz ist einfacher. Kritik ist für ihn geboten, wo Menschen nicht anerkannt werden, bei „Misshandlung und Vergewaltigung", „Entrechtung und Ausschließung" sowie „Entwürdigung und Beleidigung" (Honneth 1994, S. 211). Damit bestätigt er die rechtlichen und ethischen Grundnormen liberaler Gesellschaften. Probleme dieser Gesellschaften selbst erfasst Honneth bestenfalls mit der Idee, dass prinzipiell allen Lebensbereichen, selbst der „kapitalistischen Organisation von Arbeit", „moralische Normen zugrunde liegen" (Honneth 2009, S. 219), anhand derer man auch Fehlentwicklungen kritisieren kann.

Welche Kritik ist berechtigt? Kritische Theorie und Soziologie heute

Die Entwicklungen nach Habermas und Honneth sind wie erwähnt vielfältig. Im politisch-philosophischen Hauptstrom der Frankfurter Schule herrschte eine Weile die Frage vor, welche Formen und Grundlagen der Gesellschaftskritik überhaupt tragfähig sind (vgl. Reitz 2017, S. 371–378). Ab und zu kamen jedoch auch neue Themen hinzu (wie ‚Beschleunigung' und ‚Resonanz' bei Hartmut Rosa), und das politische Spektrum hat sich erweitert, bis hin zu Sympathien für den Anarchismus (vgl. Loick 2017). Der Ertrag für die Soziologie ist bisher gering, weil eine Suche nach normativen und ggf. politischen Standpunkten nicht unbedingt die gesellschaftliche Wirklichkeit zu erforschen verlangt (vgl. bereits Kap. 1). So erklärt sich wohl auch die Verschiebung zu Politikwissenschaft und Philosophie. Für unser Fach bleibt damit vor allem die wissenssoziologische Frage relevant, wie die Entwicklung der Frankfurter Schule zu erklären ist.

Mein hier umrissener Ansatz, sie als „Akademisierung der Kritik" zu begreifen,[10] kann mit anderen Annahmen kontrastiert werden. Beim Umbruch von der frühen Kritischen Theorie zu Habermas hängen sie klar davon ab, welcher Seite die Sympathie gehört. Anhänger Adornos werfen Habermas eine Art Verrat vor. Für sie haben die Umstellungen, mit denen er *kritische Theorie gesellschaftsfähig* machte (Türcke 1989), eine *Unkritische Theorie* (Bolte (Hrsg.) 1989) hervorgebracht. Der abstrakt-einordnende Neuansatz „hob [...] die Herrschaftskritik auf ein Niveau, auf dem sie nicht mehr fürchten musste, unter einen Radikalenerlass oder in Resignation zu fallen" (Türcke 1989, S. 32). Auf der anderen Seite werden eher theoretische Stärken Habermas' als soziale Bedingungen seiner Neuorientierung betont. Zur Abgrenzung von Horkheimer und Adorno genügt dann der Hinweis, dass diese „unter dem Eindruck des nationalsozialistischen Terrorregimes ihr Zutrauen" in „Vernunft" und „Aufklärung" verloren hätten – während Habermas ihren „Pessimismus [...] energisch" ablehnte (Iser/Strecker 2010, S. 9 f.). Allgemein kann man herausstellen, dass sich der geschichtliche Kontext geändert hat. Für die Autoren der ersten Generation musste der „Fordismus", den sie im Übergang zum Faschismus kennengelernt hatten, immer „bedrohlich aussehen"

10 Dieses Stichwort wurde häufiger diskutiert, passenderweise auch in außerakademischen Kontexten. Vgl. z. B. ein Themenheft der Leipziger Zeitschrift *Phase 2*, Nr. 46, Sommer 2013.

(Steinert 2007, S. 180), für Habermas war dagegen der „Neubeginn“ (ebd.) bzw. „die Ablösung eines kriminellen Gesellschaftssystems durch eine demokratische Verfassung entscheidend“ (Müller-Doohm 2006, S. 33). Ein solcher Vergleich ist gut möglich, erklärt aber nur die Entstehungssituation, nicht die fortbestehenden Funktionen der Theorie.

Zwei weitergehende historische Darstellungen brechen vor dem Neubeginn ab. Clemens Albrecht und andere Schüler des Soziologen Friedrich Tenbruck erklären in einem Sammelwerk, dass die Frankfurter Schule, indem sie sozusagen stellvertretend die NS-Herrschaft verarbeitete, die *intellektuelle Gründung der Bundesrepublik* vollzogen habe (Albrecht et al. 1999). Dies wird jedoch allein für die Generation Adornos und Horkheimers behauptet; der die BRD viel deutlicher unterstützende Habermas erscheint bloß als Mitglied der „Jahrgangsgruppen“ („Soldaten, Flakhelfer, ’68er“; ebd., S. 498–507), die von den Heimkehrern angesprochen wurden. Eine ähnliche zeitliche Begrenzung hat auch eine gründlich belegte Untersuchung von Alex Demirović, der in den Aktivitäten Horkheimers und Adornos ab 1950 den Versuch sieht, „zur Institutionalisierung des nonkonformistischen, gesellschaftskritischen Intellektuellen beizutragen“ (Demirović 1999, S. 15).

Das vorgelegte Kapitel kommt zu anderen Schlüssen: Institutionell eingebettet und politisch eingebunden agieren erst Habermas und seine Nachfolge. Vielleicht kann man sie als organische Intellektuelle der akademisch geschulten, oft im öffentlichen Dienst tätigen Bildungsgruppen begreifen, aus denen auch die Partei *Die Grünen* hervorgegangen ist. In jedem Fall arbeiten sie an einem Widerspruch, den schon Sartre für Beschäftigte im Bildungs- und Hochschulsystem sah: Während sie universalistische Prinzipien vermitteln, dienen sie zugleich den Zwecken von Teilgruppen, bilden eine privilegierte Bildungsschicht aus und vertreten den Staat, der die Ungleichheit absichert (vgl. Sartre 1965/1995, S. 102–104; vgl. auch Kap. 7 und 12). Diese Spannung kann ebenso durch Kritik wie durch Rechtfertigung aufgelöst werden. Die radikale Kritik freigesetzter Intellektueller ruft sie wohl nur in Ausnahmesituationen hervor.

Literatur

Adorno, Theodor W. (1938/1990): Der Fetischcharakter der Musik und die Regression des Hörens. In: Tiedemann, Rolf (Hrsg.): Gesammelte Schriften. Band 14. Frankfurt a. M.: Suhrkamp. S. 14–50.

Adorno, Theodor W. / Frenkel-Brunswick, Else / Levinson, Daniel J. / Sanford, Nevitt (1950): The Authoritarian Personality. New York: Harper and Brothers.

Albrecht, Clemens / Behrmann, Günter C. / Bock, Michael / Homann, Harald / Tenbruck, Friedrich H. (1999): Die intellektuelle Gründung der Bundesrepublik. Eine Wirkungsgeschichte der Frankfurter Schule. Frankfurt a. M.: Campus.

Biebricher, Thomas (2013): Intellektueller im Nebenberuf. In: Kroll, Thomas / Reitz, Tilman (Hrsg.): Intellektuelle in der Bundesrepublik. Verschiebungen im politischen Feld der 1960er und 1970er Jahre. Göttingen: Vandenhoeck & Ruprecht. S. 219–231.

Bolte, Gerhard (Hrsg.) (1989): Unkritische Theorie. Gegen Habermas. Lüneburg: zu Klampen.

Bourdieu, Pierre (1992/1999): Die Regeln der Kunst. Genese und Struktur des literarischen Feldes. Frankfurt a. M.: Suhrkamp.
Demirović, Alex (1999): Der nonkonformistische Intellektuelle. Die Entwicklung der Kritischen Theorie zur Frankfurter Schule. Frankfurt a. M.: Suhrkamp.
Fromm, Erich (1980): Arbeiter und Angestellte am Vorabend des Dritten Reichs. Eine sozialpsychologische Untersuchung. Bearbeitet und herausgegeben von Wolfang Bonß. Stuttgart: Deutsche Verlags-Anstalt.
Fromm, Erich (1936/1980): Studien über Autorität und Familie. Sozialpsychologischer Teil. In: Ders.: Analytische Sozialpsychologie, Bd. 1. Stuttgart: DVA. S. 141–187.
Gramsci, Antonio (1932/1996): Heft 12 (XXIX). Aufzeichnungen und verstreute Notizen für eine Gruppe von Aufsätzen über die Geschichte der Intellektuellen. In: Ders.: Gefängnishefte. Kritische Gesamtausgabe. Band 7. Hamburg: Argument-Verlag. S. 1495–1531.
Habermas, Jürgen (1973): Legitimationsprobleme im Spätkapitalismus. Frankfurt a. M.: Suhrkamp.
Habermas, Jürgen (1976): Rekonstruktion des historischen Materialismus. Frankfurt a. M.: Suhrkamp.
Habermas, Jürgen (1980/1993): Die Moderne – ein unvollendetes Projekt. In: Die Moderne – ein unvollendetes Projekt. Philosophisch-politische Aufsätze. Leipzig: Reclam. S. 32–54.
Habermas, Jürgen (1981/1): Theorie des kommunikativen Handelns. Band 1: Handlungsrationalität und gesellschaftliche Rationalisierung. Frankfurt a. M.: Suhrkamp.
Habermas, Jürgen (1981/2): Theorie des kommunikativen Handelns. Band 2: Kritik der funktionalistischen Vernunft. Frankfurt a. M.: Suhrkamp.
Habermas, Jürgen (1992): Faktizität und Geltung. Beiträge zur Diskurstheorie des Rechts und des demokratischen Rechtsstaats. Frankfurt a. M.: Suhrkamp.
Habermas, Jürgen (1996): Drei normative Modelle der Demokratie. In: Ders.: Die Einbeziehung des Anderen. Studien zur politischen Philosophie. Frankfurt a. M.: Suhrkamp. S. 277–292.
Habermas, Jürgen / Luhmann, Niklas (1971): Theorie der Gesellschaft oder Sozialtechnologie – was leistet die Systemforschung? Frankfurt a. M.: Suhrkamp.
Honneth, Axel (1992/1994): Kampf um Anerkennung. Zur moralischen Grammatik sozialer Konflikte. Frankfurt a. M.: Suhrkamp.
Honneth, Axel (2009): Arbeit und Anerkennung. Versuch einer Neubestimmung. In: Schmidt am Busch, Hans-Christoph / Zurn, Christopher F., Anerkennung. Deutsche Zeitschrift für Philosophie, Sonderband 21. Berlin: Akademie Verlag.
Horkheimer, Max / Fromm, Erich / Marcuse, Herbert (1936/1987): Studien über Autorität und Familie. Forschungsberichte aus dem Institut für Sozialforschung. Lüneburg: Klampen.
Horkheimer, Max (1937/1988): Traditionelle und kritische Theorie. In: Schmidt, Alfred / Schmid Noerr, Gunzelin (Hrsg.): Gesammelte Schriften. Band 4. Frankfurt a. M.: Fischer. S. 162–216.
Horkheimer, Max / Adorno, Theodor W. (1947/1988): Dialektik der Aufklärung. Philosophische Fragmente. Frankfurt a. M.: Fischer.
Iser, Matthias / Strecker, David (2010): Jürgen Habermas zur Einführung. Hamburg: Junius.
Jacoby, Russel (1987): The Last Intellectuals. American Culture in the Age of Academe. New York: Basic Books.
Kern, Horst (1982): Empirische Sozialforschung. Ursprünge, Ansätze, Entwicklungslinien. München: Beck.
Kracauer, Siegfried (1927/1977): Ornament der Masse. Frankfurt a. M.: Suhrkamp.
Lepsius, M. Rainer (1964): Kritik als Beruf. Zur Soziologie der Intellektuellen. In: Kölner Zeitschrift für Soziologie und Sozialpsychologie 16, H. 1, S. 75–91.
Loick, Daniel (2017): Anarchismus zur Einführung. Hamburg: Junius.
Lukács, Georg (1916/1994): Die Theorie des Romans. Ein geschichtsphilosophischer Versuch über die Formen der großen Epik. München: dtv.
Lukács, Georg (1923/1970): Geschichte und Klassenbewusstsein. Studien über marxistische Dialektik. Neuwied: Luchterhand.

Mannheim, Karl (1929/1952): Ideologie und Utopie. 3., vermehrte Auflage. Frankfurt a. M.: Schulte-Bulmke.
Marcuse, Herbert (1955): Eros and Civilization. A Philosophical Inquiry into Freud. Boston: Beacon Press.
Marcuse, Herbert (1964): The One-Dimensional Man. Studies in the Ideology of Advances Industrial Society. Boston: Beacon Press.
Marcuse, Herbert (1969): An Essay on Liberation. Boston: Beacon Press.
Martin, Susanne (2013): Denken im Widerspruch. Theorie und Praxis nonkonformistischer Intellektueller. Münster: Westfälisches Dampfboot.
Müller-Doohm, Stefan (2006): Theodor W. Adorno und Jürgen Habermas – zwei Spielarten des öffentlichen Intellektuellen. Soziologische Betrachtungen zum Wandel einer Sozialfigur der Moderne. In: Gebhardt, Winfried / Hitzler, Ronald (Hrsg.): Nomaden, Flaneure, Vagabunden. Wissensformen und Denkstile der Gegenwart. Wiesbaden: Springer VS. S. 23–36
Pollock, Friedrich (1941): State Capitalism. Its Possibilities and Limitations. In: Studies in Philosophy and Social Science 9, H. 2. S. 200–225.
Rawls, John (1971/1999): A Theory of Justice. Überarbeitete Auflage. Cambridge / Mass: Belknap Press of Harvard University Press.
Reitz, Tilman (2017): Kritik als Ideologie. Selbstreflexion und Herrschaftsanteile der akademischen Linken. In: Prokla 47, H. 3, S. 369–388.
Sartre, Jean-Paul (1965/1995): Plädoyer für die Intellektuellen. In: Ders.: Plädoyer für die Intellektuellen. Interviews, Artikel, Reden 1950 – 1973. Reinbek: Rowohlt. S. 90–149.
Steinert, Heinz (2007): Das Verhängnis der Gesellschaft und das Glück der Erkenntnis. Dialektik der Aufklärung als Forschungsprogramm, Münster: Westfälisches Dampfboot.
Türcke, Christoph (1989): Habermas oder Wie die kritische Theorie gesellschaftsfähig wurde. In: Bolte, Gerhard (Hrsg.): Unkritische Theorie. Gegen Habermas. Lüneberg: zu Klampen. S. 21–38.
Wiggershaus, Rolf (1988): Die Frankfurter Schule. Geschichte – Theoretische Entwicklung – Politische Bedeutung. München: dtv.

7. Politisch und wissenschaftlich eingehegte Ungleichheit – Sozialstrukturanalyse

Verglichen mit der teilweise bewegten Geschichte von Denkschulen sehen Spezialgebiete der Soziologie weniger veränderlich aus. In der Erforschung großer Themen wie Arbeit, Bildung oder Familie kann es methodische Neuerungen geben, oft werden dort aber einfach zeitliche Entwicklungen, regionale und soziale Variationen des Gegenstands verfolgt. Besonders stabil scheint ein großes Feld beschaffen zu sein, das sich aus der Sozialstatistik entwickelt hat: die Forschung dazu, wie sich die Bevölkerung eines Landes zusammensetzt, oder die Analyse seiner ‚Sozialstruktur'. Selbst wenn man dabei theoriegeleitet bestimmte Aspekte hervorhebt – etwa Einkommen, Bildungsgrad und beruflichen Status der Untersuchten –, ist die zentrale Frage zunächst, wie sich die Zusammensetzung beschreiben lässt. Zahlreiche Lehrbücher mit vielen Neuauflagen lassen vermuten, dass das Wissen hierzu gut eingegrenzt und vermittelbar ist. Allerdings verlangt schon die Beschreibung einiges zu entscheiden – welches Gebiet man betrachtet (ist der Nationalstaat die maßgebliche Einheit?), welche Bevölkerungsmerkmale man bevorzugt untersucht (z. B. auch Religion und politische Einstellungen?) und welche Zusammenhänge man näher analysiert (zwischen Geschlecht und Einkommen, Bildungsgrad und Lebensstil ...?). Die theoretischen Annahmen, die solche Entscheidungen tragen, sind umstritten. Besonders zwei Fragen haben die Diskussion geprägt: Wie lassen sich *vertikale Ungleichheiten*, also Unterschiede zwischen Oben und Unten, besser und schlechter gestellten Menschen, am besten feststellen und einordnen? Und entlang welcher Unterscheidungslinien teilt sich die Gesellschaft überhaupt in größere Gruppen auf? Als Ungleichheiten im Sinn der ersten Frage gelten zumeist „Unterschiede in den Möglichkeiten von Akteuren [...], Zugang zu erstrebenswerten Gütern und sozialen Positionen zu erhalten" (Huinink/Schröder 2019, S. 100). Für die zweite Frage ist wichtig, dass man auch *horizontale* Verschiedenheiten annehmen kann. Sie trennen (wie etwa die Religionszugehörigkeit) nicht eindeutig zwischen oben und unten, und sie ergeben sich oft daraus, dass Güter (wie etwa lauter Punkrock) nicht allen als erstrebenswert gelten.

Die Geschichte der vorherrschenden Antworten wird in fast jedem (deutschen) Lehrbuch zur Sozialstrukturanalyse in ähnlicher Weise erzählt (vgl. z. B. Geißler 2014, S. 93–130; Burzan 2011). Gegen marxistische *Klassenanalysen*, die von Interessenkonflikten zwischen Arbeit und Kapital ausgehen, haben sich ab den 1950er Jahren *Schichtungsmodelle* durchgesetzt, die mit weniger Vorannahmen die vielen vorhandenen Ungleichheiten beschreiben wollen. Da sie sich jedoch faktisch tendenziell auf berufsbezogene Merkmale beschränkten, wurde ab den 1970er Jahren gefragt, ob nicht auch Faktoren wie kulturelle Diskriminierung und politische Beteiligung soziale Ungleichheiten erzeugen – und inwieweit sich soziale Großgruppen horizontal voneinander unterscheiden (lassen). Mit wem sich Menschen spontan verstehen, bevorzugt verständigen oder gemeinsam engagieren, hängt vielleicht weniger von Berufen und Einkommen ab als von Glückserwartungen, Freizeitverhalten, Ansichten und Werten. Annahmen dieser Art wurden unter den Begriffen „sozialer Lagen" (Hradil 1987, S. 145–158) und besonders „Milieus" untersucht (vgl. ebd., S. 158–170, sowie Kap. 8). In Fortführung dieser Linie wurde zeitweilig behauptet, dass sich gesellschaftliche Großgruppen aufgelöst hätten oder nur noch horizontal bildeten. In der Gegenwart herrschen jedoch wieder Analysen vertikaler Ungleichheit vor.

Im Folgenden möchte ich die Anfänge und einige Etappen dieser Geschichte wie gewohnt so erzählen, dass klar wird, auf welchen Bedarf die Forschung antwortet. Zum einen arbeite ich heraus, dass die Frage nach vertikaler Schichtung bzw. ungleichen Lebensbedingungen die Sozialstrukturanalyse so elementar bestimmt, dass man weder problemlos zur Klassenanalyse zurückkehren noch dauerhaft auf die Untersuchung horizontaler Unterschiede umschalten kann. Zum anderen will ich zeigen, dass Ungleichheit vor allem in einer Gesellschaft zum Thema wird, die grundsätzlich jeder Person die Chance sozialen Aufstiegs verspricht (oder Abstieg androht). Auch die kritische Beobachtung, dass diese Mobilität an Grenzen stößt, gehört noch zur praktischen Problemstellung, die in der Sozialstrukturforschung bearbeitet und vorausgesetzt wird.

Als Kontexte, in denen sich diese Verbindung besonders deutlich erkennen lässt, werde ich zunächst die USA und die Bundesrepublik Deutschland der ersten Nachkriegsjahrzehnte schildern. In beiden Ländern wächst in dieser Zeit die Wirtschaft besonders dynamisch, die Kluft zwischen arm und reich hat sich durch Kriegswirtschaft und Sozialpolitik verkleinert, und gegen die stärkeren Gleichheitsideale des Sozialismus verspricht man, dass alle, die etwas leisten, aufsteigen können. Die Thesen der Soziologen, die als erste ‚Schichten' erforschen, werde ich teilweise nutzen können, um diese Bedingungen konkreter zu erläutern, vor allem aber als politisch-wissenschaftliche Positionsbestimmungen ausweisen. Ergänzend stelle ich dar, wie im derart gewonnenen Rahmen soziale Mobilität und deren Grenzen immer genauer untersucht wurden. Die Mittel der klassischen Sozialstrukturanalyse lassen sich danach gut resümieren, und zugleich kann ich auf ihre – geschlechtlichen, nationalen und ökologischen – Grenzen hinweisen. Abschließend zeichne ich nach, weshalb die Debatte um Ungleichheit, nachdem sie zeitweilig erledigt schien, massiv wiedergekehrt ist. Die Schwerpunkte, die namentlich **Thomas Piketty** in die Debatte gebracht hat, liegen dabei in der langfristigen Dynamik des Kapitalismus, zunehmend auch in globaler und ökologisch bedingter Ungleichheit.

Die Ausgangslage nach 1945: Massenwohlstand, Sozialkompromisse und Wohlfahrtsstaat

Die Vereinigten Staaten und die Bundesrepublik Deutschland eignen sich aus verschiedenen Gründen gut, um die Entwicklung der Ungleichheitsanalyse im Kontext nachzuvollziehen. Einerseits ist dieses Forschungsfeld in beiden Ländern stark ausgeprägt, andererseits ähneln sie sich in Bezug auf wichtige Rahmenfaktoren. Wie einigen anderen Ländern kommt ihnen der gewonnene und verlorene Krieg ökonomisch zugute. Eine gesteigerte Wirtschaftstätigkeit und wachsende Löhne schlagen sich u. a. im Bruttoinlandsprodukt wieder, das man zu dieser Zeit weltweit zu erheben beginnt (vgl. Schmelzer 2015); die westlichen Industrienationen und besonders die BRD verbuchen in den 1950er und 60er Jahren Wachstumssteigerungen, wie man sie heute nur noch aus China kennt (vgl. Wehler 2008, S. 54). Immer weniger Menschen müssen noch um das Lebenswichtige kämpfen, und immer mehr erhalten Zugang zu Gütern, die ihr Leben teilweise stark erleichtern: Autos, Waschmaschinen, Kühlschränken usw. (vgl. für die USA Gordon 2016, S. 356–363; S. 376 f.) Zugleich findet man – begleitet und bedingt durch heftige Arbeitskämpfe (vgl. Aglietta 1976/1987, S. 170–179) – soziale Kompromisse, die den Lebensstandard zusätzlich erhöhen. Sozialleistungen und das Bildungssystem werden ausgebaut (in den USA in der Folge des New Deal und zur Reintegration der heimkehrenden Soldaten), Arbeitskonflikte werden vermehrt durch Verständigung gelöst (in Westdeutschland namentlich in Form von Tarifvereinbarungen). Deutlich erhöhte Steuern auf hohe Einkommen (in den USA) oder kriegsbedingte Vermögensverluste (in Deutschland) bedingen zudem einen gewissen Ausgleich zwischen den armen und reichen Bevölkerungsteilen.[11] Nimmt man schließlich hinzu, dass in den Staatsverwaltungen und Konzernen viele mittlere Macht- und Einkommenspositionen geschaffen wurden, zeichnet sich ein Rahmen ab, in dem neu über Ungleichheit nachgedacht werden konnte.

Die Soziologen haben dies in verschiedener Weise getan. Ihre Begriffe dokumentieren, wie die geschilderten Entwicklungen erfahren wurden – und wie man sie spontan ausgelegt hat. Frühe Stichworte gibt **Theodor Geiger**, der die *Klassengesellschaft im Schmelztiegel* sieht (Geiger 1949) und die Tarifordnung als „Institutionalisierung des Klassenantagonismus" bezeichnet hat (ebd., S. 182). In einer besonders bekannten, umstrittenen Deutung hat **Helmut Schelsky** Deutschland 1953 als zunehmend ‚nivellierte Mittelstandsgesellschaft' begriffen.

11 Um diese Entwicklung im Überblick nachzuvollziehen, eignet sich Thomas Pikettys Buch *Das Kapital im 21. Jahrhundert*, das zum Kapitelende noch genauer vorgestellt wird. Piketty zeichnet die langfristige Entwicklung von Ungleichheiten mit verschiedenen Berechnungen nach und präsentiert wiederholt Überblicke, in denen zur Zeit der Weltkriege die Einkommens- und Vermögensungleichheiten steil absinken; der Tiefpunkt liegt jeweils um 1950 (vgl. für die USA Piketty 2013/14, S. 384; anhand der Kapitalvermögen in Deutschland ebd., S. 193).

Diese „plakative Formel" wird in Rückblicken zumeist (vorsichtig) dafür gelobt, dass sie eine „zahlenmäßige Ausdehnung der Mittelklassen" auf den Punkt bringt, aber (deutlich) dafür kritisiert, dass sie „die Fortdauer von erheblichen sozialen Unterschieden" verdeckt (Geißler 2014, S. 97). Schelskys Formulierung legt allerdings nahe, dass er keineswegs begeistert ist; er sieht die „Herausbildung einer nivellierten kleinbürgerlich-mittelständischen Gesellschaft, die ebensowenig proletarisch wie bürgerlich ist, d. h. durch den Verlust der Klassenspannung und sozialen Hierarchie gekennzeichnet wird" (Schelsky 1953, S. 218). Die Formulierungen der Nachkriegszeit sind allgemein ambivalent. Der Eindruck, dass sich bekannte Strukturen auflösen und Spannungen abmildern, wird nicht nur begrüßt. Besonders lebendig schildern den Trend zu Vermittlung und Entstrukturierung US-amerikanische Soziologen wie **David Riesman**, William Whyte und **C. Wright Mills**. Die „flexible and adaptive uniformity" des breiter werdenden „great middle belt" der Gesellschaft kann bedeuten, dass man sich für Bedingungen wappnet, die niemand vorhersehen kann – „for jobs not yet invented and for consumption goods not yet on the market" (Riesman/Roseborough 1955, S. 16; S. 3). Sie wird aber auch als Charakterverfall beurteilt: „The decline of the free entrepreneur and the rise of the dependant employee on the American scene has paralleled the decline of the independent individual and the rise of the little man in the American mind." (Mills 1951/1956, S. xii)

Ambivalenz kennzeichnet sogar das neben Wachstum wichtigste Versprechen der Zeit: Aufstieg durch Leistung. In politischen Programmen taucht es als ‚Chancengleichheit' oder auch ‚Leistungsgerechtigkeit' auf; sozialwissenschaftlich hat sich das Wort ‚Meritokratie' (‚Herrschaft nach Verdienst') eingebürgert. Der Gedanke ist, dass – mit dem Abbau von Hierarchien und Klassenspannungen – jedes Individuum, das sich anstrengt und als fähig erweist, seine Lage verbessern kann. Möglich macht dies auch ein Bildungssystem, das Leistungen früh belohnt und diese bei allen erkennen kann (vgl. Kap. 12). Das Buch, das den Begriff geprägt hat, ist allerdings eine Satire. Der britische Soziologe Michael D. Young zeichnet in *The Rise of the Meritocracy* eine Gesellschaft, in der (bildungsvermittelt) wirklich die Klügsten und Fähigsten herrschen. Schwierig ist, dass die unteren Schichten dann zurecht benachteiligt sind. Nur ideologische Behelfsmittel wie ein „Myth of Muscularity", der bloße Körperkraft anpreist (Young 1958/2017, S. 99), können die Lage der Unterschicht erträglicher machen. Untersuchungen sozialer Schichtung und Mobilität sehen hier weniger Probleme.

Von der Klasse zur Schicht

Die Soziologen, die ab den 1940er Jahren von ‚Stratification' oder ‚Schichtung' sprechen, grenzen sich wie erwähnt von der marxistischen Klassentheorie ab. Sie betonen mehr oder weniger deutlich, dass in kapitalistischen Gesellschaften nicht von vorherein ein zentraler Interessengegensatz anzunehmen ist, weil hier deutlich mehr Güter ungleich verteilt sind als nur das Eigentum an Produktionsmitteln. Häufig beziehen sie dazu Faktoren wie Ansehen, die Rolle der Staatsmacht oder die Stellung der Einzelnen in Organisationen ein, die ebenfalls die Güter- und Machtverteilung bestimmen (so etwa, ohne harte Marxkritik, Lipset/Bendix 1951, S. 245–254). Allgemein wenden sie sich der Vielfalt von Daten zu, die man über die Stellung, die Vor- und Nachteile der Individuen erheben kann, um daraus auf Gruppenverhältnisse zu schließen. Der deutsche, 1933 nach Dänemark emigrierte Soziologe Theodor Geiger (1891–1952) bildet hierfür ein besonders anschauliches Beispiel. Schon in einer Studie von 1932 hatte er *Die soziale Schichtung des deutschen Volkes* empirisch untersucht und etwa auch auf Wahlverhalten und ‚Mentalitäten' bezogen, aber noch marxistisch begriffen. Nach dem Krieg bezeichnet der Begriff der ‚Schicht' bei ihm dann auf eine bunte Vielfalt von Merkmalen:

> „Jede Schicht besteht aus vielen Personen (Familien), die irgendein erkennbares Merkmal gemein haben und als Träger dieses Merkmals einen gewissen Status in der Gesellschaft und im Verhältnis zu anderen Schichten einnehmen. Der Begriff des Status umfasst Lebensstandard, Chancen und Risiken, Glücksmöglichkeiten, aber auch Privilegien und Diskriminationen, Rang und öffentliches Ansehen." (Geiger 1955, S. 432)

An dieser Passage ist nicht nur interessant, dass Personen als austauschbar mit Familien erscheinen – vermutlich, weil Haushalte anhand des berufstätigen, meistens männlichen ‚Haushaltsvorstands' eingeordnet werden (s. u.). Vielmehr wird hier auch die Bemühung deutlich, alle überhaupt denkbaren bzw. erfassbaren ‚Merkmale' in den Blick zu bekommen, die für die bessere oder schlechtere Stellung von Individuen oder Familien relevant sind. Für die theoretisch nicht genauer bestimmte Merkmalsgesamtheit wird der Begriff des ‚Status' verwendet, der in vielen Texten der Zeit auch soziales Ansehen bezeichnet und so zusätzlich eine kulturelle Dimension anspricht. Liest man Geigers zitierten Wörterbucheintrag weiter, zieht sich die Vielfalt allerdings wieder auf eine enge ökonomische Perspektive zusammen. Um den ‚Status' empirisch zu untersuchen, schlägt Geiger „ein vierdimensionales Modell" vor, „das folgenden Lagemerkmalen Rechnung trägt: 1. Wirtschaftszweig, 2. Stellung im Beruf, 3. Einkommenshöhe, 4. Art und Grad der Ausbildung" (ebd., S. 439). In dieser Liste bezieht sich eigentlich alles auf die Erwerbstätigkeit des Einzelnen (oder Familienernährers): den Teil der Wirtschaft, in dem er tätig ist, seine Stellung im Unternehmen (oder auch als Selbstständiger), sein Einkommen und die Qualifikation, die er für seinen Beruf braucht. Die Klassenkonflikte werden hier also durch eine Art Berufshierarchie ersetzt – und tatsächlich kreisen viele Debatten der Zeit darum, welche ‚subjektiven' und welche ‚objektiven' Faktoren sich dazu eignen, eine Status-Rangliste der

Berufe zu erstellen (vgl. Hradil 1987, S. 79–83). Als nicht unmittelbar berufsbezogene Faktoren bleiben dann vor allem Heiratsverhalten und das soziale Ansehen oder ‚Prestige' selbst.

Die Schichtungs-Ungleichheit sieht allerdings weniger hart aus als die Herrschafts- und Privilegienordnungen, die man aus älteren Gesellschaften kennt. Fast alle Analysen weisen wie Riesman und Schelsky besonders auf eine breite und wachsende ‚Mittelschicht' hin. Schon um 1930 hatte man in Deutschland lebhaft über die Berufsgruppen diskutiert, mit denen die Mitte wächst: die ‚Angestellten', die ökonomisch ähnlich gestellt sind wie die Arbeiter, sich aber in der Regel sozial höher verorten und weniger stark organisieren (vgl. Kracauer 1930), sowie den ‚neuen Mittelstand', der im Gegensatz zum ‚alten Mittelstand' der Bauern, Ladenbesitzerinnen und Kleinunternehmer in großen Organisationen beschäftigt ist (vgl. z. B. Geiger 1932, S. 124–132). Die unklare und ungesicherte Stellung dieser Gruppen wurde zunächst für *Panik im Mittelstand* (Geiger 1930) und sogar für die Wahlerfolge der NSDAP verantwortlich gemacht. Da sie nach dem Krieg stark am anhaltenden Aufwärtstrend teilhatten, konnte man sie jedoch allmählich als Stabilitätsfaktor sehen. Anschaulich wird dies in grafischen Schichtungsmodellen wie dem des deutschen Soziologen Karl-Martin Bolte, der sogenannten Bolte-Zwiebel. Während am oberen und unteren Rand der Ressourcenverteilung nur ein recht kleiner, schmaler werdender Teil der Bevölkerung herausragt (oben etwas weiter als unten), versammelt sich die große Mehrheit in der breiten Mitte der qualifizierten Arbeiter, kleinen Selbstständigen, teilverantwortlichen Angestellten und Staatsbediensteten usw. Genaue Bezeichnungen vermeidet Bolte, denn den entscheidenden vertikalen Faktor bildet auch für ihn ‚Status'. Daher verortet er ganz unten auf der Skala die ‚sozial Verachteten' und macht sich für die restlichen Bezeichnungen nicht mehr viel Mühe: Unter der ‚Oberschicht' liegt die ‚obere Mitte', es folgt die ‚mittlere Mitte' und die ‚untere Mitte' bzw. das ‚obere Unten'. Inhaltlich reichere Kennzeichnungen werden nur noch zitiert; leicht abweichend von den vertikalen Schichten lassen sich ‚Angehörige des sogenannten neuen Mittelstands', des ‚sogenannten alten Mittelstands' und der ‚sogenannten Arbeiterschaft' verorten (Bolte et al. 1967, S. 84).

Andere Schichtungsansätze vertreten stärkere theoretische Annahmen; spannende Debatten drehen sich etwa seit den 1950er Jahren um die Zusammensetzung und die Rolle der ‚Eliten', bei denen sich Reichtum, Macht und Ansehen konzentrieren (vgl. Kap. 5). Kritische Studien zu den Strategien, mit denen die Positionsträger und Familien der *Power Elite* (Mills 1956) ihre Gruppenherrschaft behaupten, sind dabei eher selten. Für den ‚Strukturfunktionalismus', der um die Jahrhundertmitte vor allem in den USA vorherrschte, erlaubt es die Ungleichheit in einer Gesellschaft einfach, die Leistungen ihrer besten Mitglieder zu belohnen bzw. umfassend nutzbar zu machen. So haben es in einem viel zitierten Aufsatz die Soziologen Kingsley Davis und Wilbert Moore geschildert:

„If the rights and perquisites of different positions in a society must be unequal, then the society must be stratified, because this is precisely what stratification means. Social inequality is thus an unconsciously evolved device by which societies insure that the most important positions are conscientiously filled by the most qualified persons." (Davis / Moore 1944, S. 243)

Die seltsam starken Begriffe – dass Positionen ungleich sein ‚müssen' und dass die Gesellschaft ‚unbewusst' (*unconsciously*) Mittel dafür entwickelt hat, ‚gewissenhaft' (*conscientiously*) die Bestqualifizierten auszuwählen – lassen hier eine starke ideologische Prägung erkennen. Ähnlich, aber abstrakter (und etwas vorsichtiger) argumentiert auch **Talcott Parsons**, der Robert Linton folgend Zuschreibung (*ascription*) und Leistung (*achievement*) unterscheidet: In der modernen Gesellschaft hängt die soziale Stellung nicht mehr vorrangig vom angeborenen Status ab, sondern von dem, was man leistet oder erreicht (Parsons 1940, S. 849–852, sowie 1951, S. 118 f.). Aber bringen Gesellschaften wie die US-amerikanische wirklich zuverlässig die fähigsten und leistungsbereitesten Menschen in die besten und wichtigsten Stellungen? Dieser Frage gehen Forschungen zu sozialer Mobilität nach.

Aufstieg und Mobilitätsbarrieren

Menschen können sich sozial in verschiedener Weise bewegen – zwischen Lebensorten, Berufen und Glaubensgemeinschaften, in der eigenen (Berufs-)Laufbahn oder gegenüber Eltern und Großeltern. Die Mobilitätsforschung interessiert sich vor allem für vertikale und intergenerationale Bewegungen, also Auf- und Abstiege aus der Herkunftsfamilie, die zumeist anhand des Berufsstatus und Einkommensniveaus sowie ggf. des Bildungsniveaus von Eltern und Kindern erfasst werden. Auch diese Forschung hat sich (mit Vorläufern) besonders in den westlichen Ländern in der Nachkriegszeit ausgebildet. Sie ist eng mit der Schichtungsanalyse verbunden – in ihren Beschreibungsweisen wie auch in Bezug auf Strukturverschiebungen, in denen z. B. mehr Raum für Aufstiege entsteht, weil sich die Zahl guter Positionen erhöht. Es lohnt sich jedoch, sie eigens und über einen etwas längeren Zeitabschnitt zu verfolgen.

In den USA wurde zu Auf- und Abstiegen früh und viel geforscht (u. a. weil man dem eigenen Land mehr soziale Mobilität zutraute als anderen). Die deutsche Forschung bleibt dagegen lange hinter der anderer westlicher Länder zurück (u. a. weil hier Nationalsozialismus und Krieg Laufbahnen und Familien zu stark erschüttert hatten; vgl. Geißler 2014, S. 313), ist dann jedoch an einer zunehmend internationalen Entwicklung beteiligt. Zunächst wurden in den USA vor allem die Berufe von Vätern und Söhnen verglichen, sodass man z. B. sehen konnte, wie viele Arbeitersöhne ins Management oder in den höheren Staatsdienst aufstiegen. Eine Zusammenstellung solcher Forschungen bietet der Band *Social Mobility in Industrial Society* (1959) von Seymour M. Lipset und Reinhard Bendix. Die Studie *The American Occupational Structure* (1967) von Otis D. Duncan und Peter M. Blau vollzog dann anhand verfeinerter Berufsübersichten und mit verbesserten statistischen Mitteln nach, wie es den Einzelnen gelang, aufzusteigen oder ihre Herkunftsvorteile zu behaupten (vgl. Ganzeboom et al. 1991, S. 281–284). Als entscheidender Anhaltspunkt für dieses ‚status attainment' dienten nun Bildungsabschlüsse, die zu sehen erlauben, inwieweit eine soziale Position (auch) durch dokumentierte Leistungen der Einzelnen bedingt ist. Das Muster, das Blau und Duncan dabei ermitteln, ist vielfach bestätigt worden: Bildungserfolg ist wichtiger für die Berufsposition als die Stellung des Vaters bzw. der Eltern, aber es hängt erheblich vom Elternhaus ab, ob man gute Chancen auf Bildungserfolg hat (vgl. ebd., S. 283 f.). Ab Ende der 1970er Jahre wurden auch in Europa zunehmend aufwändige Forschungen zu sozialer Mobilität durchgeführt. Ein Musterbeispiel bildet das von John Goldthorpe und Walter Müller geleitete Projekt CASMIN (Comparative Analysis of Social Mobility in Industrialized Nations), das die statistischen Methoden erneut weiterentwickelt und damit u. a. verschiedene mögliche Mobilitätsursachen quantitativ vergleichbar gemacht hat (vgl. ebd., S. 287 f.). Seine Instrumente haben auf die Darstellung sozialer Ungleichheit zurückgewirkt. Ein 1979 von Goldthorpe, John Erikson und Lucienne Portocarero vorgestelltes (und daher als ‚EGP-Schema' bekanntes) Muster, Berufe nach Bezahlung, Weisungsmacht und Tätigkeitsart zu unterscheiden, wird bis heute zur Erfassung sozialer ‚Klassen' genutzt.

Auch inhaltlich hat die Mobilitätsforschung das Verständnis von Schichten oder Klassen verändert. Sehr verschiedene Soziologen wie **Ralf Dahrendorf, Pierre Bourdieu** und **Raymond Boudon** haben seit den 1960er Jahren herausgestellt, wie stark Bildungserfolg von sozialer Herkunft abhängt (vgl. genauer Kap. 12). Für Bourdieu entsteht damit eine neue Art von Vererbung: Statt direkt Vermögen weiterzugeben, vererben Eltern ihren sozialen Status an ihre Kinder, indem sie ihnen hochwertige Bildung ermöglichen (Bourdieu et al. 1973/1981, S. 24). Wenn sich dies immer wieder bestätigt, ist der *Myth of Meritocracy* (Goldthorpe 2003) tatsächlich nur ein Mythos. Schon für den britischen Soziologen Frank Parkin ermöglicht das Muster bildungsbasierter und ökonomisch einträglicher Leistung vor allem, Gerechtigkeit vorzutäuschen: „the rhetoric of individualism and the principles of class nomination obscure the processes of *de facto* collectivist exclusion and class reproduction" (Parkin 1974, S. 8). Die Idee, dass sich Gruppen abschließen und andere ausschließen, um Vorteile zu gewinnen, ist generell einflussreich geworden. Sie erlaubt auf breiter Front zu untersuchen, in welchem Maß und aus welchen Gründen einigen (Gruppen) der Aufstieg in Positionen verwehrt bleibt, der anderen offensteht. Vielerorts sind oder waren etwa Frauen, Zugewanderte oder ethnische Minderheiten vollständig oder weitgehend von höheren Macht- und Einkommenspositionen ausgeschlossen. Umgekehrt können sich Berufsgruppen – der Musterfall sind ‚Professionen' wie Ärztinnen, Anwältinnen und Professoren – hohe Einkommen und ein hohes Ansehen sichern, indem sie sich durch hohe Bildungshürden gegen zu viele Neuzugänge abschotten (vgl. zur Grundidee, die lose an Weber anschließt, Wright 2009, S. 104 f.). Zudem eröffnen intern gut vernetzte Gruppen jeder Art ihren Mitgliedern bessere Chancen – was Charles Tilly „opportunity hoarding" nennt (Tilly 1998, S. 147–168). Einige sehen sogar geschützte, nicht unmittelbar kündbare Beschäftigungsverhältnisse als ‚Schließung' (*closure*) gegenüber dem freien Arbeitsmarkt (vgl. Giesecke / Groß 2012, S. 92 ff.).

Strukturell haben die verschiedenen Schließungstheorien einen gemeinsamen Punkt: Sie ermöglichen es, von individuellen Vor- oder Nachteilen auf kollektive Lebensbedingungen überzugehen. Mit ihnen kann man soziale Klassen durch Bündel von Vor- und Nachteilen bestimmen, die von den jeweils bevorteilten Gruppen gesichert und von Generation zu Generation weitergegeben werden. So lassen sich schließlich auch Klassenkonflikte in nichtmarxistischer Weise verstehen. Die Frage ist nicht, ob eine Gruppe Macht über andere ausübt oder von deren Tätigkeit profitiert, sondern ob Individuen von bestimmten Chancen ausgeschlossen sind bzw. auf Aufstiegsbarrieren stoßen.

Mittel und Grenzen der Sozialstrukturanalyse

Die Grundorientierungen, mit denen seit der Nachkriegszeit soziale Ungleichheit erforscht wurde, sind damit zusammengestellt. Um zu sehen, wie sich diese Forschung in jüngerer Zeit weiterentwickelt hat, hilft es etwas genauer aufzulisten, welche Erkenntnismittel sie über die Jahre hervorgebracht hat und welche Fragen in ihr lange ausgeklammert blieben.

Die *Berufe*, die man bis heute als wesentlichen Teil der Sozialstruktur untersucht, werden nur noch selten nach ihrem Ansehen angeordnet. Genauer lassen sie sich klassifizieren, wenn man Einkommensniveaus und Jobsicherheit erhebt, die erforderlichen Qualifikationen erfasst und die Art der Tätigkeit einordnet. Im EGP-Schema ist die Bestimmung der höchsten Klassen etwa daran orientiert, dass Tätigkeiten mit „delegated authority or specialized knowledge and expertise" schwerer beaufsichtigt werden können und daher besser bezahlt werden müssen als andere (Erikson / Goldthorpe 1993, S. 42). Neuere Klasseeinteilungen unterscheiden zudem zwischen eher technisch und eher sozial ausgerichteten Tätigkeiten, die sich häufig mit verschiedenen politischen und kulturellen Orientierungen verbinden (vgl. z. B. Oesch 2006).

Um soziale Mobilität über den bloßen Berufsvergleich zwischen Eltern und Kindern hinaus zu erforschen, werden wie angesprochen oft *Bildungsabschlüsse* herangezogen. Ihre Rolle lässt sich genauer beleuchten, wenn man Übergänge wie den zwischen Bildungsabschluss und Berufseintritt gesondert in den Blick nimmt (vgl. z. B. Allmendinger 1989) oder vergleichend Lebensläufe nachzeichnet (z. B. Mayer 1991). Aufschlussreich ist es auch, das Verhältnis „class origin – educational attainment – class destination" (Goldthorpe 2003, S. 234) bei verschiedenen ‚Kohorten', also Geburtsjahrgängen zu vergleichen. Die nötigen Daten lassen sich am besten gewinnen, indem eine repräsentative Stichprobengruppe wiederholt befragt wird. Dies leisten namentlich ‚Panel'-Studien, die über lange Zeiträume teilweise sehr detaillierte Daten über die soziale Situation von Individuen und Haushalten erheben. In Deutschland ist hier vor allem das Sozio-ökonomische Panel (SOEP) zu nennen, das seit 1984 läuft und zahlreichen quantitativen Studien Material geliefert hat; 2009 ist ihm das Nationale Bildungspanel (National Educational Panel Study, NEPS) zur Seite getreten.

In solchen Erhebungen wie in der Sozialstrukturforschung insgesamt ist man nicht bei Berufen und Bildung stehengeblieben; der schon von Geiger geäußerte Wunsch, möglichst viele relevante Merkmale zu erfassen, ist zunehmend umgesetzt worden. So hat man ab den 1960er Jahren Indikatoren für ‚Wohlfahrt' in jeder Hinsicht erhoben, von Verkehrs-, Wohn- und Familienverhältnissen bis hin zu den Möglichkeiten politischer Mitwirkung (vgl. Hradil 1987, S. 98–102). Ein jüngerer Ansatz vergleicht anhand von Daten zu Gesundheit, Gewalt, frühen Schwangerschaften u. Ä. sogar das (bei größerer Gleichheit zunehmende) Glücksniveau in verschiedenen Ländern (vgl. Wilkinson / Pickett 2010). Weiterhin werden seit den 1970er Jahren Unterschiede in Geschlechtsidentität, Religion, Herkunft, (zugeschriebener) ethnischer Zugehörigkeit, Konsumgewohnheiten, politischen Einstellungen, körperlicher Verfasstheit u. a. verstärkt beachtet. Teilweise wurden sie in ‚Milieus' zusammengefasst, zwischen denen man sowohl horizontale als auch vertikale Unterschiede gesehen hat (vgl. Kap. 8). Teilweise haben auch Analysen der neu herausgestellten Merkmale eindeutig Über- und Unterordnung betont. Im englischen Sprachraum wird in dieser Hinsicht bereits lange das Dreieck von *class*, *race* und *gender* diskutiert, und auch in Deutschland ist die ‚Intersektionalität' oder die Verbindung solcher Kategorien inzwischen explizit als Thema der Ungleichheitsforschung erschlossen worden (vgl. z. B. Winker / Degele 2009).

Trotz dieser Anreicherungen – oder weil die genannten Punkte oft nur Anreicherungen geblieben sind – bleibt die Sozialstrukturanalyse in vieler Hinsicht begrenzt. Zu ihrem Profil gehört nicht allein, was sie alles erforscht und leistet, sondern auch, was sie auslässt. Ein erster Punkt wurde schon häufiger angesprochen: Da es in vieler Hinsicht sinnvoll ist, Haushalte statt Individuen zu betrachten (wie sollte man sonst etwa Kinder reicher Eltern einordnen?), und da in den westlichen Ländern der Nachkriegszeit das Muster eines männlichen ‚Familienernährers' vorherrschte (vgl. Kap. 12), ist die Sozialstrukturanalyse klassisch männerzentriert. Oft sah es so aus, als bestimmten allein die männlichen Berufe die Ungleichheiten in einer Gesellschaft, und Frauen erschienen als Anhängsel ihrer Ehemänner. Mit wachsender weiblicher Erwerbstätigkeit hat sich die Lage verändert (vgl. Kap. 12), zumal die geschlechtliche Prägung von Berufen inzwischen breit erforscht wird – doch unbezahlte (weibliche) Sorgearbeit ist weiterhin schwer zu erfassen (vgl. im Überblick Gottschall 2018). Ähnlich teilblind macht die pragmatisch oft kaum vermeidbare Begrenzung auf einzelne Länder. Wenn meine Elektrogeräte in Asien montiert werden, meine Internetanbieter in den USA sitzen und die Pflegerin meiner Eltern aus Polen kommt, hat es nur begrenzt Sinn, mich in der deutschen Sozial- oder Klassenstruktur zu verorten. Auch dieser Punkt wurde, seit man von ‚Globalisierung' spricht, wiederholt bemerkt (vgl. z. B. Beck/Grande 2010). Seltener als nationale und geschlechtliche Grenzen wurde die Ausblendung einer weiteren Dimension diskutiert: der ökologischen Unterseite der Sozialstruktur. Für wachsenden Wohlstand, wachsende Mittelschichten und Mobilität aller Art wird in der Regel Energie verbraucht, Materie transportiert, Ackerbau und Viehzucht intensiviert – besonders expansiv in der Zeit des Nachkriegsfordismus (vgl. Pineault 2021, S. 10–19) und bis heute häufig nicht dort, wo die Endprodukte konsumiert werden. Zudem ist bekannt, dass reichere Haushalte zwar bessere ökologische Absichten haben, zugleich aber mehr knappe Ressourcen verbrauchen und Emissionen verursachen als Haushalte, die sich dies schlicht nicht leisten können (vgl. Moser/Kleinhückelkotten 2018, S. 239–245). Die Debatte über ökologische Ungleichheit wurden bisher jedoch eher ökonomisch und umweltwissenschaftlich geführt (vgl. auch Kap. 14); in die Sozialstrukturanalyse ist sie noch kaum eingegangen.

Eine letzte Begrenzung lief in diesem Kapitel durchgängig mit. Seit die Schichtungstheorie mit dem Programm auftrat, keinen Gegensatz von Arbeit und Kapital anzunehmen, blenden Ungleichheitsanalysen Kapitaleigentum mehr oder weniger explizit aus. Für Goldthorpe ist die Gruppe derer, die vorrangig von Kapitaleinkünften leben, gegenüber der Gesamtheit der Beschäftigten einfach zu klein, um sie im Überblick zu berücksichtigen (Goldthorpe 2007, S. 103), und auch das Eigentum an Produktionsmitteln (oder an Unternehmen) wird in der Regel nicht systematisch erhoben (vgl. für Deutschland Rehberg 2004, S. 23–25). Da man sich aus verschiedenen Gründen stark auf Berufe und Einkommen konzentriert hat, kommt selbst das Vermögen der Einzelnen erst in neuerer Zeit wieder systematisch als Ungleichheitsfaktor in den Blick.

Ungleichheit bis in die Gegenwart

In der Forschung sind seit den 1980er Jahren alle genannten Grenzen wichtig geworden, wenn auch teils indirekt. Die wachsende Aufmerksamkeit für nicht berufsbezogene Differenzen führte in Deutschland nicht immer zu neuen Bestimmungen von Oben und Unten. Vor allem löste sie Debatten darüber aus, ob vertikale Ungleichheit überhaupt noch erkennbar bzw. entscheidend ist. Verbreitet wurde ein Trend zu bloßer Vielfalt angenommen: Da sich die Menschen durch immer mehr verschiedene Merkmale voneinander unterscheiden, laufen solche Merkmale nicht mehr in größeren Gruppen zusammen, sondern nur noch in Kulturen oder sogar in Individuen. **Ulrich Beck** legte in diesem Sinn nahe (zunächst mit Fragezeichen, dann ohne), dass die Gesellschaft *Jenseits von Klasse und Stand* (Beck 1984) bzw. „Jenseits von Klasse und Schicht" angelangt sei (vgl. Beck 1986, S. 121–160). Besonders durch die „Individualisierung und Diversifizierung von Lebenslagen und Lebensstilen" sei „das Hierarchiemodell sozialer Klassen und Schichten [...] in seinem Wirklichkeitsgehalt in Frage" gestellt (ebd., S. 122). Weitere Gründe sah er darin, dass es bei steigendem Wohlstand zwar weiterhin vielen verschieden, aber allen besser gehe – ein „Fahrstuhleffekt", der alle nach oben befördert –, und dass Menschen nicht mehr vorrangig von Armut, sondern von ökologischen Gefahren bedroht seien: „Not ist hierarchisch, Smog ist demokratisch" (ebd., S. 48). Andere Autoren wie **Gerhard Schulze** erkannten zwar weiterhin Trennungslinien, verorteten sie aber nur noch in Lebensstil und Erlebnisgestaltung (vgl. Kap. 8).

Da die Wohlstandsunterschiede zur gleichen Zeit – und noch einmal verschärft in den 1990er Jahren – allerdings zu- und nicht abnahmen, erfolgte bald Widerspruch: „Mit der unkritischen Fokussierung auf die dynamische Vielfalt der Lagen, Milieus und Lebensstile wird der Blick auf bestehende vertikale Ungleichheiten getrübt." (Geißler 1996, S. 323) Zeitgleich wurde in den USA eine Sozialstrukturanalyse entwickelt, die sogar marxistische Ansätze wieder in die Debatte brachte. Erik Olin Wright hat in umfangreichen Erhebungen nicht allein Kapitalisten- und Arbeiterklasse quantitativ erfasst, sondern auch die Mittelklasse(n) in (für Marxistinnen) neuer Weise eingeordnet. Angelehnt an Erikson und Goldthorpe hebt er hervor, dass auch die „position within authority hierarchies and possession of scarce skills and expertise" eine Klassenlage bestimmen (Wright 1997, S. 23). Anders als Goldthorpe, der keine allgemeinen Interessenkonflikte annehmen will (vgl. Goldthorpe 2007, S. 106), sieht Wright jedoch selbst in mittleren Leitungspositionen oder bei höher entlohnten Expertinnen Gegensätze zwischen Kapital- und Beschäftigtenposition. Während die eine Seite z. B. niedrige Lohnkosten und effektive Kontrolle benötigt, strebt die andere Seite höhere Löhne und weniger Belastung an. Beschäftigte, die an beiden Arten von Interessen teilhaben, nehmen „contradictory locations within class relations" ein (Wright 1997, S. 23).

Der wirkungsreichste neuere Beitrag dazu, Ungleichheit nachzuvollziehen, kam jedoch nicht aus der Soziologie, sondern aus der Wirtschaftswissenschaft bzw. -geschichte. Thomas Piketty hat in einem Buch, das zum Welt-Bestseller geworden ist, Daten zusammengeführt, die für die reichen Länder seit dem späten 19. Jh. wesentliche Verteilungsentwicklungen nachvollziehbar machen. Er bezieht verschiedene Dimensionen ökonomischer Ungleichheit ein: das Verhältnis von hohen und niedrigen Einkommen, Lohn- und Vermögenseinkünften, privatem Kapital und Staatsfinanzen. Zusammen ermöglichen diese Perspektiven Annahmen dazu, wie sich der Kapitalismus entwickelt. Zwar erklärt Piketty nicht, wie Kapital vermehrt wird, aber er geht davon aus, dass Vermögen eine Rendite haben. Sie werden (durch Güter- und Dienstleistungsproduktion, Vermietung und Verpachtung, Geldverleih u. Ä.) so eingesetzt, dass sie gewöhnlich wachsen. Wenn die durchschnittliche Wachstumsrate hier größer ist als in der Wirtschaft insgesamt, werden die vermögenden (sowie die gut verdienenden) Teile der Gesellschaft reicher und die nichtvermögenden ärmer (vgl. Piketty 2013/2014, S. 46). Ergänzt man, dass die staatliche Politik (etwa durch Steuern) Einfluss auf diese Entwicklung nehmen kann, erklärt sich das überraschend einheitliche Gesamtbild, das Piketty für Länder wie die USA, Frankreich, England und Deutschland ermittelt: Die eklatante Ungleichheit zwischen dem konzentrierten Kapital und dem Rest der Gesellschaft, die sich im 19. Jh. herausgebildet hat, nimmt während und nach den beiden Weltkriegen des 20. Jh. deutlich ab, um seit den 1950er Jahren wieder stetig zu steigen (vgl. ebd., z. B. S. 45 und S. 259). Die politischen Schocks haben also eine Umverteilung ermöglicht, die erneuerter Ungleichheit weicht, sobald das Wachstum nachlässt und die Regulierung aussetzt bzw. obere Klassen begünstigt. Seit den 1970er Jahren (und im Zug der ‚neoliberalen' Wirtschaftspolitik) fallen besonders zwei Trends in diese Richtung auf: Während sich in Ländern wie Frankreich das Volumen der privaten Vermögensvererbung mehr als verdoppelt hat (ebd., S. 505), sind in den USA die Spitzengehälter in den großen Konzernen explodiert (ebd., S. 393–396). Beide Arten von Entwicklung sind klar mit der Konzentration von Kapital verbunden – und beide haben massive Bedeutung für die Sozialstruktur.

Piketty wurde breit diskutiert, eine umfassende soziologische Auswertung seiner Ergebnisse (z. B. für Fragen der bildungsvermittelten oder eben doch unmittelbaren Statusvererbung) liegt jedoch noch nicht vor. Ähnliches gilt für zwei Forschungsansätze, die helfen könnten, die nationalen und ökologischen Grenzen der Sozialstrukturanalyse zu überschreiten. Branko Milanović hat noch vogelperspektivischer als Piketty die Linien ökonomischer Ungleichheit im Weltmaßstab analysiert. Er weist vor allem auf einen interessanten Kontrast hin: Während Ungleichheiten innerhalb der reichsten Länder seit Ende der 1980er Jahre größer geworden sind, sind sie zwischen reichen und ärmeren Ländern geschrumpft (vgl. Milanović 2016, S. 10–45). Ein Großteil dieser Entwicklung lässt sich auf die wachsende Wirtschaft Chinas zurückführen, die u. a. eine wohlhabende Mittelschicht hervorgebracht hat, aber auch Ökonomien wie Indien oder Brasilien entwickeln sich ähnlich. Will man diese Länder in eine umfassend erneuerte Ungleichheitsanalyse einbeziehen, bietet sich zudem ein ökologischer Ansatzpunkt. Entgegen Becks Annahme verteilen sich die ökologischen Kosten und Risiken nämlich keineswegs demokratisch auf alle – zumal dann nicht, wenn man sie wie neuere Studien zu ‚Stoffströmen' und Energiebilanzen im globalen Maßstab betrachtet (vgl. als Überblick Kusche/Schaffartzik 2020). Die hier aufbereiteten Zahlen unterstützen nicht nur die Annahme, dass viele arme Länder in Lateinamerika und Afrika auf einen ökonomisch wie ökologisch desaströsen Rohstoffexport festgelegt sind (vgl. Kap. 14); sie zeigen auch, dass sich die ‚schmutzige' Industrieproduktion inzwischen in aufstrebenden Ländern konzentriert, die Konsumgüter in die reichsten Finanz- und Dienstleitungsökonomien liefern. Diese Ökonomien, zu denen etwa die meisten EU-Staaten zählen, konnten sich dann (teilweise) ökologisch erholen, weil andernorts Wälder gerodet, Böden vernutzt und Schadstoffe in die Luft geblasen werden (vgl. Barth 2018, S. 244 f.). Zukünftig könnte auch der Zugang zu frischem Grün, sauberer Luft und klarem Wasser darüber entscheiden, wo Einzelne in der globalen Vorteilsordnung stehen und wo die Konfliktlinien zwischen Gruppen verlaufen.

Ausblick: Bedingungen der erweiterten Ungleichheitsanalyse

Mit den letzten Hinweisen drängt sich die Frage auf, weshalb Konflikte und Fragen, die seit der Entstehung der Schichttheorie ausgeblendet wurden, in der Ungleichheitsforschung der letzten beiden Jahrzehnte zunehmend wieder behandelt werden konnten. Wissenssoziologisch liegen mindestens zwei Antworten nahe.

Einerseits sind die beiden Bedingungen, unter denen die Sozialstrukturanalyse nach dem Zweiten Weltkrieg entstanden ist, heute nicht mehr gegeben: Weder erleben Länder wie Deutschland oder die USA ein anhaltendes starkes Wirtschaftswachstum, das allen befähigten Einzelnen Aufstieg verspricht, noch schafft ein Gegensatz zu Ländern wie der UdSSR, die ihre Gesellschaftsordnung marxistisch begründen, ideologischen Abgrenzungsbedarf. Die Erzählung von einer Welt ohne Klassengegensätze, in der man durch Leistung aufsteigen können muss, ist damit nicht tot – sie spielte noch in der Theorie der ‚Individualisierung' und im neueren Liberalismus eine wichtige Rolle –, aber sie bestimmt nicht mehr die Grenzen des Sagbaren bzw. Erforschbaren.

Andererseits haben gerade die konkurrenzlos gewordenen Institutionen und Beraterinnen des globalen Kapitalismus gelernt, dass sie auch für die systemisch Benachteiligten zuständig sind. Piketty macht Vorschläge für eine weltweite Vermögenssteuer, die zwar nicht umsetzbar sind, aber auch ohne revolutionäre Absichten diskutiert werden können. Milanović hat die globale Ungleichheit lange im Auftrag der Weltbank analysiert. Maßnahmen gegen die schlechte Bezahlung und geringe Führungsmacht von Frauen stehen auf dem Programm verschiedener Parteien, Regierungen und supranationaler Organisationen wie der EU. Die Sozialstrukturanalyse vertritt gewöhnlich weder Programme noch Institutionen dieser Art unmittelbar, aber sie wird durch sie zu Neuerungen angeregt, und ihre Vertreterinnen werden auch von den Kraftfeldern angezogen, in denen sich öffentliche Deutungsmacht bildet. In einigen Fällen können sich schließlich, wie das Beispiel der Frauenbewegung zeigt, sogar die Benachteiligten selbst wirkungsvoll genug organisieren, um der Erforschung der Ungleichheit bleibende Impulse zu geben.

Literatur

Aglietta, Michel (1976/1987): A Theory of Capitalist Regulation. The US Experience. London: Verso.
Allmendinger, Jutta (1989): Career Mobility Dynamics. A Comparative Analysis of the United States, Norway, and West Germany. Berlin: Max-Planck-Institut.
Barth, Thomas (2018): Marxismus und Ökologie. Zur Analyse nicht-nachhaltiger gesellschaftlicher Naturverhältnisse. In: Haubner, Tine/Reitz, Tilman (Hrsg.): Marxismus und Soziologie. Klassenherrschaft, Ideologie und kapitalistische Krisendynamik. Weinheim: Beltz Juventa. S. 235–249.
Beck, Ulrich (1983): Jenseits von Klasse und Stand? Soziale Ungleichheiten, gesellschaftliche Individualisierungsprozesse und die Entstehung neuer sozialer Formationen und Identitäten. In: Kreckel, Reinhard (Hrsg.): Soziale Ungleichheiten. Göttingen: Schwartz. S. 35–74.
Beck, Ulrich (1986): Risikogesellschaft. Auf dem Weg in eine andere Moderne. Frankfurt a. M.: Suhrkamp.
Beck, Ulrich/Grande, Edgar (2010): Jenseits des methodologischen Nationalismus. Außereuropäische und europäische Variationen der Zweiten Moderne. Soziale Welt 61, S. 187–216.
Blau, Peter Michael/Duncan, Otis Dudley (1967): The American Occupational Structure. New York: Wiley.
Bolte, Karl Martin/Kappe, Dieter/Neidhardt, Friedhelm (1967): Soziale Schichtung der Bundesrepublik Deutschland. In: Bolte, Karl Martin: Deutsche Gesellschaft im Wandel. Band 1. Opladen: Leske, S. 233–351.
Bourdieu, Pierre/Passeron, Jean-Claude (1964/2007): Die Erben. Studenten, Bildung und Kultur. Konstanz: UVK.
Bourdieu, Pierre/Boltanski, Luc/de Saint-Martin, Monique (1973/1981): Kapital und Bildungskapital. Reproduktionsstrategien im sozialen Wandel. In: Dies. (Hrsg.): Titel und Stelle. Über die Reproduktion sozialer Macht. Frankfurt a. M.: Europäische Verlagsanstalt. S. 23–88.
Burzan, Nicole (2011): Soziale Ungleichheit. Eine Einführung in die zentralen Theorien. Wiesbaden: Springer VS.
Davis, Kingsley/Moore, Wilbert E. (1944): Some Principles of Social Stratification. In: American Sociological Review 10, H. 2, S. 242–249.
Erikson, Robert/Goldthorpe, John/Portocarero, Lucienne (1979): Intergenerational Class Mobility in Three Western European Societies. England, France and Sweden. In: The British Journal of Sociology 30, H. 4, S. 415–441.
Erikson, Robert/Goldthorpe, John H. (1993): The Constant Flux. A Study of Class Mobility in Industrial Societies. Oxford: Clarendon Press.
Ganzeboom, Harry B. G./Treimann, Donald J./Ultee, Wout C. (1991): Comparative Intergenerational Stratification Research. Three Generations and Beyond. In: Annual Review of Sociology 17, H. 1, S. 277–302.
Geiger, Theodor (1930): Panik im Mittelstand. In: Die Arbeit. Zeitschrift für Gewerkschaftspolitik und Wirtschaftskunde 7, H. 10, S. 637–654.
Geiger, Theodor (1932): Die soziale Schichtung des deutschen Volkes. Soziographischer Versuch auf statistischer Grundlage. Stuttgart: Enke.
Geiger, Theodor (1949): Die Klassengesellschaft im Schmelztiegel. Köln/Hagen: Kiepenheuer.
Geiger, Theodor (1955): Schichtung. In: Bernsdorf, Wilhelm/Bülow, Friedrich (Hrsg.): Wörterbuch der Soziologie. Stuttgart: Enke. S. 432–466.

Geißler, Rainer (1996): Kein Abschied von Klasse und Schicht. Ideologische Gefahren der deutschen Sozialstrukturanalyse. In: Kölner Zeitschrift für Soziologie und Sozialpsychologie 18, H. 2, S. 319–338.

Geißler, Rainer (2014): Die Sozialstruktur Deutschlands. 7., grundlegend überarbeitete Auflage. Wiesbaden: Springer VS.

Giesecke, Johannes / Groß, Martin (2012): Soziale Schließung und die Strukturierung externer Arbeitsmärkte. In: Köhler, Christoph / Krause, Alexandra (Hrsg.): Arbeit als Ware. Zur Theorie flexibler Arbeitsmärkte. Bielefeld: transcript. S. 91–115.

Goldthorpe, John (2003): The Myth of Education-Based Meritocracy. In: New Economy 10, H. 4, S. 234–239.

Goldthorpe, John (2007): On Sociology. Numbers, Narratives and the Integration of Research and Theory. 2. Auflage. Oxford: Oxford University Press.

Gordon, Robert (2017): The Rise and Fall of American Growth. The U. S. Standard of Living since the Civil War. Princeton / NJ: Princeton University Press.

Gottschall, Katrin (2018): Arbeit, Beschäftigung und Arbeitsmarkt aus der Genderperspektive. In: Böhle, Fritz / Voß, G. Günter / Wachtler, Günther (Hrsg.): Handbuch Arbeitssoziologie. Akteure und Institutionen. Band 2. Wiesbaden: Springer VS. S. 361–395.

Hradil, Stefan (1987): Sozialstrukturanalyse in einer fortgeschrittenen Gesellschaft. Leverkusen: Leske und Budrich.

Huinink, Johannes / Schröder, Torsten (2019): Sozialstruktur Deutschlands. 3., aktualisierte Auflage. Stuttgart: UTB / München: UVK.

Kusche, Franziska / Schaffartzik, Anke (2020): Ökologisch ungleicher Tausch. Wachstum auf Kosten von Mensch und Natur. In: Prokla 50, H. 1, S. 53–67.

Lipset, Seymour M. / Bendix, Reinhard (1951): Social Status and Social Structure: A Re-Examination of Data and Interpretations. In: The British Journal of Sociology 2, H. 3, S. 230–254.

Lipset, Seymour M. / Bendix, Reinhard (Hrsg.) (1959): Social Mobility in Industrial Society. Berkeley: University of California Press.

Mayer, Karl Ulrich (1991): Lebensverlauf und Bildung. Ergebnisse aus dem Forschungsprojekt Lebensverläufe und gesellschaftlicher Wandel des Max-Planck-Instituts für Bildungsforschung. In: Unterrichtswissenschaft (Zeitschrift für Lernforschung) 19(4), S. 313–332.

Milanović, Branko (2016): Die ungleiche Welt. Migration, das Eine Prozent und die Zukunft der Mittelschicht. Frankfurt a. M.: Suhrkamp.

Mills, C. Wright (1951): White Collar. The American Middle Classes. New York: Oxford University Press.

Mills, C. Wright (1956): The Power Elite. London u. a.: Oxford University Press.

Moser, Stephanie / Kleinhückelkotten, Silke (2018): Good Intents, but Low Impacts. Diverging Importance of Motivational and Socioeconomic Determinants Explaining Pro-Environmental Behavior, Energy Use, and Carbon Footprint. In: Environment and Behavior 50, H. 6, S. 626–656

Oesch, Daniel (2006): Redrawing the Class Map. Stratification and Institution in Britain, Germany, Sweden and Switzerland. Basingstoke / New York: Palgrave Macmillan.

Parkin, Frank (1974): Strategies of Social Closure in Class Formation. In: Ders. (Hrsg.): The Social Analysis of Class Structure. London: Tavistock. S. 1–18.

Parsons, Talcott (1940): An Analytical Approach to the Theory of Social Stratification. In: American Journal of Sociology 45, H. 6, S. 841–862.

Parsons, Talcott (1951): The Social System. Glencoe / Ill.: The Free Press.

Piketty, Thomas (2013/2014): Das Kapital im 21. Jahrhundert. München: Beck.

Pineault, Eric (2021): The Ghosts of Progress. Contradictory Materialities of the Capitalist Golden Age. In: Anthropological Theory. Online First: https://journals.sagepub.com/doi/full/10.1177/1463499620980292 (Zugriff 17.03.2021)

Rehberg, Karl-Siegbert (2006): Die unsichtbare Klassengesellschaft. Eröffnungsvortrag zum 32. Kongress der Deutschen Gesellschaft für Soziologie. In: Ders. (Hrsg.): Soziale Ungleichheit, kul-

turelle Unterschiede. Verhandlungen des 32. Kongresses der Deutschen Gesellschaft für Soziologie in München, Bd 1. Frankfurt a. M.: Campus, S. 19–38.
Riesman, David/Roseborough, Howard (1955): Careers and Consumer Behavior. In: Clark, Lincoln H. (Hrsg.): The Life Cycle and Consumer Behavior. New York: University Press. S. 1–18.
Schelsky, Helmut (1955): Wandlungen der deutschen Familie in der Gegenwart. Darstellung und Deutung einer empirisch-soziologischen Tatbestandsaufnahme. Stuttgart: Enke.
Schmelzer, Matthias (2015): The Growth Paradigm. History, Hegemony, and the Contested Making of Economic Growthmanship. In: Ecological Economics 118, S. 262–271.
Tilly, Charles (1998): Durable Inequality. Berkeley: University of California Press.
Weber, Max (1921/1976): Wirtschaft und Gesellschaft. Grundriss der verstehenden Soziologie. 5. Auflage. Hrsg. v. Winckelmann, Johannes. Tübingen: Mohr.
Wehler, Hans-Ulrich (2008): Deutsche Gesellschaftsgeschichte. Bd. 5. Bundesrepublik und DDR 1949–1990.
Wilkinson, Richard G./Pickett, Kate (2010): The Spirit Level. Why Equality is Better for Everyone. London: Penguin Books.
Winker, Gabriele/Degele, Nina (2009): Intersektionalität. Zur Analyse sozialer Ungleichheiten. Bielefeld: transcript.
Wright, Erik Olin (1997): Class Counts. Comparative Studies in Class Analysis. Cambridge: Cambridge University Press.
Wright, Erik Olin (2009): Understanding Class. Towards an Integrated Analytical Approach. In: New Left Review 60, H. 6. S. 101–116.
Young, Michael (1958/2017): The Rise of the Meritocracy. With a new introduction by the author. London, New York: Routledge.

8. Milieusoziologie und Marktforschung – Bourdieu, das Sinus-Institut und Anschlüsse

Der Begriff ‚Milieu' klingt möglicherweise etwas veraltet. Er wurde bereits im mittleren 19. Jh. von französischen Gelehrten wie Hippolyte Taine verwendet und war um 1900 wichtig für die Literatur des deutschen Naturalismus. Der Sachverhalt, den er bezeichnet, ist jedoch aktuell geblieben: Die Gruppe und Position, in der man aufwächst bzw. ‚sozialisiert' wird – oder auch die Bezugsgruppe, die man später mehr oder weniger freiwillig findet –, lehrt einen in bestimmter Weise zu handeln, zu denken, wahrzunehmen, zu urteilen und zu fühlen. Ein Straßenkind aus der Großstadt erwirbt andere Vorlieben als eine junge Landadlige, Punks pflegen eine andere Haltung zu Arbeit als Managerinnen. Viele soziologische Milieuanalysen legen nahe, dass sich Unterschiede dieser Art nur verschoben, aber nicht aufgelöst haben. Interesse dafür herrscht besonders, seit die Ungleichheitsforschung nicht mehr nur Beruf, Bildung und Wohlstand, sondern etwa auch Geschlecht, Werte und Lebensstile untersucht. Um diese Art Forschung soll es nun näher gehen.

Dabei werde ich zum einen die Frage vertiefen, ob kulturelle Faktoren vertikale Ungleichheit ausbauen oder ob sie die Gesellschaft in anderer, horizontaler Weise gliedern. Zum anderen werde ich einen bereits von **Lazarsfeld** her bekannten Kontext beleuchten, der die neuere Milieusoziologie erst ermöglicht hat: die Marktforschung. Milieus sind nicht nur allgemein Umgebungen, in denen die Einstellungen von Menschen geprägt werden, sie ermöglichen spezifisch zu sehen, welche Gruppen in welcher Weise zu einem bestimmten Kauf- oder Wahlverhalten angeregt werden können. Daher haben sich die akademische und die kommerzielle Forschung in der Milieusoziologie gegenseitig angeregt. Einige Probleme dieses Austauschs spreche ich im Verlauf und zum Ende des Kapitels an. Durchgängig werde ich eine Entwicklung im Hintergrund einbeziehen: Die Milieuforschung ist auch dadurch bedingt, dass sich im fordistisch hergestellten Wechselspiel von Arbeit und Konsum (vgl. Kap. 5) die Aufmerksamkeit auf die Seite des Konsums verlagert.

Ich will diese Punkte in drei exemplarischen Darstellungen entwickeln. Nach den gewohnten historischen Ausführungen zum Kontext werde ich das Thema des Kapitels zunächst mit den Arbeiten **Pierre Bourdieus** verbinden. Das Buch, mit dem er zu einem der einflussreichsten Soziologen der letzten Jahrzehnte geworden ist, erforscht Ungleichheiten kultursoziologisch: Durch ***Die feinen Unterschiede*** (1979/1982) im Genuss- und Kunstkonsum können sich soziale Gruppen voneinander abgrenzen; der französische Originaltitel, *La distinction*, lässt sich sowohl mit ,Unterscheidung' als auch mit ,Abgrenzung' übersetzen. Damit wird in einem noch zu erläuternden Sinn ,Ästhetik', das Feld kultivierter Wahrnehmung, zum soziologischen Thema. Auch das ästhetisch geprägte Kaufverhalten ist hier zentral, wird von Bourdieu aber nicht untersucht (sondern nur am Rand erwähnt). In der Marktforschung geht es dagegen zentral um Verkaufschancen. In dem Jahr, in dem Bourdieus Buch in Frankreich erscheint, teilt das kommerzielle Heidelberger Sinus-Institut die deutsche Bevölkerung in Milieus auf, denen man aufgrund ihrer gut unterscheidbaren Lebensweisen und Einstellungen verschiedene Güter verkaufen kann. Diese ,Sinus-Milieus' sind auch in der Wissenschaft genutzt worden, und eine Hannoveraner Forschungsgruppe um Michael Vester hat bemerkt, dass sie sich weitgehend mit den von Bourdieu ermittelten Klassen decken. Die Hannoveraner interessieren sich allerdings eher für politische Einstellungen. Wie dieser Übergang möglich wurde, werde ich in meiner zweiten Beispieldarstellung erörtern. In einem dritten Abschnitt weise ich dann darauf hin, dass man das Feld kulturell oder ästhetisch bestimmten Konsums soziologisch generell sehr verschieden begreifen kann. Während die Bourdieu-Linie betont, dass sich vertikale Ungleichheiten und kulturelle Unterscheidungen wechselseitig festigen, kann man auch die Kämpfe um kulturelle, politische und soziale Deutungsmacht beleuchten – oder, wie nun schon häufig erwähnt wurde, vertikale Ungleichheit als immer weniger wichtig ansehen. Die eine Möglichkeit veranschauliche ich mit den marxistischen Cultural Studies, die andere mit dem Buch *Die Erlebnisgesellschaft* (1992) des deutschen Soziologen Gerhard Schulze. Nicht nur die angesprochenen Uneinigkeiten werden abschließend auf die Frage führen, wie wissenschaftlich die Milieusoziologie ist. Die kommerzielle Forschung legt ihre Materialien und Verfahren nur teilweise offen, die akademische Forschung begegnet dem oft mit geringem Problembewusstsein (bis hin zu handwerklichen Fehlern), und beide Seiten sind in mehrfacher Weise von wechselnden Moden geprägt.

Kontexte: Kulturkonsum, Warenästhetik, Kulturkämpfe

Das vielgestaltige Feld der Kultur hat sich in den westlichen Industriegesellschaften nach Ende des Zweiten Weltkriegs rasch und deutlich verändert. Umgewälzt wurde nicht nur die Weise, in der deutungsmächtige Gruppen sich selbst und die Welt *verstehen* (vgl. Kap. 4), sondern auch die allgemeine kulturelle *Praxis* – die Weise, in der man seinen Alltag gestaltet, mit Menschen und mit Gefühlen umgeht, genießt, wahrnimmt und urteilt. Die betreffenden Handlungen, Urteile und Gefühle sind dabei fast durchweg *ästhetisch* geprägt. Im engeren Sinn bezeichnet dieses Wort künstlerische Werke und Aufführungen (Literatur, Musik, Filme, Theater ...), im weiteren Sinn alles, was hergestellt und getan wird, um in der Wahrnehmung und Vorstellung zu gefallen und aufzufallen, sowie die geübte sinnliche Wahrnehmung selbst. Das Abendessen und der Wein sollen besonders gut schmecken, in der modischen Kleidung will ich attraktiv und zeitgemäß aussehen, die Hintergrundmusik soll anregend, aber nicht aufdringlich klingen – und entsprechend wichtig ist es, ob alle Beteiligten alles das (ähnlich) wahrzunehmen vermögen. Ebenso sind ästhetische Konflikte, Irritationen und Abstoßung möglich, und in einer Massenkultur mit weit verteilter Kaufkraft und immer neuen Produkten werden sie fast unausweichlich. Rockfestival oder Klassikkonzert, Hollywoodfilme oder Avantgardekino, haute cuisine oder Fastfood, Anzug oder Jeans, Sport- oder Bildungsurlaub, längere oder kürzere Haare werden seit den 1950er Jahren zu Alternativen, die Selbstbilder prägen, Freundschaften und Liebesbeziehungen anbahnen oder zerbrechen lassen. Natürlich schließen sich Vorlieben wie die genannten nicht immer aus, und allein die Rekonstruktion dessen, was für Einzelne zusammenpasst und was nicht, verspricht spannende Einsichten. Vor allem kann man aber nach den sozialen Strukturen fragen, die ästhetische Konsumprofile bedingen (wie etwa Geld und Erziehung) oder aus ihnen entstehen (etwa avantgardistische und oppositionelle Subkulturen).

Bevor die soziologischen Zugänge hierzu näher vorgestellt werden, gilt es den historischen Rahmen noch etwas genauer zu zeichnen. Vorauszusetzen ist nach dem vorigen Kapitel, dass in den Nachkriegsjahrzehnten in westlichen Industriestaaten (erstmals) fast alle Menschen genug Einkommen haben, um in größerem Ausmaß kulturelle Güter zu kaufen und dabei ästhetische Unterschiede zu machen – selbst wenn es nur um Beatles oder Rolling Stones geht. Zugleich nutzen große Hersteller immer stärker ästhetische Mittel, um ihr Produkt besser als andere oder ältere erscheinen zu lassen – Lucky Strikes gegenüber Marlboro, den Citroën DS gegenüber weniger schicken Mittelklassewagen. Dieser Sachverhalt, den man mit Wolfgang Fritz Haug *Warenästhetik* nennen kann, hat zwei Seiten. Zum einen werden die Produkte selbst bzw. ihre „Erscheinung" so gestaltet, dass sie schon vor dem Kauf attraktiv sind und einen befriedigenden Konsum versprechen (vgl. Haug 1980, S. 44 f.). Von den in der Auslage angerichteten Früchten bis zum betont smart geformten Smartphone sind solche Anreize bestehen geblieben. Sie tragen im Zweifelsfall dazu bei, dass man das neue Produkt kauft, schon bevor das alte aufgebraucht ist oder (auch aufgrund geplanter Materialschwächen o. Ä.) nicht mehr funktioniert. Zum anderen löst Werbung das „Gebrauchswertversprechen" vom konkreten Produkt ab und kann die Idee seines Konsums mit beliebigen glücklichen oder besonderen Lebenssituationen verbinden (ebd., S. 50 f.). In vielen Fällen werden die Bilder, die den Verkauf fördern sollten, zu Vorbildern, die Menschen in ihrer Lebensgestaltung anleiten (vgl. ebd., S. 182). Jean Baudrillard hat diese Rückwirkung zeitgleich mit Haug in anderer Weise beschrieben; für ihn ist die *Konsumgesellschaft* (1970) ein System von Zeichen, die uns zu verstehen geben, worin Überfluss und Reichtum bestehen, was Glück ausmacht und welche Menschen besonders sind.

Besonders bewegt gestaltet sich das Feld von Kulturkonsum und Warenästhetik ab den 1950er Jahren dadurch, dass auch diejenigen Zeichen setzen, die von der Norm abweichen und sich gegen bestehende Machtverteilungen auflehnen. Auffällig ist dies etwa in der Musik und den musiknahen Jugend-, Sub- oder Gegenkulturen: Von Jazz, Folk und Rock'n'Roll bis zu Dark Wave, Techno und Gangstarap bieten sie Gelegenheit, sich anders zu kleiden, seinen Körper anders zu erfahren, andere soziale und sexuelle Beziehungen zu führen, andere Werte zu pflegen, Arbeit und Freizeit anders zu gewichten, als das die ‚fordistische' Disziplin, ethnische Trennungen und patriarchale Geschlechtsrollen vorsahen. Diese Chance wurde nicht nur in den jeweiligen Szenen genutzt, sondern hat allgemein das Bewusstsein dafür geschärft, dass man sich im ästhetischen Konsum gesellschaftlich verortet. Auch Country- oder Schlagerhören, Pop- oder Zwölftonmusik – oder eben Kleidermarken, Fahrzeugtypen, Essens- und Drogenvorlieben – sind sozial lesbar und werden spätestens dann so erfahren, wenn die Mitschülerinnen oder die Eltern bestimmte Anteile nicht gutheißen. Die Wellen, in denen entsprechende Konflikte die Konsumgesellschaft erfasst haben, sind gut erforscht. Im großen Überblick wie im Detail lässt sich nachlesen, wie in den USA der 1950er Jahre Rock'n'Roll erfunden und geächtet wurde, wie die Gegenkultur im Westen Ende der 1960er Jahre explodierte und ob der britische Punk eine neue Stufe der Verweigerung darstellt. Auch die Wechselwirkungen mit Massenkonsum und Warenästhetik sind bis in Fernsehserien wie *Mad Men* aufgearbeitet worden. Gegen Ende des Kapitels führe ich aus, dass man in diesem Feld ganz verschiedene soziologische Fragen stellen kann; die Milieusoziologie trifft hier gleichsam nur eine Auswahl.

Bourdieu: Strukturelle Ungleichheiten und kulturelles Unterscheidungshandeln

Der französische Soziologe Pierre Bourdieu (1930–2002) hat sich mit vielen Themengebieten befasst. Seine ersten größeren Studien untersuchen das proletarische und bäuerliche Leben in Algerien (bes. Bourdieu 1972), auch zur Kunstsoziologie beginnt er früh zu veröffentlichen. Zugleich nimmt sein anderes bleibendes Thema Gestalt an: die Frage, wie Bildungschancen durch soziale Herkunft geprägt sind. Gegen das oppositionelle Selbstbild, das gerade Pariser Studierende in den 1960er Jahren zunehmend pflegten, betont Bourdieu, dass gewöhnlich erst Wohlstand und Bildung der Eltern ein Studium möglich machen – und dass ein Abschluss an einer namhaften Hochschule ein Eintrittsticket zu hohen beruflichen Positionen ist. Linke Überzeugungen der Studierenden hebeln diesen Mechanismus nicht aus, sondern beweisen, wenn sie gekonnt präsentiert werden, zusätzlich die Zugehörigkeit zur intellektuellen Elite. Bourdieu trägt damit wie erwähnt zu der These bei, dass sozialer Status bildungsvermittelt vererbt wird. Seine ersten, mit Jean-Claude Passeron publizierten Sammelbände zum Thema heißen entsprechend *Les héritiers* (*Die Erben*, 1964, zur Soziologie der Hochschule) und *La reproduction* (1970, v. a. aufs Schulsystem bezogen).[12] Diverse weitere Aufsätze (Bourdieu et al. 1981) vertiefen die Hauptthese; zwei Bücher zu wissenschaftlichen Karrieren (*Homo academicus*, 1984) sowie zu französischen Elite-Hochschulen und Führungspositionen (*La noblesse d'État*/*Der Staatsadel*, 1988) stellen weitere konkrete Mechanismen heraus. In den *Feinen Unterschieden*, die ebenfalls Bildung einbeziehen, begreift Bourdieu auch den Kulturkonsum als Medium der Klassenreproduktion. Begleitend und in der Folgezeit publiziert er theoretische und methodologische Texte, etwa zur Klassentheorie und zur Soziologie insgesamt. Zusammen mit weiteren Studien – zur gesellschaftlichen Rolle der Sprache, der symbolischen und materiellen Bedeutung des Eigenheims, zu Kunstmärkten, Fernsehen, Vorstadtproblemen und männlicher Herrschaft – erlauben sie es, in verschiedensten Bereichen mit seinem Ansatz zu arbeiten. Den größten Erfolg hatte er im Kerngebiet kulturell verfestigter Ungleichheit.

Hier entwickelt Bourdieu eine Begrifflichkeit, die Ungleichheiten umfassend sortiert, gut zu veranschaulichen und leicht auswendig zu lernen ist. Die sozial geprägten Gewohnheiten des Wahrnehmens, Handelns und Urteilens (vgl. Bourdieu 1979/1982, S. 173 f.) fasst er mit dem Begriff des *Habitus* zusammen. Zuweilen spricht er auch von einem „Klassenhabitus" oder „Klassenethos" (ebd., S. 657) und verdeutlicht damit den Kerngedanken: Indem ich lerne, mich den Lebensbedingungen meines Herkunftsgruppe entsprechend zu verhalten, werde ich zugleich für andere als groß- oder kleinbürgerlich, proletarisch, bäuerlich usw. erkennbar. Besonders meine kulturellen Vorlieben zeigen, ob man dort, wo ich herkomme, eher hungrig oder übersättigt ist, in der Freizeit Zerstreuung braucht oder sich auf Kunst und Tradition konzentrieren kann. Bourdieu betont dabei fast immer das angedeutete Muster: Wer viel hat, kann sich ‚zweckfreie' Sinnlichkeit leisten – vom Essen, das nicht satt machen muss, bis zur Kunst, die nichts darstellt oder zu der man nicht tanzen kann –, während die ärmeren Teile der Bevölkerung auf unmittelbare Bedürfnisbefriedigung orientiert sind. Zwischen beiden Seiten stehen v. a. die Kleinbürgerinnen, die zu den höheren Klassen aufstreben und sich auch ohne Lesewunsch Goethe ins Regal stellen oder Mozart hören, weil der Name bekannt ist. Indem Bourdieu außerdem verschiedene Arten von Statusordnung auseinanderhält und verknüpft, vermeidet er allzu große Klischeehaftigkeit. Für ihn beruht eine gute soziale Stellung auf Besitz, Bildung oder guten Kontakten – *ökonomischem*, *kulturellem* oder *sozialem Kapital* –, und die Zusammensetzung dieser ‚Kapitalsorten' variiert (vgl. ebd., S. 193–210). Gebildete Leute können arm sein,

---

12 Der (irreführende) deutsche Titel lautet hier: *Grundlagen einer Theorie der symbolischen Gewalt. Kulturelle Reproduktion und soziale Reproduktion* (1973). Alle oben erwähnten Texte Bourdieus finden sich mit den deutschen Titeln im Literaturverzeichnis.

reiche Menschen ungebildet, und selbst wenn man z. B. auch durch Bildung wichtige Freundinnen gewinnen und einen gut bezahlten Beruf erhalten kann, lassen sich nicht alle Kapitalsorten problemlos in andere eintauschen (ebd., S. 209). Mit Geld kann ich zwar etwa rasch Kunstwerke kaufen – oder *objektiviertes kulturelles Kapital* erwerben –, aber Bildung – oder *inkorporiertes kulturelles Kapital* – verlangt zusätzlich viel Zeit und Anstrengung. Soziale Klassen sind daher laut Bourdieu vor allem dadurch bestimmt, wie sich die verschiedenen sozialen Güter bei ihnen zueinander verhalten.

Um den Zusammenhang in Grundzügen abzubilden, kreuzt Bourdieu eine vertikale Achse, die die Gesamtmenge von begehrten Ressourcen oder ‚Kapital' bei den Vertretern verschiedener Gruppen angibt, mit einer horizontalen Achse, die anzeigt, ob jeweils das ökonomische oder das kulturelle Kapital vorherrscht. Wenn links die Bildungs- und rechts die Besitzreichen stehen, kann man auf der so definierten Fläche z. B. folgende Berufsgruppen eintragen: oben links Professorinnen und angesehene Künstler, rechts Industrie- und Handelsunternehmer, in der Mittel Freiberuflerinnen (Ärztinnen, Anwälte u. Ä.); weiter unten links Facharbeiterinnen und Lehrer, unten rechts kleine Selbstständige und in der Mitte manuell Arbeitende (Bourdieu 1979/1982, S. 212 f.).[13] Bourdieu deutet auch an, wie sich die Gruppen strukturell zueinander verhalten, etwa mit der Idee, dass der ‚herrschende' oder ‚dominante' Teil der herrschenden Klasse vorwiegend über ökonomisches Kapital und ihr ‚beherrschter' Teil vorwiegend über kulturelles Kapital verfügt (ebd., S. 163; S. 202–205). Die Pointe ist jedoch, dass sich in das Schema zugleich die typisch bevorzugten kulturellen Güter und Aktivitäten einfügen lassen: Neue Musik, Warhol, Brecht, Avantgarde-Festivals und Radtouren links oben; Antiquitäten, Tennis, Champagner und Citroën DS rechts oben; links unten etwa Kochen, Abendkurse und Folkloretänze; unten rechts und in der Mitte Chansons, Louis de Funès, Fernsehen, Fußball und Renault 4. Auch wenn die Einträge heute etwas anders lauten würden, ist das Prinzip klar: Was man kulturell schätzt und konsumiert, offenbart, zu welcher Klasse man zählt – bis hin zu Sonderfällen wie dem Geschmack der Neureichen, den die Klassen mit älterem Geld verachten. Für Bourdieu sind solche Gefühle des Herabblickens oder auch der Bewunderung wesentlich; verbunden mit dem Erkennungseffekt stabilisieren sie die soziale Ordnung, da die Beherrschten und die Herrschenden jeweils am liebsten unter sich bleiben. Zugleich betont er,

13 Die oben genutzten Begriffe folgen (mit kleinen Abweichungen, z. B. im grammatischen Geschlecht) der Grafik auf den angegebenen Seiten. In sie geht das ‚soziale Kapital' (der guten Beziehungen) offenkundig nicht ein. Zusätzlich denkt Bourdieu an eine (ebenfalls nicht dargestellte) dritte Dimension oder Achse, die den Zeitverlauf bzw. die Klassenlaufbahn der Individuen darstellt (ebd., S. 187–193): Kinder von Mittelschichtseltern können z. B. auch im Großbürgertum oder in der Arbeiterschaft landen. Die Dauer der Klassenzugehörigkeit hat zudem Einfluss auf den Kulturgeschmack (ebd., S. 409).

dass Lebensstile kein ‚sekundäres', abgeleitetes soziales Merkmal sind – ebenso wenig wie die geschlechtliche Identität, die etwa Frauen bevorzugt Pflegeberufe ergreifen lässt (vgl. ebd., S. 185). Erst wenn man diese Faktoren mit Einkommen und Berufsstellung kombiniert, ergibt sich eine konkrete Klassenzugehörigkeit.

Viele Aspekte von Bourdieus Ansatz verdienten genauer erörtert zu werden. So entwickelt er einen eigenen, gegen die philosophische Tradition gerichteten Begriff von Ästhetik. Statt sich auf die reine, ‚interesselose' Betrachtung von schönen Formen zu beschränken, die er den höheren Klassen zuschreibt, nimmt er die Ausrichtung auf sinnlichen Genuss hinzu, die für ihn eher in den unteren Klassen vorherrscht (vgl. ebd., S. 60–84). Vieles wäre auch kritisch zu diskutieren. Man kann fragen, ob Bildung und gute Kontakte wirklich in gleicher oder ähnlicher Weise funktionieren wie ökonomisches Kapital, das durch die Arbeit anderer vermehrt wird. Auch die Verwendung des Klassenbegriffs leuchtet nicht von selbst ein, solange Bourdieu die Mechanismen der Klassenherrschaft nur andeutet. Und gerade seine Hauptidee, Klassen an die Vererbung von Status binden (z. B. ebd., S. 203), passt nicht recht zu einer Gesellschaft, die zumindest offiziell keine Ständegesellschaft mehr ist (vgl. Draheim et al. 2010, S. 346). Diskutiert wurde schließlich, ob immer ein eindeutig bestimmter, offensiv vertretener „legitimer Geschmack" (ebd., S. 36 ff.) kulturelles Kapital verleiht. Neuere Texte betonen eher, dass sich kulturell führende Gruppen *überall* auskennen wollen, gerade auch in der Massenkultur von Popmusik bis zu Computerspielen; Richard A. Peterson und Oskar M. Kern (1996) sprechen von kulturellen ‚Allesfressern'. Hier kann man allerdings auch einfach Aktualisierungsbedarf sehen: Da sich die Lebensstile und Geschmacksprägungen sozialer Milieus oder Klassen im Zeitverlauf ändern, sollten sie über Bourdieus Studien hinaus empirisch untersucht werden.

Milieusoziologie: Marktforschung und politische Analyse

Die kommerzielle Milieuforschung beobachtet fortlaufend, wie sich Lebensstile entwickeln. Die ersten deutschen Texte hierzu wurden wie erwähnt am 1978 gegründeten Heidelberger Sinus-Institut für Marktforschung erstellt. Mit der fast zeitgleich entstandenen Arbeit Bourdieus haben sich die Autoren „erst sehr viel später […] auseinandergesetzt" (Flaig et al. 1993, S. 56). Es gibt allerdings überraschende Gemeinsamkeiten. Die ersten Berichte des Sinus-Instituts[14] grenzen sich ähnlich wie Bourdieu von Schichtungsansätzen ab, die „nur wenige Merk-

14 Die Berichte sind als private Auftragsarbeiten nichtöffentlich (s. u.), dank der Vermittlung von Bernd Hallenberg wurde mir von Berthold Flaig jedoch freundlicherweise ein Bericht aus dem Jahr 1980 zur Verfügung gestellt. Die erste Publikation des Sinus-Instituts (die ich hier ebenfalls nutze) erschien 1982.

male des sozioökonomischen Status" berücksichtigen: „Schulbildung, Berufsausbildung, ausgeübter Beruf, Einkommen" (Sinus Lebensweltforschung 1980, S. 13). Stattdessen teilen sie die Bevölkerung anhand ihres „Alltagswissens und Alltagshandelns" (Becker / Nowak 1982, S. 250) in „soziale Milieus" auf, die gemeinsame „Einstellungen und Lebensorientierungen" (ebd., S. 255) haben. Als theoretische Stichworte hierzu werden (nicht ganz passend) Edmund Husserls Begriff der „Lebenswelt" und die „Ethnomethodologie" genannt (ebd., S. 249 f).[15] Wichtiger ist eine innovative Vorgehensweise: In zahlreichen ‚narrativen' Interviews lässt man Menschen über ihre Einstellungen und Orientierungen erzählen, um sie in Gruppen mit ähnlichen Haltungen aufzuteilen; auf dieser Grundlage wurden später (ab 1981; Flaig et al. 1993, S. 69) Umfragebögen für größere Erhebungen erstellt, und anhand aller Befragungen können die zunächst angenommenen Milieus ggf. korrigiert werden. Diese Milieus sind wie bei Bourdieu u. a. vertikal angeordnet und auch Berufsarten zugeordnet, zugleich aber kulturell und politisch-moralisch bestimmt (konkret durch traditionelle oder neuerungsoffene Orientierungen). In der ersten Studien reichen sie vom „konservativ gehobenen Milieu", dem „traditionellen Arbeitermilieu" und dem „Kleinbürgermilieu" bis zu einem „technokratisch-liberalen", einem „hedonistischen" und einem „alternativen/linken Milieu" (Becker / Nowak 1982, S. 258). Wie Bourdieu kann die Sinus-Forschung damit Konsumpräferenzen einordnen; anders als er wurde sie von „der Cigarettenindustrie, [...] der Automobilindustrie und [...] der Nahrungsmittelindustrie" (ebd., S. 248) dafür bezahlt.

Die Weise, in der die Milieus im Einzelnen geschildert werden, hat notwendig assoziative und schematische Züge. Sie ist allerdings in den frühen Studien ähnlich wie bei Bourdieu durch die materiellen Lebensbedingungen der fraglichen Gruppen bestimmt. So heißt es z. B. zum „entwurzelten Arbeitnehmermilieu", in dem die Jobs weniger sicher und soziale Bindungen loser sind als im ‚traditionellen': „Die Personen dieses Milieus sind mit ihrer Lebenssituation unzufrieden. Sie haben keine Werte außer Geld und Konsum. Probleme werden abgewehrt. Man lässt alles auf sich zukommen und macht sich über die Zukunft möglichst wenig Gedanken." (Sinus Lebensweltforschung 1980, S. 70) Mit der Zeit nimmt diese Bodenhaftung tendenziell ab. Zum einen geht das Institut dazu über, seine Milieus stetig neu zu bestimmen. Während sie zwischen 1980 und 1990 unverändert blieben und auch dann zunächst nur ein „Neues Arbeitnehmermilieu" hinzukam (Flaig et al. 1993, S. 59), hat der kulturelle Wandel seither offenbar Fahrt aufge-

15 Als unpassend erscheinen mir folgende Punkte (die sich genauer anhand meiner Vorstellung der Ansätze in Kap. 10 nachvollziehen lassen): Husserl meinte mit der Lebenswelt *allgemeine* menschliche Weltbeziehungen, während die Sinus-Forschung auf die *Besonderheiten* im Weltverhältnis sozialer Gruppen zielt. Und weder der berühmte Ansatz der Ethnomethodologie, mit ‚Krisenexperimenten' alltägliche Routinen zu stören, noch andere Formen teilnehmender Beobachtung spielen in der Milieuforschung eine Rolle.

nommen. Im Rückblick betont Berthold Flaig, der von Beginn an beteiligt war und heute Geschäftsführer ist, dass von den „acht sozialen Milieus, die wir im ersten SINUS-Modell Ende der 70er Jahre beschrieben haben", nur noch eines im aktuellen Schema auftaucht: „das Milieu der Hedonisten, mit seinem Leitmotiv Fun & Action, Leben im Hier und Jetzt" (Flaig 2018). Zum anderen arbeiten die neueren Milieubeschreibungen mit Begriffen, die nicht immer ganz klar, aber in jedem Fall aktuell sind. So war 2013, als ich mich zum ersten Mal informiert habe, das ‚Neue Arbeitnehmermilieu' durch ein „adaptiv-pragmatisches Milieu" ersetzt worden, das wie folgt erläutert wurde: „Die mobile, zielstrebige junge Mitte der Gesellschaft mit ausgeprägtem Lebenspragmatismus und Nutzenkalkül: erfolgsorientiert und kompromissbereit, hedonistisch und konventionell, starkes Bedürfnis nach ‚flexicurity' (Flexibilität und Sicherheit)".[16] Das Milieu der „Adaptiv-Pragmatischen" taucht auf der Sinus-Webseite weiterhin auf, inzwischen allerdings ohne ‚flexicurity' und dafür zusätzlich „weltoffen" – was nicht verhindert, dass „gleichzeitig ein starkes Bedürfnis nach Verankerung und Zugehörigkeit" herrscht (Sinus-Institut 2020). Die für das Milieu offenbar wichtige Sicherheit ist nun also nicht mehr an Berufsarbeit gebunden, sondern eher (durch ‚Zugehörigkeit') an Nation und Kultur, was den Sinn der Beschreibung deutlich verschiebt. Ob diese Veränderungen auf neue Interviews oder eher auf die Lektüre politischer Massenmedien zurückzuführen sind, ist den öffentlich zugänglichen Informationen nicht zu entnehmen. Möglicherweise erfährt man mehr, wenn man die „Milieu-Infopakete" bestellt, die zum kostenpflichtigen Angebot des Instituts gehören.

Trotz solcher Hürden wurde der Sinus-Ansatz bald in der akademischen Sozialforschung aufgenommen. Besonders interessant ist dabei der erwähnte Versuch, ihn mit Bourdieu zu verbinden. Die Protagonisten, eine interdisziplinäre Arbeitsgruppe in Hannover, haben 1984 ein erstes Mal „die (westdeutschen) Milieutypen" des Sinus-Instituts „in Bourdieus sozialen Raum eingetragen" (Vester u. a. 2001, S. 44). Auf dieser Grundlage nahmen sie 1988 größere eigene Erhebungen auf, deren Ergebnisse 1993 (aktualisiert 2001) in Buchform publiziert wurden. Das Ziel ist nicht weniger als eine „differenzierte Gesamtanalyse der Sozialstruktur" (ebd., S. 11) in Deutschland; entsprechend viele Aspekte und Dimensionen beziehen die Studien ein. In zwei Punkten unterscheiden sie sich aufschlussreich von ihren Vorbildern. Zum einen nutzen die Hannoveraner die Sinus-Milieueinteilungen, um im Sinne Bourdieus die Abgrenzungen zwischen oben und unten nachzuvollziehen. In der deutschen Gesellschaft sehen sie zwei starke Trennlinien: eine Linie der Distinktion, an der sich „eine nach allen Standards privilegierte bürgerliche Oberschicht (um 20 %) durch distinktive Lebensstile" vom Rest der Bevölkerung abhebt, und die Linie der Respektabilität, an der sich die „Volksmilieus

---

16 Das Zitat stammt von der im Herbst 2013 eingesehenen Sinus-Webseite, für die aktuelle Adresse siehe Sinus-Institut 2020.

der Mitte (knapp 70 %) [...] durch eine respektable Lebensführung und eine sichere und geachtete Berufsstellung nach unten" abgrenzen (Vester 2006, S. 12–13). Besonders die privilegierten Gruppen sind für Vester und seine Kolleginnen durch Distinktion in der Lage, ihre Vorteile über Generationen weiterzugeben bzw. sozusagen für sich zu behalten. Zum anderen legen die mehrheitlich politikwissenschaftlichen und nicht selten in der SPD aktiven Mitglieder der Gruppe – die erste Studie von 1984 ist für diese Partei bestimmt – großen Wert auf politische Einstellungen. Während dieser Aspekt bei Bourdieu vor allem mit Bezug auf Nichtwählerinnen erörtert wird (Bourdieu 1979/1982, S. 620–726) und in die Sinus-Einteilung eher beiläufig einfließt (am deutlichsten im ‚konservativen' und im inzwischen gestrichenen ‚alternativen' Milieu),[17] fragen die Hannoveraner betont nach Parteianbindungen und tragen in ihre Milieukarte auch relativ stabile politische ‚Lager' ein (ebd., S. 58). Ein weiteres Indiz für die Bedeutung politischer Orientierungen ist, dass die Milieus (Bourdieus Darstellung folgend, aber die Sinus-Grafiken umkehrend) in der ‚richtigen' räumlichen Anordnung erscheinen; die Konservativen stehen rechts, die Alternativen links.

Diese Wendung eröffnet spannende Möglichkeiten – zumal in Zeiten, in denen sich scheinbar plötzlich politische Orientierungen ändern. Die Milieuforschung kann dann im besten Fall zeigen, dass bereits lange erkennbare Neigungen an die Oberfläche treten, lange angebahnte Spaltungen aufbrechen oder schleichende Zerfallsprozesse ihre Wirkung zeigen. In diesem Sinn hat man etwa die Wahlerfolge der AfD analysiert. Vester verweist hier auf eine schon in den 1990er Jahren beobachtete ‚Krise der politischen Repräsentation', die er auf den Abbau sozialer Kompromisse seit Ende der 1970er Jahre zurückführt (Vester 2017, S. 2–4). Direkt am Sinus-Schema ausgerichtete Analysen heben hervor, dass die Zustimmung zur AfD in (eher unteren) Milieus vorherrscht, die sich seit längerem vom globalen Austausch bedroht sehen (Hallenberg 2020, S. 3–5; Vehrkamp/Wegschaider 2017, S. 13–15 und 32–37).

Dem Versuch, mit möglichst raschen Änderungen der Milieubeschreibung stetig Änderungen im Zeitgeist abzubilden, laufen solche Analysen tendenziell entgegen. Mit Bourdieu sind sie eher bestrebt, auch Umbrüche aus langfristig stabilen Zusammenhängen heraus zu begreifen. Für Vester kann es „als gesichert gelten, dass die ideologischen Lager historisch dauerhafte, wenn auch durch den sozialhistorischen Strukturwandel herausgeforderte Formationen sind" (Vester 2017, S. 11) – und ein solcher Wandel braucht seinerseits Jahrzehnte, etwa vom Ende der 1970er Jahre bis in die Gegenwart. Die Sinus-Milieus wurden in diesem Zeitraum wie erwähnt fast komplett ausgetauscht. Das verweist auf verschiedene Interessen der Markt- und Wahlforschung: Erstere ist vor allem am je

17 Auffällig ist, dass Politik in den Sinus-Milieus überhaupt (so) wichtig ist. Eine möglicher Grund besteht darin, dass sich die Autoren in ihren allerersten Studien mit dem politischen Bewusstsein Studierender befasst haben (Flaig et al. 1993, S. 53 f.).

neuesten Trend interessiert, letztere daran, welche politischen Weichenstellungen strategisch geboten sind. Zudem wäre es auch fast redundant, wenn man nur hervorheben würde, dass Menschen mit eher kosmopolitischen Einstellungen weniger AfD wählen. Die politische Milieuforschung wird erst durch Aussagen zu längeren Zeiträumen interessant. Trotzdem fragt sich, ob eher die Beobachtung raschen Wandels oder die Feststellung stabiler ideologischer Lager zutrifft – oder ob beide fehlerhaft sind. Vielleicht kann man die Einstellungen, Vorlieben und Lebensstile, die in der Milieuforschung Thema sind, auch anders begreifen, als es die Milieuanalysen vorschlagen. Zwei Ansätze dazu sollen knapp vorgestellt werden, bevor ich abschließend auf die methodischen Probleme eingehe, die sich im Austausch von kommerzieller und akademischer Forschung ergeben.

Milieus und Ungleichheit: Vererbung, Wahlfreiheit, kultureller Klassenkampf?

Von Bourdieu bis Vester hält sich die Annahme durch, dass kulturelle Unterscheidungen wesentlich die Funktion haben, Ungleichheit über die Zeit weiterzugeben. Das muss man nicht so sehen. Wenn Menschen ähnliche Meinungen und Neigungen kultivieren, dient das nicht zwingend der Statusreproduktion und ist (außer bei sehr teuren Konsumgütern) auch nicht notwendig an sozio-ökonomische Lagen gebunden. Gerhard Schulze hat Ende der 1980er Jahre ein Milieuschema entwickelt, für das soziale Ungleichheit keine Rolle spielt. Für ihn schaffen stattdessen Vorlieben in der Weise, die Welt zu erleben, sozialen Zusammenhalt. Drei Möglichkeiten scheinen ihm dabei grundlegend: Man kann in der Kultur vor allem das Bekannte, Harmonische und in diesem Sinn ‚Triviale' bevorzugen, etwa indem man Schlager- und Volksmusik hört; man kann sich umgekehrt anstrengen, anspruchsvolle Produkte der Hochkultur von Schönberg bis Kafka zu verstehen und zu genießen; schließlich kann man Spannung suchen, also etwa in laute Clubs gehen oder Extremsport treiben. Indem er diese Orientierungen verschieden kombiniert, gewinnt Schulze fünf Milieus (z. B. das Spannung und Hochkultur verbindende ‚Selbstverwirklichungsmilieu'), die für ihn bestimmen, mit welchen Menschen wir bevorzugt unsere Zeit verbringen und unsere Weltsicht teilen. Die Gliederung der Gesellschaft stellt sich damit ganz anders dar als in Ungleichheitsanalysen. Als „Fußnote" zu Ulrich Becks „These voranschreitender Individualisierung" hält Schulze fest, dass es zwar keine Klassen und Stände mehr gebe, sich aber nicht alle Gliederungen auflösen: „Soziale Großgruppen, verstanden als Milieus mit besonderen Existenzformen und erhöhter Binnenkommunikation", bleiben bestehen (Schulze 1992, S. 335).

Die britischen Cultural Studies, die seit ihren Anfängen in den 1950er-60er Jahren Populär- und Massenkultur untersuchen, haben eine völlig andere Perspektive. Für sie ist nicht bloß Ungleichheit entscheidend für gesellschaftliche Gruppenbildung, sie sprechen sogar in marxistischer Tradition von ‚Klassen'. Wie Bourdieu haben viele ihrer Vertreter zudem untersucht, wie sich Klassenverhältnisse über Generationen hinweg (und nicht zuletzt im Bildungswesen) reproduzieren; das bekannteste Werk hat den aussagekräftigen Titel: *Learning to Labour. How Working Class Kids Get Working Class Jobs* (Willis 1977). Indem sie schon in der Schule nicht bereit sind, körperlich passiv die Lehren der Übergeordneten aufzunehmen, verbauen sich die Kinder der Arbeiterklasse früh ihre Chancen auf einem bildungsbezogenen Arbeitsmarkt. Im Unterschied zu vielen (anderen) Marxisten begreifen die Cultural Studies ‚Kultur' jedoch als wichtigen Schauplatz des Klassenkampfs, untersuchen also anders als Bourdieu auch die aktive Veränderung kultureller oder kulturell gestützter Machtverhältnisse. Paul Willis stellt zu der Zeit, in der auch Schulze seine Studien vorlegt, erfreut fest:

> „[P]eople in all groups and classes, but especially now the less privileged, want more and more their own ‚bit of the action'. They want significance and satisfaction *now* [...]. The subversion and destruction – verbally, stylistically, expressively – of stereotypical views of homogeneous class cultures is to be welcomed. For the working class this is a victory." (Willis 1990, S. 32)

Verständlicher wird dieser Optimismus durch theoretische Überlegungen, die hier nur kurz genannt werden sollen. Viele Vertreterinnen der Cultural Studies nehmen *erstens* mit **Gramsci** an, dass sich in kulturellen Kämpfen nicht einfach die auch sonst herrschenden Klassen durchsetzen, sondern dass wechselnde Klassenbündnisse zeitweilig eine angreifbare Deutungsmacht oder ‚Hegemonie' ausüben (vgl. Barker 2012, S. 66–70). Da sie sich dabei mit den unteren Klassen solidarisieren, beurteilen sie kulturelle Phänomene *zweitens* tendenziell entgegengesetzt zu Autoren wie Adorno. In den Cultural Studies gilt Hochkultur (auch die der Avantgarden) häufig als elitär und steril (vgl. z. B. Willis 1990, S. 12–14), während sie in der Massenkultur (selbst wenn sie kommerziell und konventionell ist) eher befreiende Potenziale sehen. Das fällt ihnen *drittens* leichter, weil sie sich weniger für die fertigen Kulturprodukte als für die Weisen des Umgangs mit Kultur interessieren. Auch Popsongs, Werbeclips oder Fernsehsendungen, die offensichtlich für den Verkauf und wesentlich aus Klischees gemacht sind, können genutzt werden, um kreativ die eigene Lage zu reflektieren (vgl. im Überblick Napierala/Reitz 2008, S. 474 f.). *Germany's next Topmodel* ist nicht die Speerspitze des Feminismus, kann aber zum Anlass heiterer feministischer oder geschlechtlich offener Zusammenkünfte werden.

Die Rolle, die kulturelle Abgrenzungen für die Gliederung einer Gesellschaft in Großgruppen spielen, ist also zumindest umstritten. Ob sie sozio-ökonomische Ungleichheit festschreiben, diese Ungleichheit bedrohen oder weitgehend unabhängig von ihr geworden sind, wird von verschiedenen Lagern verschieden beantwortet. Um in dieser Streifrage sinnvoll zu urteilen, gilt es nicht nur theoretische Argumente zu diskutieren, sondern auch Forschungsprozesse nachzuvollziehen und einzuschätzen. Hier zeigt sich jedoch ein Grundproblem des Ansatzes, das ich abschließend ansprechen will: Der kommerzielle Zweig der Milieuforschung ist als solcher dadurch geprägt, dass er Teile seines Vorgehens *nicht* transparent macht.

Wer kann was lesen? Barrieren zwischen kommerzieller und akademischer Forschung

Bei der Arbeit am vorliegenden Kapitel bin ich auf einen seltsamen Umstand gestoßen. Ein Text aus Gründungsphase der deutschen Milieuforschung schien mir wichtig, weil er häufig angeführt und etwa wie folgt geschildert wird: „Das Modell der sozialen Milieus wurde [...] im Rahmen eines für privatwirtschaftliche Auftraggeber erstellten Projektberichts geschaffen (Jörg Ueltzhöffer, Berthold Flaig: Lebensweltanalyse. Explorationen zum Alltagsbewusstsein und Alltagshandeln, masch., Heidelberg 1980)" (Ascheberg 2006, S. 18). Der Bericht, der ab und zu auch auf 1979 datiert wird, ist in Bibliotheken nicht verfügbar. Anfragen beim Sinus-Institut (vermittelt durch Bernd Hallenberg) und bei der Sigma-Gesellschaft für internationale Marktforschung und Beratung (als deren Geschäftsführer Jörg Ueltzhöffer tätig ist) ergaben, dass er generell nicht einsehbar ist. Laut Mail von Herrn Ueltzhöffer ist der Bericht als private Auftragsarbeit eben nicht öffentlich; laut Nachricht von Herrn Hallenberg und Herrn Flaig (dem Geschäftsführer des Sinus-Instituts) ist er seit einem Umzug nicht mehr verfügbar. Beide Auskünfte sind für sich hilfreich und klärend. Irritierend ist allerdings der Umgang der Wissenschaft mit dem nicht (oder nicht mehr) zugänglichen Dokument. Wenn die Autoren der Studie und ihre Geschäftspartner (etwa Carsten Ascheberg, der zusammen mit Herrn Ueltzhöffer die Sigma-Gesellschaft leitet) auf sie verweisen, ist von Textkenntnis auszugehen – auch wenn man gerne genauer wüsste, in welcher Weise das Milieumodell in der Studie ‚geschaffen' wurde. Aber was haben die Wissenschaftlerinnen gelesen, die den Text als Literaturverweis anführen? Eine spontane Recherche ergab über 15 Nennungen in wissenschaftlichen Arbeiten, ohne Hinweis darauf, dass der angeführte Text nicht zur Verfügung stand.[18] Teilweise war dem Literaturverweis und -verzeichnis nicht einmal zu entnehmen, dass es sich um einen unpublizierten Bericht handelt. Selbst wenn alle fraglichen Wissenschaftler das Sinus-Instituts vor dessen Umzug besucht haben sollten, le-

18 Da mein Buch nicht der Aufdeckung wissenschaftlichen Fehlverhaltens dient und auch das Literaturverzeichnis einen anderen Zweck hat, ist der Befund hier nur insgesamt angeführt. Er lässt sich durch einfache Google-Scholar-Suchen und Bibliotheksrecherchen replizieren und präzisieren.

gen sie die Regeln wissenschaftlichen Publizierens sehr frei aus – denn eigentlich sollen diesen Regeln gewährleisten, dass man die Erkenntnisgrundlagen einer Autorin durch eigene Lektüre nachvollziehen kann. Die angesprochenen Pseudoverweise sind wissenschaftlich vermutlich kaum weniger schädlich als Plagiate, nicht gekennzeichnete Übernahmen fremder Gedanken und Formulierungen, wie sie etwa 2020 im Fall der Soziologin Cornelia Koppetsch diskutiert wurden.

Auch jenseits solcher dramatischen Fälle sind die Verweisketten in der Milieuforschung nicht immer ganz durchsichtig. Die oben erwähnten Befunde zur Wählerbasis der AfD wurden aufwändig erhoben, doch die Quelle der Deutung findet man nur auf Umwegen. Autorinnen wie Koppetsch haben anhand einer diagonalen „Konfliktlinie“ zwischen eher konservativen und mehrheitlich unteren sowie eher veränderungswilligen und mehrheitlich oberen Milieus veranschaulicht, dass die Wählerschaft „*sowohl* entlang der sozioökonomischen Dimension der sozialen Lage *als auch* in der Wertedimension“ (Koppetsch 2019, S. 104) gespalten ist. Als Grundlage wird korrekt eine bei der Bertelsmann-Stiftung veröffentlichte Analyse der Bundestagswahlen 2017 zitiert (ebd., S. 104 f.), für die mithilfe der YouGov Deutschland GmbH das „Wahlverhalten der Sinus-Milieus® auf Basis von Individualdaten analysiert“ wurde (Vehrkamp/Wegschaider 2017, S. 114 f.). Die Bertelsmann-Studie selbst zitiert jedoch keine Forschungstexte, und sie erwähnt nicht, dass ihre Konflikt-Diagonale schon früher gezeichnet wurde – in einem Papier des Bundesverbands für Wohnen und Stadtentwicklung, das die Ergebnisse einer von Sinus durchgeführten Erhebung zur Flüchtlingspolitik auswertet (Hallenberg 2016, S. 4; S. 7). Wer die betreffenden Analysen, übernommene und veränderte Hauptbegriffe vergleichen will, muss das Glück haben, auf umfassend zitierende Texte (wie Hallenberg 2020) zu stoßen; im Milieu der kommerziellen Marktforschung und der Stiftungen sind solche Prüfungsmöglichkeiten offenkundig weniger wichtig.

Volle Transparenz stünde den Interessen der Anbieter sogar direkt entgegen. Ein Teil ihrer Daten und Vorgehensweisen muss „exklusives Firmenwissen“ bleiben, denn das „detaillierte methodische Wissen ist das eigentliche Kapital der Firmen, das sie nicht aus der Hand geben können, sondern mit dem sie arbeiten und Gewinne erzielen müssen“ (Diaz-Bone 2003, S. 23). Stünden die Mittel der Milieuforschung allgemein zur Verfügung, würden Sinus, Sigma oder ähnliche Firmen unter erheblich stärkeren Konkurrenzdruck geraten. Und während der Zugriff auf erhobene Daten in der akademischen Forschung nur aus Gründen des Personenschutzes beschränkt ist, teilt die kommerzielle Forschung auch ihre kostspielig gewonnenen Daten gewöhnlich nur gegen Bezahlung. Die Wissenschaft stößt also ggf. nicht nur auf Firmengeheimnisse, sondern auch auf Kostenprobleme. Schon bei „Fragestellungen, die mit den erwerbbaren Marktforschungsdatensätzen untersucht werden können“, muss man bezahlen, und bei Erhebungsaufträgen „können die Kosten schnell einige zehntausend Euro ausmachen, so dass nur gut finanzierte Forschungsprojekte […] Sinus-Milieus erheben lassen können" (ebd., S. 24 f.).

Rainer Diaz-Bone verweist in seinem zitierten Aufsatz ergänzend auf einen „Widerspruch" (ebd., S. 23): Wenngleich Marktforschungsunternehmen ihre Methoden und Resultate zumindest teilweise geheim halten müssen, um sie exklusiv verkaufen zu können, sind sie auch an deren Verbreitung interessiert. Um attraktiver zu werden, muss ihre Forschung bekannt und von möglichst vielen anderen anerkannt sein. Im für sie besten Fall gelingt es „Marktforschungsunternehmen […], ihr Milieumodell zu einem Standard zu machen" (ebd., S. 22), sodass die Konkurrenz im Feld (etwa zwischen Sinus und Sigma) tendenziell ein Kampf um die Monopolstellung ist. In *dieser* Hinsicht haben die Unternehmen ein ganz ähnliches Interesse wie öffentlich bezahlte Wissenschaftlerinnen, die ihren Ansatz ebenfalls als den besten bzw. wahren bekannt machen müssen. Man kann sogar vermuten, dass sich den akademischen Autoren (anders gewichtet) ein ähnliches Problem stellt wie den Unternehmen: Obwohl ihre Ergebnisse zum Allgemeingut werden sollen, benötigen sie gleichzeitig eine Art individuellen Markenkern. Daher erfinden auch sie ständig mehr oder weniger treffende neue Begriffe, die dann mit ihrem Namen verbunden und im Zweifelsfall sogar urheberrechtlich geschützt sind. Während die Marktforschung von Zeit zu Zeit neue Milieus wie die „Adaptiv-Pragmatischen", die „Expeditiven" oder die „Performer" entdeckt (Sinus-Institut 2020), bemerkt die Kultursoziologie etwa ein spürbares Fehlen von „Resonanz" (Rosa 2016), ein allgemeines Streben nach „Singularität" (Reckwitz 2017) oder eine Neigung zu „Retrotopien" (Bauman 2018). Selbst äußerst blasse Begriffe wie ‚Neogemeinschaften' erscheinen in einem solchen Klima (bzw. in der Debatte darum, ob Koppetsch bei Reckwitz abgeschrieben hat; Angele 2019) als urheberrechtlich relevant.

Viele der geschilderten Probleme lassen sich entschärfen, wenn die akademische Forschung bei ihrer Verwendung kommerzieller Forschungsergebnisse sorgfältiger vorgeht. Das Grundproblem, wie man die Vorlieben einer umfassend von Lifestylekulturen und deren Erforschung geprägten Bevölkerung überhaupt objektivierend erheben kann, wird vermutlich so lange bestehen bleiben wie die kapitalistische Massenkultur selbst.

Literatur

Angele, Michael (2019): Zwei Gänsefüßchen für eine tolle Soziologin. In: der Freitag. Die Wochenzeitung 46. www.freitag.de/autoren/michael-angele/da-verzetteln-sich-einige-zum-fall-cornelia-koppetsch (Abfrage: 10.09.2020).

Ascheberg, Carsten (2006): Milieuforschung und Transnationales Zielgruppenmarketing. In: Aus Politik und Zeitgeschichte 44, H. 45, S. 18–25.

Barker, Chris (2012): Cultural Studies. Theory and Practice. 4. Auflage. Los Angeles: SAGE.

Baudrillard, Jean (1970/2015): Die Konsumgesellschaft. Ihre Mythen, ihre Strukturen. Wiesbaden: Springer VS.

Bauman, Zygmunt (2017): Retrotopia. Cambridge: Polity.

Becker, Ulrich / Nowak, Horst (1982): Lebensweltanalyse als neue Perspektive der Meinungs-und Marketingforschung. In: European Society for Opinion and Marketing Research (Hrsg.): Fitting Research to Turbulent Times. Band 2. S. 247–267.

Benjamin, Walter (1939/1974): Das Kunstwerk im Zeitalter seiner technischen Reproduzierbarkeit. Dritte Fassung. In: Tiedemann, Rolf / Schweppenhäuser, Hermann (Hrsg.): Gesammelte Schriften. Band 1, Teil 2. Frankfurt a. M.: Suhrkamp. S. 471–508.

Bourdieu, Pierre (1972/2012): Entwurf einer Theorie der Praxis. 3. Auflage. Frankfurt a. M.: Suhrkamp.

Bourdieu, Pierre (1979/1982): Die feinen Unterschiede. Kritik der gesellschaftlichen Urteilskraft. Frankfurt a. M.: Suhrkamp.

Bourdieu, Pierre (1984/1988): Homo academicus. Frankfurt a. M.: Suhrkamp.

Bourdieu, Pierre (1989/2004): Der Staatsadel. Konstanz: UVK.

Bourdieu, Pierre (1992/1999): Die Regeln der Kunst. Genese und Struktur des literarischen Feldes. Frankfurt a. M.: Suhrkamp.

Bourdieu, Pierre / Passeron, Jean-Claude (1964/2007): Die Erben. Studenten, Bildung und Kultur. Konstanz: UVK.

Bourdieu, Pierre / Boltanski, Luc/de Saint-Martin, Monique (1973/1981): Kapital und Bildungskapital. Reproduktionsstrategien im sozialen Wandel. In: Dies. (Hrsg.): Titel und Stelle. Über die Reproduktion sozialer Macht. Frankfurt a. M.: Europäische Verlagsanstalt. S. 23–88.

Bourdieu, Pierre / Passeron, Jean-Claude (1970/1973): Grundlagen einer Theorie der symbolischen Gewalt. Kulturelle Reproduktion und soziale Reproduktion. Frankfurt a. M.: Suhrkamp.

Diaz-Bone, Rainer (2004): Milieumodelle und Milieuinstrumente in der Marktforschung. In: Forum Qualitative Sozialforschung 5, H. 2. www.qualitative-research.net/index.php/fqs/article/view/595 (Abfrage: 11.9.2020).

Flaig, Berthold B. / Meyer, Thomas / Ueltzhöffer, Jörg (1993): Alltagsästhetik und politische Kultur. Zur ästhetischen Dimension politischer Bildung und politischer Kommunikation. Bonn: Dietz.

Flaig, Berthold B. (2018): „Die Lebenswelten schotten sich gegeneinander ab". www.marktforschung.de/aktuelles/interviews/marktforschung/die-lebenswelten-schotten-sich-gegeneinander-ab/ (Abfrage: 12.9.2020).

Hallenberg, Bernd (2016): Vielfalt und Flüchtlinge – Die Spaltung der gesellschaftlichen Mitte. In: vhw WerkSTADT, H. 2. www.vhw.de/publikationen/vhw-werkstadt/ (Abfrage: 11.9.2020).

Hallenberg, Bernd (2020): Rechtspopulismus, Raumstrukturen und Milieus, Teil III. Eine milieu- und geomilieubasierte Betrachtung der Wahlergebnisse der AfD. In: vhw WerkSTADT, H. 38. www.vhw.de/publikationen/vhw-werkstadt/ (Abfrage: 11.9.2020).

Haug, Wolfgang Fritz (1980): Warenästhetik und kapitalistische Massenkultur (I). „Werbung" und „Konsum". Systematische Einführung in die Warenästhetik. Berlin: Argument-Verlag.

Hradil, Stefan (1987): Sozialstrukturanalyse in einer fortgeschrittenen Gesellschaft. Leverkusen: Leske und Budrich.

Koppetsch, Cornelia (2019): Die Gesellschaft des Zorns. Rechtspopulismus im globalen Zeitalter. Bielefeld: transcript.

Napierala, Mark / Reitz, Tilman (2005): Warenästhetik / Kulturindustrie. In: Barck, Karlheinz / Fontius, Martin / Schlenstedt, Dieter / Steinwachs, Burkhart / Wolfzettel, Friedrich (Hrsg.): Ästhetische Grundbegriffe. Band 6. Stuttgart: Metzler. S. 461–481.

Peterson, Richard A. / Kern, Roger M. (1996): Changing Highbrow Taste. From Snob to Omnivore. American Sociological Review 61, H. 5, S. 900–909.

Rosa, Hartmut (2016): Resonanz. Eine Soziologie der Weltbeziehungen. Berlin: Suhrkamp.

Sinus Lebensweltforschung (1980): Die sozialen Milieus in der Bundesrepublik Deutschland. Unveröffentlichtes Manuskript.

Sinus-Institut (2020): „Sinus-Milieus® Deutschland". www.sinus-institut.de/sinus-loesungen/sinus-milieus-deutschland/ (Abfrage: 10.9.2020)

Schulze, Gerhard (1992): Die Erlebnisgesellschaft. Kultursoziologie der Gegenwart. Frankfurt a. M.: Campus.

Vehrkamp, Robert/Wegschaider, Klaudia (2017): „Populäre Wahlen. Mobilisierung und Gegenmobilisierung der sozialen Milieus bei der Bundestagswahl 2017." www.bertelsmann-stiftung.de/de/publikationen/publikation/did/populaere-wahlen/ (Abfrage: 11.9.2020).

Vester, Michael/von Oertzen, Peter/Geiling, Heiko/Herrmann, Thomas/Müller, Dagmar (1993/2001): Soziale Milieus im gesellschaftlichen Strukturwandel. Zwischen Integration und Ausgrenzung. Erweiterte Auflage. Frankfurt a. M.: Suhrkamp.

Vester, Michael (2006): Soziale Milieus und Gesellschaftspolitik. In: Aus Politik und Zeitgeschichte 44, H. 45, S. 10–17.

Vester, Michael (2017): Der Rechtspopulismus und die Potentiale politischer Mobilisierung. Zweiter Teil des Essays Der gesellschaftliche Strukturwandel und der Kampf um soziale Gerechtigkeit in der Bundesrepublik Deutschland. Verfügbar unter: https://nrw.rosalux.de/publikation/id/14744/der-kampf-um-soziale-gerechtigkeit (Abruf: 30.10.2020)

Willis, Paul (1977): Learning to Labour. How Working Class Kids Get Working Class Jobs. Farnborough: Saxon House.

Willis, Paul (1990): Common Culture. Milton Keynes: Open University Press.

9. Systemtheorie im westlichen Wohlfahrtsstaat – Parsons und Luhmann

Auch in der Soziologie herrscht Arbeitsteilung. Während empirische Forschungen immer genauer untersuchen, wie bestimmte Merkmale in Bevölkerungen verteilt sind, wurden die Theorien dazu, wie die Gesellschaft insgesamt strukturiert ist und funktioniert, ebenfalls anspruchsvoller. Einen deutlichen Fall bilden die Systemtheorien des US-amerikanischen Soziologen **Talcott Parsons** und des deutschen Soziologen **Niklas Luhmann**. Sie versuchen die Gesamtheit sozialer Verhältnisse so zu erfassen, dass verständlich wird, wie die vielen dazugehörigen Prozesse und Strukturen zusammenwirken. Gesellschaft ist schließlich keine bloße Ansammlung von Individuen (Luhmann lehnt diese Vorstellung sogar betont ab), sondern ein Gefüge von Handlungsweisen und Organisationsformen, Verständigungs- und Tauschakten, langlebigen Deutungsmustern und Vielem mehr. Die systemtheoretischen Versuche, all dies im Zusammenhang abzubilden, orientieren sich an Mustern, die sogar für alle Bereiche der Wirklichkeit bzw. für alle Wissenschaften entwickelt wurden. ‚Systeme' – oder Gefüge von regelmäßig zusammenwirkenden Elementen – kann man von der unbelebten Natur bis zur Technik annehmen. Parsons und Luhmann interessiert besonders, wie sich ‚soziale Systeme' mit Organismen und Personen bzw. ‚biologischen' und ‚psychischen Systeme' vergleichen oder von diesen abgrenzen lassen. Weil ihre Theorien so viele verschiedene Themen betreffen, sind sie oft sehr abstrakt formuliert und nicht immer leicht zu verstehen. Trotzdem sind einige Annahmen populär geworden – und wurden auch hier schon öfter herangezogen.

Das gilt namentlich für Luhmanns Theorie ‚funktionaler Differenzierung'. Luhmann zufolge haben sich in modernen Gesellschaften selbständige Teilbereiche (oder ‚Funktionssysteme') entwickelt, die jeweils auf bestimmte Erfordernisse des Zusammenlebens spezialisiert sind: Die (Markt-)Wirtschaft regelt den Umgang mit knappen Gütern, die (parlamentarisch-demokratische) Politik strukturiert Machtverhältnisse, die (erfahrungsbasierte) Wissenschaft sammelt und erweitert Erkenntnisse usw. Zwei Züge dieser Entwicklung stellt Luhmann besonders heraus. *Erstens* beziehen sich die Handlungen oder ‚Kommunikationen' in einem Teilsystem zunächst nur aufeinander, nicht direkt auf andere Bereiche – eine neu gewählte Regierung kann z. B. nicht beschließen, dass bestimmte Unternehmen nun Gewinne machen, und die Wissenschaft kann (auch wenn ökologische Bewegungen das vielleicht wollen) keine politischen Entscheidungen treffen. Das Zusammenwirken von Politik, Wirtschaft, Recht usw. lässt sich daher von keinem Punkt aus zentral kontrollieren. In Zeiten, in denen die Priester oder die Könige über fast alles entschieden haben, sah die Gesellschaft anders aus. *Zweitens* hatten die Einzelnen in diesen Zeiten auch ein anderes Verhältnis zur sozialen Gliederung und Funktionsteilung. Während sie etwa im Mittelalter entweder nur zum Adel, zum Klerus oder zur Bauernschaft gehörten, haben in der funktional differenzierten Gesellschaft zumindest ansatzweise alle an allen Funktionssystemen teil: Ich handle wirtschaftlich, wenn ich einkaufe oder zur Arbeit gehe, in der Politik, wenn ich wähle und demonstriere, im Kunstsystem, wenn ich mir eine Ausstellung anschaue usw. Diese Beschreibung überzeugt nicht in jeder Hinsicht sofort, und im Lauf des Kapitels wird sich zeigen, dass tatsächlich Probleme bestehen. Sie ist jedoch in Grundzügen so plausibel und passt so gut in liberale Ordnungen und Lehren, dass sie viele Anhängerinnen und Sympathien gefunden hat.

Die Frage, in welchen Kontext die Theorien ‚passen', wird auch in diesem Kapitel erneut erörtert. Da weder Parsons noch Luhmann in ihren Hauptwerken bestimmte Auftraggeber haben oder spezifische Ressourcen benötigen, gilt es vor allem zu fragen, welche Aussagen sie zu der sozialen Ordnung machen, innerhalb derer sie deutungsmächtig geworden sind. Passung kann ja u. a. durch ideologische Bestätigung hergestellt werden, und im Gegensatz zur Frankfurter Schule hat die Systemtheorie zumindest keine kritische Mission. Luhmann beansprucht sogar wie Weber, überhaupt nicht zu urteilen, sondern nur zu beschreiben und zu erklären. Faktisch zeichnen Parsons und er jedoch ein auffällig positives Bild der modernen Gesellschaft, das den westlichen Demokratien nach 1945 deutlich besser entspricht als etwa dem Staatssozialismus – und gerade Luhmann warnt vor dem Rückfall in Zustände, in denen die Regierung oder die Moral das ganze Leben bestimmt. In seinem politisch profiliertesten Buch schreibt er: „Man kann eine funktional differenzierte Gesellschaft nicht auf Politik zentrieren, ohne sie zu zerstören." (Luhmann 1981, S. 23) Das Thema dieses Buchs ist der Wohlfahrtsstaat. Im Folgenden will ich zeigen, dass dessen Herausbildung die Ansätze von Parsons und Luhmann auch jenseits expliziter (teilweise durchaus kritischer) Urteile geprägt hat. Während sich andere Befürworter einer westlich-liberalen Sozialordnung auf Markt- und Meinungsfreiheit konzentrieren, betont die Systemtheorie die Vielfalt eigengesetzlicher sozialer und kultureller Verhältnisse, die in liberalen Gesellschaften nebeneinander bestehen und besser oder schlechter zusammenwirken. Die Instanz, der man ihre Koordinierung am ehesten zutrauen kann (und die daran immer wieder scheitert), ist der Wohlfahrtsstaat, der nach 1945 in einer Art Konkurrenz zu den staatssozialistischen Gesamtordnungen auf- und ausgebaut wird.

Bei Luhmann und bei seinen Schülern sind auch die impliziten Bezüge zum Wohlfahrtsstaat begrifflich deutlich erkennbar. Entscheidend ist das schon angesprochene Motiv, dass in der funktional differenzierten Gesellschaft jeder Mensch Zugang zu allen Funktionssystemen hat – oder in sie ‚inkludiert' ist.

Damit schließt Luhmanns Theorie an ein Verständnis sozialer Rechte an, das namentlich **Thomas Marshall** formuliert hat: Im modernen Wohlfahrtsstaat sollen alle Einzelnen nicht nur an Wohlstand und Sicherheit, sondern etwa auch an Kultur und Bildung teilhaben. Ich werde diese Bezüge zu Beginn und zum Ende des Kapitels genauer ausführen, wobei ich auch Spannungen zwischen verschiedenen Aussagen Luhmanns und seiner Schüler anspreche. Im Hauptteil stelle ich Grundgedanken der Systemtheorie vor, die bei Parsons deutlich anders aussehen als bei Luhmann. Entsprechend sind auch Parsons' politische Positionen in eigener Weise zu fassen. Während Luhmann nicht nur normative Aussagen zu vermeiden versucht, sondern Moral oder ‚Werte' auch als praktisch zunehmend unwichtig oder trügerisch einschätzt, meint Parsons, dass alle Gesellschaften normative Verbindlichkeit brauchen, um ihre Ordnung zu erhalten. Davon ausgehend lässt sich seine Nähe zum Wohlfahrtsstaat rekonstruieren. Rein liberale Verhältnisse, in denen nicht für sozialen Zusammenhalt und für die Erhaltung kultureller Orientierungen gesorgt wird, sind für ihn nicht bestandsfähig. Mit der tendenziell antinormativen Haltung Luhmanns ist diese Position kaum vereinbar – sodass sich gerade im Kontextbezug vertieft fragen lässt, was die soziologische Systemtheorie inhaltlich behauptet und wie weit bzw. in welcher Version sie zu überzeugen vermag.

Der Kontext: Soziale Rechte und eigengesetzliche Lebensbereiche

Der britische Soziologe Thomas Marshall hat in einfacher, oft zitierter Weise geschildert, wie sich in der westlichen Welt die Rechte der Einzelnen entwickelt haben. Seit der Frühen Neuzeit hatten Rechtstheoretiker immer häufiger angenommen, dass (bestimmte oder auch prinzipiell alle) Menschen Rechte haben, statt nur einer Rechtsordnung zu unterstehen. Statt nur Geboten folgen zu müssen oder Verbote nicht übertreten zu dürfen, können sie etwa ihren Anspruch auf ihr privates Eigentum, auf freie Meinungsäußerung oder staatliche Leistungen einklagen. Marshall stellt heraus, dass solche Rechte seit dem 18. Jh. einerseits auf tendenziell alle Menschen oder Staatsbürger ausgedehnt, andererseits funktional voneinander getrennt wurden (vgl. Marshall 1950, S. 12). Man könne die jeweilige Herausbildung dieser Rechte sogar übersichtlich auf drei Jahrhunderte aufteilen: „civil rights to the eighteenth, political to the nineteenth, and social to the twentieth [century]" (ebd., S. 14). Die staatsbürgerlichen Schutzrechte bzw. *civil rights* schildert Marshall im britischen Rechtswesen; man kann jedoch auch an die Rechte denken, die vor allem im Amerikanischen Unabhängigkeitskrieg und in der Französischen Revolution gefordert und (zeitweilig) durchgesetzt wurden: „liberty of the person, freedom of speech, thought and faith, the right to own property and conclude valid contracts, and the right to justice" (ebd., S. 10). Der Kampf um *political rights* oder politische Beteiligungsrechte, namentlich um das allgemeine, freie und gleiche Wahlrecht (vgl. ebd., S. 14), begann ebenfalls mit den Revolutionen in Nordamerika und in Frankreich, wurde im Vereinigten Königreich (erneut Marshalls Bezugsgebiet) und vielen anderen Ländern jedoch vor allem im 19. Jh. geführt. Marshalls soziologisch entscheidende These ist, dass im 20. Jh. auch soziale Grundrechte etabliert wurden. Diese Rechte sind weniger leicht zu bestimmen, weil mit ihnen jeder Mensch oder genauer jede Bürgerin eines (Wohlfahrts-)Staats den Anspruch auf ein bestimmtes Mindest-Lebensniveau erhält:

> „By the social element I mean a whole range from the right to a modicum of economic welfare and security to the right to share to the full in the social heritage and to live the life of a civilized being according to the standards prevailing in the society. The institutions most closely connected with it are the educational system and the social services." (Ebd., S. 11)

Gerade weil sie schwer einzugrenzen sind, bilden diese Rechte eines der wichtigsten Themen politischer Auseinandersetzung und (wenn man will) einen Gradmesser gesellschaftlichen Fortschritts. Sogar in der 1948 von der UNO verabschiedeten *Universal Declaration of Human Rights* schlägt sich diese Entwicklung nieder; dort gibt es etwa ein Menschenrecht auf bezahlten Urlaub.

Gewöhnlich ist für die sozialen Rechte wie erwähnt der Wohlfahrtsstaat zuständig, der nach dem Zweiten Weltkrieg in den westlichen Ländern – auch mit Blick auf Errungenschaften des Staatssozialismus – stark ausgebaut wurde. Das geschah nicht nur im klassischen Bereich der Kranken-, Renten- und Arbeitslosigkeitsversicherung (vgl. Kap. 3) und durch Kompromisse zwischen Arbeit und Kapital (vgl. Kap. 7), sondern auch durch ein dichtes Netz ‚öffentlicher Daseinsvorsorge', das viele bis heute bestehende Einrichtungen umfasst: staatlich betriebene Schulen, Hochschulen und Krankenhäuser, öffentlichen Nahverkehr, öffentlichen Rundfunk, verschiedenste Angebote von Kunst, Kultur und Sport für nahezu alle. Die faktische Teilhabe wurde dabei nicht zuletzt durch geringe Nutzungsgebühren erleichtert, die Kosten wurden durch Steuern oder ggf. allgemeine Gebührenpflicht auf die gesamte Bevölkerung umgelegt. Im Einzelnen wurde dieser Prozess sehr verschieden gestaltet. Selbst die Ausdehnung des Wohlfahrtsstaats unterscheidet sich zwischen ‚sozialdemokratischen' Ländern wie Schweden, die durch hohe Steuern viel umverteilen, ‚marktliberalen' wie den USA, die eher auf private Philanthropie setzen, und ‚korporativen' wie Deutschland, in denen der Staat traditionelle Familienformen und Hierarchien unterstützt (Esping-Andersen 1990, S. 26–29). Doch die allgemeine Ausrichtung kann man gut mit Marshall beschreiben: Allen Landesbewohnern, besonders den Staatsbürgern, wird (mehr oder weniger glaubhaft) gleichberechtigte Teilhabe an allen Bereichen des gesellschaftlichen Lebens versprochen.

Diese Aussicht bricht sich allerdings daran, dass die Lebensbereiche selbst auseinanderdriften und politisch kaum mehr zu kontrollieren scheinen. Schon Max **Weber** hatte vermutet, dass in den zunehmend rationalisierten „Sphären" von Wirtschaft, Politik, Kunst, Wissenschaft und Liebesleben jeweils *„innere Eigengesetzlichkeiten* [...] *bewusst* werden und dadurch in [...] Spannungen zueinander geraten" (Weber 1916/1986, S. 540, Hv. i. O.). Im einen Bereich strebt man vorrangig Entscheidungsmacht an, in den anderen Gelderwerb, Erkenntnis oder sinnliche Schönheit und Anziehung. Diese „Ausdifferenzierung von Wertsphären" (Habermas 1981/1, S. 320), die Weber religiösen Lebenszielen gegenüberstellt, umfasst viele bekannte Entwicklungen. Die kapitalistische Wirtschaft ist etwa in dem Sinn ‚eigengesetzlich', dass ihre Akteure konsequent monetäre Gewinne anstreben müssen. Wer wesentlich andere Ziele verfolgt – Traditionen bewahren, Freunden helfen, eine Religion verbreiten, die Umwelt schützen –, scheitert gewöhnlich am Markt; selbst die Güter, die ein Unternehmen konkret herstellt, werden in Aktienkonzernen zweitrangig, solange die Profitmarge stimmt. In anderer, jedoch ebenso musterhafter Weise ist die Kunst eigengesetzlich bzw. autonom geworden. Seit der Frühen Neuzeit haben sich Schriftstellerinnen, Musikerinnen, Maler u. a. zunehmend von den Diensten gelöst, die ihnen politische, kirchliche und andere Auftraggeber abverlangen. Musikstücke begleiten nur noch selten den Einzug des Königs, und Gemälde stellen nur noch selten die christliche Lehre dar; oft stellen die Bilder sogar überhaupt nichts und niemand mehr dar, und zur Musik kann man nicht einmal tanzen oder marschieren, wenn nur noch die ästhetische Formgebung zählt (vgl. schon Kap. 8). Für die neuere Naturwissenschaft gilt Ähnliches. Sie bestätigt seit der Zeit Galileis nicht mehr die Bibel und die Priester, sondern soll erfahrungsgestützt immer neue Erkenntnis erbringen. Weitere Bereiche wie die Religion selbst oder die Familie sind weniger leicht als verselbständigt zu beschreiben, weil sie entweder weniger einfache eigene Maßstäbe haben oder mit zu vielen anderen Bereichen verbunden sind. Das größte Problem hat bzw. bildet hier wohl die Politik, die prinzipiell alles gestalten könnte.

Theoretiker wie Carl Schmitt haben befürchtet, dass in liberalen Gesellschaften, die rein ökonomische, ästhetische usw. Orientierungen pflegen, am Ende nur noch wenig politisch entschieden wird:

> „Es ist sehr merkwürdig, mit welcher Selbstverständlichkeit der Liberalismus außerhalb des Politischen die ‚Autonomie' der verschiedenen Gebiete des menschlichen Lebens nicht nur anerkennt, sondern [...] sogar zur völligen Isolierung übertreibt. [...] Umso interessanter, dass politische Gesichtspunkte mit besonderem Pathos jeder Gültigkeit beraubt und den [...] ‚Ordnungen' von Moral, Recht und Wirtschaft unterworfen werden." (Schmitt 1932/1963, S. 61 f.)

Man kann dieser Entwicklung einen totalen, überall durchregierenden Staat entgegensetzen (wie ihn Schmitt ab 1933 tatsächlich unterstützte). Man kann aber auch fragen, ob sich ein Zusammenspiel autonomer Lebensbereiche politisch regulieren oder zumindest absichern lässt, ohne dass der Staat oder Wohlfahrtsstaat ‚totalitär' wird. Luhmann nimmt stellenweise an, dass bei funktionaler Differenzierung genau dies möglich ist:

> „Unter der Bedingung hoher gesellschaftlicher Komplexität kann es sehr wohl auch Steigerungsverhältnisse geben, in denen ein Mehr an politischer Realisation, wirtschaftlicher Produktivität, wissenschaftlichem Fortschritt mit einem größeren Repertoire an Möglichkeiten individualisierter persönlicher Lebensführung kombinierbar ist." (Luhmann 1981, S. 27)

Auffällig ist, dass Luhmann hier (und andernorts) eine sozial verstandene Freiheit vertritt. Es genügt nicht, dass einem nichts verboten wird; entscheidend ist vielmehr, dass konkrete Handlungsmöglichkeiten bestehen. Zum Ende des Kapitels werde ich auch pessimistischere Äußerungen erörtern, und generell bemüht sich Luhmann wie erwähnt um nichtnormative Theorie. Das Kernproblem bleibt bei allen schwankenden Positionen, dass einerseits die Formen sozialer Ordnung auseinanderdriften und andererseits die Integration bzw. Teilhabe aller Individuen gesichert werden soll.

Parsons: Soziale Differenzierung und normativer Ordnungserhalt

Der US-amerikanische Soziologe Talcott Parsons (1902–1979) hat den größten Teil seines Berufslebens in Harvard verbracht. 1927 begann er am dortigen Institut für Ökonomik zu lehren, 1930 wechselte er ans neu gegründete soziologische Institut, von 1944 bis 1973 lehrte er als *full professor of sociology*. Studiert hat er auch in Europa, an der London School of Economics und an der Universität Heidelberg, wo er 1927 mit einer Arbeit über Max Weber und Werner Sombart promovierte. Die Beschäftigung mit der europäischen Soziologie prägte u. a. sein erstes Hauptwerk, ***The Structure of Social Action*** (1937). Ab Mitte der 1940er Jahre engagierte er sich zunächst in selbstorganisierten Gruppen, dann auch im Rahmen staatlicher Programme gegen den Nationalsozialismus, gegen den Staatssozialismus und für eine beidem vorbauende US-Besatzungspolitik. In der Folgezeit konzentrierte er sich ganz auf theoretische Großprojekte. Zusammen mit anderen Sozialwissenschaftlern arbeitete Parsons ab 1949 auf einen begrifflichen Rahmen zur Analyse aller ‚Handlungssysteme' hin, woraus die Bände *Toward a General Theory of Action* (hrsg. mit Edward A. Shils, 1951) und *Working Papers in the Theory of Action* (mit Shils und Robert F. Bales, 1953) entstehen. Zur gleichen Zeit versucht er die Gesellschaft als selbsterhaltendes System zu denken – *The Social System* (1951) –, das bestimmte Bestandsvoraussetzungen hat – zuerst eingeführt in *Economy and Society* (mit Neil

Smelser, 1956). In späteren Texten, die ich hier nicht behandle, hat er diese Theorie noch einmal kulturtheoretisch umgestaltet.

Bei allen durchgreifenden Änderungen bleiben einige Grundmuster erhalten. Bereits in *The Structure of Social Action* zeigt sich Parsons stark daran interessiert, welche Rolle geteilte Werte und Normen in einer modernen Gesellschaft spielen. Er stellt hier die Grundfrage: „Wie ist soziale Ordnung möglich?" und versucht sie zu beantworten, indem er die Eigenart soziologischer Handlungsverständnisse analysiert. Dabei arbeitet er einen aufschlussreichen Gegensatz heraus. Eine ‚positivistische' Theorie des Handelns, wie sie u. a. Ökonominnen und utilitaristische Philosophen vertreten, gehe davon aus, dass jedes Individuum sich seine eigenen *Ziele* setzt und unter den jeweils gegebenen *Bedingungen* geeignete *Mittel* findet, um sie zu erreichen (vgl. Parsons 1937, S. 58). Das Problem dieser in vielem korrekten Analyse sei, dass Ziele, die bloß individuell gewählt werden, völlig zufällig sind (ebd., S. 60) und also eigentlich *keine* soziale Ordnung ermöglichen. Als alternative Theorie bzw. als Lösungsansatz sieht Parsons bei den Soziologen **Pareto**, **Durkheim** und Weber, dass die Handlungsziele durch Werte und Normen bestimmt sind, die in einer Gesellschaft insgesamt gelten. Mit Blick auf Durkheim spricht er von einem „common system of ultimate value-attitudes" (ebd., S. 709). Diese ultimativen Orientierungen werden kulturell stabilisiert und etwa durch Rituale gepflegt. Parsons grenzt sich damit von einem rein liberalen Gesellschaftsverständnis (vgl. Kap. 2) ab und verarbeitet in seiner Handlungstheorie eher konservative, seit Durkheim auch modernisierte Elemente (vgl. Kap. 3), die kollektiven Zusammenhalt versprechen.

In seiner Hauptphase überträgt er dann die Versuche von Zeitgenossen wie Norbert Wiener und W. Ross Ashby, eine allgemeine Theorie organischer, psychischer, technischer und anderer ‚Systeme' zu entwickeln, auf soziologische Fragen. Parsons' eigener Systembegriff bewegt sich zwischen seinem alten handlungstheoretischen Schwerpunkt und neuen Ideen dazu, welche Strukturen alle Gesellschaften benötigen, um ihre Ordnung aufrechtzuerhalten. Dabei wechselt er sogar die Frageperspektive. Handlungstheoretisch ist nun das Ziel, *personal systems* (Individuen), *social systems* (Gesellschaften oder ihre Teilbereiche) und *cultural systems* (stabile Weisen der Weltdeutung) mit gleichbleibenden begrifflichen Mitteln beschreiben zu können (vgl. Parsons 1951, S. 3–23). Einflussreicher ist eine Frage geworden, die zwischen *The Social System* und *Economy and Society* entsteht: Welche Strukturen müssen vorhanden sein und welche Funktionen müssen erfüllt werden, damit ein soziales System seinen Bestand erhalten kann? Während das ‚System' in der Handlungstheorie noch ein Untersuchungsschema der Theoretikerin ist, wird es in diesem neuen Kontext (weiterhin schematisierend) in der Wirklichkeit angenommen.

Parsons' Idee dazu, wie sich ein Handlungssystem real erhalten kann, ist in vier Buchstaben chiffriert: AGIL. Sie stehen für *Adaptation* (Anpassung an die Umwelt), *Goal attainment* (das Erreichen von Zielen), *Integration* (das Zusammenhalten und -wirken der Systemteile) sowie *Latent pattern maintenance* (die Aufrechterhaltung ‚latenter', langfristig bestehender, aber nicht immer aktiver Orientierungsmuster). Dass alle diese Leistungen nötig sind, wenn etwa ein Tier sich an Wald oder Wiese anpasst, das Ziel der Nahrungsbeschaffung verfolgt, seine Nahrung körperlich verarbeitet usw., kann man sich umrisshaft vorstellen. Parsons bemüht sich vor allem, das Schema von den ‚Handlungssystemen' und der Gesellschaft insgesamt bis in deren kleinste Teilbereiche immer neu zu entdecken. Das Ergebnis lässt sich als Schema mit vier Feldern aufzeichnen, bei dem sich in jedem Feld Matroschka-artig wieder neue vier Felder verbergen. Als Handlungssysteme überhaupt zählen dann z. B. das physische Verhalten der Menschen (*Adaptation*), die zielgerichtet handelnden Individuen (*Goal attainment*), die Gesellschaft, in der sie zusammenwirken (*Integration*) und schließlich die Muster ihrer Kultur (*Latent pattern maintenance*). Um das Kästchen Gesellschaft genauer einzuteilen, schlägt Parsons die Felder Wirtschaft (A), Politik (G), Gemeinschaft (I) und – seltsamer Weise noch einmal – Kultur (L) vor. Und selbst wenn nicht alles hiervon einleuchten sollte, sind auch in den Teilsystemen der Gesellschaft noch weitere Untergliederungen möglich; als Teilsysteme der Wirtschaft folgen z. B. Kapital (A), Produktion und Distribution (G), Unternehmen (I) und das dort herrschende Commitment (L) (vgl. Schluchter 2009, S. 100).

Spätestens an dieser Stelle sollte erwähnt werden, dass einigen Soziologinnen – auch mir selbst –, Parsons' Einteilungen und Zuordnungen oft willkürlich und zufällig erscheinen. Ein letztes Beispiel kann trotzdem helfen, ihnen zumindest von außen Sinn abzugewinnen. In dem Vier-Felder-Schema, mit dem Parsons das politische Teilsystem der Gesellschaft abbildet, treten nämlich unverhofft wieder Marshalls staatsbürgerliche Grundrechte auf: als rechtliche Bürgerschaft (A), politische Bürgerschaft (G), soziale Bürgerschaft (I) und (inhaltlich, wenn auch nicht begrifflich ebenfalls Marshall entsprechend) kulturelle Bürgerschaft (L) (vgl. Opielka 2006, S. 432 f.). Das System der Politik muss also in Parsons' Theorie eigentlich immer so gut für die Beteiligten sorgen, wie es der moderne westliche Wohlfahrtsstaat seinem Anspruch nach leistet. Tatsächlich traute er diesem Staat aufgrund der verbürgten Rechte der Staatsbürger eine deutlich stärkere soziale Integration zu als traditionalen Gesellschaften (vgl. Dallinger 2009, S. 129). Der Luhmann-Schüler Armin Nassehi dürfte daher nicht falsch liegen, wenn er meint: „Die differenzierungstheoretische Modernisierungstheorie, wie sie v. a. in den 60er Jahren als Reflexionstheorie des Westens auftrat, ging letztlich von einer stabilen Struktur aus, die gerade die Integrationsfähigkeit des modernen, liberalen Staatsmodells als evolutionäre Universalie feierte." (Nassehi 2003, S. 166)

In neutraleren Begriffen lassen sich zwei Ergebnisse des (unvollständigen) Überblicks zu Parsons' Theorieentwicklung ausführen. Erstens hält Parsons im AGIL-Schema an seiner Idee fest, dass auch die moderne Gesellschaft starke normative Ordnungen braucht. Überall gilt es zum einen die *Integration* oder den Zusammenhalt von Teilbereichen und Beteiligten zu sichern; Begriffe wie

‚Gemeinschaft' oder ‚soziale Bürgerschaft' signalisieren hier, dass alle an einem Strang ziehen und dass Notlagen einzelner gemeinsam auszugleichen sind. Zum anderen treten an die Stelle der höchsten Werte, die Parsons in *The Structure of Social Action* als ordnungsnotwendig beschrieben hatte, die *latenten Muster* der Kultur, die erhalten werden müssen. Sie erschöpfen sich zwar nicht in normativen Orientierungen (kulturell weitergereicht werden auch Deutungs- und Wahrnehmungsmuster), aber Werte wie Freiheit, Gleichheit und Solidarität prägen in jedem Fall das Selbstbild westlich-moderner Gesellschaften, und für Parsons sind Werte sogar das entscheidende ‚Medium' der Kultur. Der Begriff des Mediums gehört auch bereits zum zweiten Ergebnis, das auszuführen und zu ergänzen ist. Parsons hat Werkzeuge dafür entwickelt, das Auseinandertreten – oder, wie man in Deutschland oft sagt, die ‚Ausdifferenzierung' – von Bereichen der Gesellschaft vergleichend zu beschreiben. Er ordnet z. B. Wirtschaft und Politik nicht nur in sein AGIL-Schema ein, sondern stellt auch heraus, dass sie ihre Leistungen durch standardisierte Interaktionsformen erfüllen. Hierfür prägt er den Begriff der „symbolisch generalisierten Kommunikationsmedien" (vgl. Jensen 1980, S. 12–15): Wenn ich knappe Güter oder Arbeitsdienste erhalten will, kann ich fast überall das Medium Geld einsetzen; wenn ich erreichen will, dass sich alle Menschen in einem Gebiet an zentrale Entscheidungen halten, hilft das Medium politischer Macht. Dieser Ansatz, Strukturbildung und Funktionsteilung in modernen Gesellschaften zu rekonstruieren, ist öfter aufgenommen worden – mit ambivalenten Folgen für die Einschätzung gemeinsamer Werte und sozialstaatlicher Solidarität.

Luhmann: Funktionale Differenzierung

Wie diese Folgen genauer aussehen, zeigt sich bei Niklas Luhmann (1927–1998). Luhmanns Laufbahn verlief ähnlich ereignisarm wie die Parsons', hat aber ebenfalls einen originellen Beginn. Beruflich war er ab 1954 zunächst als Verwaltungsbeamter tätig; erst nach einem USA-Aufenthalt 1960/61, bei dem er nicht zuletzt Parsons kennenlernte, wechselte er über die Verwaltungshochschule Speyer und die Sozialforschungsstelle der Universität Bochum ins akademische Feld. Er promovierte und habilitierte sich 1966–1967 in Münster und wurde 1968 der erste Professor der neu gegründeten Universität Bielefeld, an der er dann blieb. Der Dynamik seines akademischen Starts entspricht das rasante Tempo, in dem Luhmann seit Mitte der 1960er Jahre Bücher und Aufsätze publiziert und sich immer neue theoretische Grundlagen erschlossen hat. Eine berühmt gewordene Hilfe dabei war sein ‚Zettelkasten', ein Karteikartensystem für Arbeitsnotizen und die viele Forschungsliteratur, die Luhmann zitiert. Über Parsons hinaus hat er u. a. fortlaufend neuere Entwicklungen in der systemtheoretisch argumentierenden oder relevanten Biologie, Psychologie und (wenn man seinen Verweisen glaubt) sogar Mathematik verarbeitet; auch philosophische Einflüsse von der Phänomenologie bis zur Dekonstruktion (vgl. Kap. 10 und 11) spielen eine Rolle. Im Werk, das dabei Gestalt annahm, betont er von den frühesten Ansätzen bis zu den spätesten Schlussfolgerungen, dass sich das Zusammenspiel der gesellschaftlichen Interaktionen nicht umfassend regeln, nicht zentral kontrollieren und vielleicht nicht einmal ganz überschauen lässt. Wie bereits im ersten Kapitel zitiert wurde, ist für Luhmann besonders die moderne Gesellschaft ohne Spitze und Zentrum zu denken.

Die Begriffe, mit denen er diese Annahmen seit den 1960er Jahren belegt, sind ‚Kontingenz' und ‚Komplexität'. Kontingent ist etwas, wenn es „auch anders möglich ist" (Luhmann 1984, S. 152) – sozial z. B. eine bestimmte Reaktion auf eine Frage, eine Bitte oder ein Kaufangebot. Als komplex kann man eine Vielfalt bezeichnen, die sich zumindest unmittelbar nicht überblicken lässt – etwa die Lebenssituation des Befragten oder der Verkäuferin. Systeme, zu denen auch Luhmann von Lebewesen über Organisationen bis zur Gesellschaft insgesamt diverse Zusammenhänge zählt, müssen für ihn zunächst diese Komplexität reduzieren und jene Kontingenz verarbeiten, um sich selbst bzw. ihre Grenzen zu ihrer Umwelt zu erhalten. Zugleich bringen sie selbst komplexe, unberechenbare Realitäten hervor. In Unternehmen oder auf Märkten gibt es relativ klare Strukturen und Regeln, doch eine Wirtschaftskrise kann ebenso unerwartet hereinbrechen wie eine Flutkatastrophe. Zumal in der über Landesgrenzen hinweg entstandenen *Weltgesellschaft* (Luhmann 1971a) fehlen oft Überblick und Kontrolle. Für Luhmann werden solche Herausforderungen jedoch auch verarbeitet. Soziale Systeme von der Firma bis zur Staatsverwaltung können regelhaft auf verschiedene mögliche Zustände reagieren, und sie schaffen – etwa im Recht – *Legitimation durch Verfahren* (Luhmann 1969), selbst wenn die Beteiligten uneinig bleiben. Wo bestimmte soziale Arrangements scheitern, können sich zudem andere Lösungen oder ‚funktionale Äquivalente' herausbilden – etwa wenn *Vertrauen* fehlendes Wissen ersetzt und so einen *Mechanismus zur Reduktion sozialer Komplexität* anbietet (Luhmann 1968). **Habermas** hat diese Sichtweise auf Gesellschaft als *Sozialtechnologie* kritisiert, woraufhin Luhmann Bedenken gegen den normativ-kritischen Ansatz geäußert hat; seit dem entsprechenden Diskussionsband (Habermas / Luhmann 1971) konkurriert die Kritische Theorie mit der Systemtheorie um Gesamterklärungen.

In seinen späteren Werken fragt Luhmann betont, was selbst bei bestem Willen aus starker Gesellschaftskritik folgen sollte. Als politische bzw. politikskeptische Grundeinsicht hat er formuliert: „Alles könnte anders sein – und fast nichts kann ich ändern." (Luhmann 1971b/1983, S. 44) Mit der ‚autopoietischen' Wende, die er in den 1980er Jahren vollzog, konnte er diese Idee zusätzlich stützen. Anschließend an die Biologen Maturana und Varela nahm Luhmann nun an, dass Systeme nicht direkt die Komplexität und Kontingenz ihrer Umwelt bewältigen, sondern sich nur auf sich selbst bzw. auf selbstgeschaffene Elemente beziehen;

‚Autopoiesis' lässt sich in diesem Sinn als ‚Selbstherstellung' übersetzen. Gesellschaft gibt es, solange an frühere Kommunikationsakte angeschlossen wird – wozu auch Ohrfeigen oder Geschenke gehören –, und das Teilsystem Wirtschaft besteht, solange auf Zahlungen weitere Zahlungen folgen. Mit diesem Muster kann Luhmann genauer fassen, inwiefern ‚ich' fast nichts ändern kann. ‚Der Mensch' ist als organisches und psychisches System weder das Grundelement noch überhaupt Teil der Gesellschaft (vgl. z. B. Luhmann 1998, S. 24–26). Er interagiert oder kommuniziert zwar mit anderen, aber gesellschaftlich ist nur die Weise, in der diese Prozesse ablaufen, aufeinander folgen und sich verschieben:

> „Die allgemeine Theorie autopoietischer Systeme verlangt eine genaue Angabe derjenigen Operation, die die Autopoiesis des Systems durchführt und damit ein System gegen seine Umwelt absetzt. Im Falle sozialer Systeme geschieht dies durch Kommunikation." (Ebd., S. 81)

Zugleich passt der Autopoiesis-Ansatz sehr gut zur Theorie der funktionalen Differenzierung. Von der kapitalistischen Wirtschaft bis zur spezialisierten Wissenschaft oder sogar Erziehung erlaubt er das Auseinandertreten von Bereichen zu denken, die einander kaum noch beeinflussen können. Wissenschaftler kann man bezahlen, Erkenntnisfortschritt nicht; Regierungen können Schulen einrichten, aber nicht Kinder erziehen – entsprechend sind die Teilsysteme ‚operativ geschlossen'.

Auf diesen Grundlagen lässt sich nun besser ausführen, wie Luhmann in seinen Spät- und Hauptwerken die funktionale Differenzierung beschreibt. Zunächst hält er wie anfangs erwähnt fest, dass sich Gesellschaften in verschiedener Weise gliedern können. Sie können *erstens* (wie schon **Durkheim** meinte) ‚segmentär' organisiert sein, wenn alle ihre Teile, z. B. Dörfer, strukturell gleich beschaffen sind. *Zweitens* können sich (wie Luhmann erst spät ergänzt) ‚Zentrum' und ‚Peripherie', typischerweise die Metropole und das von ihr dominierte Gebiet, gegenüberstehen. Eine Gesellschaft kann *drittens* ‚stratifiziert' sein, sich also in eine Hierarchie von unteren und oberen Schichten gliedern – wie mit Bauern, Adel und Klerus im Mittelalter. *Viertens* entsteht etwa seit dem 18. Jh. funktionale Differenzierung, wenn sich spezialisierte Teilsysteme herausbilden, an denen prinzipiell alle teilhaben. Die ‚Funktion', die nur je ein ‚Funktionssystem' erfüllen kann, wirkt dabei für Luhmann als ‚evolutionärer Attraktor' (vgl. z. B. Luhmann 1997, S. 223); allmählich fallen bestimmte Leistungen immer mehr dem Bereich bzw. der Art von Kommunikation zu, die für sie geeignet sind. Worin die Funktionen bestehen, bestimmt Luhmann anschließend an übliche Theorien: Die Politik hegt Gewaltpotenziale ein und erlaubt es, verbindliche Entscheidungen zu fällen, die Wirtschaft regelt den Umgang mit knappen Gütern, das Recht sichert Erwartungen ab, auf denen man beharren kann. Ebenso wichtig ist, dass die Teilsysteme auf je eigene Weise ‚operieren'. Luhmann erklärt mithilfe von Parsons' Begriff generalisierter Kommunikationsmedien, dass die verselbständigten Bereiche unseres Lebens fast reibungslose Anschlüsse ermöglichen, weil sie schematisch erfolgversprechende von nicht aussichtsreichen kommunikativen Angeboten unterscheiden (vgl. bes. Luhmann 1998, S. 359–369). Konkret bilden sich damit ‚binäre Codes' aus: Politische Akteure haben entweder *Regierungsmacht oder* sind in der *Opposition*, strittige Ansprüche können als *Recht oder Unrecht* gelten, Forschungsthesen als *wahr oder falsch*.

Solche Codes lassen sich teils leicht, teils schwerer benennen. Während es einleuchtet, dass man mit dem Medium Geld zahlen oder eben nicht zahlen kann, liegt nicht unmittelbar auf der Hand, was das Medium und die Codes der Kunst, der Erziehung, der Religion oder privater Lebensbeziehungen sind oder sein könnten. Dies ist vielleicht ein Grund dafür, dass auch die Liste der Teilsysteme unabgeschlossen ist. Luhmann hat gegen Ende seines Lebens eine Reihe von Büchern verfasst, die deutlich machen, was für ihn unbedingt dazugehört: *Die Wirtschaft der Gesellschaft* (1988), *Die Wissenschaft der Gesellschaft* (1990), *Das Recht der Gesellschaft* (1993), *Die Kunst der Gesellschaft* (1997), *Die Politik der Gesellschaft* (hrsg. v. A. Kieserling, 2000) und *Das Erziehungssystem der Gesellschaft* (hrsg. v. D. Lenzen, 2002). Doch auch Bereiche, zu denen er zuvor kleinere Texte geschrieben hat, kommen zumindest infrage: die Massenmedien, die unsere Realitätswahrnehmung strukturieren (Luhmann 1995a), die Religion (Luhmann 1977), die Liebe bzw. ihre Rolle in Paarbeziehungen (Luhmann 1982) und vielleicht Familien. Als weitere Kandidaten kommen etwa die Gesundheit, der Sport und das (bei Luhmann selbst wenig präsente) Militär infrage. Doch was aus welchen Gründen als Funktionssystem zählen darf, ist strittig geblieben. Während Parsons zu Schematismus neigte, verspricht Luhmanns vorsichtigere, empirisch offenere Theorie daher vielleicht mehr, als sie einlösen kann: Statt systematisch zu zeigen, wie unsere Gesellschaft in Funktionsbereiche zerfällt, stellt sie nur einige besonders gut passende Fälle dar und lässt den Rest offen. Dass diese Gesellschaft weder Spitze noch Zentrum hat, könnte sich auch in der Theorie bestätigen, die in ihr nicht den Überblick behält.

Grenzen der Inklusion und Probleme des Wohlfahrtsstaats

Neben Unübersichtlichkeiten fallen in der vorgestellten Systemtheorie sogar Brüche und Spannungen auf. Im interessantesten Fall zeugen sie von einem gespannten Verhältnis zu der sozialen Ordnung, in der die Theorie ihren Ort hat und zu der sie Stellung nimmt. Parsons und Luhmann sind teilweise einfach entgegengesetzter Auffassung: *Entweder* ist in unserer Gesellschaft überall Integration und Wertekonsens gesichert (Parsons), *oder* ihre Bereiche sind nicht normativ oder politisch koordiniert (Luhmann). Doch auch bei Luhmann selbst gibt es widerstreitende Tendenzen. Grundlegend fragt sich, ob wirklich alle Individuen an allen Funktionssystemen teilhaben bzw. – mit Luhmanns technischem Begriff – in sie ‚inkludiert' sind. Luhmanns Schüler Rudolf Stichweh spricht sogar von einer „Vollinklusion aller Gesellschaftsmitglieder in jedes der Funktionssysteme" (Stichweh 1998, S. 541). Doch was ist mit Menschen, die sich von ihrem Arbeitseinkommen allein nicht ernähren können, die kaum oder gar nicht zu lesen gelernt haben, nicht wählen gehen, areligiös sind, klassische Kunstwerke oder wissenschaftliche Grundeinsichten nicht kennen oder nicht respektieren? Luhmann hat sich nach einer Brasilienreise skeptischer zur Inklusion geäußert:

> „Zur Überraschung aller Wohlgesinnten muss man feststellen, dass es doch Exklusion gibt, und zwar so massenhaft und in einer Art von Elend, die sich der Beschreibung entzieht. Jeder, der einen Besuch in den Favelas südamerikanischer Großstädte wagt und lebendig wieder herauskommt, kann davon berichten" (Luhmann 1995b, S. 147).

Die Frage ist hier nicht einfach, ob man mit viel oder wenig Geld an der Wirtschaft, mehr oder weniger aktiv an der Politik teilnimmt, sondern ob man überhaupt Geld hat, wählen gehen kann und ein staatliches Gewaltmonopol kennt. Abstrakter gesagt:

> „Die Logik der funktionalen Differenzierung schließt Exklusion aus, muss dann aber erlauben, innerhalb der Funktionssysteme nach systemeigenen Kriterien zu differenzieren. Aber ist diese Logik haltbar? Wie kann es Inklusion geben, wenn es keine Exklusion gibt?" (Ebd., S. 146 f.)

Und, vielleicht noch wichtiger: Wer oder was soll dafür sorgen, dass in einer Gesellschaft ohne Spitze und Zentrum nicht auch Exklusion um sich greift?

Dass viele Menschen faktisch von den ‚Funktionssystemen' ausgeschlossen bleiben, soll nicht zuletzt der Wohlfahrtsstaat verhindern. Doch gerade zu ihm äußert Luhmann sich ambivalent. Einerseits hebt er wie erwähnt hervor, dass ein wachsender Wohlfahrtsstaat mit zunehmender teilsystemischer Eigenlogik und konkreter Freiheit koexistieren kann. Andererseits bezweifelt er schon in seinem Buch zum Thema, dass sich die (wohlfahrts-)staatlich verfügbaren Mittel von Gesetzgebung und Steuergeld immer effektiv einsetzen lassen: „Der Wohlfahrtsstaat tendiert zur Aufgabenerweiterung und damit mehr und mehr in Bereiche, in denen bindendes Entscheiden über Recht und Geld nur in völlig ungesicherten Kausalzusammenhängen wirkt." (Luhmann 1981, S. 100) Später wachsen sich die Zweifel zu einer grundsätzlichen Kritik aus: Wenn vom Wohlfahrtsstaat die unmögliche Leistung erwartet wird, die Funktionssysteme eben doch zentral zu koordinieren, folgen Täuschungen und überflüssige Strukturen.

> „[D]ie zur Lösung anstehenden Probleme sind unlösbare Probleme, weil sie die funktional-strukturelle Differenzierung des Gesellschaftssystems in das politische Sys-

tem hineinspiegeln, zugleich aber darauf beruhen, dass das politische System nur ein Teilsystem eben dieser funktionalen Differenzierung […] ist. Mit der Redefinition von unlösbaren Problemen in politisch lösbare Probleme sichert der Wohlfahrtsstaat seine eigene Autopoiesis." (Luhmann 2000, S. 215 f.)

Das klingt nach einer deutlichen Abkehr. In eher äußerlicher und unfreundlicher Betrachtung kann man vermuten, dass sich die Systemtheorie hier von ihren Entstehungsbedingungen zu lösen versucht. Die Versprechen sozialer Ordnung und Integration, allgemeiner Inklusion und institutionell ermöglichter Freiheit werden zurückgenommen, sobald in der gesellschaftlichen Umwelt die Systemkonkurrenz wegfällt und der Marktliberalismus die Oberhand gewinnt. Die Beziehung zwischen Kontext und Theorie ist aber selbstverständlich weder einfach noch eindeutig. Parsons stirbt vor dem fraglichen Umbruch, bei Luhmann verschieben sich eher Akzente als Grundannahmen, und seine Schüler sind untereinander uneinig. Während Stichweh noch die Vollinklusion verteidigt, hat Helmut Willke bereits die „Ironie des Staates" entdeckt, der nur noch als „Supervisionsstaat" wächst, also von ihm beauftragte Firmen, von ihm eingerichtete Märkte und Wettbewerbe o. Ä. beaufsichtigt (vgl. Willke 1992, S. 335–361). Später lehnen andere Autorinnen die Ausbreitung ökonomischer Steuerungsformen als „Erosion funktionaler Differenzierung" ab und wollen nur daran festhalten, „dass Unternehmen Gewinne machen können müssen, wenn man […] dauerhafte Umverteilungsspielräume" gewährleisten will (Schimank/Volkmann 2017, S. 157; S. 206). Welcher der Ansätze die funktionale Differenzierung rettet und inwiefern dies nötig ist, will ich hier nicht beurteilen. Es sollte aber deutlich geworden sein, dass der Wohlfahrtsstaat die Systemtheorie zumindest als Sparringpartner bis in ihre jüngsten Phasen begleitet hat.

Literatur

Dallinger, Ursula (2009): Die Solidarität der modernen Gesellschaft. Der Diskurs um rationale oder normative Ordnung in Sozialtheorie und Soziologie des Wohlfahrtsstaats. Wiesbaden: Springer VS.

Habermas, Jürgen (1981/1): Theorie des kommunikativen Handelns. Band 1: Handlungsrationalität und gesellschaftliche Rationalisierung. Frankfurt a. M.: Suhrkamp.

Habermas, Jürgen/Luhmann, Niklas (1971): Theorie der Gesellschaft oder Sozialtechnologie – was leistet die Systemforschung? Frankfurt a. M.: Suhrkamp.

Jensen, Stefan (1980): Einleitung. In: Parsons, Talcott: Zur Theorie der sozialen Interaktionsmedien. Hrsg. v. Stefan Jensen. Opladen: Westdeutscher Verlag. S. 7–55.

Luhmann, Niklas (1968/2000): Vertrauen. Ein Mechanismus zur Reduktion sozialer Komplexität. 4. Auflage. Stuttgart: UTB.

Luhmann, Niklas (1969/1989): Legitimation durch Verfahren. 2. Auflage. Frankfurt a. M.: Suhrkamp.

Luhmann, Niklas (1971a/2005): Die Weltgesellschaft. In: Ders.: Soziologische Aufklärung. Band 2. Wiesbaden: Verlag für Sozialwissenschaften. S. 63–88.

Luhmann, Niklas (1971b/1983): Politische Planung. Aufsätze zur Soziologie von Politik und Verwaltung. 3. Auflage. Opladen: Westdeutscher Verlag GmbH.
Luhmann, Niklas (1972): Funktion. In: Ritter, Joachim/Gründer, Karlfried/Gabriel, Gottfried (Hrsg.): Historisches Wörterbuch der Philosophie. Basel: Schwabe. S. 1142–1143.
Luhmann, Niklas (1977): Funktion der Religion. Frankfurt a. M.: Suhrkamp.
Luhmann, Niklas (1981): Politische Theorie im Wohlfahrtsstaat. München: Olzog.
Luhmann, Niklas (1982): Liebe als Passion. Zur Codierung von Intimität. Frankfurt a. M.: Suhrkamp.
Luhmann, Niklas (1984): Soziale Systeme. Frankfurt a. M.: Suhrkamp.
Luhmann, Niklas (1988): Die Wirtschaft der Gesellschaft. Frankfurt a. M.: Suhrkamp.
Luhmann, Niklas (1990): Die Wissenschaft der Gesellschaft. Frankfurt a. M.: Suhrkamp.
Luhmann, Niklas (1993): Das Recht der Gesellschaft. Frankfurt a. M.: Suhrkamp.
Luhmann, Niklas (1995a): Die Realität der Massenmedien. Opladen: Westdeutscher Verlag.
Luhmann, Niklas (1995b): Jenseits von Barbarei. In: Ders.: Gesellschaftsstruktur und Semantik. Band 4. Frankfurt a. M.: Suhrkamp. S. 138–150.
Luhmann, Niklas (1997): Die Kunst der Gesellschaft. Frankfurt a. M.: Suhrkamp.
Luhmann, Niklas (1998): Die Gesellschaft der Gesellschaft. Frankfurt a. M.: Suhrkamp.
Luhmann, Niklas (2000): Die Politik der Gesellschaft. Hrsg. v. Kieserling, André. Frankfurt a. M.: Suhrkamp.
Luhmann, Niklas (2002): Das Erziehungssystem der Gesellschaft. Hrsg. v. Lenzen, Dieter. Frankfurt a. M.: Suhrkamp.
Marshall, Thomas (1949/1950): Citizenship and Social Class. In: Ders., Citizenship and Social Class and other essays, Cambridge u. a. 1950, S. 1–85.
Nassehi, Armin (2003): Die Differenz der Kommunikation und die Kommunikation der Differenz. Über die kommunikationstheoretischen Grundlagen von Luhmanns Gesellschaftstheorie. In: Schimank, Uwe/Giegel, Hans-Joachim (Hrsg.): Beobachter der Moderne. Beiträge zu Niklas Luhmanns „Die Gesellschaft der Gesellschaft“. Frankfurt a. M.: Suhrkamp. S. 21–41.
Opielka, Michael (2006): Gemeinschaft in Gesellschaft. Soziologie nach Hegel und Parsons. 2., überarb. A. Wiesbaden: Springer VS.
Parsons, Talcott (1937): The Structure of Social Action. A Study in Social Theory with Special Reference to a Group of Recent European Writers. Glencoe/Ill.: The Free Press.
Parsons, Talcott (1940): An Analytical Approach to the Theory of Social Stratification. In: American Journal of Sociology 45, H. 6, S. 841–862.
Parsons, Talcott (1951): The Social System. Glencoe/Ill.: The Free Press.
Parsons, Talcott/Shils, Edward A. (Hrsg.) (1951): Toward a General Theory of Action. New York: Harper and Row.
Parsons, Talcott/Bales Robert F./Shils, Edward A. (1953): Working Papers in the Theory of Action. Glencoe/Ill.: The Free Press.
Parsons, Talcott/Smelser, Neil (1956): Economy and Society. A Study in the Integration of Economic and Social theory. Glencoe/Ill.: The Free Press.
Schimank, Uwe/Volkmann, Ute (2017): Das Regime der Konkurrenz. Gesellschaftliche Ökonomisierungsdynamiken heute. Weinheim: Beltz Juventa.
Schluchter, Wolfgang (2007): Grundlegungen der Soziologie. Eine Theoriegeschichte in systematischer Absicht. Bd. 2, Tübingen: Mohr Siebeck.
Schmitt, Carl (1932/1963): Der Begriff des Politischen. Text von 1932 mit einem Vorwort und drei Corollarien. Berlin: Duncker & Humblot.
Stichweh, Rudolf (1998): Zur Theorie politischer Inklusion. In: Berliner Journal für Soziologie 8, H. 4, S. 539–547.
Weber, Max (1916/1986): Zwischenbetrachtung. Stufen und Richtungen der religiösen Weltablehnung. In: Gesammelte Aufsätze zur Religionssoziologie. Band 1. Tübingen: Mohr. S. 537–573.
Willke, Helmut (1992): Ironie des Staates. Frankfurt a. M.: Suhrkamp.

10. Das Eigene und das Fremde – soziologisches Verstehen

Auch wenn es bei **Luhmann** und **Parsons** stellenweise nicht danach aussieht: Soziologinnen wollen und müssen verstehen, was andere Menschen meinen und wollen. Sie mutmaßen oder erforschen, was Handlungen bezwecken und was Äußerungen besagen, und sie rekonstruieren es (wenn sie nicht sehr schlecht schreiben) so, dass es für praktisch Beteiligte verständlich bleibt. Selbst abstrakte statistische oder systemtheoretische Analysen setzen z. B. voraus, dass man weiß, was ‚Einkommen' für Beschäftigte oder für das Finanzamt bedeutet, was Geld ist und wie einen Verdienstaussichten motivieren können. Wie dieses Verstehen abläuft und möglich wird, ist aber selbst nicht einfach verständlich zu machen.

Wenn etwa **Weber** festhält, dass die Soziologie den „subjektiv gemeinte[n] Sinn" von Handlungen „deutend verstehen" und sie auf dieser Grundlage „ursächlich erklären" soll (Weber 1921/1976, S. 1), wirft das unmittelbar Fragen auf. Wie kann ich zutreffend deuten, was andere im konkreten Fall oder in bestimmten Kontexten gewöhnlich subjektiv meinen – zumal dann, wenn ich nicht direkt nachfrage oder nachfragen kann? Will eine Ärztin, die neue Geräte anschafft, den Profit ihrer Praxis erhöhen, Freunde beeindrucken, ihr Geld gottgefällig einsetzen oder etwas für ihre Patientinnen tun? Wie sicher müssen meine Annahmen dazu sein, um ihr Handeln wissenschaftlich erklären zu können? Und ist das, was sie subjektiv meint, überhaupt der soziologisch relevante Gesichtspunkt des Geschehens? Damit verbunden fragt sich weiterhin, ob die Soziologie eine besondere Art von Verstehen anstrebt. Deutet sie menschliche Handlungen und Äußerungen anders als etwa die Psychologie, die Wirtschafts- oder Literaturwissenschaft? Im besten Fall hat das soziologische Verstehen eine besondere Pointe, die es so in anderen Sozial- und Geisteswissenschaften nicht gibt. Wenn man mit **Marx**, **Bourdieu** oder Luhmann Ideologie, kulturelle Abgrenzung oder kommunikative Codes untersucht, ‚versteht' man ja deutlich anders als die Akteure, was in einer Situation auf dem Spiel steht. Und schon einfache Beispiele machen sichtbar, dass sozial bedingt ist, was ein bestimmtes Verhalten bedeutet. Ob ich jemanden angreife, wenn ich etwas sage, oder bedränge, wenn ich ihn lange fest anschaue, entscheide ich nicht allein.

Im Folgenden soll von zwei Seiten geschildert werden, wie und weshalb ausgearbeitete soziologische Verstehenslehren Distanz zum Selbstverständnis der Handelnden aufbauen bzw. reflektieren konnten. Einerseits hat die Soziologie von Wissenschaften gelernt, für die Verstehen ein praktisches Problem bildet, weil sie zwischen Gruppen mit verschiedenen Sinnwelten arbeiten. Das gilt namentlich für die Ethnologie oder Anthropologie, die sich traditionell mit der Kultur nichtwestlicher, häufig kolonialisierter Völker beschäftigt, aber auch für die klinische Psychologie, die helfen soll, psychisch kranke oder von der Normalität abweichende Menschen zu behandeln. Verwandte Fächer sind etwa die Sozialpädagogik und Teile der Sozialpsychologie. Die radikaleren Schulen verstehender Soziologie arbeiten bis heute mit diesen Fächern zusammen. Sie haben deren Vorgaben aber andererseits nicht bruchlos übernommen, sondern die Perspektive zumeist umgekehrt: Ihr Thema ist nicht das Fremde oder Nichtnormale, sondern das Eigene und Selbstverständliche, das sich vielleicht am besten untersuchen lässt, wenn es methodisch verfremdet wird. Ebenso wie ein Initiationsritual auf Papua-Neuguinea kann ich auch einen katholischen Gottesdienst oder einen Sonntagskaffee mit der Familie in Deutschland als eine einigermaßen seltsame, nicht gleich verständliche Veranstaltung betrachten. In jedem Fall kann ich fragen, welchen Sinn die Beteiligten in der Situation sehen, wie sie dieses Verständnis erlernt haben, welche Faktoren es aufrechterhalten und was sie machen, wenn es gefährdet ist.

Um diese Entwicklung soziologisch zu begreifen, sind nicht zuletzt die Machtverteilungen im Feld der Vorbildwissenschaften wichtig. Kolonialisierte Völker, die ethnologisch untersucht werden, sind nicht einfach anders als die Kolonialherren, sie sind vor allem deren Herrschaft unterworfen. Selbst wo die erforschten Gesellschaften zuvor weitgehend in Ruhe gelassen worden waren, hat man sie explizit oder implizit mit der westlichen Zivilisation verglichen. Ein wichtiges Thema der Ethnologie und Anthropologie ist, wie eine weniger asymmetrische Perspektive erreicht werden kann. In anderer, aber ähnlich offensichtlicher Weise sind auch Kontexte psychiatrischer Behandlung von Herrschaft geprägt. Wenn eine Person in Therapie geht, soll ihr die Expertise der Therapeutin helfen, ihr gestörtes oder nichtnormales Selbst- und Weltverhältnis zu verbessern; in psychiatrischen Anstalten kommen trotz vielfältiger Reformen oft Freiheitsbeschränkung, Befehlsmacht und physischer Zwang hinzu. Wie die verstehende Soziologie mit solchen Vorgaben umgeht, liegt nicht unmittelbar auf der Hand. Kehrt sie die Machtverhältnisse um, indem sie die Deutungsmuster der eigenen Gesellschaft infrage stellt? Übernimmt sie fast zwangsläufig die Ungleichheit zwischen Expertinnen und Beforschten? Und kann sie die Frage der Deutungsmacht auch umgehen?

Diesen Fragen gehe ich in drei Traditionen der verstehenden Soziologie nach, die alle eigene Thesen zu Sinn, Deutung und Erkenntnis vertreten: im symbolischen Interaktionismus, der an die pragmatistische Philosophie anknüpft, in der noch deutlicher philosophisch geprägten phänomenologischen Soziologie sowie dem Strukturalismus, der sich zunächst eher in der Sprach- und Literaturwissenschaft sowie in der Ethnologie entwickelt hat. Die vielen Namen für Denkweisen und -schulen, die hier zunächst nur aufgezählt wurden, werden im ersten Hauptteil des Kapitels an einigen Vertretern erläutert: an den US-amerikanischen Soziologen **George Herbert Mead** und **Anselm Strauss** für den symbolischen Interaktionismus, am aus Österreich in die USA emigrierten Teilzeitsoziologen **Alfred Schütz** für die Phänomenologie, schließlich an den französischen Sozialtheoretikern (wenn auch nicht Soziologen) Claude Lévi-Strauss und Roland Barthes für das strukturalistische Denken. Die Beziehungen dieser Autoren zu Ethnologie und Psychologie sind teilweise direkt sichtbar (Lévi-Strauss ist sogar Ethnologe), teilweise ergeben sie sich aus Rahmenbedingungen in den 1950er und 1960er Jahren. Allgemein entsteht mit dem Zerfall der Kolonialreiche, mit Emigration und Besatzung eine neue weltkulturelle Situation, spezifisch bilden sich in den westlichen Wohlfahrtsstaaten am Rand der Medizin, Sozialarbeit, Familienberatung und Polizeitätigkeit neue Arbeitsfelder für Sozialforschung. Diese sehr verschiedenen, aber zusammen die Perspektiven verstehender Soziologie prägenden Entwicklungen umreiße ich im einleitenden Teil des Kapitels, wobei ich auch psychiatriekritische und postkoloniale Anstöße aufnehme. Im Hauptteil erläutere ich zunächst die genannten Formen phänomenologischer, strukturalistischer und pragmatistischer Soziologie und Sozialtheorie. Ergänzend schildere ich, wie sie in einigen weiteren Ansätzen verstehender Soziologie beerbt wurden; meine Beispiele sind die Rollentheorie **Erving Goffmans**, die ‚Ethnomethodologie' Harold Garfinkels und Ulrich Oevermanns ‚Objektive Hermeneutik'. Das soziologische Verstehen wird hier jeweils noch einmal radikal neu bestimmt, und die Verbindungen zu Ethnologie, Psychologie und sozialer Arbeit erweisen sich dafür erneut als entscheidend. In einem kurzen Schlussabschnitt frage ich, wie diese Verbindung wissenssoziologisch einzuschätzen ist.

Die Kontexte: Postkoloniale Situation, Psychiatrie und Sozialarbeit

In den Jahrzehnten nach dem Zweiten Weltkrieg entstehen in den westlichen Ländern nicht allein neue Strukturen von Arbeit, Konsum, Kultur und Wohlfahrtstaat. Zugleich verändern sich ihre globale Umwelt und die in ihnen lebenden Menschen. Außen verschiebt sich auch jenseits des Kalten Kriegs die geopolitische Ordnung, weil die europäischen Kolonialreiche zerfallen; innen geraten von den Standards des Normalen bis zur Behandlung von Störungen die individuellen Selbstverständnisse und das Verständnis von Persönlichkeit in Bewegung. Die Wissenschaften, die diese beiden Prozesse teils reflektieren, teils direkt an ihnen beteiligt sind, sind wie die Soziologie im späten 19. Jh. entstanden: die Ethnologie oder Anthropologie und die klinische, auf Störungen ausgerichtete Psychologie. Ihre Geschichten ähneln einander darin, dass sie in hohem Maß Herrschaft voraussetzen, Selbstkritik einschließen und darüber hinausgehende Kritik durch Nicht-Fachvertreter herausfordern.

Mit der kolonialen Eroberung, Besiedelung und schließlich Aufteilung der Welt wurden die Bedingungen geschaffen, unter denen ein ,ethnologisches' Interesse gedeihen konnte: Wie haben die Bevölkerungen der fraglichen Gebiete gelebt und die Welt verstanden, bevor sie unterworfen wurden, wie funktionieren Kulturen, die von der westlichen ,Zivilisation' relativ abgeschirmt blieben, und (wie) kann man jeweils zwischen beiden Seiten übersetzen? Die europäischen und US-amerikanischen Ethnologinnen, die solche Fragen für indigene Gruppen in Nord- und Südamerika, auf dem afrikanischen Kontinent, in Indien und im Südpazifik stellten, arbeiteten „under an umbrella of European colonial power" (Stocking 1991, S. 10), verließen sich aber zunehmend weniger auf Berichte von Missionaren und anderen kolonialen Akteuren. Stattdessen begannen sie selbst ins ,Feld' zu gehen – kollektiv wie bei einer Expedition von Gelehrten aus Cambridge zu den Torres-Strait-Inseln (1898) oder individuell wie Bronisław Malinowski, der zu Beginn des Ersten Weltkriegs auf einer Reise in Australien hängen blieb und sich dann (zwischen 1915 und 1918) mehrfach länger auf den benachbarten Trobriand-Inseln aufhielt. Diese zweite Variante, individuelle teilnehmende Beobachtung, hatte sich schon im Umfeld der Expedition angebahnt und wurde bald zum fachlichen Standard (vgl. Barth 2005, S. 11–21). Zugleich wurden westliche Überlegenheitsansprüche, die viele frühe Anthropologen noch ungebrochen vertreten hatten, im 20. Jh. zunehmend abgelehnt; besonders bekannt ist dafür der deutsch-amerikanische Ethnologe Franz Boas. Forscherinnen von Alfred Radcliffe-Brown bis zu Margaret Mead neigten sogar eher dazu, europäische Formen von Staatlichkeit, Familie, Sexualität und Arbeit infrage zu stellen. Doch lange war selbstverständlich, dass man vom Westen aus den Rest der Welt in seiner interessanten Andersartigkeit erforschte.

Dass auch diese Voraussetzung nicht aufrecht zu erhalten ist, wird heute unter dem Titel ,Postkolonialismus' diskutiert. Gemeint sind mindestens drei verwandte Zusammenhänge, von denen besonders der erste für dieses Kapitels bedeutsam ist (während die anderen beiden in Kap. 11 und 12 zu vertiefen sein werden). Eine postkoloniale Situation wurde *erstens* dadurch geschaffen, dass Großbritannien, Frankreich und andere Staaten nicht mehr in der Lage waren, ihre Kolonialherrschaft gegen nationale Befreiungsbewegungen und gegenüber den neuen Supermächten USA und UDSSR zu behaupten. Obwohl sie sich militärisch häufig noch durchsetzten (wie Frankreich im Algerienkrieg von 1954–1962 oder England gemeinsam mit Frankreich und Israel in der Suezkrise 1956), war diese Herrschaft ökonomisch, politisch und moralisch so stark angegriffen, dass eine nach der anderen Kolonie in die Unabhängigkeit entlassen oder zur formal gleichberechtigten Region aufgewertet werden musste. *Zweitens* blieben trotzdem starke Abhängigkeiten der ehemaligen Kolonien bestehen, die besonders ökonomisch mit Problemen zu kämpfen hatten und westlicher Dominanz ausgesetzt blieben. Auch in diesem Sinn leben wir bis heute in einer ,postkolonialen' Welt. *Drittens* versuchen allerdings seit Ende der 1970er Jahre ,Postcolonial Studies' aus verschiedenen, nicht selten geisteswissenschaftlichen Fächern, das koloniale Erbe zumindest theoretisch und ästhetisch zu überwinden. Auch ethnologische Studien, die den Kolonialismus und den Anteil des eigenen Fachs beforschen (Münster 2012, S. 196–198), gehören zu dieser Bewegung. Ihre vielleicht stärkste Zielbestimmung lautet *Provincializing Europe* (Chakrabarty 2000): Statt als imaginäres Zentrum der Welt zu gelten oder deren kulturelle Standards zu bestimmen, soll Europa als eine ihrer vielen Provinzen begriffen werden. Die Autorinnen, die dieses Anliegen verfolgt haben, stammen nicht mehr nur aus den USA oder Europa (selbst wenn sie häufig mit deren Wissenschaftssystemen verbunden sind); wichtig sind nun etwa auch Arbeitskontexte wie die ‚Subaltern Studies' in Indien oder Lateinamerika. Im vorliegenden Kapitel wird die postkoloniale Selbstrelativierung zu betrachten sein, die schon vor diesen Ansätzen möglich war. Im Zentrum stehen dabei nicht Diskussionen um antikoloniale Intellektuelle wie Frantz Fanon, sondern methodologische Neuerungen, die auch durch andere geopolitische Prozesse wie Krieg, Flucht und Besatzung bedingt sind.

Auch in der klinischen Psychologie verbinden sich offensichtlich Expertise und Macht. Während die Psychologie insgesamt alle möglichen Eigenschaften und Dynamiken der Persönlichkeit erforscht – die etwa für Marktforschung, Personalentwicklung, Coaching oder sogar interkulturelle Vergleiche interessant sein können –, weicht die Klientel der Psychiatrie und Psychotherapie von den Standards des Normalen ab und wird von Expertinnen behandelt. Doch auch dieses Gebiet ist vielfältig. Sozial entscheidend ist zunächst, ob Probleme vorrangig von den Betroffenen selbst bekundet oder ihnen zugeschrieben werden, ob sie von sich aus therapeutische Angebote nutzen oder zwangsweise behandelt werden. Die Einsperrung von ‚Wahnsinnigen' hat in Europa eine lange Geschichte. Erst seit Ende des 18. Jh. werden jedoch Kliniken für ‚geistig Kranke' eingerichtet, die nun unter Rechtsvorgaben ärztlicher Aufsicht unterstehen (vgl. Castel 1976/1983, S. 25–62), und erst um 1900 kommt die selbst gewählte Psychotherapie auf. Sigmund Freud, der als Arzt u. a. in der Pariser Anstalt La Salpêtrière gelernt hat, behandelt nun Patientinnen, die von sich aus Beschwerden bekunden, und entwickelt für diese (sozial gehobene) Klientel neuartige Methoden. Gegen ‚Hysterie' sollen anders als in der Salpêtrière nicht mehr Opiate, Körperfixierung oder Operationen im Gebärmutterbereich helfen, sondern Gespräche, die langsam zu den (wie Freud annimmt) krankheitsverursachenden Erfahrungen vorstoßen. Von hier aus konnte Freud auch die *Psychopathologie des Alltagslebens* (Freud 1904) und die nicht-pathologische seelische Entwicklung betrachten. Sein Ansatz wurde nie allgemein akzeptiert (am wenigsten in der akademischen Psychologie), die psychiatrischen Anstalten blieben trotz verschiedenster Öffnungstendenzen bestehen, und innerhalb wie außerhalb sind immer wieder körperliche Mittel auf die Psyche angesetzt geworden. Die Liste reicht von Elektroschocks über Psychopharmaka (wie Antidepressiva; vgl. Ehrenberg 1998/2015, S. 187–254) bis zu neurophysiologischen Bildgebungsverfahren. Trotzdem sind viele psychologische und psychiatrische Ansätze eher auf Verständigung, Einsicht und Einstellungsänderungen ausgerichtet als nur auf die Kur körperlicher Leidensursachen. Wo dies der Fall ist, tritt die Expertenmacht als überlegene Weltdeutung auf – und erfordert es zugleich, die pathologische Weltauffassung der Patienten zu begreifen.

Auch gegen die psychologischen und psychiatrischen Machtverhältnisse hat sich seit den 1960er Jahren Widerstand formiert. Die Anti-Psychiatrie-Bewegung setzte sich (in Teilen erfolgreich) dafür ein, die Anstalten zu öffnen und die vormaligen Insassen ins gewöhnliche Leben einzubinden; ‚poststrukturalistische' Autoren wie **Michel Foucault**, Gilles Deleuze und Felix Guattari (vgl. Kap. 11) haben die subtilere Weise kritisiert, in der Freudianer und Reformpsychologinnen normale und pathologische Seelenhaushalte, Expertinnen und Laien bzw. Klienten unterscheiden. Für Robert Castel, der an Foucault anschließend Psychoanalyse und Psychiatrie untersucht, bleiben die Achsen normal-nichtnormal und Experten-Behandelte auch in offenen Therapieformen entscheidend: „[S]o wie dieselben Fachleute, die abtrennten, jetzt integrieren, normalisieren die, die vorher ausschlossen." (Castel 1976/1983, S. 12) Das deutsche Vorwort zu Castels vorangehendem Buch erläutert, dass er eine „soziale Funktion" der psychotherapeutischen Arbeit darin sieht, „einen zusätzlichen Bereich sozialer Kontrolle" an Orten mit Disziplinproblemen zu schaffen: „im Bereich der Schulen, der Heime, ja letztlich auch im Arbeits- und Wohnbereich" (Wulf 1976, S. 3). In Frankreich sei so „eine neue Klientel" entstanden, „die Trinker, Rauschmittelabhängige, Verwahrloste, aufmüpfige Jugendliche weit eher umfasst als den Kernbestand psychisch Kranker" (ebd., S. 4). Zum Ende des Kapitels wird sich zeigen, dass die verstehende Soziologie in ähnlichen Feldern gefährdete Normalität zu verarbeiten hilft.

Sozialwissenschaftliche Sinnanalysen: Phänomenologie, Pragmatismus, Strukturalismus

Die Frage, was den ‚Sinn' unserer Äußerungen und Handlungen ausmacht, hat philosophische Anteile. Sie verlangt z. B. zu klären, wie sich Sprache und Bewusstsein zueinander verhalten, ob Sinn subjektiv, intersubjektiv oder objektgebunden ist und weshalb wir andere verstehen können. Die verstehende Soziologie orientiert sich entsprechend häufig an philosophischen Vorbildern. Im Folgenden beginne ich mit dem deutlichsten Fall, der phänomenologischen Philosophie und Soziologie. Ich gehe dann zur loseren Verbindung von Pragmatismus und symbolischem Interaktionismus über und stelle schließlich den Strukturalismus vor, der zwar philosophisch bedeutsam ist, aber in anderen Fächern erfunden wurde. In allen drei Fällen fasse ich zunächst schematisch die Grundüberlegungen zusammen und erläutere sie dann an soziologischen Beispielen. Vorgreifend lässt sich festhalten, dass die drei Ansätze sozial geteilten Sinn aus unterschiedlichen Richtungen betrachten. Die Phänomenologie fragt besonders, was *in* Einzelnen vorgeht, die eine gemeinsame soziale Welt bewohnen; der Interaktionismus konzentriert sich darauf, wie *zwischen* ihnen Sinnverhältnisse ausgehandelt werden; der Strukturalismus nimmt schließlich vor allem Zeichen- und Beziehungsmuster in den Blick, die *außerhalb* der Handelnden oder ihrer Verfügungsmacht liegen.

'Phänomenologie' bedeutet übersetzt die Lehre von den Erscheinungen. Der österreichisch-deutsche Philosoph Edmund Husserl wollte unter diesem Titel untersuchen, wie die Realität in unserem Bewusstsein erscheint (statt unmittelbar Aussagen über sie zu machen): Wie setzen wir unsere visuellen Eindrücke zur Wahrnehmung von Gegenständen zusammen? Was geschieht, wenn wir uns mit Erfahrungen und Erwartungen in der Zeit bewegen? Eine Pointe dieser Untersuchungen ist, dass allen philosophischen und wissenschaftlichen Annahmen ein 'natürliches Bewusstsein', eine Alltagserfahrung oder (wie Husserl in seinem Spätwerk sagt) eine 'Lebenswelt' vorausgeht. Zunächst betrachten wir mit anderen den Sonnenuntergang, erst darauf aufbauend können wir irgendwann fragen, ob die Sonne um die Erde kreist oder umgekehrt, ob die anderen das Gleiche sehen wie wir und ob es überhaupt eine Außenwelt gibt. Der deutsche Philosoph Martin Heidegger hat in seinem Buch *Sein und Zeit* (1927) gezeigt, dass man diese alltägliche Erfahrung vom Werkzeuggebrauch bis zur Langeweile und Todeserwartung systematisch analysieren kann. In späteren Texten hat Heidegger ausgeführt, dass selbst solche Grundverhältnisse in verschiedenen Zeiten und 'Völkern' auf verschiedene Weise kulturell 'ausgelegt' sind. Damit ergeben sich – sofern man Heideggers schwierige Sprache erträgt und seine Texte ab 1933 trotz ihrer nationalsozialistischen Züge nutzen kann – zunehmend Anknüpfungspunkte für die Soziologie.

Eine phänomenologische Soziologie hat Alfred Schütz (1899–1959) schon in seinem Buch *Der sinnhafte Aufbau der sozialen Welt* (1932) entworfen. Schütz hatte in Wien Recht, Ökonomie und Philosophie studiert und war seit 1921 als Jurist im Banksektor tätig. Auch nachdem er – als gebürtiger Jude – zunächst nach Frankreich und dann in die USA emigriert war, blieb dies sein Beruf; erst 1956 erhielt er in New York eine Professur an der New School for Social Research. Schütz bemüht sich zunächst darum, Webers Programm der verstehenden Soziologie phänomenologisch zu begründen. Obwohl er Webers Ansatz begrüßt, sieht er doch großen Präzisierungsbedarf in den Fragen, was subjektiv gemeinter Sinn ist und inwiefern wir wissen können, was die jeweils anderen meinen. Die Lehre Husserls (die er deutlich stärker verarbeitet als die neuen Ansätze Heideggers) erlaubt ihm dabei, die Sinnbildung im Alltag zugleich methodisch distanziert zu betrachten. Sinn, Verstehen und Meinen sind keineswegs als selbstverständlich vorauszusetzen:

> „Denn eben jene soziale Welt des täglichen Lebens [...] soll ja ihrerseits Gegenstand wissenschaftlicher Bearbeitung durch die Soziologie werden, deren Aufgabe es also sein muss, gerade das ‚Selbstverständliche' in Frage zu stellen." (Schütz 1932/1974, S. 17)

Damit ist bereits das Thema bestimmt, das Husserl 1938 ‚Lebenswelt' nennt. Was in ihrer Analyse geschieht, kann Schütz dann noch einmal deutlicher ausführen, als er die Erfahrung der Einwanderung verarbeitet. Wer sich in einem fremden Land zurechtfinden muss, begegnet dem dort Selbstverständlichen ganz von selbst mit Distanz:

> „[D]er Fremde [...] ist wesentlich der Mensch, der fast alles, das den Mitgliedern der Gruppe, der er sich nähert, unfraglich erscheint, in Frage stellt. Für ihn haben die Zivilisations- und Kulturmuster der Gruppe [...] nicht die Autorität eines erprobten Systems von Rezepten, [...] weil er nicht an der lebendigen geschichtlichen Tradition teilnimmt, in der diese Muster gebildet wurden." (Schütz 1944/1972, S. 59)

Die politische Situation legt auch weitere Variationen nahe. So wird die gemeinsame Welt zum Problem, wenn Teile einer Gesellschaft für eine Zeit nicht vor Ort waren, sondern als Soldaten im Krieg. Erst aus der Perspektive der Heimkehrer wird klar, wie viel man zuvor zuhause geteilt hat. Heimat ist nicht zuletzt Zugehörigkeit zu einer Gruppe, in der bestimmte Dinge wichtig sind: „Das Relevanzsystem, welches die Mitglieder der in-group angenommen haben, zeigt einen hohen Grad der Konformität." (Schütz 1945/1972, S. 73) Der Soldat im Auslandseinsatz dagegen „ist sozusagen in eine andere soziale Dimension übergestiegen, die nicht vom Koordinatensystem, das er als Bezugssystem seines heimatlichen Lebens benützt, gedeckt wird" (ebd.). Wenn er zurückkehrt, ist damit zweierlei infrage gestellt: Ihm leuchtet eventuell nicht mehr ein, was den anderen wichtig ist – dass Lisa jetzt Abteilungsleiterin ist und dass sie Jimmy geheiratet hat –, und in seinen Selbstverständlichkeiten fehlen in jedem Fall einige Jahre ‚Heimatzeit' – in denen sich Lisa bewährt hat und man begonnen hat, Jimmy respektabel zu finden. Solche Gemeinsamkeiten und Brüche in der sozialen Sinnwelt kann man mit phänomenologischen Mitteln präzise beschreiben. Einen erweiterten systematischen Rahmen dazu bieten **Peter L. Berger** und **Thomas Luckmann** 1966 in einem Buch an, das aussagekräftig ***The Social Construction of Reality*** heißt. Sie entwickeln dort ausgehend von Schütz Begriffe wie den des ‚Rezeptwissens', führen ergänzend aus, wie Sinn in verfestigten Handlungsordnungen abgestützt wird, und begründen so endgültig die phänomenologische Wissenssoziologie.

Ein anderer Zugang zu Sinnstrukturen wird möglich, wenn man unmittelbar ihre praktische Einbettung betrachtet. Im Pragmatismus ist nicht das Innenleben der Akteure entscheidend, sondern ihre Tätigkeit. Für seine philosophischen Begründer, die US-Amerikaner William James, Charles S. Peirce und John Dewey, ist sogar die Wahrheit unserer Ansichten durch die Rolle bestimmt, die sie in unserem (Über-)Leben und für die Erreichung unserer Ziele spielen. Besonders Dewey, der jüngste Vertreter, orientierte sich dabei nicht allein an der Biologie und Psychologie, sondern auch auf soziale Interaktion. Das gilt erst recht für **George H. Mead** (1863–1931), der zwar ebenfalls in der Philosophie – und in der Psychologie – tätig war, aus dessen Vorlesungen aber ein soziologisches Standardwerk hervorging: ***Mind, Self and Society*** (1934, hrsg. von Charles W. Morris).

Mead entwickelt hier einen Standpunkt, der oft übernommen wurde: Zwar will er die ‚innere', je eigene psychische Erfahrung der Individuen als Erkenntnisquelle nutzen, wissenschaftlich wird sie jedoch erst verbunden mit beobachtbarem Verhalten interessant. In dem von Mead mitbegründeten Fach der Sozialpsychologie geht es sogar um kollektives Handeln, „the organized conduct of the social group" (Mead 1934/1962, S. 7). Die bekanntesten Teile des Buchs führen vor, wie Grundzüge menschlicher Individualität sozial eingebettet sind. Mead unterscheidet dafür mehrere Weisen, in denen ein Individuum sich selbst sehen kann: Als „I" (ich) setze ich jeweils eigene Impulse, als „me" (wörtlich ‚mich') sehe ich mich sozusagen mit den Augen der anderen. Ich sage z. B. nicht nur etwas Neues über ältere Bücher, sondern verstehe mich dabei als Professor des Fachs Soziologie oder als Studentin in der mündlichen Prüfung. Erst indem ich so die Einstellung anderer übernehme, entwickle ich ein Bewusstsein meiner selbst: „[I]t is due to the individual's ability to take the attitude of [...] others that he gets self-consciousness" (ebd., S. 175). Ebenso bekannt wurden Meads Überlegungen dazu, wie diese Übernahme erlernt wird. Für ihn sind zwei spielerische Situationen entscheidend, die man bereits bei Kindern beobachten kann: Im „play" erlernen sie, dass sie auch jemand anders sein könnten, z. B. Verkäuferin im Kinder-Kaufmannsladen; im „game" wird ihnen klar, dass es Regeln gibt, die für alle Beteiligten gleichermaßen gelten, z. B. zum Handspiel im Fußball. Als Andere treten uns im zweiten Fall nicht nur besondere Personen gegenüber, sondern „the whole community" oder die verallgemeinerte Andere, „the generalized other" (ebd., S. 145). In gewisser Weise bestimmt also die soziale Gesamtheit, wie wir handeln und uns dabei verstehen können.

Ausgehend von Mead (und einer Reihe weiterer Anstöße) hat sich in Chicago, wo es bereits eine entwickelte und höchst einflussreiche Soziologie gab, eine neue Richtung soziologischen Forschens herausgebildet, die als ‚symbolischer Interaktionismus' bekannt geworden ist. Den Begriff hat Meads Schüler Herbert Blumer geprägt und – deutlich später, als er bereits von Chicago nach Berkeley gewechselt war – als Titel eines repräsentativen Sammelbandes gewählt (Blumer 1969). Einflussreich sind auch die Arbeiten von Anselm Strauss, der wiederum Blumers Schüler war, u. a. medizinsoziologisch gearbeitet und die Methode der *Grounded Theory* entwickelt hat. Blumer wie Strauss betonen, dass die soziale Welt im Zusammen-Handeln und Sich-Verständigen, eben in der symbolisch vermittelten Interaktion immer wieder neu gedeutet wird. Es gibt z. B. nicht einfach Kranke,

Ärztinnen, Pfleger, technisches und Verwaltungspersonal, sondern: „In institutions, such as hospitals, different groups contend over who has the proper right to do certain things and who has not." (Strauss 1959/1974, S. 25) Hinzu kommt die „enormous complexity of interaction" (ebd., S. 57). Die Interaktion zwischen Anwesenden ist ein „fluid, moving ‚running' process" (ebd.), in dem sich Faktoren wie Berufsstatus, Geschlecht, Hautfarbe, Ausbildung oder soziale Herkunft der Ärzte und Pflegerinnen immer wieder anders anordnen (ebd., S. 71–90). Daher ist schließlich anzunehmen, dass soziale Orientierungen unablässig neu ausgehandelt werden; Strauss hat ein ganzes Buch zur Bedeutung von *Negotiations* für *Social Order* geschrieben (Strauss 1978). Stärker als diese Grundsätze hat schließlich die ***Grounded Theory*** (Glaser / Strauss 1967) fortgewirkt, die theoretische Annahmen eng an das Forschungsmaterial aus der Gesellschaft binden soll. Erhobene Daten werden in mehreren Durchgängen genutzt, um Hypothesen und Fragen zu gewinnen und zu präzisieren, mit denen man erneut Material erheben, auswerten und auf seine Theorierelevanz prüfen kann. Im besten Fall sind also auch die Sinnstiftungen der Forschenden selbst auszuhandeln.

Während die pragmatistisch geprägte Soziologie so gewissermaßen näher an die Beforschten heranrückt, nehmen strukturalistische Analysen von Sinn und Bedeutung den größtmöglichen Abstand ein. Ihre Ursprünge liegen in der Sprachwissenschaft. Für Ferdinand de Saussure, der als Vater der strukturalistischen Sprachtheorie gilt, gliedert die Sprache ihr Material in zwei ‚Systemen'. Auf der Ebene des *Bezeichnenden* (oder des ‚Signifikanten') werden Zeichen in unterscheidbarer Weise mündlich artikuliert oder schriftlich fixiert – wie das Wort ‚Baum', das sich z. B. von ‚Bau' oder ‚Traum' unterscheidet. Auf der Ebene des *Bezeichneten* (oder des ‚Signifikats') können wir den Sinn solcher Zeichen unterscheiden, also etwa sagen, dass ein Baum etwas anderes ist als ein Busch oder eine Blume. Offen bleibt in dieser Theorie, wie sich Zeichen auf etwas in der Wirklichkeit beziehen (den Baum in unserem Hof, nicht den auf der Wiese des Nachbarn). Auch die brüchige Textgrundlage – Saussures Vorlesungen über allgemeine Sprachwissenschaft wurden 1916 posthum von zwei Schülern herausgegeben, die nur Mitschriften kannten und diese stark bearbeitet haben – hat für Diskussionen gesorgt. In jedem Fall hatten einige Aussagen dieses Texts eine starke Wirkung. Wichtig ist zunächst, dass die Beziehung zwischen Signifikant und Signifikat ‚arbiträr' ist, also willkürlich oder kontingent (de Saussure 1916/2013, S. 70–75). Statt ‚Baum' könnten wir auch ‚tree' sagen. Weiterhin stehen Saussure zufolge aber auch nicht einzelne Worte für einzelne Dinge; erst indem wir die Unterschiede im Gefüge der Signifikanten (Baum, Bau usw.) und Signifikate (Baum, Busch u. Ä.) aufeinander beziehen, verstehen wir das Gemeinte. Das Äquivalent von ‚Baum' hat in einer Sprache, die kein Wort für Büsche hat, einen anderen ‚Wert' (vgl. ebd., S. 246–251). Am wichtigsten dürfte es sein, dass sich Saussure überhaupt auf solche materiell beschreibbaren und kollektiv verbindlichen Strukturen konzentriert. Wenn soziale Fakten für Durkheim wie Dinge zu untersuchen sind (vgl. Kap. 2), wollen die Strukturalisten auch Wortfolgen, Sinn und Bedeutung so betrachten, wie man etwa das Wurzelwerk von Bäumen oder die Adern ihrer Blätter untersuchen kann.

Dieser Ansatz kann in verschiedenster Weise ausgeführt werden. Die Prager Strukturalisten der 1920er bis 1940er Jahre haben etwa die (auch schon bei Saussure behandelte) Artikulation von Lauten in verschiedenen Sprachen analysiert und Grundelemente gefunden, die eine universelle Umschrift erlauben. Interessanter für die Soziologie sind spätere Versuche, die Strukturen der Sinnbildung und sogar des Zusammenlebens vergleichend zu untersuchen. Besonders bekannt ist hierfür der Ethnologe Claude Lévi-Strauss (1908–2009) geworden, der annimmt, dass trotz aller offensichtlichen Unterschiede bestimmte Grundbeziehungen in allen Gesellschaften gleich sind. Sein bekanntestes (und viel diskutiertes) Beispiel betrifft Paar- und Verwandtschaftsstrukturen. Schlechthin grundlegend ist hier, dass die Paarung überhaupt kulturellen Normen folgt und nicht bloß aus der natürlichen Evolution hervorgeht. Wenn die Fortpflanzung unter nächsten Angehörigen in allen Kulturen unerwünscht ist und bestraft wird, werden damit nicht einfach biologische Vorteile (wie Variationen im Genpool einer Bevölkerung) gesichert. Vielmehr wird jeweils ein Verbot, also eine kulturell artikulierte Regel errichtet: „Das Inzestverbot hat weder einen rein kulturellen noch einen rein natürlichen Ursprung. Es ist der grundlegende Schritt, [...] in dem sich der Übergang von der Natur zur Kultur vollzieht." (Lévi-Strauss 1949/1981, S. 73) Indem er ähnlich auch Sinnverhältnisse untersucht, kann Lévi-Strauss die Unterscheidung zwischen ‚primitiven' und ‚modernen' Gesellschaften relativieren, die in der frühen Ethnologie vorherrschte. Eine interessante Beobachtung bezieht sich z. B. darauf, dass wir zwischen Sinn- und Kausalbeziehungen unterscheiden, während dies andere Gesellschaften nicht tun. Der österreichische Gewässer- und Ortsname ‚Mondsee' enthält im ersten Fall bloß das Wort, das auch den Mond benennt, während im zweiten Fall etwa der Vollmond den Anwohnern Glück bringt oder die Gründung des Ortes erfolgte, weil sein Licht einem Fürsten das Leben gerettet hat. Dieser Unterschied ist aber deutlich begrenzter und klarer als etwa die Unterstellung, dass ‚primitive' Kulturen gefühlsgetrieben oder die Zivilisierten besonders rational denken: „Das wilde Denken ist [...] auf dieselbe Weise logisch, wie es unser Denken ist", nur eben als „Erkenntnis einer Welt, der es zugleich physische und semantische Eigenschaften zuschreibt." (Lévi-Strauss 1962/1968, S. 308)

Auch die Annahme, dass ‚unser' Denken nicht mehr im illustrierten Sinn magisch oder mythisch ist, wurde strukturalistisch infrage gestellt. Wichtig ist hier der Essayband *Mythen des Alltags*, in dem der französische Literaturwissenschaftler Roland Barthes (1915–1980) die politische und kommerzielle Kultur seiner Gegenwart untersucht hat. Barthes' Kernannahme ist, dass mythischen Sinnverhältnissen eine besondere, doppelte Zeichenstruktur zugrunde liegt: Einerseits steht ein Wort oder Bild für einen bezeichneten Gegenstand, andererseits stehen beide zusammen für ein größeres Ganzes. Ein bekanntes Beispiel beleuchtet zugleich die postkoloniale Situation. Auf dem Cover einer französischen Zeitschrift von 1955 salutiert ein junger schwarzer Soldat – vermutlich vor einer französischen Flagge. Diese erste Einheit von Zeichen und Bezeichnetem vermittelt zeitgenössischen Leserinnen nun auch eine zweite, umfassendere Botschaft: „dass Frankreich ein großes Imperium ist, [und] dass seine Söhne, ungeachtet der Hautfarbe, treu unter seiner Fahne dienen" (Barthes 1957/2012, S. 260 f.). Die Situation, in der auch die Kolonialisierten sich zu Frankreich bekennen, statt etwa Befreiung zu fordern, wird durch das Gesamtzeichen anschaulich und selbstverständlich. Genau dies ist für Barthes die Funktion des mythischen ‚Zeichensystems': Es naturalisiert das geschichtlich Gewordene und auch anders Mögliche. „Auf allen Ebenen der menschlichen Kommunikation bewirkt der Mythos die Verkehrung von *Antinatur* in *Pseudonatur*." (Ebd., S. 130) Die mythische Weltsicht ist also noch in den 1950er Jahren (und wohl bis heute) aktuell, wenn man ihre Form zeichentheoretisch und ihre Funktion ideologiekritisch analysiert.

Spielarten verstehender Soziologie: Goffman, Garfinkel, Oevermann

Die geschilderten Möglichkeiten, sozial geteilten Sinn methodisch distanziert zu verstehen, haben Nachfolger gefunden. Drei Angebote, die in interessanter Weise die pragmatistischen, strukturalistischen und phänomenologischen Ansätze weiterentwickeln (ohne dass sie sich genau einem davon zuordnen lassen), sollen hier noch vorgestellt werden. Erving Goffman hat untersucht, wie die je spezifische Stellung im Handlungszusammenhängen Selbst- und Fremdverständnisse prägt; Harold Garfinkel will die ethnologische Fremdheit in die eigene Gesellschaft zurückübertragen; Ulrich Oevermann versucht in neuer Weise zu zeigen, dass Sinnstrukturen objektivierbar und teilweise universell sind.

Bei Goffman geht es zunächst eher um besondere Sichtweisen. Im Gegenzug zu Meads Einsicht, dass wir die Position anderer einnehmen können, vollzieht er nach, was das Einnehmen sozialer Positionen überhaupt bedeutet. Er nutzt dafür u. a. den Begriff der Rolle (vgl. Goffman 1959/1990, S. 27), der in der Soziologie der Nachkriegszeit generell verbreitet war. Wir begegnen anderen (wie schon die frühe konservative Gesellschaftstheorie gesehen hatte) fast nie bloß als Menschen, sondern immer in sozial bestimmter Gestalt, als Mutter, Kind, Lehrerin oder Chefin. In modernen Gesellschaften kommt (von Konservativen weniger stark betont) hinzu, dass jeder in vielen verschiedenen Positionen dieser Art handeln muss, sodass sie sich austauschbar anfühlen können, eben wie zu spielende Rollen. Für Goffman hat unsere Interaktion insgesamt Züge, die einer Aufführung (*performance*) ähneln (vgl. ebd., S. 28–82; 109–140): Auf der Bühne (*front region*) zeigen wir uns denen, für die unsere Rolle angelegt ist, z. B. als Kellner den Gästen im

Restaurant. Hinter dieser Bühne liegen jedoch gewöhnlich andere soziale Kontexte (die *back region* oder *backstage*), in denen die Darstellung reflektiert wird, etwa die Küche. Wenn ich mich vorn herzlich für das eher kleine Trinkgeld bedankt habe, kann ich darüber hinten empört oder amüsiert berichten. Wir bilden also gemeinsam ‚Rollendistanz' aus, die wir oft auch individuell einnehmen, wenn wir uns z. B. fragen, wie wir auf andere wirken oder wie wir diesen Eindruck verbessern können. Goffmans wichtigstes Buch dazu, *The Presentation of Self in Everyday Life* (1959/1990), wurde durch viele weitere Studien ergänzt, die das Verhältnis individueller Erfahrung und sozialer Perspektiven verhandeln: Worin genau besteht Rollendistanz, *Role Distance* (1961a)? Wie verhalten wir uns, wenn wir mit vielen anderen zusammenkommen – *Behavior in Public Places* (1963)? Und inwiefern ist der soziale Alltag durch Rituale, *Interaction Rituals* (1967) geprägt? In seinem späteren, besonders in der Medienwissenschaft einflussreich gewordenen Buch *Frame Analysis* (1974) geht Goffman genauer auf Verständnismuster ein. Als ‚Rahmen' bezeichnet er hier die verschiedenen sozial vorgeprägten Einordnungen, die bedingen, wie wir Aussagen oder Ereignisse aufnehmen, z. B. als Spiel oder Ernst, Information oder Drohung. Diese Vielfalt von Perspektiven auf die Welt bestimmt unser Zusammenleben ebenso wie die Vielfalt der Handlungspositionen.

Ergänzend hat Goffman gefragt, was geschieht, wenn die Rollen und Rahmen wegbrechen. Ein solcher Verlust bedeutet nicht unbedingt den Zusammenbruch sozialer Ordnung. Er kann auch genutzt werden, um Menschen und Situationen jenseits der Norm zu beherrschen. Den exemplarischen Fall, den Goffman untersucht, bilden die Insassen psychiatrischer Kliniken und anderer ‚totaler Institutionen' wie Gefängnis oder Kaserne. Dort ist nicht zuletzt die räumliche Trennung verschiedener Lebensbereiche aufgehoben:

> „A basic social arrangement in modern society is that the individual tends to sleep, play and work in different places with different co-participants, under different authorities, and without an over-all rational plan. The central feature of total institutions can be described as a breakdown of the barriers ordinarily separating these three spheres of life." (Goffman 1961/1991, S. 13)

Umso stärker werden jedoch die Grenzen von Ein- und Ausschluss gezogen. Die „large managed group" der Insassen ist in den Raum der Institution eingeschlossen, im „contact with the world outside the walls" eingeschränkt und einem „small supervisory staff" unterworfen (ebd., S. 18), der sich frei zwischen Drinnen und Draußen bewegt. Goffmans soziologische Schlussfolgerung zu psychiatrischen Patientinnen lautet, dass ihre Andersartigkeit durch ihre Internierung zumindest stark mit geprägt ist; sie verlieren in diesem Prozess fast alles, was sie zuvor zu gewöhnlichen Gesellschaftsmitgliedern gemacht hatte: „I am suggesting that the prepatient starts out with at least a portion of the rights, liberties, and satisfactions of the civilian and ends up on a psychiatric ward stripped of almost everything." (Ebd., S. 130) Ebenso wie Prozesse der Sinnbildung sozial strukturiert sind, kann man Menschen also auch die Ressourcen der Sinnbildung nehmen.

Die ‚Ethnomethodologie', die Harold Garfinkel entwickelt hat, stellt die Normalität selbst infrage. Anschließend an Schütz will er gerade das Selbstverständliche sichtbar machen; den Weg dahin bestimmt er mit Blick auf die Ethnologie: „treat the rational properties of practical activities as ‚anthropologically strange'" (Garfinkel 1967, S. 9). Hierfür genügt es Garfinkel nicht, einen phänomenologischen Blick einzunehmen oder günstige historische Situationen zu nutzen. Vielmehr entwirft er eine Forschungsmethode, deren Kern ‚Krisenexperimente' sind:

> „Procedurally it is my preference to start with familiar scenes and ask what can be done to make trouble. The operations that one would have to perform in order to multiply the senseless features of perceived environments; to produce and sustain bewilderment, consternation, and confusion; to produce the socially structured affects of anxiety, shame, guilt, and indignation; and to produce disorganized interaction should tell us something about how the structures of everyday activities are ordinarily and routinely produced and maintained." (Ebd., 37 f.)

Beispiele lassen sich gut als Aufgaben für Studierende gestalten: Wie reagiert die Familie, wenn man sich beim nächsten Besuch zuhause verhält wie ein Fremder in einem Hotel? Was geschieht, wenn man an der Bus- oder Bahnhaltestelle fest bestimmte Personen anschaut und den Blick auch bei starken Irritationen nicht von ihnen abwendet? Laut einer ungeprüften, vermutlich übertreibenden Erzählung gingen die Reaktionen, als das letztere Experiment vor einigen Jahren in Deutschland durchgeführt wurde, bis zu einem warnenden Artikel der Lokalzeitung: „Vorsicht, Psychopathen unterwegs!" Garfinkels eigene Ergebnisse sind weniger dramatisch, aber aufschlussreich. Ihm zufolge reagieren Menschen, wenn Routinen gesprengt werden, mit sensibler Reparaturarbeit. Sie fragen nach, spekulieren über die Gründe des seltsamen Verhaltens oder verhalten sich selbst spielerisch anders. Sie erweisen sich dabei nicht als ‚cultural dopes', die blind Eingeübtes ausführen, sondern als Akteure, die Regeln verstanden haben. Im Ergebnis bestätigt die Forschungsmethode also eher die Sinnhaftigkeit der Alltagspraxis. Doch Garfinkel stellt das Normale nicht nur methodologisch infrage. Er hat bevorzugt in Feldern geforscht, in denen darum gerungen wird, was normal ist. Seine Themen umfassen u. a. Selbstmordprävention, Geschlechtswechsel, Geschworenenurteile und Einweisungen in die Psychiatrie.

Ähnliche Ziele und Einsatzfelder hat schließlich auch die ‚Objektive Hermeneutik', die jedoch methodisch ganz anders vorgeht. Die Vertreterinnen dieser von Ulrich Oevermann begründeten Richtung pflegen keine bestimmten Erhebungstechniken, sondern analysieren ‚Texte', verschiedenste Dokumente oder Dokumentationen sozialer Abläufe: Protokolle, Ton- oder Filmaufnahmen,

Schriftverkehr und visuelle Gestaltungen, auch Kunstwerke. Die Idee ist hier, den vorliegenden Sinnzusammenhang möglichst vollständig zu rekonstruieren. Dazu werden die Texte zumeist in erkennbar voneinander abgesetzte, zeitlich aufeinander folgende ‚Sequenzen' unterteilt, z. B. die Äußerungen verschiedener Gesprächspartner, einzelne Sätze oder Satzteile in solchen Äußerungen. Für jede Sequenz fragt nun das Forschungsteam – zur Objektivierung ist wichtig, dass sich nicht nur eine Einzelperson ihre Meinung bildet –, was möglicherweise alles gemeint sein könnte, oder genauer: welchen sozial verbindlichen Regeln die Äußerung folgt. Dazu kommt die allgemeine Regelkompetenz der Forschenden zum Einsatz, etwa ihre Kenntnis der im Text genutzten Sprache, nicht jedoch eine vorab gebildete Deutung der Situation. Vielmehr wird mit jeder analysierten Sequenz klarer, worum es geht. Ein zunächst unverständliches Wort kann sich z. B. im Auswertungsgang eindeutig auf einen Versprecher, falsche Erinnerung, den Dialekt oder eine Beeinträchtigung der Sprechenden zurückführen lassen, aber auch auf (demonstrative) Geringschätzung eines Personen- oder Ortsnamens.

So kleinteilig dieses Vorgehen ist, so umfassend ist der Erklärungsanspruch der Objektiven Hermeneutik: Sie beansprucht, soziale Wirkungszusammenhänge unmittelbar und gültig nachvollziehen zu können. Anders als etwa bei Weber ist der gemeinte Sinn nicht eine „Konstruktion des Wissenschaftlers", die „von außen an die Wirklichkeit herangetragen wird und sie mehr oder weniger zweckmäßig abbildet"; vielmehr werden in der „Rekonstruktion von Sequenzen [...] Strukturgesetzlichkeiten der Wirklichkeit selbst" freigelegt (Oevermann 2002, S. 22). Ob dieser Anspruch stichhaltig ist, können alle wissenschaftlich Geschulten sehen: „Die Gültigkeit von Sequenzanalysen lässt sich unmittelbar am Text bzw. Protokoll selbst direkt und lückenlos überprüfen." (Ebd., S. 24) Oevermann weicht damit provokativ von den üblichen Annahmen ab, dass Gesellschaftsverständnisse, auch die der Forschenden, relativ sind und dass sich Deutungen mit wechselnden Akteuren und Machtverhältnissen verschieben. Trotzdem kommt auch sein Verfahren bevorzugt in Feldern zum Einsatz, in denen der geteilte Sinn zum Problem wird, weil abweichendes Verhalten zu bewältigen ist. Sein zitierter Text sollte eine Soziologie begründen, die mit „klinischer, professionalisierter Interventionspraxis" kooperiert (ebd., S. 29); das Institut, auf dessen Homepage er steht, bietet „methodische Supervision [...] für klientenbezogene Berufe" an (Institut für hermeneutische Sozial- und Kulturforschung 2007). Aktuell kommt die Objektive Hermeneutik vor allem in (sozial-)pädagogischen und therapeutischen Kontexten, aber auch in der Personalentwicklung und bei der Polizei zu Einsatz (vgl. Arbeitsgemeinschaft Objektive Hermeneutik o. J.).

Der Einsatz verstehender Soziologie: Verfremdung und Normalisierung

Die Ansätze und Methoden soziologischen Sinnverstehens erschöpfen sich nicht in den dargestellten Varianten. Theoretisch bescheidenere Instrumente von der Inhaltsanalyse bis zur dokumentarischen Methode helfen Interviews, Gruppengespräche und andere qualitative Erhebungsdaten auszuwerten; für vorhandenes sinntragendes Material stehen Verfahren von der poststrukturalistischen Diskursanalyse (vgl. Kap. 11) bis zu Bildanalysen bereit. Doch die hier versammelten Ansätze verdeutlichen exemplarisch grundsätzliche Möglichkeiten. Die soziale Bestimmtheit von Sinn kann daran festgemacht werden, dass ‚wir' – Forschende und Beforschte – eine gemeinsame Alltagswelt bewohnen und auf Verständnisprobleme stoßen, wenn wir mit anderen Alltagsvollzügen konfrontiert sind. Sie kann weiterhin dabei ansetzen, dass in der Interaktion immer wieder ausgehandelt wird, was bedeutsam ist, wie Situationen zu verstehen sind und wer die Deutungsmacht hat. Schließlich wird das Verstehen auch von Zeichenordnungen und Beziehungsmustern bestimmt, die keiner einzelnen Beteiligten und in keiner einzelnen Situation ganz verfügbar sind. Diese Einsichten der Phänomenologie, des symbolischen Interaktionismus und des strukturalistischen Denkens lassen sich wiederum sehr verschieden einsetzen, um die Sinnhaftigkeit der sozialen Welt infrage zu stellen und damit untersuchbar zu machen – ob in Krisenexperimenten oder Sequenzanalysen.

Bis in die zuletzt genannten Methoden hinein lässt sich die Herkunft der soziologischen Verstehenslehren aus der Ethnologie und der klinischen Psychologie erkennen, und die dort konstitutive Fremdheit ist für sie weiterhin bedeutsam. Einerseits hören sie nicht auf, das Eigene als Fremdes erscheinen zu lassen, also eine Art ethnologischen oder psychologischen Blick einzunehmen. Das bedeutet nicht immer, dass das Eigene bejaht wird. Die Ziele können ideologiekritisch sein und die bestehende Normalität kann sogar praktisch infrage gestellt werden. Andererseits kommt die verstehende Soziologie aber auffällig oft dort zum Einsatz, wo psychologiekritische Autoren wie Foucault und Castel ‚Normalisierung' vermuten – an den Rändern der Psychiatrie und Sozialarbeit, in der Polizei und im Justizwesen. In allen betreffenden Einrichtungen und Tätigkeitsfeldern ist der Umgang mit abweichendem Verhalten organisiert. Die verstehende Soziologie hilft, so ist zu vermuten, bis heute die Verständigungsprobleme zu bewältigen, die an diesen gesellschaftlich definierten Rändern der Normalität auftreten. Darin schreibt sie möglicherweise auch die Expertenherrschaft fort, die man in der Ethnologie und der Psychotherapie aufgedeckt hat.

Literatur

Arbeitsgemeinschaft Objektive Hermeneutik (o. J.): Standorte der Objektiven Hermeneutik DE-CH-AT. www.easymapmaker.com/map/7d7b37267628563c3f56a452284ef5c4 (Abfrage 09.12.2020).

Barth, Fredrik (2005): Britain and the Commonwealth. In: Ders. / Gingrich, Andrew / Parkin, Robert / Silberman, Sydel: One Discipline, Four Ways: British, German, French, and American Anthropology. Cicago, London: The University of Chicago Press. S. 1–57.

Barthes, Roland (1957/2010): Mythen des Alltags. Berlin: Suhrkamp.

Berger, Peter / Luckmann, Thomas (1966): The Social Construction of Reality. A Treatise in the Sociology of Knowledge. Garden City / NJ: Doubleday & Co.

Blumer, Herbert (1969): Symbolic Interactionism. Perspective and Method. Englewood Cliffs / NJ: Prentice-Hall.

Castel, Robert (1976/1983): Die psychiatrische Ordnung. Das goldene Zeitalter des Irrenwesens. Frankfurt a. M.: Suhrkamp.

Chakrabarty, Dipesh (2000): Provincializing Europe. Princeton / NJ: Princeton University Press.

Ehrenberg, Alain (2004): Das erschöpfte Selbst. Depression und Gesellschaft in der Gegenwart. Frankfurt a. M.: Campus.

Freud, Sigmund (1904): Zur Psychopathologie des Alltagslebens. Berlin: S. Karger.

Garfinkel, Harold (1967): Studies in Ethnomethodology. Englewood Cliffs, NJ: Prentice-Hall.

Glaser, Barney / Strauss, Anselm (1967): The Discovery of Grounded Theory. Strategies for Qualitative Research. New York: Aldine.

Goffman, Erving (1956): The Presentation of Self in Everyday Life. New York: Doubleday.

Goffman, Erving (1961a): Role Distance. In: Ders.: Encounters. Two Studies in Interaction. Indianapolis: Bobbs-Merrill.

Goffman, Erving (1961b/1991): Asylums. Essays on the Social Situation of Mental Patients and other Inmates. London: Penguin.

Goffman, Erving (1963): Behavior in Public Places. New York: Free Press of Glencoe.

Goffman, Erving (1967): Interaction Rituals. Essays on Face-to-Face Behavior. Garden City, NY: Doubleday.

Goffman, Erving (1974): Frame Analysis. An Essay on the Organization of Experience. Cambridge / Mass: Harvard University Press.

Heidegger, Martin (1927/2006): Sein und Zeit. 19. Auflage. Tübingen: Niemeyer.

Institut für hermeneutische Sozial- und Kulturforschung (ISHK) (2007): Fallberatung. www.ihsk.de/fallberatung.htm (Abfrage 06.04.2021).

Lévi-Strauss, Claude (1949/1981): Die elementaren Strukturen der Verwandtschaft. Frankfurt a. M.: Suhrkamp.

Lévi-Strauss, Claude (1962/1968): Das wilde Denken. Frankfurt a. M.: Suhrkamp.

Mead, George Herbert (1934/1962): Mind, Self, and Society. From the Standpoint of a Social Behaviorist. Chicago / London: University of Chicago Press.

Münster, Daniel (2012): Postkoloniale Ethnologie. Vom Objekt postkolonialer Kritik zur Ethnografie der neoliberalen Globalisierung. In: Reuter, Julia / Karentzos, Alexandra (Hrsg.): Schlüsselwerke der Postcolonial Studies. Wiesbaden: Springer VS. S. 191–202.

Oevermann, Ulrich (2002): Klinische Soziologie auf der Basis der Methodologie der objektiven Hermeneutik. Manifest der objektiv hermeneutischen Sozialforschung. www.ihsk.de/publikationen/Ulrich_Oevermann-Manifest_der_objektiv_hermeneutischen_Sozialforschung.pdf (Abfrage: 09.12.2020).

de Saussure, Ferdinand (1916/2013): Cours de linguistique générale. Zweisprachige Ausgabe französisch-deutsch mit Einleitung, Anmerkungen und Kommentar. Tübingen: Narr.

Schütz, Alfred (1932/1974): Der sinnhafte Aufbau der sozialen Welt. Eine Einleitung in die verstehende Soziologie. Frankfurt a. M.: Suhrkamp.

Schütz, Alfred (1944/1972): Der Fremde. In: Grathoff, Richard / Luckmann, Benita (Hrsg. und Übers.): Gesammelte Aufsätze. Band 2. Den Haag: Nijhoff. S. 53–69.

Schütz, Alfred (1945/1972): Der Heimkehrer. In: Ders.: Gesammelte Aufsätze. Band 2. Hrsg. v. Grathoff, Richard/Luckmann, Benita. Den Haag: Nijhoff. S. 70–85.

Stocking, George W. (1991): Maclay, Kubary, Malinowski. Archetypes from the Dreamtime of Anthropology. In: Ders. (Hrsg.): Colonial Situations. Essays on the Contextualization of Ethnographic Knowledge. Madison: The University of Wisconsin Press. S. 9–74.

Strauss, Anselm (1959/2005): Mirrors & Masks. The Search for Identity. New Brunswick, London: Transaction Publishers.

Strauss, Anselm (1978): Negotiations. Varieties, Contexts, Processes, and Social Order. San Francisco: Jossey-Bass.

Weber, Max (1921/1976): Wirtschaft und Gesellschaft. Grundriss der verstehenden Soziologie. 5. Auflage. Hrsg. v. Winckelmann, Johannes. Tübingen: Mohr.

Wulf, Erich (1976): Vorwort zur deutschen Ausgabe. In: Castel, Robert: Psychoanalyse und gesellschaftliche Macht. Kronberg: Athenäum. S. 1–6.

Konflikt- und Untersuchungsfronten

11. Kulturkämpfe: Poststrukturalismus und die akademische Klasse

Nach dem Strukturalismus kam der Poststrukturalismus. Diese einfache Angabe reicht natürlich nicht aus, um die vielfältige kultur- und sozialwissenschaftliche Richtung zu kennzeichnen, die Thema dieses Kapitels ist. Nicht zuletzt legen Poststrukturalistinnen Wert darauf, dass das Wort ‚nach' (die Übersetzung von ‚post-') keinen einfachen Sinn hat. Im gegebenen Fall bezeichnet es u. a. eine Absetzung und eine Fortsetzung: Strukturalistische Ideen zu universellen Gesetzen der Sinnbildung werden abgelehnt, doch tragende Annahmen wie die, dass Sinnstrukturen außerindividuell sind, werden übernommen. Generell erscheint die Wirklichkeit des Zusammenlebens und der Zeichenverwendung in der neuen Richtung oft kompliziert und sogar verwirrend. Daher kann es helfen, einige Kontexte und Grundsätze des (erst nachträglich so genannten) Poststrukturalismus zunächst vereinfacht zusammenzufassen, bevor einzelne Positionen dargestellt werden.

Die fraglichen Ansätze breiten sich ab den 1960er Jahren zunächst in Frankreich, dann auch andernorts in vielen Wissenschaften aus: in der Philosophie, Linguistik, Psychologie, Literaturwissenschaft, Kunstgeschichte, Geschichts-, Politik- und Rechtswissenschaft – und in der Soziologie. Einige Disziplinen wie Gender Studies und Postcolonial Studies wären ohne poststrukturalistische Anstöße wohl nicht entstanden, andere wie die Cultural Studies wurden durch sie erheblich verändert. Inhaltlich prägen drei Grundsätze die neue Richtung: Soziale Ordnungen sind vor allem symbolische Ordnungen, niemand kann diese Ordnungen effektiv überschauen oder gar kontrollieren, und auch Theorie kann als verändernde Praxis wirken. Die erste Annahme wurde häufig explizit geäußert, u. a. in radikalen, noch zu erläuternden Formen wie ‚Alles ist Diskurs'. Auch die Idee, dass niemand eine Ordnung beherrscht (und dass niemals ganz Ordnung herrscht), wurde direkt formuliert, etwa von **Michel Foucault** und von **Jacques Derrida**. Sie bestimmt zudem Arbeiten dazu, wie ordnungstragende Unterscheidungen – Vernunft und Wahnsinn, Gesundheit und Krankheit, gesetzlich und kriminell, männlich und weiblich – von vielen Instanzen aufrechterhalten werden und doch immer wieder scheitern. Dabei ergreifen die Poststrukturalistinnen oft Partei für diejenigen, die von der Unterscheidung benachteiligt werden oder gegen sie aufbegehren. Da es um symbolische Verhältnisse geht, können sie dabei schließlich ihre Art des Forschens und Schreibens direkt politisch anlegen bzw. als politische Praxis begreifen. Im Extremfall, etwa bei Derrida, werden die Texte schwer lesbar, weil Üblichkeiten sinnhaften Schreibens unterlaufen werden. Andere Autoren, namentlich Foucault, verweigern provokant normative

Urteile. Und fast durchgängig, betont etwa von Donna Haraway, wird der wissenschaftliche Anspruch infrage gestellt, interessen- und machtfrei nach Wahrheit zu suchen.

Hiervon ausgehend lässt sich nicht nur nachvollziehen, was in poststrukturalistischen Texten geschieht. Ebenso zeichnet sich ab, was die Richtung für viele Wissenschaftlerinnen attraktiv gemacht hat und weshalb sie für andere skandalös (geblieben) ist. Der Vorteil besteht kurz gesagt darin, dass man auch an den Hochschulen geistige Freiheit behaupten kann. Anders als für die Vertreter der Kritischen Theorie stellt sich für Poststrukturalistinnen kaum die Frage, ob sie aus dem akademischen und staatlichen Apparat ganz ausgeschlossen bleiben oder voll integriert werden. Vielmehr entdecken sie die akademische Tätigkeit selbst als Medium politischer Veränderung. Zugleich öffnen sich ihnen politische Möglichkeiten, die mehr Erfolg versprechen als die um 1968 verbreiteten Ideen von Klassenkampf und Revolution. Statt vor den Fabriken gelehrte Flugblätter zu verteilen, konnten die akademischen Intellektuellen mit Reformpsychologinnen streiten oder verfemte schwule Literatur neu entdecken. Spätestens in den 1990er Jahren wurde diese Art akademischer Politisierung in den USA, in Westeuropa und auch in Teilen Osteuropas vorherrschend. Sie fügte sich zudem in die Zeitdiagnose der ‚Postmoderne', die ab den 1980er Jahren viel diskutiert wurde und durch Autoren wie Jean-François Lyotard, Zygmunt Bauman und Richard Rorty mit poststrukturalistischer Theorie verbunden ist. Die inhaltliche Gemeinsamkeit sehen Vertreterinnen und Gegner in einer relativistischen Haltung, die starke ‚moderne' Entscheidungen durch radikale Offenheit für Verschiedenes ersetzte.

Die Nachteile bzw. die Angriffe, denen der Poststrukturalismus ausgesetzt war, bilden die unmittelbare Kehrseite dieser Chancen. Im Feld oppositioneller Politik wurde Intellektuellen wie Lyotard, Derrida, Foucault oder **Judith Butler** oft vorgeworfen, materielle Kämpfe durch eine Art Politik auf dem Papier zu ersetzen. Besonders das Thema ökonomischer Ungleichheit schien bei den radikalen Professorinnen unterzugehen. Wenn heute darüber gestritten wird, ob die ‚Klassenpolitik' früherer Zeiten durch eine ‚Identitätspolitik' verdrängt wurde, liegen die Ursprünge in diesen Debatten und ihrer Vorgeschichte. Auch die Weigerung, nach gängigen Standards rational und moralisch zu schreiben, hat Kritik ausgelöst; **Habermas** sah Foucault und Derrida sogar als „Jungkonservative" (Habermas 1980/1993, S. 52). Allgemein ist die poststrukturalistische Infragestellung von Wissenschaft umstritten. Nachdem Vertreter der Szene zunehmend auch in faktenbetonten Wissenschaften wie Geschichte, Medizin, Biologie und Physik sozio-kulturelle Faktoren freigelegt hatten – Ambiguität, Metaphern, Erzählungen, kolonialistische und patriarchale Traditionen oder Rüstungswettlauf –, folgte Ende der 1990er Jahre der Gegenschlag. Man kritisierte nicht nur eine ‚postmoderne Beliebigkeit', die keine Wahrheit anerkennt, sondern auch den poststrukturalistischen Schreibstil. Der Physiker Alan Sokal reichte als Test 1996 bei der Zeitschrift *Social Text* einen Artikel ein, der in diesem

Stil absichtlich naturwissenschaftlichen Unsinn behauptete. Der Text wurde nach Verhandlungen mit der Redaktion unverändert veröffentlicht, womit der Autor eine Kultur des *Fashionable Nonsense* entlarvt sah (vgl. Sokal/Bricmont 1998). Dieser eine Fall zeigt natürlich nicht, dass jede poststrukturalistische Wissenschaftskritik unsinnig ist. Aber seit der Sokal-Affäre ist der Konflikt klar: Der Vorwurf an die Wissenschaften lautet, als pseudoneutraler Machtapparat zu arbeiten, im Gegenzug wird diese Kritik als unwissenschaftlich verurteilt.

Im Folgenden werde ich hauptsächlich die eigenen wissenschaftlichen Entdeckungen der Poststrukturalistinnen kontextualisiert darstellen. Dazu erläutere ich zunächst, wie in den 1970er Jahren politische und ökonomische Strukturbrüche die Bedingungen intellektueller Praxis verändert haben. Anschließend stelle ich bekannte Texte zum Thema symbolischer Ordnungen vor: Derridas erläuterungsbedürftige Titel *Différance* (1972) und *Grammatologie* (1967), Foucaults Vorlesung *Die Ordnung des Diskurses* (1971) und Lyotards *Bericht über das postmoderne Wissen* (1979). Vor diesem Hintergrund lassen sich soziologisch gestaltete, einflussreiche oder aussagekräftige poststrukturalistische Arbeiten einführen: Foucaults Studien zu Disziplinierung und Sexualität sowie Zeitdiagnosen von Jean Baudrillard und Gilles Deleuze. Ergänzend stecke ich das weitere Feld sozialwissenschaftlicher Anwendungen ab, um schließlich anhand von Texten zur ‚Postmoderne' noch einmal zusammenfassend zu erörtern, welche Umstände den Poststrukturalismus begünstigt haben.

Kontexte: Ökonomischer Strukturbruch und Neue Soziale Bewegungen

Einige Jahre nach den Studierendenprotesten um 1968 begann eine Diskussion über ‚neue soziale Bewegungen'. Inzwischen ist die Bezeichnung ein fester, in Deutschland sogar mit Großbuchstaben geschriebener Begriff. Der Anlass ist nachvollziehbar. In den 1960er und 1970er Jahre traten politische Kräfte auf, die man so bisher nicht gekannt hatte: Initiativen gegen Atomwaffen und den Vietnamkrieg, die Bürgerrechtsbewegung der African Americans und radikalere Fortsetzungen, eine neue Welle des Feminismus, Anfänge der Schwulen- und Lesbenbewegung, antiautoritäre Revolten in Psychiatrie, Pädagogik, Polizei- und Justizwesen, erste Umweltschutzgruppen. Auch der studentische Kampf für demokratisierte Hochschulen verdient einen eigenen Eintrag, und in weniger westlicher Optik stünden die antikolonialen Kämpfe am Anfang. Was das verbindend ‚Neue' dieser ‚Bewegungen' ausmacht, ist weithin umstritten, und je nach Definition kann die Liste auch deutlich kürzer ausfallen. Für dieses Kapitel kommt es nur auf eine häufig vertretene Abgrenzung zur Arbeiterbewegung und auf auffällige (gegen-)kulturelle Komponenten an.

Fast überall wird betont, dass die neuen Kräfte anders sind als die Arbeiterbewegung, die damit als die ‚alte' soziale Bewegung schlechthin gilt (vgl. etwa Touraine 1978, S. 22ff.; Melucci 1980, S. 217f.; Rucht 1994, S. 149f.). Sie grenzen sich oft von einer zentralistischen und staatszentrierten Politik des Sozialismus und Kommunismus ab, sehen den Konflikt zwischen Arbeit und Kapital nicht als schlechthin grundlegend – und vertreten nicht explizit die Interessen einer ökonomisch bestimmbaren Gruppe. Für das, was die fraglichen Vorstöße positiv verbinden könnte, hat die Bewegungsforschung Vieles ins Spiel gebracht: allgemeine Ziele und besondere Identitäten, ‚postmaterielle' Werte oder eine Konzentration auf den Körper, direkte Partizipation und die Abwendung von Politik als solcher. Eher beiläufig wird zudem der deutlich linke Charakter ihrer Anliegen vorausgesetzt. Fasst man eher das Neue als das allen Gemeinsame ins Auge, fällt auf, dass politische Aktivität sehr häufig mit kulturellen Haltungen verbunden wird.

Das betrifft *erstens* bereits den Begriff der Bewegung, der keine bestimmte Organisation (wie Greenpeace oder die Grünen) bezeichnet, sondern ein Bündel von Gruppen und Aktivitäten, die in einem Bereich auf Veränderungen hinarbeiten. Wenn die Beteiligten dabei nicht durch (ähnliche) ökonomische Interessen verbunden sind, müssen sie ihre Gemeinsamkeit durch kulturelle Praxis herstellen, vom Lebensstil bis zur Art des Protesthandelns. „Im Wesentlichen appellieren die neuen Bewegungen [...] gegen die politischen Institutionen an die gelebte Erfahrung, an die Empfindungen, an die Spontaneität" (Touraine 1978, S. 24, Übers. TR). *Zweitens* sind auch ihre Ziele häufig durch Weltsichten, Lebensstile und Selbstverständnisse bestimmt. Die Bandbreite reicht von der Neubelebung indigener Traditionen bis zu offenen Beziehungsformen, von der Kritik aller Autoritäten bis zur Aufwertung von Gemeinschaft. Schon in ersten Überblicken wurde daher behauptet, dass ‚Identität' (*personal identity*) und ihre Anerkennung zum wichtigsten umkämpften Gut wird (vgl. Melucci 1980, S. 218). Dabei geht es *drittens* oft darum, sich aus der Normal- und Mehrheitskultur zu befreien. Die Ausrichtung auf Disziplin, Arbeit, Leistung, Produktion und Konsum, die im ‚Fordismus' gepflegt wurde (vgl. Kap. 5), wird nun als lebensfeindlich und entmündigend angegriffen. Touraine sieht in den sozialen Bewegungen „erste Zeichen einer ‚kulturellen Revolution' [...] gegen die Technokratie und die Fähigkeit, den Konsum, die Bildung und die Information (*la formation et l'information*) ebenso zu manipulieren wie die Arbeit" (Touraine 1973, S. 507, Übers. TR). Solche Motive waren schon bei Adorno und Marcuse wichtig und wurden in der späteren Kritischen Theorie erneut aufgenommen (vgl. Kap. 6). Der Poststrukturalismus entwickelt darüber hinaus Strategien, in der Art des wissenschaftlichen Arbeitens die technokratisch gestaltete Normalität zu untergraben.

Der weitere Kontext, in dem diese Widersetzlichkeiten sich häufen, kann sehr verschieden bestimmt werden. In den ersten Debatten zu den Neuen Sozialen Bewegungen hat man vor allem ökonomische Kompromisse dafür verantwortlich gemacht, dass sich politisch-sozialer Veränderungswille zunehmend kulturell äußerte. In dem Maß, in dem der Klassenkonflikt staatlich vermittelt wurde, die Mitte der Gesellschaft wuchs und der Wohlfahrtsstaat Notlagen abmilderte (vgl. Kap. 7 und 8), wurden Kämpfe um Weltsichten und Lebensformen wichtiger. Laut Habermas können nun zwar die Probleme und Konflikte der kapitalistischen Wirtschaft „administrativ verarbeitet und stufenweise über das politische ins sozio-kulturelle System verschoben werden" (Habermas 1973, S. 60). Doch genau deshalb muss in der Politik immer mehr gerechtfertigt werden, und kulturell fragt sich zunehmend, weshalb die Beteiligten, vor allem jüngere Generationen, im System mitmachen wollen. Statt ökonomischer Krisen drohe damit tendenziell eine „Legitimationskrise" und „Motivationskrise" (ebd., S. 73–128). In den 1970er Jahren entwickelte sich aber auch ökonomisch nicht alles zum Besten. Das rasche Wachstum der Nachkriegsjahre flaute ab, selbst schuldenfinanzierte Staatsausgaben konnten die Konjunktur nicht mehr hinreichend ankurbeln, und seit der Ölpreiskrise von 1973 erwies sich *Der kurze Traum immerwährender Prosperität* (Lutz 1984) zunehmend als Episode. Die 1970er Jahre gelten im Rückblick als ein Jahrzehnt ökonomischer Krise und Ratlosigkeit. Dazu trug auch die noch recht lebendige Arbeiterbewegung bei, die sich seit 1968 vielfach mit den genannten neuen Kräften verbündete. Die verschärften Arbeits- und Ordnungskämpfe ließen konservative Autoren sogar „Unregierbarkeit" befürchten (vgl. Schäfer 2008, S. 6–11). Die oppositionelle Theorie fragt in dieser Lage zunehmend, ob man überhaupt von einer Gesamtordnung ausgehen kann. Während Habermas, Luhmann und andere diese Ordnung insgesamt abbilden wollen und dabei einen funktionierenden Wohlfahrtsstaat voraussetzen, sehen namentlich Foucault und Deleuze nur noch eine Vielzahl von Kampffeldern – und rufen selbst zum Kampf gegen sozialstaatliche Disziplinierung auf (vgl. Reitz 2003, S. 83 f.).

In den Hochschulen werden die fraglichen Umbrüche nicht nur diskutiert, sondern zugleich praktisch greifbar. Nachdem die Hochschulbildung in den 1950er und 1960er Jahren stark ausgebaut worden war (vgl. genauer Kap. 12), kamen hier um 1968 viele der angesprochenen Konflikte zum Ausbruch: um Kriegspolitik, Autorität, Sexualität, kapitalistische Berufsarbeit u. Ä. Für Michel Foucault war es kein Zufall, dass „aus der Universität und aus der Lehre politisch ultrasensible Regionen" wurden (Foucault 1976b/2003, S. 146). Sie zählen zu den Orten, an denen Intellektuelle ihre Tätigkeit neu zu begreifen vermögen, weil sie nicht mehr nur für andere sprechen, sondern unmittelbar anders handeln können. Wie „die Richter und die Psychiater, die Ärzte und die Sozialarbeiter" können auch „die Arbeiter in den Labors und die Soziologen" an ihrem jeweils „eigenen Ort [...] an einer umfassenden Politisierung der Intellektuellen partizipieren" (ebd.).

Wie viel diese Intellektuellen wirklich erreichen können, ist eine anhaltend offene Frage. In jedem Fall haben sich an den Hochschulen wirklich neue Möglichkeiten der Politisierung ergeben. Sie sind nicht nur reich an offenen und verdeckten Machtstrukturen, die man nicht hinnehmen muss. Darüber hinaus können akademische Intellektuelle ihre Stelle als Stützpunkt nutzen, um sich in umfassendere Auseinandersetzungen um Deutungsmacht einzumischen: um die männliche Herrschaft und um Zweigeschlechtlichkeit überhaupt, wissenschaftliche Menschenführung und professionelle Klientenarbeit, europäisch und marktliberal bestimmte Ideen von Fortschritt und Freiheit, die Verfügungsgewalt über die nichtmenschliche Natur. In allen diesen Bereichen haben sich u. a. Poststrukturalistinnen engagiert und ihre besonderen Strategien verfolgt. Sie versuchen die Ordnung schon in der Art des Sprachgebrauchs zu untergraben, und da sie die alten Kontrollformen nicht einfach durch perfektere neue ersetzen wollen, sind ihre bevorzugten Strategien ‚subversiv'. Techniken der Gelehrsamkeit werden zweckentfremdet, klassische und weniger würdige Texte werden verbunden, Sinnordnungen werden ausgehebelt und ironisiert. Beispiele dafür, wie dies geschehen kann, sollen nun ausführlicher vorgestellt werden.

Grundlagentexte: Diskurs, Differenz und Erzählungen

1970 hält Michel Foucault seine Antrittsvorlesung am hochrenommierten Collège de France. Er war davor durch Bücher zur Geschichte der Medizin, des Wahnsinns und verschiedener Wissenschaften bekannt geworden und hatte bereits einen Begriff ausgearbeitet, der bis heute mit seinem Namen verbunden ist: ‚Diskurs'. Gemeint ist damit eine Gesamtheit sprachlicher Äußerungen, deren Gesetzmäßigkeiten man (in strukturalistischer Tradition) auch jenseits der Absichten der Sprecher untersuchen kann. In seiner Vorlesung nutzt Foucault diesen Begriff auf eine neue, soziologisch interessante Weise. Er fragt, wie das Sprechen und Schreiben in einer Gesellschaft geregelt ist. Die Formulierung dazu birgt einige theoretische Neuerungen:

> „Ich setze voraus, dass in jeder Gesellschaft die Produktion des Diskurses zugleich kontrolliert, selektiert, organisiert und kanalisiert (*redistribuée*) wird – [...] durch eine Reihe von Prozeduren, deren Aufgabe es ist, die Kräfte und die Gefahren des Diskurses zu bändigen, sein unberechenbar Ereignishaftes zu bannen, seine schwere und bedrohliche Materialität zu umgehen." (Foucault 1971/1991, S. 10 f.)

Interessant ist hier u. a., dass ‚der Diskurs' offenbar zunächst wild wuchert, bevor er geordnet wird. Foucault hat sich später von dieser Auffassung distanziert, aber man kann sie gut nachvollziehen: Dauernd und überall wird mündlich und schriftlich kommuniziert, in Tausenden von Variationen, und was dabei geschieht und entsteht, wird oft als Gefahr für die soziale Ordnung gesehen und bekämpft. Die Seite der drohenden Unordnung spricht Foucault nur kurz an: In der Sexualität oder Politik werden gefährliche Kräfte durch Worte keineswegs nur gebändigt, sondern auch wachgerufen (vgl. ebd., S. 11). Viel genauer schildert er, was am Sprechen und Schreiben geregelt wird: was gesagt werden kann, was nicht gesagt werden darf, was eine Antwort verdient, wer zu wem sprechen darf und welche Konsequenzen das gewöhnlich hat. Ein Beispiel bildet die Zulassung zu Sprecherpositionen, die auf zwei Weisen gestaltet sein kann. Einerseits gibt es „Diskursgesellschaften", etwa von Priesterinnen oder von Dichtern, zu denen nur wenige Zugang haben; andererseits ist der Zugang zu begehrten Positionen oft an bestimmte Aussagen oder „Doktrinen" gebunden (vgl. ebd., S. 27–29) – etwa an die marxistisch-leninistische Lehre im Staatssozialismus. Indem Foucault solchen Beispielen Diskursregeln zur Seite stellt, die etwa Expertenwissen oder „das technische und wissenschaftliche Geheimnis" betreffen (ebd., S. 28), zeigt er, dass die Kontrolle des Redens und Schreibens auch in liberalen Gesellschaften eine gewaltige Macht darstellt.

Das Unberechenbare und die ‚Materialität' des Diskurses, die Foucault ebenfalls anspricht, haben andere genauer untersucht. Die Zeichen, die wir verwenden, haben wir in der Regel weder selbst erfunden, noch kann sie eine Person überblicken. Vielmehr sind sie sozusagen in Bibliotheken, Wörterbücher und Grammatiken, Schrifttypen, Druckerpressen, Tastaturen, Textverarbeitungsprogramme, mündliche und schriftliche Äußerungen zerstreut. Wichtige Begriffe hierfür hat Jacques Derrida geprägt: Schrift, Differenz (bzw. ‚différance') und Dekonstruktion. Da alle diese Begriffe (auch ‚Schrift') bei Derrida sehr erläuterungsbedürftig (und philosophisch) sind, werde ich nur umreißen, wie er sich vom Strukturalismus absetzt und was seine Position für Politik und Sozialwissenschaften bedeutet.

Derrida hat in seinem Buch *Grammatologie* (1967) ausgeführt, dass die linguistische Unterscheidung von Bezeichnendem und Bezeichnetem, Signifikant und Signifikat (vgl. Kap. 10) eine Schwäche hat: Während unsere materiellen Zeichen relativ einfach zu erkennen und zu reproduzieren sind, ist weniger klar, was genau das Bezeichnete ist. Stelle ich mir, wenn ich ‚Baum' sage, einen bestimmten Baum oder ein Baum-Schema vor? Habe ich eigentlich eine Definition im Kopf, die ich allerdings nicht direkt formulieren kann? Kann ich einfach bei Bedarf Bäume von anderen Dingen unterscheiden? Verlasse ich mich auf das Fachwissen der Botanikerin? Derrida führt wiederholt vor, dass alle diese Muster keine feste Bedeutung gewährleisten, sondern dass sich das Gemeinte im Spiel der Signifikanten ständig verschiebt. Diesen Prozess erläutert das Wort *différance*. Die irreguläre Schreibung – im Französischen heißt es korrekt ‚différence', bei uns ‚Differenz' – weist nicht nur darauf hin, dass die Schrift nicht bloß Laute abbildet – e und a werden hier gleich gesprochen (vgl. Derrida 1972/1981, S. 32). Die ‚différance' lässt (als eine Art Partizipform) auch an das Verb ‚différer' denken, das häufig ‚(sich) unterscheiden' bedeutet. Um zu begreifen, was ‚Baum' heißt, gehen wir Unterschiede zu anderen Pflanzen u. a. durch. Ebenso meint ‚différer' aber auch ‚verschieben' und ‚aufschieben' (vgl. ebd., S. 36): Indem wir Unterschiede machen, Dinge vergleichen oder Expertinnen hören, verschiebt sich oft unsere Auffassung, und der

Augenblick, in dem wir einen Begriff oder Satz vollständig verstehen, wird immer weiter vertagt. Derrida hält den Anspruch, Worte vollständig zu verstehen, daher für eine ‚Metaphysik der Präsenz'; für die irrige Vorstellung, dass wir irgendwann das ganze System der Zeichen auf einmal überblicken könnten – während wir uns doch immer nur durch die verstreuten Zeichenstrukturen bewegen. Das Projekt, dies an scheinbar klaren Begriffen und Unterscheidungen wie ‚Bezeichnendes' und ‚Bezeichnetes' zu zeigen, nennt Derrida ‚Dekonstruktion'.

Dieser Ansatz eröffnet neue sozialtheoretische Möglichkeiten. Auf der einen Seite sieht Derrida, wenn zu viel sprachliche Einheitlichkeit unterstellt wird, oft soziale Herrschaft im Hintergrund. Er kritisiert einen europäischen „Ethnozentrismus" und „Logozentrismus" (Derrida 1967, S. 11), der sich die Welt des Bezeichneten durch Verstehen aneignen will. ‚Logozentrisch' ist daran, dass man die selbstbewusste Rede und Vernunft in den Mittelpunkt stellt. ‚Ethnozentrisch' wird dies, weil die Betonung selbstbewussten Denkens europäische Ansprüche auf Überlegenheit stützt. Später ist auch von ‚Phallogozentrismus' die Rede, weil typisch männliche Autoritäten den Gebrauch von Zeichen zu beherrschen beanspruchen. Auf der anderen Seite will Derrida zeigen, wie sich solche symbolisch-sozialen Ordnungen selbst untergraben. Ein gutes Beispiel bildet ein autobiografischer Text, dem zufolge immer nur andere die eigene Sprache vollständig beherrschen. Als algerischer Jude war Derrida in seiner Kindheit in den 1940er Jahren zeitweise französischer Staatsbürger, zeitweise nicht; in der Schule las er klassische Literatur für Franzosen, doch die darin geschilderte Welt kannte er nur aus Büchern, bis er zum Studium nach Paris ging (vgl. Derrida 1996/2003, S. 29–36; 64–75). Die kolonialistisch bedingte räumliche Verteilung und Veränderung der Zeichensysteme führt insgesamt dazu, dass er keine stabile Identität als Franzose hat. Derrida begreift dies unausweichlich – „Jede Kultur ist ursprünglich kolonial" (ebd., S. 67) – und sogar als Chance; wenn sich Identität immer in Differenzen und Verschiebungen auflöst, gibt es keine festen Grundlagen für Nationalismus oder Rassismus.

Etwa zehn Jahre nach Derridas Grundlagentexten und Foucaults Vorlesung hat Jean-François Lyotard einen Bericht für die kanadische Regierung geschrieben, in dem er ähnliche Ideen mit einer Zeitdiagnose verbindet. Auch für Lyotard ist die soziale Realität durch Zeichengebrauch bestimmt. Er spricht hier nicht von ‚Diskurs' oder ‚Schrift', sondern von ‚Sprachspielen'. Der österreichische Philosoph Wittgenstein hatte mit diesem Begriff verdeutlicht, dass „Sprache" gewöhnlich mit „Tätigkeiten [...] verwoben ist" (Wittgenstein 1953/1984, S. 241). Lyotard betont umgekehrt, dass die Gesellschaft aus Situationen geregelten Sprachgebrauchs besteht: Seminare und Publikationen an der Universität, Akten und Schriftverkehr in Büros, Befehle und Ränge im Militär. Für Lyotard ist die Hauptfrage sozialer Ordnung daher – zumal in einer Wissens- und Informationsgesellschaft –, was die jeweiligen Sprachregeln rechtfertigt und verbindet. Die stärkste Antwort geben für ihn sinnhafte Verbindungen, die er ‚Erzählungen' nennt. Eine Stammesgesellschaft wird etwa durch Erzählungen zu den Ahnen, Mond oder Sonne zusammengehalten, die Kirche durch die Erzählung der biblischen Offenbarung und das moderne Europa durch Erzählungen von wissenschaftlichem Fortschritt und sozialer Emanzipation. An diese ‚großen Erzählungen', knüpft sich Lyotards bekannteste These. Während sie in der Moderne alle Sprachspiele verbinden sollten, hat die „postmoderne Welt" keine solche Über-Struktur mehr und vermisst sie nicht einmal: „Die Sehnsucht nach der verlorenen Erzählung ist für einen großen Teil der Menschheit selbst verloren." (Lyotard 1979/1994, S. 122) Diese Diagnose wurde häufig auf die Epoche der ‚Postmoderne' (s. u.) insgesamt bezogen. Sie ist aber auch kennzeichnend für die Politik poststrukturalistischer Autoren. In dem Maß, in dem sie die Machtordnungen unserer Gesellschaften als instabile Zeichenordnungen begreifen, machen sie Aufklärung, Fortschritt und Gleichheit selbst zum Ziel der Kritik.

Analysen: Aufstand der Zeichen, Machttechnologien und Datenkontrolle

Wie man mit poststrukturalistischen Mitteln aktuelle Auseinandersetzungen untersuchen kann, hat mustergültig Jean Baudrillard vorgeführt. Baudrillard ist zunächst mit Studien hervorgetreten, in denen er die Welt der Konsumgüter als Zeichensystem begreift (vgl. Kap. 10). Berühmt wurde er vor allem durch seine These, dass man in einer durch Massenmedien geprägten Gesellschaft immer weniger unterscheiden kann, was wirklich und was erfunden ist (vgl. Baudrillard 1976/1991). In den eben abgesteckten Rahmen passt jedoch besonders gut seine Analyse der Graffiti, die in den 1960er und 70er Jahren aufkommen. Das Thema ist bis heute geläufig: Wo immer der öffentliche, besonders der urbane Raum größere Flächen bietet, sprühen sie jüngere Menschen mit Zeichen und Bildern voll. Anfang der 1970er Jahre wurde stark diskutiert, weshalb das so ist: Ertragen die Jugendlichen die kalte Welt der Betonmauern nicht mehr? Machen sie auf ihre schlechte soziale Lage aufmerksam? Baudrillard findet eine interessantere Antwort. Zum einen stellt er fest, dass sich (auch) die großen Städte zunehmend zu Zeichensystemen entwickeln: Ohne Straßennahmen, Fahrpläne und Verkehrsschilder lesen zu können, finde ich mich nicht zurecht, ohne Codes – Dresscodes, Sprachcodes, Zahlcodes – komme ich nirgends herein. Zum anderen sind auch die Graffiti zumeist Zeichen, aber (für Außenstehende) tendenziell unlesbar und unsinnig. Viele Tags sehen Buchstaben nur ähnlich, und die Buchstaben erscheinen in seltsamer Abfolge: „SUPERBEE SPIX COLA 139 KOOL GUY CRAZY CROSS 136 – das bedeutet nichts, ist nicht einmal Eigenname, sondern [...] gemacht, um das gewöhnliche Benennungssystem aus der Fassung zu bringen." (Baudrillard 1978, S. 26) Insgesamt liegt die Deutung dann auf der Hand. Die symbolische

Ordnung der Stadt, die in der Tat viele sozial ausschließt, wird von den Ausgeschlossenen zurückerobert, indem sie die sinnvollen, funktionierenden Zeichen durch reine Signifikanten überschreiben. „Mit den Graffiti bricht in einer Art von Aufstand der Zeichen das linguistische Ghetto in die Stadt ein.“ (Ebd., S. 28) Der Titel des Aufsatzes, „Kool Killer“, verdeutlicht dies mit einer praktischen Geste: Während es in korrekter Rechtschreibung ‚Cool‘ heißen müsste, hat sich in der Schreibweise ‚Kool‘ das materielle Zeichen (K) verselbständigt. Die Zusammenhänge, die Derrida anspricht, kommen also in der sozio-kulturellen Wirklichkeit vor. Sehr viele Themen verlangen allerdings auch, dieses Grundmuster zu ändern und zu erweitern.

Michel Foucault ist sicher der poststrukturalistische Autor, der am stärksten in die Soziologie hineingewirkt hat. Seiner Antrittsvorlesung folgen zwei Bücher, die besonders viel gelesen wurden: *Überwachen und Strafen* (1975) sowie der erste Band von *Sexualität und Wahrheit* (*Histoire de la sexualité*, 1976). In beiden Büchern untersucht Foucault nicht mehr vorrangig Ordnungen des Wissens (*savoir*), sondern solche des sozialen Handelns, des Könnens bzw. der Macht (*pouvoir*). Er weicht sogar noch weiter von der bisher nachgezeichneten Linie ab. Statt weiter (nur) symbolische Ordnungen zu betrachten, wendet er sich nun (auch) dem menschlichen Körper zu, der verschieden trainiert werden kann und bis in Lebensprozesse hinein sozial bestimmt wird. Das Angriffsziel bleiben Ordnungen überhaupt, gerade wenn sie Grundsätzen der Aufklärung folgen. Auch ein reformierter Strafvollzug, der die Täterinnen resozialisieren soll, und sogar die Befreiung der Sexualität werden bei Foucault als Formen von Machtausübung entlarvt. Hierfür entwickelt er in seinem späteren Werk Begriffe, die auch für andere Themen einsetzbar sind: Disziplinarmacht, Regulierungsmacht und generell Machttechnologien, Genealogie und Dispositiv.

Auf die ‚Disziplinarmacht‘ stößt Foucault bei seinem Projekt, die Geschichte des modernen Strafvollzugs neu zu erzählen. In den Gefängnissen, aber auch in den Fabriken, in Schulen und beim Militär wurde ihm zufolge in der Frühen Neuzeit entdeckt, dass man Menschen nicht nur beherrschen kann, indem man ihnen möglichst viel verbietet. Viel wirksamer ist es, sie kleinteilig in bestimmte Verhaltensweisen einzuüben oder eben zu disziplinieren: in den Gleichschritt, effizienten Waffengebrauch, Teilaufgaben in der Massenproduktion, richtiges Schreiben und das Aufsagen von Vokabeln. Die ‚Macht‘ wirkt hierbei ‚produktiv‘, weil sie neue Verhaltensweisen hervorbringt, und die Menschen können auch dazu gebracht werden, sich selbst immer besser zu kontrollieren. Im Zweifelsfall löst die bloße Möglichkeit, dass man beobachtet werden kann, den Selbstzwang (vgl. Kap. 1) aus – eine Idee, die Foucault sogar in einem historischen Gefängnisentwurf findet, dem ‚Panopticon‘ Jeremy Benthams (vgl. Foucault 1975/1994, S. 251–292). Mit dieser unüblichen Entstehungsgeschichte oder ‚Genealogie‘ kritisiert Foucault nicht nur konkret die Resozialisierung. Er gewinnt auch die allgemeine Theorie, dass Gesellschaften wiederholt neue Technologien der

Menschenführung entwickeln. Kurz später ergänzt er eine weitere solche Technologie, die bereits angesprochen wurde: die Regulierungsmacht (vgl. Kap. 3), die Bevölkerungen als Gesamtheit steuert, also etwa Geburten- oder Infektionsraten erhöht oder absenkt.

Auf Sexualität greifen beide Machttechnologien zu. Sie umfasst disziplinierbares körperliches Verhalten, das zugleich entscheidend für die Bevölkerungspolitik ist. Foucault folgert daraus, dass in der Moderne nicht vorrangig die Unterdrückung, sondern die ständige Thematisierung von Sexualität menschliches Verhalten zu kontrollieren erlaubt:

> „Der Sex eröffnet den Zugang zum Leben des Körpers wie zum Leben der Gattung. [...] Darum wird die Sexualität im 19. Jahrhundert bis ins kleinste Detail [...] hinein verfolgt; man lauert ihr in den Verhaltensweisen auf und jagt ihr nach in den Träumen; man [...] verfolgt sie bis in die ersten Jahre der Kindheit zurück [...]. Sie wird aber auch zum Thema politischer Operationen, ökonomischer Eingriffe (durch Förderung oder Einschränkung der Fortpflanzung), ideologischer Kampagnen [...]: man macht die Sexualität zum Dynamometer einer Gesellschaft, der sowohl ihre politische Energie wie ihre biologische Kraft anzeigt." (Foucault 1976a/1983, S. 174)

Damit liegen zwei weitere Pointen nahe. Inhaltlich ordnet Foucault auch die ‚biopolitische' Sorge totalitärer Staaten um die Gesundheit und Lebenskraft ihrer Bevölkerung dem Thema Sexualität zu: Die Zugehörigen müssen durch ein ‚gesundes' Liebes- und Familienleben ihre Gemeinschaft stärken (und zeigen, dass sie dazugehören); zugleich werden Nichtzugehörige und Ausgeschlossene ‚eugenisch' an der Fortpflanzung gehindert oder getötet, damit sie die Lebenskraft des Volkes nicht schwächen. Wenn all das zutrifft, sollten die Vertreter freier Sexualität neu überlegen, wie sie sich von der staatlichen Biopolitik abgrenzen. Methodisch nimmt Foucault an, dass Sexualität in gewisser Weise erst durch ihre Regulierung geschaffen wird. Auch wenn sich Menschen immer schon fortgepflanzt, erregt und befriedigt haben, befassen sich erst seit dem 19. Jh. Pädagogen, Mediziner, Psychologinnen und Politikerinnen konzentriert mit Hygiene und Bevölkerungsentwicklung, gynäkologischer Vorsorge und Behandlung, normalen und ‚perversen', etwa gleichgeschlechtlichen Praktiken, den Effekten verdrängter Begehren, Selbstbefriedigung und -erprobung bei Kindern und Jugendlichen usw. Foucault nennt die Strukturen, die so eine neue Erfahrungs- und Handlungswirklichkeit wie die Sexualität hervorbringen, ‚Dispositiv'. Er versteht darunter eine Gesamtheit sprachlicher und nichtsprachlicher Vorkehrungen (vgl. Foucault 1978, S. 119 f.), die zwar weder zentral geplant noch von einer einzigen Gruppe beherrscht werden – dieser Punkt ist Foucault sehr wichtig –, aber das Verhalten fast aller bestimmen. Eine Einheit bildet ein Dispositiv wohl u. a., weil es auf eine bestimmte ‚Dringlichkeit' (*urgence*) antwortet (ebd., S. 120) – etwa auf die Frage, wie Liebe und Fortpflanzung jenseits von Tradition und Familienpolitik geregelt werden können. Am wichtigsten ist jedoch, dass es Menschen auf neue Weisen zu führen erlaubt – von der Sexualmedizin bis zur ,Volksgemeinschaft'.

Die weiteren beiden Bände zur Geschichte der Sexualität, die Foucault noch fertiggestellt hat, versprechen Aufschlüsse dazu, wie Menschen gelenkt werden. Sie beschäftigten sich genauer mit ihrer Selbstführung oder der Weise, in der sie ihr Bedürfnisleben mit kulturellen Regeln abgleichen. Diese Analyse des ,Selbst' oder der ,Subjektivität', die Foucault im Vorwort zu Band 2 sehr interessant allgemein umreißt, ist allerdings konkret kaum ausgearbeitet. Foucault interpretiert in seinen letzten beiden Büchern einige antike Texte zu erotischen Lebensregeln, dringt aber nicht mehr zur modernen Sexualität vor. 1984 stirbt er an AIDS.

Wie man Foucaults Machtanalysen nutzen und fortführen kann, zeigt ein kurzer, visionärer Text von Gilles Deleuze, der einen Umbruch in den Machttechniken annimmt. Er verortet die von Foucault untersuchte ,Disziplinarmacht' in abgeschlossenen sozialen Umgebungen oder ,Milieus', die in Schwierigkeiten geraten sind: „Wir befinden uns in einer allgemeinen Krise aller Einschließungsmilieus, Gefängnis, Krankenhaus, Fabrik, Schule, Familie" (Deleuze 1990/1993, S. 255). Während diese Kontexte aufgebrochen und reformiert würden, setzten sich „neue Kontrollmechanismen" (ebd.) durch, die vor allem auf der Erfassung von Daten über die Beteiligten beruhen. Aus den unteilbaren ,Individuen' werden dabei ,Dividuen', von denen jeweils eine Teileigenschaft wie ihr Kontostand, eine Konsumvorliebe oder eine Kompetenz zählt. Deleuze sagt großenteils hellsichtig voraus, was dies für den (geöffneten) Strafvollzug, das (lebenslange) Lernen, die (präventive) Gesundheitsversorgung u. Ä. bedeutet. Besonders detailreich schildert er die wirtschaftliche Gestalt der Kontrollgesellschaft:

> „In der aktuellen Situation ist der Kapitalismus [...] nicht mehr an der Produktion orientiert, die er oft in die Peripherie der Dritten Welt auslagert [...]. Was er verkaufen will, sind Dienstleistungen, und was er kaufen will, sind Aktien. [...] Daher ist sein wesentliches Merkmal die Streuung [...]. Familie, Schule, Armee, Fabrik sind keine unterschiedlichen Milieus mehr, die auf einen Eigentümer konvergieren, Staat oder private Macht, sondern sie sind chiffrierte, deformierbare und transformierbare Figuren ein und desselben Unternehmens, das nur noch Geschäftsführer kennt." (Ebd., S. 260)

Stärken und Schwächen des von Foucault geprägten Ansatzes liegen hier eng beieinander. Einerseits hat Deleuze ausgehend von den vorherrschenden ,Machttechnologien' sehr früh erkannt, wie sich die neoliberale und informationsbasierte Wirtschaft entwickelt (s. u. sowie Kap. 12 und 13). Andererseits sieht es bei ihm so aus, als würde die Art der Menschenführung ganze Gesellschaften und Epochen bestimmen – obwohl man doch aufhören wollte, alle einzelnen Kämpfe vom Ganzen her zu denken.

In der Soziologie hat Foucault mindestens zwei Forschungslinien geprägt: die Diskursanalyse und die ‚Gouvernementalitätsstudien'. Die erste Richtung ist nicht nur durch sein Frühwerk, sondern auch durch seine späteren Studien geprägt worden. Mit ihnen kann man einerseits herausstellen, dass auch Äußerungen, Sprecherpositionen usw. soziale Wirklichkeit sind, und andererseits an sprachlichen Zeugnissen nachvollziehen, wie Menschen in Machtordnungen ausgerichtet werden. Wie Medizin und Militär haben auch Politik, Ökonomie und Bildung ihre ‚Diskurse'. Die ‚kritische Diskursanalyse' von Sprachwissenschaftlerinnen wie Ruth Wodak, Norman Fairclough und Siegfried Jäger hat solche Diskurse vor allem im Themenfeld des Rassismus, aber auch in der neuen Sozialdemokratie der 1990er Jahre untersucht. Als Alternative bietet sich die ‚wissenssoziologische Diskursanalyse' von Rainer Keller u. a. an, die Foucaults Ansätze mit phänomenologischer Soziologie (vgl. Kap. 10) und Methoden der qualitativen Sozialforschung verbindet, um die in bestimmten Kontexten erzeugten Texte aufzuarbeiten (vgl. Keller 2005, S. 193–230; 275 ff.). Die Forschungen unter dem sperrigen Titel ‚Gouvernementalität' gehen einen Schritt weiter. Foucault hatte das Kunstwort in Vorlesungen von 1978–79 geprägt, um verschiedene Konzeptionen des Regierens – also erneut der Menschenführung – zu untersuchen. Er hatte diese Idee konkret auf Schriften der ordoliberalen und radikal marktliberalen Wirtschaftstheorie bezogen und damit den Gedanken verbunden, dass den Systemen der sozialen Sicherung ein Umbau bevorsteht (vgl. Foucault 2004, S. 206). Ab den 1990er Jahren haben Foucault-Anhängerinnen in England den Ansatz genutzt, um den (nun allmählich so genannten) Neoliberalismus zu verstehen: den Abbau sozialstaatlicher Garantien, die flächendeckende Einrichtung von Marktmechanismen und den Appell, dass jedes Individuum für sich selbst Verantwortung trägt. Mit der Agenda 2010 der rot-grünen Regierung unter Gerhard Schröder und ihrer Parole ‚Fördern und Fordern' hat sich diese Politik auch in Deutschland durchgesetzt, sodass die neoliberale *Gouvernementalität der Gegenwart* (Bröckling / Krasmann / Lemke 2000) und *Das unternehmerische Selbst* (Bröckling 2006) als ihre Hauptfigur untersucht werden konnten. In der Arbeitssoziologie hatte man etwas früher auch vom *Arbeitskraftunternehmer* gesprochen (Voß / Pongratz 1998), weil nun jeder stetig seine Fähigkeiten verbessern und auf Märkten anbieten sollte. Sachlich sind diese Analysen mit der bekannten Studie zum *Neuen Geist des Kapitalismus* (Boltanski / Chiapello 1999; vgl. Kap 14) verwandt. Methodologisch wurde ihnen (wie auch Boltanski und Chiapello) vorgeworfen, dass sie nur Texte und Anreizsysteme – oder in ihrer Begrifflichkeit: Programme – zur Selbstführung untersuchten, nicht die faktisch beobachtbaren Umbrüche in Einstellungen, Verhaltensweisen und Institutionen. Das Problem, wie umfassend sich soziale Ordnungen als symbolische Ordnungen verstehen lassen, kehrt damit in der soziologischen Rezeption von Foucaults Machtanalysen wieder.

Anwendungs- und Verwandlungsfelder

Die vielfältigen Anwendungen poststrukturalistischer Ansätze veranschaulichen zumindest, dass sich wohl jede soziale Ordnung *auch* als symbolisch begreifen lässt. In klassischen Geisteswissenschaften haben sie es ermöglicht, soziale und politische Auseinandersetzungen in den Texten selbst zu erkennen. Autoren wie Foucault und Derrida waren lange besonders an literaturwissenschaftlichen Instituten beliebt; Literaturwissenschaftlerinnen wie Paul de Man oder Shoshana Felman haben wegweisende poststrukturalistische Studien geschrieben. Das schloss politische Kämpfe ums Ansehen der Beteiligten ein, etwa als bekannt wurde, dass de Man sich 1940–41 als Literaturkritiker in Belgien den nationalsozialistischen Besatzern angepasst hatte. In weniger persönlichen Fällen bestand die politische Strategie darin, auch extrem rechte Autoren wie Heidegger und Schmitt zu nutzen, deren Position aber beispielhaft kritisch durchzuarbeiten. Auch in anderen Fächern blieb die Literaturwissenschaft stilbildend. Das vielleicht bekannteste Beispiel bildet die Analogie von Recht bzw. Rechtswissenschaft und Literatur bzw. Literaturkritik, die alle auf Interpretationen angewiesen sind – was zumal interdisziplinäre Experten wie Stanley Fish betont haben. In Giorgio Agambens Büchern zur römischen Rechtsfigur des ausgestoßenen *Homo Sacer* (erstmals 1995) und Derridas Vortrag zu *Gesetzeskraft* (1991) gehen Rechtsfragen zudem direkt in politische Theorie über. Auch in der Geschichtswissenschaft wurden poststrukturalistische Ansätze aufgenommen; besonders bekannt sind Hayden Whites ‚metahistorische' Studien dazu, dass die Geschichtswissenschaft die Erzählungsmuster und Stilfiguren benötigt, die gewöhnlich in der Rhetorik und erneut in der Literaturwissenschaft untersucht werden.

Sozialwissenschaftlich sind neben den bereits vorgestellten Anstößen Foucaults vor allem Geschlechterforschung, postkoloniale Sichtweisen und Wissenschaftskritik wichtig geworden. Neue feministische Ansätze bzw. die Gender Studies bilden hier den vermutlich größten Komplex. Im theoretischen und politischen Feminismus der 1950er bis 1980er Jahre hatten sich zwei Möglichkeiten herausgebildet, der männlichen Vorherrschaft in Arbeit, Familie, Politik und Kultur (vgl. Kap. 12) zu begegnen: Entweder wurde gefordert, dass männlich dominierte Handlungsmöglichkeiten und Freiheiten (z. B. von Haustätigkeit) auch Frauen in vollem Ausmaß zukommen (eine Position, für die besonders Simone de Beauvoir steht) – oder man setzte auf weibliche Alternativen zur männlich gestalteten Welt. Als Problem galt dann nicht nur, dass besonders Männer arbeiten, forschen und Krieg führen dürfen, sondern die Berufsarbeit, die wissenschaftliche Naturbeherrschung und der Krieg selbst. Dieser Alternative, dem ‚Differenzfeminismus', konnte man allerdings vorwerfen, Klischees über das Wesen der Frauen (als gefühlvoll, naturnah, sorgend) fortzuschreiben. Theoretikerinnen der Lesbenbewegung und des Poststrukturalismus haben eine dritte Möglichkeit ausgeführt: Sie stellen (wie das in Ansätze schon de Beauvoir getan hatte) die zweigeschlechtlichen Muster selbst infrage. Besonders weit geht hier (anschließend an Adrienne Rich, Gayle Rubin, Monique Wittig, Luce Irigaray und andere) Judith Butler. Während häufig zwischen einer biologisch gegebenen Zweigeschlechtlichkeit (*sex*) und kulturellen Geschlechtsmustern und -identitäten (*gender*) unterschieden wird, betont sie, dass wir uns *immer* in der Kultur bewegen – auch wenn wir wissenschaftlich körperliche Unterschiede einordnen. Daher lässt sich vielleicht nie genau angeben, wo die rein natürliche Zweigeschlechtlichkeit anfängt:

> „Are the ostensibly natural facts of sex discursively produced by various scientific discourses in the service of other political and social interests? If the immutable character of sex is contested, perhaps this construct called ‚sex' is as culturally constructed as gender [...]. It would make no sense, then, to define gender as the cultural interpretation of sex, if sex itself is a gendered category." (Butler 1990, S. 7)

Verschiedene Denkbewegungen und Debatten schließen hier an. Sozialwissenschaftlich konnte man nun untersuchen, wie Zweigeschlechtlichkeit im Zweifelsfall hergestellt wird, von Therapien gegen Homosexualität bis hin zu routinehaften Operationen nicht eindeutig männlich oder weiblich geborener Menschen (vgl. Gregor 2015). Politisch blieb die Frage von Homosexualität und ‚queerer', nicht einzuordnender Geschlechtsidentität ein bevorzugtes Kampffeld – bis in Debatten um das Gendersternchen. Zu Butler wurden bald auch kritische Fragen laut: Führt ihr Ansatz nicht dazu, das Materielle als qualitätslosen Stoff zu betrachten, in den sich beliebig kulturelle ‚Diskurse' einschreiben können? Diese letzte Frage wird seit den 2000er Jahren von vielen Seiten gestellt, u. a. im ‚neuen Materialismus'.

Auch im postkolonialen Denken (vgl. Kap. 10) spielt der Poststrukturalismus eine wichtige Rolle, da er europäisch dominierte Zeichen- und Deutungsordnungen anzugreifen erlaubt. Als grundlegend gilt hier Edward Saids Buch *Orientalism* (1978), das diskursanalytisch darlegt, wie die Erforschung des ‚Ostens' koloniale Klischees festschreibt und koloniale Herrschaft rechtfertigt. In einem späteren Beitrag stellt die indische Literaturwissenschaftlerin Gayatri Chakravorty Spivak die naheliegende Alternative infrage, die Unterdrückten für sich selbst sprechen zu lassen. Foucault hatte sich in seiner Intellektuellentheorie öfter in diesem Sinn geäußert; ein Ergebnis war der Interviewtitel: „Der Intellektuelle hat die Aufgabe, Ideen zusammenzutragen, aber sein Wissen ist nur bruchstückhaft im Verhältnis zum Wissen der Arbeiterschaft" (Foucault 1973/2003). Im betreffenden Gespräch, an dem auch der Renault-Arbeiter José beteiligt ist, hat dann aber doch Foucault selbst neun Zehntel Gesprächsanteil. Spivak stellt eine ähnliche Situation für kolonialisierte Bevölkerungen fest: Ihre Befreiung fordern vorrangig gebildete und westlich geprägte Eliten des Landes (wie etwa die in den USA lehrende Spivak selbst). Repräsentation ist also unvermeidlich, und man kann zugespitzt fragen: *Can the Subaltern Speak?* (Spivak 1988/2008). Westliche Intellektuelle sollten für Spivak daher ihre ‚Komplizität' mit dem Kolonialismus erkennen. Vor allem Derrida zeichne sich dadurch aus, „dass er, als europäischer Philosoph, die Tendenz des europäischen Subjekts artikuliert, den/die Andere/n als Randphänomen eines Ethnozentrismus zu konstituieren" (ebd., S. 71). Was Spivak als indische Intellektuelle leistet, ist schwieriger auf eine These zu bringen; sie versucht soziale Konflikte von der Sprache westlichen Fortschritts zu befreien, in der sie gewöhnlich dargestellt werden. Allgemein ist offen, inwieweit sich nichtwestliche Forschende und Aktivisten vom postkolonialen Ansatz vertreten sehen und inwiefern die westlichen Sozialwissenschaften in der Lage sind, die umrissene Kritik zu verarbeiten. Überblicke zeigen, dass in postkolonialen wie in konventionellen politikwissenschaftlichen Texten oft einfach Grundkenntnisse zur Kolonialgeschichte und zur nichtwestlichen Welt fehlen (Ziai 2016, S. 26–36) und dass in der Soziologie weiterhin westliche Erfahrungen das Bild der modernen Weltgesellschaft bestimmen (Boatcă/Costa 2010, S. 74–84).

Die poststrukturalistische Wissenschaftskritik nimmt nicht zuletzt feministische und postkoloniale Impulse auf. Als allgemeine Schlussfolgerung hat Donna Haraway formuliert, dass es irreführend sei, ein allgemein gültiges Wissen jenseits von konkreten menschlichen Weltbeziehungen anzunehmen. Reine Objektivität sei nur für ein göttliches oder männliches Subjekt vorstellbar, dem alle Objekte gleichermaßen verfügbar sind oder scheinen:

> „Feminists, and others who have been most active as critics of the sciences and their claims or associated ideologies, have shied away from doctrines of scientific objectivity in part because of the suspicion that an ‚object' of knowledge is a passive and inert thing. Accounts of such objects can seem to be either appropriations of a fixed and determined world reduced to resource for instrumentalist projects of destructive Western societies, or they can be seen as masks for interests, usually dominating interests." (Haraway 1988, S. 592)

Mit ähnlicher Stoßrichtung wollen auch Bruno Latour und die u. a. von ihm angeregten Science and Technology Studies die Wissenschaften daraufhin untersuchen, wie sie die Welt verändern und strukturieren, statt sie nur zu erkennen. Da viele Soziologinnen bereits lange eine *soziale Konstruktion der Wirklichkeit* (Berger / Luckmann 1966) annehmen, eignen sich diese Impulse für wissenschaftssoziologische Forschungsprogramme. Die Debatte zwischen Wissenschaftskritik und wissenschaftlichen Geltungsansprüchen, die Sokal angestoßen hatte, müsste angesichts ihrer Ergebnisse neu geführt werden.

Nach der Postmoderne: symbolische und ökonomische Politik

Es bleibt zusammenzufassen, wie das Wissen von Haraway, Spivak, Derrida oder Foucault selbst situiert ist. Die Frage, unter welchen Bedingungen ihr Denkstil möglich und erfolgreich wurde, hat man am lebhaftesten in Bezug auf die ‚Postmoderne' diskutiert, die sich ähnlich zur Moderne verhält wie der Poststrukturalismus zum Strukturalismus. Zwei umfassende Einschätzungen sind hier verbreitet. Aus einer politisch-kulturellen Perspektive, die dem poststrukturalistischen Denken nahe steht, haben Autoren wie Lyotard, Bauman und Rorty erklärt, dass erst ‚nach' der Moderne die rationale Weltbeherrschung infrage gestellt wird, die alles erfassen, berechnen, entscheiden und ordnen will. Nach den fatalen Erfahrungen, die man hiermit im frühen und mittleren 20. Jh. gemacht hat, werden nun *Ambivalenz* (Bauman 1991) und *Kontingenz* erlaubt (Rorty 1989). Eine genauere soziologische Reflexion zeigt allerdings, dass gerade die moderne Weltbeherrschung Kontingenz voraussetzt. Kontingent ist nicht nur das unverfügbar Zufällige, sondern auch das praktisch Verfügbare, das eben anders gemacht werden kann; die Idee „totaler Gestaltungsbedürftigkeit von Gesellschaft" geht von einer Idee „totaler Gestaltbarkeit" aus (Makropoulos 1997, S. 32). Die Postmoderne betont in dieser Sicht einfach weniger stark die ‚Gestaltungsbedürftigkeit'. Auch in dieser präziseren Darstellung bleibt jedoch offen, woher die in der Moderne entdeckte und in der Postmoderne gefeierte „Möglichkeitsoffenheit" (ebd., S. 154) kommt. Eine ökonomische Antwort lautet, dass Postmoderne und Poststrukturalismus in einer neuen Phase des Kapitalismus entstehen. Besonders Fredric Jameson hat diese These vertreten. Er stellt fest, dass bei einer Sättigung der Märkte für materielle Güter immer mehr kulturelle Güter verkauft werden müssen – und hebt hervor, dass eine kommerzialisierte Kultur alle Orientierungen in ein Umfeld anderer (Kauf-)Möglichkeiten stellt (vgl. Jameson 1988/1998, S. 18 f.). Kunst und Pop, Tradition und Neues, Ernst und Spiel werden unter diesen Bedingungen frei kombinierbar.

Beide Einordnungen sind plausibel und wohl sogar miteinander vereinbar. Hier sollte jedoch spezifischer gezeigt werden, dass der poststrukturalistische Ansatz im politisch-ökonomischen Epochenbruch von Wissenschaftlerinnen entwickelt wird, die in ihrer akademischen Arbeit zugleich auch als kritische Intellektuelle tätig sein wollen. Sie hatten damit, wie zu sehen war, einigen Erfolg, und konnten besonders an die Neuen Sozialen Bewegungen anschließen. Dabei vernachlässigen sie allerdings tendenziell die nichtsymbolischen Aspekte, die soziale und politische Verhältnisse wohl auch haben – von Ernährung und Wohnraum bis hin zur Rüstungstechnik. Einige Theorien im Feld, etwa die ‚postmarxistische' politische Theorie von Ernesto Laclau und Chantal Mouffe, weisen solche Einwände offen zurück, weil sie eben alle soziale Wirklichkeit als symbolisch begreifen: „Our analysis resists the distinction between discursive and non-discursive practices." (Laclau/Mouffe 1985, S. 107) Die vorgestellten

Ansätze lernen jedoch meistens eher dazu, indem sie die zunächst ausgeblendeten materiellen und ökonomischen Verhältnisse in neuen Zusammenhängen erschließen: in den Codes der Konsumgüter und der kapitalistischen Metropolen, in den Techniken der Disziplinar- und Kontrollmacht, im neoliberalen Verständnis guten Regierens, teilweise sogar in globaler und geschlechtlicher Arbeitsteilung und Ausbeutung. Inwiefern sich akademische Intellektuelle auch in solchen Kontexten unmittelbar politisch verhalten können, bleibt noch zu entdecken.

Literatur

Agamben, Giorgio (1995/2002): Homo Sacer. Die Souveräne Macht und das nackte Leben. Frankfurt a. M.: Suhrkamp.

Baudrillard, Jean (1970/2015): Die Konsumgesellschaft. Ihre Mythen, ihre Strukturen. Wiesbaden: Springer VS.

Baudrillard, Jean (1976/1991): Der symbolische Tausch und der Tod. München: Matthes und Seitz.

Baudrillard, Jean (1978): Kool Killer oder der Aufstand der Zeichen. Berlin: Merve.

Bauman, Zygmunt (1991): Modernity and Ambivalence. Ithaca: Cornell University Press.

Berger, Peter/Luckmann, Thomas (1966): The Social Construction of Reality. A Treatise in the Sociology of Knowledge. Garden City/NJ: Doubleday & Co.

Boatcă, Manuela/Costa, Sérgio (2010): Postkoloniale Soziologie. Ein Programm. In: Reuter, Julia/Villa, Paula I. (Hrsg.): Postkoloniale Soziologie. Empirische Befunde, theoretische Anschlüsse, politische Intervention. Bielefeld: transcript. S. 69–90.

Bröckling, Ulrich/Krasmann, Susanne/Lemke, Thomas (2000): Gouvernementalität der Gegenwart. Frankfurt a. M.: Suhrkamp.

Bröckling, Ulrich (2007): Das unternehmerische Selbst. Soziologie einer Subjektivierungsform. Frankfurt a. M.: Suhrkamp.

Butler, Judith (1990): Gender Trouble. Feminism and the Subversion of Identity. New York u. a.: Routledge.

Deleuze, Gilles (1990/1993): Postskriptum über die Kontrollgesellschaften. In: Ders.: Unterhandlungen 1972–1990. Frankfurt a. M.: Suhrkamp. S. 254–262.

Derrida, Jacques (1967/1974): Grammatologie. Frankfurt a. M.: Suhrkamp.

Derrida, Jacques (1972/1988): Die différance. In: Ders.: Randgänge der Philosophie. Wien: Passagen. S. 29–52.

Derrida, Jacques (1991/1996): Gesetzeskraft. Der „mystische Grund der Autorität". Frankfurt a. M.: Suhrkamp.

Derrida, Jacques (1996/2003): Die Einsprachigkeit des Anderen oder die ursprüngliche Prothese. München: Fink.

Foucault, Michel (1971/1991): Die Ordnung des Diskurses. Erweiterte Ausgabe. Frankfurt a. M.: Suhrkamp.

Foucault, Michel (1973/2002): Der Intellektuelle hat die Aufgabe, Ideen zusammenzutragen, aber sein Wissen ist nur bruchstückhaft im Verhältnis zum Wissen der Arbeiterschaft. In: Ders.: Dits et écrits. Band 2. Frankfurt a. M.: Suhrkamp. S. 524–527.

Foucault, Michel (1975/1994): Überwachen und Strafen. Frankfurt a. M.: Suhrkamp.

Foucault, Michel (1997/2001): In Verteidigung der Gesellschaft. Vorlesungen am Collège de France 1975–1976. Frankfurt a. M.: Suhrkamp.

Foucault, Michel (1976a/1983): Der Wille zum Wissen. Sexualität und Wahrheit. Band 1. Frankfurt a. M.: Suhrkamp.

Foucault, Michel (1976b/2003): Die politische Funktion des Intellektuellen. In: Ders.: Dits et Ecrits. Band 3. Frankfurt a. M.: Suhrkamp. S. 145–52.
Foucault, Michel (1978): Dispositive der Macht. Michel Foucault über Sexualität, Wissen und Wahrheit. Berlin: Merve.
Gregor, Anja (2015): Constructing Intersex. Intergeschlechtlichkeit als soziale Kategorie. Bielefeld: transcript.
Habermas, Jürgen (1973): Legitimationsprobleme im Spätkapitalismus. Frankfurt a. M.: Suhrkamp.
Habermas, Jürgen (1980/1993): Die Moderne – ein unvollendetes Projekt. In: Die Moderne – ein unvollendetes Projekt. Philosophisch-politische Aufsätze. Leipzig: Reclam. S. 32–54.
Haraway, Donna (1988): Situated Knowledges. The Science Question in Feminism and the Privilege of Partial Perspective. In: Feminist Studies 14, H. 3, S. 575–599.
Jameson, Fredric (1988/1998): Postmodernism and Consumer Society. In: Ders.: The Cultural Turn. Selected Writings on the Postmodern, 1983–1998. London / New York: Verso.
Keller, Reiner (2005): Wissenssoziologische Diskursanalyse. Grundlegung eines Forschungsprogramms. Wiesbaden: Springer VS.
Laclau, Ernesto / Mouffe, Chantal (1985): Hegemony and Socialist Strategy. London: Verso.
Lutz, Burkart (1984): Der kurze Traum immerwährender Prosperität. Eine Neuinterpretation der industriell-kapitalistischen Entwicklung im Europa des 20. Jahrhunderts. Frankfurt a. M.: Campus.
Lyotard, Jean-François (1979/1994): Das postmoderne Wissen. Ein Bericht. 3. Auflage. Wien: Passagen.
Makropoulos, Michael (1997): Modernität und Kontingenz. München: Fink.
Melucci, Alberto (1980): The New Social Movements. A Theoretical Approach. In: Social Science Information 19, H. 2, S. 199–206.
Reitz, Tilman (2003): Die Sorge um sich und niemand anderen. Foucault als Vordenker neoliberaler Vergesellschaftung. In: Das Argument 45, H. 1, S. 82–97.
Rorty, Richard (1989): Contingency, Irony, and Solidarity. Cambridge: Cambridge University Press
Rucht, Dieter (1994): Modernisierung und neue soziale Bewegungen. Deutschland, Frankreich und USA im Vergleich. Frankfurt a. M. / New York: Campus.
Said, Edward W. (1978): Orientalism. London: Routledge & Kegan.
Schäfer, Armin (2008): „Krisentheorien der Demokratie. Unregierbarkeit, Spätkapitalismus und Postdemokratie". www.mpifg.de/pu/mpifg_dp/dp08-10.pdf (Abfrage: 20.12.2020).
Sokal, Alan / Bricmont, Jean (1998): Fashionable Nonsense. Postmodern Intellectuals' Abuse of Science. New York: Picador.
Spivak, Gayatri Chakravorty (1988/2008): Can the Subaltern Speak? Postkolonialität und subalterne Artikulation. Wien: Turia + Kant.
Touraine, Alain (1973): Production de la société. Paris: Éditions du Seuil.
Touraine, Alain (1978): La voix et le regard. Sociologie des mouvements sociaux. Paris: Éditions du Seuil.
Voß, Gerd-Günter / Pongratz, Hans J. (1998): Der Arbeitskraftunternehmer. Eine neue Grundform der „Ware Arbeitskraft"? In: Kölner Zeitschrift für Soziologie und Sozialpsychologie 50, H. 1, S. 131–158.
Wittgenstein, Ludwig (1953/1984): Philosophische Untersuchungen. In: Ders.: Werkausgabe. Band 1. Frankfurt a. M.: Suhrkamp. S. 225–580.
Ziai, Aram (2016): Postkoloniale Studien und Politikwissenschaft. Komplementäre Defizite und ein Forschungsprogramm. In: Ders. (Hrsg.): Postkoloniale Politikwissenschaft. Theoretische und empirische Zugänge. Bielefeld: transcript. S. 25–45.

12. Gleichheitsversprechen: Arbeit, Bildung, Geschlecht, Migration

In den vorangehenden Kapiteln sollte deutlich geworden sein, dass die moderne Gesellschaft Gleichheitsversprechen macht. Sie beschränken sich, wie etwa Thomas Marshall herausstellt (vgl. Kap. 9), nicht auf die formelle Gleichheit, also auf Grundrechte und gleiches Wahlrecht; vielmehr stehen besonders ‚soziale Rechte' zur Diskussion. Zugleich hat materiell selten so große Ungleichheit geherrscht wie im späten 20. und frühen 21. Jh. Die Verfügungsgewalt der wohlhabendsten 10%, 1% oder 0,1% der Bevölkerung reicher Länder über Ressourcen und Arbeitsleistungen ist so gewaltig und übersteigt die Mittel der meisten anderen Menschen so sehr, dass sie die Budgets früherer Hochadliger und Könige klein aussehen lässt; innerhalb der reichen Länder ist die Ungleichheit zuletzt sogar noch einmal angewachsen (vgl. Kap. 7). Massive Ungleichheiten herrschen auch bei Sicherheit, Selbstbestimmung, Anerkennung und politischem Einfluss – zwischen Staatsbürgern und Eingewanderten, Managerinnen und prekär Beschäftigten, Hoch- und Geringqualifizierten, Männern und Frauen. Einige dieser Unterschiede werden allmählich abgebaut, andere nicht, häufig führen sie zu Konflikten, und nicht selten haben die Unterprivilegierten erfolgreich ihre Interessen vertreten. Im Folgenden stelle ich dar, wie die Soziologie solche Streitfragen sozialer Ungleichheit angeht und an ihrer Austragung mitwirkt. Wie verarbeitet sie Erfolge der Frauen- und der Arbeiterbewegung, die Ausweitung der Schul- und Hochschulbildung sowie Probleme der Migration?

Die betreffenden Forschungen sind besondere Beispiele der häufig so genannten Bindestrich-Soziologien. Da sich Soziologinnen auf verschiedenste Teile der Gesellschaft spezialisieren können, gibt es nicht nur eine Wissens- und eine Wirtschaftssoziologie, sondern z. B. auch eine Sport-, eine Medizin- und eine Paarsoziologie. Nicht alle diese Soziologien sind gleich wichtig. Die Arbeits-, Bildungs- und Geschlechtersoziologie bieten vergleichsweise viele Stellen und erhalten viele Aufträge, haben bekannte Deutungsmuster hervorgebracht und sind öffentlich präsent – wohl nicht zuletzt deshalb, weil sie grundlegende, tendenziell allgemeine Lebensbereiche betreffen und starke Veränderungsimpulse aufnehmen. Die Soziologie der Migration beginnt (auch in Deutschland) eine ähnliche Bedeutung zu gewinnen und wird hier abschließend als Vergleichsfall herangezogen. Allgemein kennzeichnet die Bindestrich-Soziologien, dass sie gegenstandsorientiert und oft anwendungsbezogen forschen. Methoden können wichtig werden, etwa im Streit zwischen quantitativen und qualitativen Ansätzen in der Bildungssoziologie. Zumeist wird die Debatte jedoch von inhaltlichen Fragen bestimmt: Nimmt die prekäre Arbeit zu; entscheidet soziale Herkunft notwendig über Bildungserfolge; wieso verdienen Frauen immer noch weniger Geld als Männer?

In meiner Darstellung werde ich dieser Fragehaltung in gewisser Weise folgen. Statt zunächst insgesamt zu umreißen, welche Kontextentwicklungen die fragliche Sorte Soziologie möglich gemacht haben, um dann deren Positionen zu schildern, setze ich nach einigen Reflexionen zu Gleichheit unmittelbar bei den Inhalten der Arbeits-, Bildungs- und Geschlechtersoziologie ein. Drei Vorkehrungen sollen dennoch einen gewissen Abstand gewährleisten. Ich werde *erstens* besonders den geschichtlichen Wandel in Arbeit, Bildung, Geschlechterverhältnissen und Migration beleuchten, sodass im Überblick deutlich wird, in welche Kräfteverhältnisse sich die betreffenden Soziologien einschreiben. *Zweitens* frage ich, welche Organisationen und Initiativen hier konkret Forschung finanzieren oder motivieren – und stelle exemplarisch dar, welche Themen dadurch randständig bleiben. In der Arbeitssoziologie bedingt z. B. der starke gewerkschaftliche (und unternehmerische) Einfluss, dass Berufsarbeit nur selten selbst infrage gestellt wird. *Drittens* wecken die Spezialsoziologien das Interesse an Kontexten, die jenseits der jeweiligen Zuständigkeit liegen. Viele Fragen dazu lassen sich stellen und klären, indem man die Teilperspektiven verbindet: Was bedeutet die ausgeweitete Bildung für die Arbeitswelt, was ändert sich in den Geschlechterverhältnissen, wenn ein Familienernährer-Modell durch die Erwerbsarbeit beider Geschlechter ersetzt wird?

Im Folgenden will ich Hauptlinien der genannten Soziologien zu einer kleinen Geschichte der Gegenwart verbinden. Damit soll nicht behauptet werden, dass ihre Themen die schlechthin wichtigsten in unserer Gesellschaft sind; in diesem Fall würde etwa Ökologie fehlen. Aber ich will ausloten, wie die Auseinandersetzung um mehr als formale Gleichheit unsere soziale Ordnung und ihre soziologische Erforschung prägt. Dazu erläutere ich zuerst noch einmal genauer, inwiefern uneingelöste Gleichheitsversprechen Veränderungsdruck schaffen. In drei Abrissen stelle ich dann Themen und Kontexte der soziologischen Arbeits-, Bildungs- und Geschlechterforschung in Deutschland zusammen und arbeite Verbindungen zwischen ihnen heraus. Zum Vergleich ziehe ich schließlich das Forschungsfeld Migration heran, für das sich ähnliche Untersuchungslinien abzeichnen. Im Ergebnis lässt sich genauer erkennen, welche Einsichten die Frage nach Gleichheit eröffnet und welche sie eher versperrt.

Grenzen der Gleichheit

‚Gleichheit' ist ein schwieriger Begriff, solange Menschen sich unterscheiden. Bereits mit den klassischen Mitteln der Sozialstrukturanalyse (vgl. Kap. 7) kann man jedoch recht klar sehen, was *soziale Ungleichheit* ausmacht: große Unterschiede im Zugriff auf allgemein begehrte Güter wie Geld, Macht und Anerkennung, vielerorts auch auf rechtliche Vorteile. Bis in systemtheoretische Analysen (vgl. Kap. 9), zeichnet sich zudem ab, dass Menschen auch gänzlich von Rechten oder Ressourcen ausgeschlossen sein können. Rechte reichen oft nur bis zur Staatsgrenze, und große Gruppen haben (so gut wie) keinen Zugang zu höherer Bildung, politischer Mitwirkung oder sogar zum Arbeitsmarkt. Die seit dem 18. Jh. verbreitete Idee, dass alle Menschen grundsätzlich gleich sind oder gleich behandelt werden sollten, stößt daher auf zwei Probleme: *Unterprivilegierung* und *Exklusion*. Beide Probleme waren für die sozialen Konflikte des 19. und 20. Jh. wesentlich. Die Arbeiterbewegung trat dagegen an, dass die abhängig Beschäftigten arm bleiben, während die Kapitaleigentümer immer reicher werden; der Feminismus hat den Ausschluss der Frauen von Politik, besseren Berufen und persönlicher Selbstbestimmung angeklagt; andere soziale Bewegungen haben sich u. a. gegen rassistische Benachteiligung und Exklusion gewendet. Die Benachteiligten wurden dabei nicht selten staatlich unterstützt. Auch wenn die Regierungen und die höchsten Gerichte oft konservativ besetzt sind und Staatsverwaltungen oft diskriminierend vorgehen, kennen alle liberalen Demokratien Gesetze, Gerichtsurteile und Maßnahmen zur Chancengleichheit, zum Beschäftigtenschutz und gegen Diskriminierung. Es lohnt zu fragen, weshalb im Kampf für mehr Gleichheit zumindest solche Teilerfolge erzielt wurden.

Ein Teil der Antwort ist, dass die Benachteiligten kollektiv ihre Interessen vertreten. Wenn sie solidarisch handeln, können sie die andere Seite unter Druck setzen. Der Musterfall ist der Streik: Eine Gruppe, die untergeordnete, aber wichtige Funktionen hat, kann deren Erfüllung organisiert verweigern. Auch weniger koordinierte Handlungen wie die zahllosen Proteste, Debatten, Anspruchsäußerungen und Regelverweigerungen, mit denen sich Frauen für ihre Gleichberechtigung eingesetzt haben, können Druck aufbauen. Und bis zu Black Lives Matter zeigt sich immer wieder, dass eine Gruppe mit vielen und risikobereiten Betroffenen die Staatsgewalt herausfordern kann – mit gemischten Ergebnissen, aber selten ganz wirkungslos. Ein liberal-demokratischer Staat kann nicht mit bloßer Gewalt antworten, und mittelfristig antwortet er in vielen Fällen sogar konstruktiv. In repräsentativen Demokratien versteht sich das fast von selbst. Wer gewählt werden will, muss große Teile der Bevölkerung für sich gewinnen, nicht nur wenige Privilegierte. Auch in den Verwaltungsstrukturen des Staats und anderer Organisationen können benachteiligte Gruppen Einfluss gewinnen: in Betriebsräten, durch Gleichstellungsbeauftragte, Quotierungen, Beschwerde- und Schlichtungsstellen. Die Interessen der Unterprivilegierten und (teilweise) Ausgeschlossenen werden also auf vielen Ebenen moderner Gesellschaften organisiert vertreten.

Liberale und konservative Theorien haben diese Möglichkeiten tendenziell abwehrend und besorgt beobachtet. Der Ökonom Mancur Olson erklärt in einem bekannten Buch über kollektives Handeln, dass Solidarität nicht freiwillig zustande kommen kann, weil für kein Individuum der mögliche Nutzen die absehbaren Kosten aufwiegt. Wenn tausend Beschäftigte streiken müssten, um eine Lohnerhöhung zu erreichen, werde ich nicht als erster meinen Arbeitsplatz aufs Spiel setzen. Stattdessen wird laut Olson zumindest anfänglich Zwang eingesetzt, vom Verprügeln der Streikbrecher bis zum ‚closed shop' – der Abmachung, dass in einer Firma nur Gewerkschaftsmitglieder eingestellt werden (vgl. Olson 1965, S. 66–97). Strategische Texte der anderen, gewerkschaftsnahen Seite zeigen, dass Benachteiligte sich auch gewaltfrei, wenn auch nicht ohne Werbung und Bluff, organisieren bzw. organisiert werden können (vgl. Alinsky 1971). Eine weitere liberal-konservative Sorge lautet, dass in parlamentarischen Demokratien zwar die Interessen besonders lautstarker und organisierter Teilgruppen berücksichtigt würden, ihnen dann aber die Interessen der schweigenden, nicht organisierten Mehrheit zum Opfer fielen. Friedrich von Hayek, James Buchanan und andere haben so einen wuchernden Wohlfahrtsstaat als fast notwendige Folge der parlamentarischen Demokratie dargestellt (vgl. Manstetten 1999, S. 221–224). Man kann wohlfahrtsstaatliche Strukturen auch positiver sehen (vgl. Kap. 9). Auch dann lohnt es jedoch zu überlegen, ob die Interessenvertretung allein das Ziel des Ungleichheitsabbaus erklärt.

Ähnlich bedeutsam könnte es sein, dass Regelungen in modernen Gesellschaften vorrangig in einer *Sprache der Gleichheit* ausgedrückt werden. Diese Sprache ist einfach zu erlernen und in fast allen Bereichen der Gesellschaft einsetzbar. Vertragspartnerinnen, Staatsbürgerinnen, Studierende oder Patienten sind sozusagen am leichtesten zu verbuchen, wenn man sie nicht noch weiter in Hoch- und Niedrigstehende, Getaufte und Ungetaufte usw. einteilt. Eine komplexere, aber ähnliche Funktion könnte das *Versprechen der Gleichheit* erfüllen. Wo immer Konflikte um Güter, Anerkennung, Leistung o. Ä. auftreten, lassen sich Kompromisse und Lösungen als Gleichheitsarrangements gestalten und rechtfertigen. Den wichtigsten inhaltlichen Beitrag hierzu hat das *Prinzip der Chancengleichheit* (vgl. Kap. 7) geleistet. Wenn irgendwie plausibel gemacht werden kann, dass Reiche und Arme, Anweisende und Ausführende, Professorinnen und Hilfsarbeiter irgendwann ähnliche Startbedingungen hatten, sind große Ungleichheiten zulässig. Zudem lässt sich Chancengleichheit von verschiedenen Seiten politisch besetzen: Sozialdemokratisch kann man bemängeln, dass die Bedingungen noch zu ungleich sind, für Liberale ist wichtig, dass sich die Leistungen der Gleichgestellten auch lohnen müssen, und eine typische grüne Position bestand lange darin, den Ausschluss randständiger Gruppen von der Chancenverfolgung anzugreifen (vgl. Draheim / Reitz 2004, S. 470–474). Diese Offenheit trägt dazu bei, dass auch die Gesamtbilanz im Kampf um gleiche Lebensbedingungen trotz vieler Erfolge offen ist. Fortschreitende Gleichstellung im einen Bereich (etwa zwischen den Geschlechtern) kann durch sinkende Standards andernorts (etwa beim Lohnniveau) erkauft sein, erweiterter Zugang zu bestimmten Positionen (etwa zum Abitur) kann mit der Entwertung von Bildungstiteln oder mit Ausschluss auf höheren Stufen (Bachelor, Master und Doktor, ggf. an bestimmten Hochschulen) einhergehen. Auch eine Gesellschaft, die viel Wert auf Gleichheit legt, kann daher faktisch Unterprivilegierung und sogar Ausschlüsse aufrechterhalten und ausweiten.

Die Soziologien der Ungleichheit können sich in diesem Kontext auf mindestens zwei verschiedene Weisen verorten. Sie können den Diskurs der Chancengleichheit übernehmen (und werden dazu besonders dann neigen, wenn sie staatliche oder parteipolitische Aufträge ausführen); ebenso können sie sich jedoch in Interessenkämpfen engagieren oder engagieren lassen. Auch im zweiten Fall hängen ihre Orientierungen nicht allein davon ab, welche Seite sie unterstützt, wie organisiert und finanzkräftig diese Seite ist. Bessere diskursive Chancen hat vielmehr die Forschung, die zugleich glaubwürdig die Sprache der Gleichheit zu sprechen versteht. Dies ist vielleicht einer der Gründe dafür, dass die Seite der Benachteiligten in der Soziologie deutlich häufiger und ausdrücklicher vertreten wird als die der Privilegierten.

Arbeitssoziologie

Erwerbsarbeit bestimmt einen großen Teil unseres Lebens. Bei voller Berufstätigkeit verbringen wir mehr als ein Drittel unserer wachen Zeit damit, unseren Lebensunterhalt zu verdienen. Biografisch steht vor der Erwerbsarbeit die Ausbildung für sie, und im Ruhestand zählt, was man verdient hat. Selbstständige und Unternehmerinnen machen hier keine Ausnahme. Arbeitslose und Erwerbsunfähige sowie Menschen, die von ihrem Eigentum leben, kommen nur am Rand dieser Ordnung vor; die einzige große Ausnahme haben eine Zeit lang (Ehe-)Frauen gebildet, die dann aber zumeist für Hausarbeit zuständig waren (s. u.). Ein so bestimmendes Thema verdient soziologisch umfassend erforscht zu werden. Die zuständige Teildisziplin ist in Deutschland als Arbeits- und Industriesoziologie geläufig; alternative Bezeichnungen und Ausrichtungen wie Arbeits- und Wirtschaftssoziologie oder Organisationssoziologie zeigen jedoch, dass die Zuständigkeiten umstritten und in Bewegung sind.

Das Untersuchungsfeld hat in jedem Fall eine bewegte Geschichte. Einige der wichtigsten Begriffe dafür setzen bei der Art der Arbeit an. Als übergreifender Trend kann ihre anhaltende *Rationalisierung* gelten. Mit technologischen und organisatorischen Fortschritten werden Prozesse beschleunigt, menschliche Tätigkeiten erübrigt, Kosten eingespart und neue Güter geschaffen. An einigen Technologien macht man ganze Epochen fest: an der Dampfmaschine, an Benzinmotoren, Elektrizität und Fließband, an der Automatisierung physischer Vorgänge und an der Digitalisierung von Informationsflüssen durch Rechner- und Netzwerktechnologie. In Deutschland wurden in letzter Zeit oft genau diese vier Abschnitte gezählt, sodass am Ende die „Industrie 4.0" steht (s. u.). Seit der Mitte des 20. Jh. wird zudem angenommen, dass die technischen Fortschritte immer mehr Arbeit in der Landwirtschaft und Industrie erübrigen, während verschiedenste Dienstleistungen (von Haarschnitt und Paketdienst bis zu Therapien und Unternehmensberatung) zunehmen. Diesen Trend zur *Tertiarisierung*, zur Dominanz des dritten Sektors, den zuerst Jean Fourastié benannt hat, belegen heute eindrucksvolle Zahlen: In Ländern wie Deutschland ist die Beschäftigung im Agrar- und Rohstoffsektor auf rund 1 % und im industriellen Sektor auf ca. 24 % der Beschäftigten geschrumpft; die restlichen drei Viertel sind Dienstleistungen (vgl. Schwahn et al. 2018, S. 25). Noch stärker wurden etwa die US-amerikanische und die britische Wirtschaft deindustrialisiert (vgl. ebd., S. 27). Darüber hinaus wurde in neuerer Zeit bemerkt, dass besonders geistige oder ‚symbolanalytische', mit Zeichen befasste Arbeiten zunehmen (vgl. Reich 1991, S. 171–241). Viele Autoren vermuten, dass dies die entscheidende soziale Spaltung der Zukunft anbahnt: Während manuelle und standardisierte Tätigkeiten den Maschinen überlassen oder besonders niedrig entlohnt werden, wächst der Bedarf an hochqualifizierter, nicht routinisierbarer Nicht-Handarbeit – die deutlich besser bezahlt wird (vgl. Brynjolffson / McAfee 2016, S. 73–83). Einige Berechnungen leiten aus der *Digitalisierung* der Produktion und dem Einsatz lernender Algorithmen sogar ab, dass auch Nichtroutine-Jobs bedroht sind, sodass eine allgemeine Arbeitsmarktkrise bevorsteht (vgl. bes. Frey / Osborne 2013). Doch wie sich die Beschäftigungslage entwickelt, hängt auch von nichttechnologischen Konstellationen ab, die namentlich zwischen Beschäftigten und Unternehmen bestehen und ausgefochten werden.

Hier sind weniger lineare Trends erkennbar. Eher wechseln sich verschiedene, einander tendenziell entgegengesetzte Ordnungen ab. So analysiert man es zumindest oft im Fall des *Normalarbeitsverhältnisses*, das um die Mitte des 20. Jh. durchgesetzt und zu seinem Ende hin wieder aufgelöst wurde. Das Muster, dass Arbeitnehmer gewöhnlich in Vollzeit und unbefristet eingestellt sind, lange bei einer Firma bleiben, von ihrem Lohn eine Kleinfamilie ernähren können und wohlfahrtsstaatlich umfassend abgesichert sind, wurde nach den ersten ‚fordistischen' Ansätzen in den USA (vgl. Kap. 5) vor allem in Westeuropa zum Standard. Es bildet ein Kernstück der westlichen Sozialkompromisse der Nachkriegszeit (vgl. Kap. 7). Der Begriff ‚Normalarbeitsverhältnis' wurde in Deutschland erst 1984 geprägt, als das fragliche Arrangement seine Hochphase schon hinter sich hatte (vgl. Kronauer 2017, S. 171). Robert Castel bietet für die französische Version weitere Begriffe an, vom ‚salariat' (die Ordnung oder die Klasse der Gehaltsempfänger) bis zum ‚Sozialeigentum' (Ansprüche auf Rente u. a., die Arbeitnehmerinnen ähnlich absichern wie Privateigentümer; vgl. Castel 1996/2000, S. 285–297; S. 236–281). Castels Studie widmet sich jedoch vor allem der Auflösung dieser Ordnung seit den 1980er Jahren. Fast alles, was in Beschäftigungsverhältnissen in den letzten Jahrzehnten umstrukturiert wurde, lässt sich diesem Prozess zuordnen.

Der deutlichste Begriff ist hier *Prekarisierung*: An die Stelle fester Beschäftigung treten wechselnde Jobs und Aufträge, die oft nicht einmal den Lebensunterhalt für Individuen oder Haushalte abdecken. Ab Mitte der 1990er Jahre (in den USA und im Vereinigten Königreich auch schon deutlich früher) wurden Beschäftigte mit unternehmerischen und politischen Mitteln in diese Lage gebracht: Minijobs, Leiharbeit, Werkverträge, befristete Beschäftigung, ‚Ich-AGs' und neue (Schein-)Selbständigkeit (vgl. Brinkmann / Dörre / Röbenack 2006, S. 19–32), die Kürzung von Arbeitslosengeld oder seine Kopplung an Arbeitsverpflichtungen (*workfare* statt *welfare*, in Deutschland ‚Hartz IV'). Die Beschäftigten rutschten damit in großem Umfang von einer ‚Zone der Sicherheit' in eine ‚Zone der Verwundbarkeit' ab (vgl. ebd., S. 239–41; die Begriffe stammen von Castel). In Bereichen, in denen die berufliche Existenz weniger stark gefährdet ist (bzw. in Analysen, die dies weniger betonen), spricht man auch von *Flexibilisierung*: dem Ansatz, tendenziell alle betrieblichen Strukturen und Abläufe beweglicher zu gestalten. Hierarchien sollen ‚flacher' werden, indem auch zuvor Untergeordnete Entscheidungsspielräume erhalten und mitsprechen dürfen; Beschäftigte und Betriebseinheiten müssen nun auf internen Märkten miteinander konkurrieren. Als besonders dynamische Einheit in und zwischen Unternehmen gilt schließlich das ‚Projekt', das ansonsten nur lose vernetzte Individuen für eine begrenzte Zeit zusammen verfolgen (vgl. Boltanski / Chiapello 1999/2003, S. 147–188). Die deutschen Soziologen Klaus Peters und Dieter Sauer fassen alles dies als *indirekte Steuerung* zusammen, bei der die „Unterordnung unter den fremden Willen" durch die „Instrumentalisierung des eigenen Willens" ersetzt wird (Sauer / Peters 2005, S. 12). Dass dieser Wille im Beruf mehr Raum erhält, die Individuen sich mit ihrer Tätigkeit identifizieren sollen und noch stärker als früher von ihrem Erfolg abhängig (gemacht) werden, wurde mit verschiedenen, u. a. poststrukturalistisch geprägten Begriffen beschrieben: von der „Subjektivierung der Arbeit" bis zum „Arbeitskraftunternehmer" (vgl. Kap. 11).

Die Randbedingungen und Effekte der teils angestrebten, teils umgesetzten Veränderungen lassen sich von globalen Zusammenhängen bis in individuelle Selbstverhältnisse verfolgen. Zum einen wurden sie in einer Welt durchgesetzt, deren Regionen (besonders nach dem Zusammenbruch des Staatssozialismus) wirtschaftlich immer enger verflochten waren. Wenn Arbeitskräfte zu teuer wurden, konnten Unternehmen nun Teilprozesse an osteuropäische, asiatische oder lateinamerikanische Standorte auslagern (oder zumindest mit *Offshoring* drohen). Die u. a. dadurch entstehenden internationalen ‚Wertschöpfungsketten' werden in der Arbeitssoziologie eigens untersucht; inzwischen wird sogar ein Trend zum *Reshoring* diskutiert (vgl. Butollo 2020). Auch Arbeitsmigration ist in diesem Kontext wichtiger geworden, zumal wenn sie wie im EU-Raum durch rechtliche Vereinheitlichung und Arbeitnehmerfreizügigkeit erleichtert wurde. Zum anderen wandelt sich mit der flexiblen Arbeit das innere Verhältnis der Menschen zu ihren Berufen, und die Grenzen zwischen Arbeit und Privatleben werden flüssig. Für ein Projekt können meine politischen und sogar persönlichen Kontakte ebenso wichtig sein wie meine beruflichen Netzwerke, und je stärker die Arbeit subjektiviert ist, desto schwerer kann ich zwischen einem angeregten Kaffeetrinken oder Partygespräch und einer Projektanbahnung unterscheiden.

Die Liste wichtiger arbeitssoziologischer Themen und Thesen ist damit noch lange nicht vollständig. Die gegebenen Hinweise reichen aber aus, um die Arbeitssoziologie selbst zu verorten. Bereits die exemplarisch verfolgten Leitfragen, wie Produktivität gesteigert wird, wie sich das Machtverhältnis zwischen Arbeitnehmer- und Arbeitgeberseite verschiebt und was die jeweiligen Umbrüche für das Leben der Beschäftigten bedeuten, lassen auf praktische Interessen schließen. Die tatsächlich interessierten Organisationen treten besonders klar als Projektförderer in Erscheinung. Während in der fest finanzierten Universitätssoziologie die Förderung der Deutschen Forschungsgemeinschaft (DFG) bevorzugt wird, sind Einrichtungen wie das Institut für Sozialwissenschaftliche Forschung (ISF) München und das Soziologische Forschungsinstitut (SOFI) Göttingen, die ihre Mittel überwiegend selbst einwerben müssen, etwa für folgende Geldgeber tätig: die gewerkschaftsnahe Hans-Böckler-Stiftung (HBS), die IG Metall, die parteinahe Rosa-Luxemburg-Stiftung, das Bundesministerium für Bildung und Forschung (BMBF), andere Ministerien, den Europäischen Sozialfonds, sehr vereinzelt auch für Konzerne oder Firmenverbünde. Die HBS und das BMBF sind mit Abstand die größten Förderer.

Diese Liste lässt, selbst wenn sie nicht unbedingt repräsentativ ist, zwei Schlüsse zu. Erstens fällt auf, dass die Arbeitnehmerseite stark vertreten ist. Die Arbeits- und Industriesoziologie gilt oft insgesamt als gewerkschaftsnah, was u. a. ihre ungewöhnlich marxistische Prägung erklären könnte (vgl. etwa Kühl 2004, S. 13). Im Rückblick auf eine frühere Zeit konnte Horst Kern sogar annehmen: „Moderne empirische Sozialforschung ist […] in starkem Umfang in gesellschaftliche Reforminteressen eingebunden, genauer: in […] die sozialdemokratische Regierungspolitik und die mit ihr verflochtene Politik der westlichen Gewerkschaften." (Kern 1982, S. 243) Diese Orientierung hat die geschilderten Umbrüche in der Arbeitswelt überlebt, die gerade die Gewerkschaften geschwächt haben. Die unternehmensnahen Reforminteressen, die seither in Politik, Wirtschaft und Wissenschaft an Boden gewonnen haben, äußern sich entweder eher in anderen Fächern und Teilgebieten – Volks- und Betriebswirtschaftslehre, Organisationssoziologie und -psychologie – oder scheinen in der regierungsfinanzierten Forschung hinreichend Raum zu erhalten. Wie das möglich wird, lässt sich aus einer weiteren Auffälligkeit erschließen, die auch die Themen der Forschungsprojekte betrifft: Oft dient die Arbeitssoziologie gar nicht *einer* Interessengruppe, sondern Koalitionen mehrerer Gruppen, die unter politischer Schirmherrschaft Großreformen verfolgen. Ein Beispiel der 1970er-90er Jahre war etwa das Programm zur ‚Humanisierung der Arbeit', in dem sich der Einsatz für gesündere, autonomere Arbeit mit der Erwartung höherer Leistungsfähigkeit und -bereitschaft verband. Gegenwärtig liegt das gemeinsame Zukunftsprojekt auf der Hand: Digitalisierung im Allgemeinen, „Industrie 4.0" in Deutschland.

Fast alle Projekte am ISF München und viele am SOFI Göttingen untersuchen Aspekte der digital erneuerten Arbeitswelt. Das gemeinsame Interesse bildet hier nationale Wettbewerbsfähigkeit. Bereits als das Stichwort „Industrie 4.0" aufkam, wurde kritisch bemerkt, dass es „standortnationalistisch" besetzt ist (Butollo/Engel 2015, S. 29); als spezifisch deutsch ließ sich vor allem begreifen, dass gerade der industrielle Sektor einen ökonomisch-technischen Aufbruch nach der Finanzmarktkrise anführen sollte (vgl. Pfeiffer 2015). Die üppige Förderpolitik im Bereich Digitalisierung gibt auch solchen kritischen Stimmen und ihren Forschungsprojekten Raum.

Randständig bleiben in der Arbeitssoziologie hingegen Ansätze, den zentralen Status der Erwerbsarbeit selbst infrage zu stellen. Ideen hierzu gibt es in Fülle: Initiativen dagegen, dass ausgerechnet weibliche konnotierte Hausarbeit – bzw. Subsistenzarbeit, Sorgetätigkeit und Reproduktionsarbeit – nicht bezahlt wird (vgl. auch Kap. 14); technikbegeisterte oder technikkritische Entwürfe eines weitgehend berufsfreien Lebens oder einer nicht mehr auf Produktivitätssteigerung orientierten Gesellschaft; schließlich die These, dass der heutige Kapitalismus gerade unsere nicht erwerbsförmige Tätigkeit (Wissenserwerb und Kreativität, emotionale und soziale Beziehungsarbeit) ausbeutet. Die Bücher, die Autorinnen wie Silvia Federici, Maria Mies, Frigga Haug, André Gorz, Niko Paech, Tim Jackson, Maurizio Lazzarato, Paul Mason und viele andere zu diesen Themen geschrieben haben, werden öffentlich diskutiert und wissenschaftlich als Anregung wahrgenommen. Einige von ihnen werden auch in der Diskussion soziologischer Zeitdiagnosen (Kap. 13) zu betrachten sein. Organisierte arbeitssoziologische Forschung hat an sie jedoch nicht angeschlossen.

Bildungssoziologie

Bildung ist gesellschaftlich fast ebenso wichtig wie Erwerbsarbeit. Die Teilhabe am gesammelten Wissen und der Erwerb kultureller Kompetenzen waren in fast allen Gesellschaften und Zeiten bedeutsam, besonders für die Oberschichten, Beamten und Priester. Seit in den meisten Ländern – beginnend in Europa und Nordamerika im 18. und 19. Jh. – eine allgemeine Unterrichtspflicht und ein Anspruch auf kostenfreien Schulbesuch bestehen, ist Bildung sogar ein fester Teil des Lebensverlaufs. In Ländern wie Deutschland haben zwei Wellen der ‚Bildungsexpansion' bewirkt, dass diese Phase für breite Bevölkerungsschichten länger und wichtiger wird: die Expansion der 1960er und 1970er Jahre sowie die der jüngsten Vergangenheit.

Die erste Bildungsexpansion war stark wohlfahrtsstaatlich und nationalstaatlich geprägt. In den USA etwa trug zum Ausbau des Hochschulsystems wesentlich das Ziel bei, die aus dem Krieg zurückkehrenden Soldaten zivil einzubinden. In Westdeutschland formulierte, nachdem die schwachen Schulerfolge verschiedener sozialer Gruppen festgestellt worden waren, **Ralf Dahrendorf** die Parole: *Bildung ist Bürgerrecht* (1965). Möglichst die gesamte Bevölkerung sollte in wachsendem Ausmaß Schulen und Hochschulen besuchen, regionale und soziale Nachteile sollten abgebaut werden. Die Sorgen liefen, wie man nach Dahrendorf mit einer statistischen Kunstfigur sagte, bei der „katholischen Arbeitertochter vom Lande" zusammen – sein Kollege Hansgert Peisert hatte festgehalten, dass für Frauen, Arbeiterkinder, Katholiken und Landbevölkerung die Chancen auf Bildungserfolg am schlechtesten standen (vgl. Corsten 2011, S. 55 ff.). Im Gegenzug wurden zum einen die Bildungsangebote ausgebaut, etwa durch eine Serie von Hochschulgründungen. Zum anderen wurde heftig, aber am Ende folgenlos über einen Abbau struktureller Ungleichheiten im Schulsystem gestritten. Die Umstellung auf Gesamtschulen wurde in mehreren Bundesländern durch Elterninitiativen verhindert (vgl. von Friedeburg 1989, S. 296–298); allerdings verlagerte sich der Schulbesuch von Haupt- und Realschulen zunehmend auf die Gymnasien.

Dieser Trend hält auch in der zweiten, in den 1990er Jahren einsetzenden Bildungsexpansion an. Inzwischen erreichen 50–60 % eines Jahrgangs eine Studienberechtigung, und die Quote der Studienanfänger liegt weit über 50 % (Destatis 2018, S. 9–14). Die Vorzeichen, unter denen der Trend politisch gefördert wird, haben sich jedoch verändert. Der Bezugsrahmen hat sich internationalisiert, und gegenüber sozialpolitischen sind ökonomische Ziele ins Zentrum gerückt. International vergleichende Erhebungen wie die PISA-Studien zum Leistungsniveau der Schülerinnen oder Hochschul-Rankings werden von der Bildungspolitik zunehmend als Aufforderung aufgefasst, sich an einem umfassenderen Standortwettbewerb zu beteiligen. Die EU wollte mit der Bologna-Reform erklärtermaßen zur weltweit führenden Wissensökonomie werden, und soziale Ungleichheit wurde besonders in den frühen 2000er Jahren auch deshalb skandalisiert, weil sie ökonomische Potenziale der Benachteiligten unausgeschöpft lässt. Auch im individuellen Lebenslauf hat sich der Bildungsanspruch verändert bzw. entgrenzt: Von der Kita über den verallgemeinerten Hochschulbesuch bis zur Weiterbildung vermehren sich die Anhaltspunkte dafür, dass das Schlagwort „lebenslanges Lernen" ernst gemeint ist (vgl. Tuschling 2009). Schließlich haben sich auch die Bildungs-Misserfolge sozial verlagert: Die katholische Arbeitertochter wurde als Objekt politischer Besorgnis durch den muslimischen Migrantensohn aus der Großstadt abgelöst (vgl. Geißler 2005).

Soziologisch wurden diese Entwicklungen in engen thematischen Grenzen erforscht, die einige vertiefte Debatten ermöglicht haben. Grundsätzlich hätte die fortgesetzte bzw. wiederholte Bildungsexpansion viele interessante Aspekte geboten: Was wird unterrichtet, was nicht, wie verändern sich Autoritätsverhältnisse im Dreieck Elternhaus-Nachwuchs-Schule, welche politischen Impulse werden dabei freigesetzt oder kleingehalten, wie finanzieren Gesellschaften ihren ständig wachsenden Bildungsbedarf …? Zu solchen Fragen liegen vereinzelte Studien vor; als einziges umfassendes Thema hat sich jedoch das Verhältnis von Bildung und

Sozialstruktur durchgesetzt, das schon im geschichtlichen Überblick als Kernanliegen erscheint. Die aus der Ungleichheitsforschung bekannte doppelte Frage, wie die soziale Herkunft Bildungschancen beeinflusst und welche Arbeitsaussichten Bildungserfolge eröffnen (vgl. Kap. 7), ist auch in der Bildungssoziologie zentral. Als gesicherte Grundlage kann dabei gelten, dass sich Bildung zu einer zentralen „bürokratischen Zuteilungsapparatur von Lebens-Chancen" entwickelt hat (Schelsky 1957, S. 18). Gerade so bleiben aber, wie soziologisch immer wieder festgestellt wurde, die Chancen ungleich verteilt. In den Schulen und Hochschulen, zwischen Grundschule und weiterführender Schule, bei den Noten, Fächern und Abschlüssen schneiden regelmäßig diejenigen besser ab, deren Eltern mehr Geld und höhere Bildungstitel haben (vgl. im Überblick die Beiträge in Becker / Lauterbach (Hrsg.) 2016) – und bis hin zum Master- und Doktorgrad verdienen die höher Gebildeten dann wieder mehr Geld. Die Debatten der Bildungssoziologie kreisen darum, wie dieser Sachverhalt zu erklären ist.

Besonders breit wurde diskutiert, ob man sozial unterschiedliche Bildungschancen eher mit **Pierre Bourdieu** qualitativ oder mit **Raymond Boudon** quantitativ erklären sollte und kann. Bourdieus Ansatz ist bereits erläutert worden (vgl. Kap. 8): Neben dem ökonomischen, kulturellen und sozialen Kapital der Individuen ermöglicht vor allem ihr Habitus, die sozial lesbare Art ihres Auftretens, die „Auswahl der Auserwählten" (Bourdieu / Passeron 1967/2007, S. 9–41). Weil man diesen Prozess aber nur selten direkt beobachten und nicht gut messen kann, halten viele Bildungssoziologen einfachere, leichter quantifizierbare Annahmen zu ungleichen Chancen für wissenschaftlicher. Boudon bietet hierfür ein Schema an. Alle wollen ihren Nutzen, konkret den Bildungserfolg (ihrer Kinder) erhöhen. Dabei haben aber Kinder, denen ihr Umfeld mehr Kenntnisse, Förderung usw. mitgibt, ‚primäre Herkunftsvorteile'. Zudem fallen besonders bei langen Bildungswegen ökonomische Ressourcen oder ‚sekundäre Herkunftsvorteile' ins Gewicht: Das Verhältnis von Kosten und Nutzen ist vorteilhafter, wenn die Kosten – Schul- und Studiengebühren, Lebensunterhalt, Einkunftsausfälle – ohne große Opfer erbracht werden können (vgl. Boudon 1974, S. 30–32). Auch an Boudons Schema (das er selbst nur modellhaft entwickelt, nicht in empirische Forschungen umgesetzt hat) wurde Kritik geübt. Fraglich ist etwa, ob es den Nutzen von (Bildungs-)Aufstieg angemessen erfasst, ob das Muster individueller Nutzensteigerung gerade im Bereich Bildung plausibel ist und weshalb man nicht sozial unterschiedliche Haltungen zu Statuserhalt oder -veränderung untersuchen sollte (vgl. Rogge / Groh-Samberg 2015). Doch in der quantitativen Forschung von John Goldthorpe bis zu den PISA-Studien herrschen die Bourdieu-Kritik und das Boudon-Schema vor (vgl. Kramer 2010, S. 116–130).

Andere Herkunftsvorteile und -nachteile lassen sich leichter erklären: In Empfehlungen für die weiterführende Schule ordnen Lehrerinnen Kinder aus wohlhabenderen Familien auch dann eher dem Gymnasium zu, wenn sie im Vergleich keine besseren Leistungen zeigen (vgl. Ditton 2016, S. 297 f.); durch die Wahl ihres

Wohngebiets sorgen Eltern (teilweise bewusst) dafür, dass auch ihre Kinder ‚ethnisch segregiert' lernen, weil an der Schule Muttersprachler und Zugewanderte tendenziell unter sich bleiben (vgl. Baur/Häußermann 2009).

Eine besonders interessante, aber nicht gut untersuchte Frage der Bildungssoziologie lautet, wie Selektion auf der anderen Seite, beim Übergang vom Bildungssystem in die Arbeitswelt funktioniert. Die Polarisierung zwischen hohen und niedrigen Einkommen (s. o.) erklärt man auch bildungsökonomisch oft dadurch, dass die beruflichen Tätigkeiten anspruchsvoller und spezialisierter werden, gut Ausgebildete knapp sind und daher ihre Entlohnung steigt. Die Theorie des ‚skill biased technological change' besagt, dass bei technischem Fortschritt daher nur immer mehr Bildung wachsende Ungleichheiten verhindern kann (vgl. Acemoglu/Autor 2012, S. 427). Die soziologische Tradition des ‚Kredentialismus' (von ‚glauben, vertrauen') hat allerdings lange das Gegenteil angenommen: Die meisten arbeitswichtigen Fähigkeiten und Kenntnisse werden erst im Arbeitsverhältnis erlernt; Bildungsabschlüsse beglaubigen nur, dass jemand für höhere Positionen geeignet ist. Statt Kompetenz auszuweisen, gewähren sie bevorzugten Zugang zum insgesamt erarbeiteten Reichtum bzw. zu den Machtpositionen, die ihn verteilen (vgl. Collins 1979, S. 52–54). In den USA, in denen Randall Collins diese These entwickelt hat, dürfte sie zumindest für einige Bereiche weiter zutreffen. Das hoch bezahlte Personal von Anwaltskanzleien, Unternehmensberatungen, Finanzdienstleistern u. Ä. wird typischerweise an einigen Elite-Hochschulen rekrutiert, die neben Vorbildung vor allem hohe Studiengebühren verlangen oder Spenden erwarten, und bei einigen Auswahlprozessen zählen Studiennoten weniger als Hobbies wie Tennis, Lacrosse oder Polo (vgl. Rivera 2016, bes. S. 92 f.). Ob Collins' Annahme auch für breitere Schichten und außerhalb der USA tragfähig ist, wird gegenwärtig leider nicht systematisch erforscht. Zum Übergang vom Bildungssystem in die Berufswelt herrschen stattdessen Studien vor, die den Ertrag bestimmter Bildungsgänge oder national spezifische Qualifikationswege vergleichen. Selbst die bildungssoziologische Kernfrage nach Ungleichheit wird also nur lückenhaft untersucht.

Ein Blick auf die Förderlandschaft lässt ahnen, weshalb die Erkenntnisziele so begrenzt sind. Die Bildungssoziologie ist nicht nur geschichtlich mit der Bildungsexpansion verschwistert, sie arbeitet vorrangig denen zu, die Bildung anbieten, verantworten oder gestalten wollen: Regierungen, Parteien und Stiftungen (sehr aktiv ist hier etwa die Bertelsmann-Stiftung), Agenturen internationaler Standardisierung wie der EU und der OECD (der Organisation für Ökonomische Entwicklung und Zusammenarbeit, die u. a. die PISA-Studien durchführen lässt). Interessenkämpfe sind dagegen anders als in der Arbeitssoziologie kaum repräsentiert. Die Gewerkschaften und Berufsverbände der Lehrenden fördern allenfalls Forschungen zur Beschäftigungslage ihrer Klientel, und auch Elternvertretungen haben bildungssoziologisch wenig Einfluss. Wichtiger sind Arbeitsbündnisse mit anderen Fächern, besonders mit den Erziehungswissenschaften, die den Schulen und Schulverwaltungen nahestehen, und den Wirtschaftswissenschaften, die (marktorientiert) die gesellschaftliche Relevanz der Bildung herausstellen.

In der damit vorherrschenden politischen und volkswirtschaftlichen Perspektive ist es erwünscht und erlaubt, die Bildungsnachteile bestimmter Gruppen zu untersuchen: von Kindern aus ärmeren, eingewanderten oder ‚bildungsfernen' Familien, von weiblichen oder männlichen, katholischen oder muslimischen, körperlich oder geistig beeinträchtigten Schülerinnen und Studierenden. Politische Akteure haben immer wieder Anlass, für einige dieser Gruppen mehr Chancengleichheit durch mehr Bildung oder durch Bildungsreformen zu versprechen. Als Grenzfall kann man auch die Lage *gering qualifizierter Personen* in der *Bildungsgesellschaft* erforschen (Solga 2005), die mit jeder weiteren Bildungsaufrüstung weiter zurückfallen. In der bildungssoziologischen Theorie wird Chancengleichheit zuweilen sogar als Mythos, Illusion oder Ideologie kritisiert. Der Normalfall besteht jedoch darin, dass einfach mehr Chancengleichheit gefordert wird, und selbst die kritischsten Theorien fragen kaum mehr, wozu dieses Muster gesellschaftlich dient.

Soziologische Geschlechterforschung

In den Forschungen, die bei der scheinbar einfachen Unterscheidung männlich-weiblich ansetzen, findet eine größere Vielfalt von Themen Raum. Die Geschlechtsidentität, die alle Menschen haben bzw. aufbauen müssen, ist in verschiedenster Weise sozial bestimmt: symbolisch durchs grammatische Geschlecht, durch Namen und Darstellungsmuster, körperlich und leiblich durch Medizin, Training, Körperbilder und anerkanntes Begehren, für Kinder durch die Gefühls- und Folgeverhältnisse zu primären Bezugspersonen wie den Eltern sowie die Regeln in Erziehungseinrichtungen, für Erwachsene durch die Trennung von Haus- und Berufsarbeit, generell durch die verschiedenen Rollen, die (vorrangig) Männern oder Frauen vorbehalten sind. In allen diesen Bereichen gibt es lange, vielgestaltige Traditionen männlicher Dominanz. Die bürgerliche Kultur des 18. und 19. Jh. sowie die europäisch-amerikanische Allgemeinkultur des mittleren 20. Jh. hat sie in spezifischen Mustern männlicher und weiblicher Natur festgeschrieben. Simone de Beauvoir führt in *Das andere Geschlecht* (1949/1951) aus, dass Frauen dabei zumeist als Abweichung vom männlichen Normalfall eingestuft bzw. behandelt werden: Sie gehen *nicht* bezahlt arbeiten, sollen *nicht* vorrangig der Vernunft, sondern ihren Gefühlen folgen, sind weniger Subjekt als Objekt von Begehren usw. Später wurde betont, dass auch von Männern geschlechtstypisches Verhalten erwartet wird. Doch mit de Beauvoirs Annahme war der Startschuss gegeben, überhaupt zu untersuchen, wie Frauen sozial als solche bestimmt und untergeordnet werden.

Seither haben sich die Verhältnisse verändert. Die Geschlechterordnung der Jahrhundertmitte ist eng mit dem Beschäftigungsregime verbunden, das zu dieser Zeit in der westlichen Welt durchgesetzt wurde. Im Normalarbeitsverhältnis war der Familienernährer zumeist männlich; als üblicher weiblicher Lebenslauf galt es dagegen, nach dem Bildungsabschluss und ggf. einer ersten Berufstätigkeit in die Ehe- und Hausfrauenrolle zu wechseln. Seit den späten 1960er Jahren wurde diese Ordnung feministisch angegriffen und kam auch ökonomisch ins Rutschen. Der Feminismus bildet eine der wichtigsten Neuen Sozialen Bewegungen (vgl. Kap. 12). Gegenüber der Frauenbewegung des späten 19. und frühen 20. Jh. wird häufig von einer ‚zweiten Welle' gesprochen: Während das Frauenwahlrecht in fast allen demokratischen Ländern erreicht war und eine umfassende Eigentumsumverteilung kaum noch erreichbar schien, rückten weitere soziale Themen von sexueller Selbstbestimmung und sexualisierter Gewalt bis zur männlichen Dominanz in Berufswelt und Öffentlichkeit in den Blick (vgl. Gildemeister/Hericks 2012, S. 151–155). Bis 1976 konnten verheiratete westdeutsche Frauen laut Bürgerlichem Gesetzbuch z. B. nur dann eine Erwerbstätigkeit aufnehmen, wenn sie mit ihren „Pflichten in Ehe und Familie" vereinbar war (vgl. Gerlach 2015). Auch außerhalb der Ehe schränkten Schwangerschaftsrisiken die weibliche Freiheit ein. Die in den USA ab 1960 zugelassene Antibabypille wurde in der BRD erst ab etwa 1970 umfangreich verschrieben und verkauft, und Schwangerschaftsabbrüche sind hier erst ab Beginn der 1990er Jahre nicht mehr grundsätzlich an ‚Indikationen' wie Vergewaltigung gebunden, sondern innerhalb der ersten zwölf Wochen straffrei. Der Wandel im Berufsleben hat sich noch langsamer vollzogen und ist schwerer zu datieren. Tendenziell ist das Male-Breadwinner-Modell durch doppelte Erwerbstätigkeit ersetzt worden. Während 1970 nur 46 % der westdeutschen Frauen zwischen 15 und 65 Jahren erwerbstätig waren, waren es 2011 bereits 71 % (vgl. Geißler 2014, S. 382). Im gesamten Bundesgebiet lag die Quote 2019 bei 73 %, knapp 8 % unter der Erwerbsquote der Männer (vgl. Destatis 2019). Dabei sind Frauen weiterhin öfter in Teilzeit tätig. Vor allem begannen aber zugleich mit der Zunahme weiblicher Erwerbstätigkeit die Reallöhne zu stagnieren, während die Arbeitsproduktivität und die Unternehmensgewinne weiter wuchsen. In Ländern wie den USA hat sich diese Schere seit Beginn der 1970er Jahre zunehmend geöffnet (vgl. Streeck 2014, S. 53), in Deutschland zwischen den 1990er und den 2000er Jahren, mit zeitweilig sogar sinkenden Reallöhnen (vgl. Brenke 2009, S. 550–554; Land 2008, S. 9–13). Viele (Paar-)Haushalte haben damit weniger zu klären, ob beide Partner arbeiten können, als ob beide arbeiten *müssen*.

Die soziologische Frauen- und Geschlechterforschung setzt ungefähr gleichzeitig mit dem Übergang vom einen zum anderen Muster ein. In Deutschland lassen sich (zumeist etwas früheren Impulsen aus den USA folgend) drei Phasen unterscheiden. Die Pionierarbeiten von Soziologinnen wie Helge Pross, Regina Becker-Schmidt und Elisabeth Beck-Gernsheim widmeten sich in den 1970er und 1980er Jahren besonders dem Verhältnis von Haus- und Berufsarbeit, das

Frauen teilweise (in eher bürgerlichen Milieus) von wichtigen Tätigkeiten ausschloss und teilweise (in proletarischen Milieus) doppelt belastete (vgl. Becker-Schmidt 1983). Claudia von Werlhof, Maria Mies und Veronika Bennholdt-Thomsen stellten zudem heraus, dass geschlechtliche und nachkoloniale Herrschaft und Ausbeutung eng verbunden sind (vgl. Kap. 14). Theoretisch war für viele Autorinnen die Frage zentral, inwiefern erst die unbezahlte weibliche Arbeit im Haushalt kapitalistische Lohnarbeit und Profitwirtschaft möglich macht (vgl. Haubner 2017, S. 75–82). Noch bevor diese ‚Hausarbeitsdebatte' zu geteilten Ergebnissen kam, wurden um 1990 mit dem Poststrukturalismus (vgl. Kap. 12) neue Gesichtspunkte dominant: Wissenschafts- und Sprachkritik, kulturelle und alltagspraktische Aushandlungen sowie soziale Geschlechtsprägung. Neben den schon umrissenen Debatten um Sex und Gender, Gleichheit und Differenz wurde in der soziologischen Forschung dieser zweiten Phase auch der Ansatz des *Doing Gender* (West/Zimmerman 1987) wichtig: Die Geschlechterdifferenz liegt nie fertig vor, sondern wird im sozialen Handeln immer wieder neu hergestellt. Daher spricht man nun bevorzugt von Geschlechterforschung, fragt auch nach Männlichkeit und beleuchtet oft ‚queere', nicht-heterosexuelle Begehren und Identitäten. Soziologinnen wie Raewyn Connell (eine Trans-Frau, deren Texte zu Männlichkeitsforschung international grundlegend sind), Sabine Hark, Gesa Lindemann, Michael Meuser und Stefan Hirschauer (deutsche Protagonistinnen) sind hier in verschiedener Weise aktiv. Die genannten Forschungen und Diskussionen werden bis heute weitergeführt und kritisch ergänzt, etwa mit Bezug auf Körper und Leiblichkeit im Geschlechterverhältnis. Seit den frühen 2000er Jahren gibt es jedoch Anlass, von einer dritten Phase zu sprechen: Geschlecht wird von einem besonderen und politisierten Thema zu einem der Standardthemen der Soziologie, das in einer Vielzahl empirischer, theoretisch und methodisch unauffälliger Arbeiten zu geschlechtlich ungleichen Lebensrealitäten und Chancen beforscht wird.

Aufschlussreich ist hier das Schnittfeld mit Bildungs- und Arbeitsverhältnissen. Besonders oft wurde analysiert, dass sich die wachsenden weiblichen Bildungserfolge nicht in entsprechend steigende Löhne umsetzen. Während Frauen häufiger ein Studium absolvieren als Männer, verdienen sie im Beruf immer noch durchschnittlich weniger Geld (vgl. z. B. Leuze/Strauß 2016, S. 803 f.). Verschiedene Erklärungen dieses *gender pay gap* werden diskutiert: Frauen sind in entscheidenden Karrierephasen weiterhin (mehr als die männlichen Partner) durch Kinder und Hausarbeit beeinträchtigt; Berufsziele werden geschlechtertypisch gewählt und typisch männliche Berufe zumeist besser bezahlt (vgl. ebd., S. 805 f.); Führungspositionen werden immer noch vorrangig von Männern an Männer weitergegeben. Da für alle diese Annahmen nicht nur Zahlen zu vergleichen sind, sondern auch komplexe, ggf. schwächer werdende Muster männlicher Vorherrschaft untersucht werden müssen, ist noch viel zu erforschen. In den Doppelverdienerhaushalten können zudem auch neue Ungleichheiten entstehen. Besonders vielschichtig sind die *global care chains*, die Arlie Hochschild (in Anlehnung an ‚globale Wertschöpfungsketten') auf den Begriff gebracht hat: Berufstätige Frauen aus den mittleren und oberen Klassen reicher Nationen beschäftigen für Haus- und Sorgearbeit Arbeitsmigrantinnen aus ärmeren Ländern; da diese aber nicht zugleich den eigenen Haushalt bestellen können, der oft weit entfernt liegt, übernehmen dort wieder andere Frauen unbezahlt oder gering bezahlt die Arbeit. Anhand der verschiedenen Arrangements, die sich so für philippinische Nannies in den USA oder osteuropäische Pflegekräfte in Deutschland ergeben, lässt sich untersuchen, wie geschlechtliche, ethnische und soziale Unterordnung in der Arbeitsteilung der Gegenwart zusammenwirkt (vgl. Lutz 2017).

Institutionell musste die Geschlechterforschung hart um ihre Anerkennung kämpfen. Heute ist sie in vielen Fächern, oft auch interdisziplinär, etabliert. Forschungszentren, Projekte und die Profile von Professuren haben hieran ebenso teil wie allgemeine Gleichstellungsmaßnahmen, die auch an Hochschulen die männliche Dominanz (sehr) langsam abbauen. Als spezifische Verknüpfung fällt auf, dass vielerorts Frauen eingestellt werden und Projektmittel erhalten, um engagiert Geschlechterverhältnisse zu erforschen. An deutschen Universitäten sind aktuell 170 Professuren ganz oder teilweise für Geschlechterforschung zuständig (vgl. Margherita-von-Brentano-Zentrum 2021). Gemessen an der Gesamtzahl der Professuren ist ihr Anteil gering (vgl. Hark/Villa 2015, S. 22), und die Beschäftigungsbedingungen sind oft relativ schlecht (vgl. Bock/Nüthen 2014, S. 155). Fachintern ist der Schwerpunkt jedoch bemerkbar; fast die Hälfte der deutschen Institute für Soziologie haben eine Professur dieser Art oder werden durch ein eigenes Institut für Genderforschung ergänzt. Da zudem Trans-Personen und Männer nur sehr vereinzelt geschlechtersoziologische Professuren besetzen, prägt die Konstellation das Fachgebiet insgesamt.

Diskutiert wurde sie bisher nur in polarisierter Weise: Beiträge in der konservativen Presse und in extrem rechten Kreisen haben eine allgegenwärtige Gender-Ideologie ausgemalt, und Vertreterinnen der Gender-Studies sehen gerade dadurch die Dringlichkeit ihrer Sache bestätigt (vgl. exemplarisch Villa /Hark 2015). Was es für die Geschlechtersoziologie heißt, wenn in ihren erkämpften Räumen wissenschaftliche Aussagen, politische Streitfragen und die institutionelle Macht einzelner Vertreterinnen zugleich auf dem Spiel stehen, wurde noch nicht genau untersucht. Drei Gedanken können vielleicht dazu beitragen. Zunächst wirken die Reservate, die sich für Geschlechterforschung gebildet haben, kaum einschränkend: Inhaltlich und personell ist sie, wenngleich einige anfangs wichtige Themen weggefallen sind, immer vielfältiger geworden, und auch politisch strahlt sie weit aus – von Gleichstellungsstrategien in Staatsdienst und Wirtschaft über Schwulen-, Lesben- und Transgender-Bewegungen bis zur Regulierung des Sprachgebrauchs. Die Optionen für einzelne weibliche Wissenschaftlerinnen sind damit allerdings nicht immer vielfältiger geworden: Während Geschlechterforschung vor allem für Frauen ein aussichtsreiches Gebiet ist, sind etwa die Professuren für allgemeine und theoretische Soziologie in Deutschland fast nur mit Männern besetzt. Und schließlich ist die Geschlechterforschung zwar vielfältig, aber normativ und sogar moralisch stark aufgeladen: Wer hier forscht oder reflektiert, bezieht unweigerlich Stellung und riskiert leicht, etwas sehr falsch zu machen. Ob Geschlecht auch jenseits der sanktionierten Ordnungen männlicher Herrschaft und betonter Gleichstellung denkbar ist, bleibt zu sehen.

Die Grenzen der Chancengleichheit

Hartnäckige oder wachsende Ungleichheiten werden von den betrachteten Soziologien in sehr verschiedener Weise erforscht. Während die Bildungssoziologie vorrangig herausfinden will, wie Chancengleichheit durch Herkunft beeinträchtigt wird, ist die Geschlechtersoziologie durch vielfältige, auch institutionelle Gleichstellungskämpfe geprägt. Die Arbeitssoziologie schließlich sieht gar keine Gleichstellung aller Beteiligten vor, sondern fragt, was die Stellung der abhängig Beschäftigten verbessert oder verschlechtert. In allen Bereichen wird aber die Aussicht auf Ungleichheitsabbau gepflegt – mehr oder weniger glaubhaft und umfangreich. Dass Frauen ähnliche Erfolgsaussichten haben wie Männer, ist ohne große Ordnungsbrüche vorstellbar. Unbezahlte und unterbezahlte Sorge- und Reproduktionstätigkeiten müssten dann neu zwischen den Geschlechtern verteilt und vielleicht an andere benachteiligte Gruppen weitergegeben werden. Schwieriger ist es, sich in einer Gesellschaft mit großen Macht- und Einkommensgefällen ein Bildungssystem vorzustellen, das allen die gleichen Chancen gibt. Wenn nur noch leistungswillige Hochbegabte zweihundertmal so viel verdienen würden wie gewöhnliche Beschäftigte, wäre das eventuell gerechter als der heutige Zustand – doch derart privilegierte Menschen würden wohl erneut Mittel finden, ihren Kindern Bildungsvorteile zu sichern. Sehr unwahrscheinlich ist schließlich ein Ende der Ungleichheit in der Lohnarbeit selbst, die eben (Aktien-)Eigentümern dient und einem mächtigen Management unterstellt ist. Arbeitssoziologische Analysen können aber auf partielle Ausgewogenheit setzen: Die Löhne können im gleichen Maß steigen wie die Unternehmensgewinne, erhöhte Kompetenz kann sich auszahlen, die Einkommen verschiedener Gruppen dürfen nicht stetig auseinanderdriften, digitale Neuerungen müssen Beschäftigungssicherheit in Deutschland bedeuten.

Ob sich soziologische Forschung im Horizont solcher Ziele bewegen sollte, ist nicht einfach zu klären. Einerseits regt die Vorstellung gleicher Chancen oder sogar Lebensniveaus, wenn sie auf eine abweichende Realität stößt, Erklärungsversuche an und macht die Kontingenz gegebener Verhältnisse sichtbar. Andererseits verdecken offizielle Gleichheitsziele nicht selten, inwiefern es ordnungserhaltend und herrschenden Gruppen zuträglich ist, dass Güter und unerwünschte Tätigkeiten ungleich verteilt sind. Diese Spannung lässt sich nicht nur an der kapitalistischen Wirtschaft erörtern. Sie zeigt sich auch dort, wo nationale Grenzen Zuwanderungswillige, Flüchtende und sogar schon Angekommene ausschließen und auf untergeordnete Positionen verweisen.

Die Soziologie der Migration ist vielerorts ein wichtiger Teil des Fachs und gewinnt auch in Deutschland zunehmend an Bedeutung. In den USA reicht ihre Tradition bis in klassische Texte zurück – zur Studie *The Polish Peasant in Europe and America* (Thomas/Znaniecki 1918–20) und den Arbeiten Robert E. Parks in Chicago. Heute betrifft sie, selbst wenn dauerhaft ‚nur' etwa drei Prozent der Weltbevölkerung als Migrantinnen gezählt werden (vgl. Schwenken 2018, S. 51), auch in neueren Einwanderungsländern große Bevölkerungsteile. 10,9 % der in Deutschland lebenden Menschen sind Ausländer, weitere 22,5 % haben einen „Migrationshintergrund" (ebd., S. 60), und bei Gruppen wie Schulkindern in Großstädten sind die Anteile noch weitaus höher (vgl. Foroutan 2019, S. 36). Dass auch die Selbstverständnisse der anderen zwei Drittel der Bevölkerung von Migration berührt werden, war in den Jahren ab 2015 politisch kaum zu übersehen. Es erstaunt daher nicht, dass die Migrationssoziologie zunehmend beliebt ist und viele neuere Professuren (auch) für diesen Bereich ausgelegt sind, oft verbunden mit Schwerpunkten zu Geschlecht, Arbeit oder Bildung.

Die Berliner Soziologin Naika Foroutan fordert in einem neueren Buch, Migrationssoziologie im Horizont der Chancengleichheit neu zu denken:

> „Der demokratische Gleichheitsgrundsatz wird […] zunehmend auch von jenen in Anspruch genommen, die nicht schon immer hier waren […]. Das Einfordern von struktureller, sozialer, kultureller und identifikativer Teilhabe führt dabei zu Konkurrenz um Ressourcen […]. Gleichzeitig gibt es zahlreiche empirische Befunde, die verdeutlichen, dass gerade die Lebensrealität von Migrant*innen und ihren Nachkommen von diesem Versprechen der Gleichheit noch weit entfernt ist." (Ebd., S. 42)

Foroutan will dergestalt vor allem eine *postmigrantische Gesellschaft* betrachten, in der sich nicht (mehr) klar sagen lässt, wer neu angekommen ist und wer ‚immer schon' da war. Im Lauf ihres Buchs thematisiert sie u. a., dass Migrationshintergrund und -merkmale selbst bei gleicher Leistung die Bildungs- und Arbeitsmarktchancen verschlechtern (vgl. ebd., S. 85–90). Diese Diskussion ist zweifellos wichtig (etwa auch deshalb, weil viele bildungssoziologische Studien keine Belege für eine Diskriminierung migrantischer Schüler finden; vgl. Dollmann 2016, S. 264 ff.). Trotzdem lässt sich fragen, inwieweit (mangelnde) Chancengleichheit das migrationssoziologische Hauptthema bilden sollte.

An vielen Punkten liegen nämlich andere Fragen nahe: Wie verteilen sich Anerkennung und Abweisung zwischen Eingewanderten verschiedener Herkunftsländer? Was haben freiwillig und unfreiwillig, aus politischen oder ökonomischen

Motiven Migrierende gemeinsam, was trennt sie? Wie stark oder schwach sind die Beziehungen von Eingewanderten untereinander und zum Herkunftsland? Und vor allem: Wie gestalten sich soziale Beziehungen, wenn die Beteiligten *nicht* die gleichen Rechte haben? In der nationalstaatlichen Weltordnung bedeutet dies für die meisten Menschen, dass ihnen viele mögliche Lebensorte versperrt sind, selbst bei erfolgreicher Einwanderung bleiben rechtliche Nachteile lange bestehen, und Programme von ‚Migrationsmanagement' vertreten offen einen „abgestuften Zugang zu sozialen, politischen und bürgerlichen Rechten in den Aufnahmegesellschaften" (Scherr/Scherschel 2019, S. 60). Auch wo solche Abstufungen nicht vorgesehen sind, stellen sie sich leicht ein und verstetigen sich. Mangelnde rechtliche Absicherung, zunächst fehlende kulturelle Kompetenzen und soziale Anbindungen sowie die Lohngefälle zwischen Herkunfts- und Zielland machen Migrantinnen besonders ökonomisch stark ausbeutbar. Bekannte Beispiele reichen von den schon angesprochenen Pflege- und Sorgedienstleistungen (vgl. für England Dowling 2021, S. 112–116) bis zur Landarbeit; einen wichtigen und besonderen Fall bilden Wanderarbeiter (vgl. für Deutschland Birner/Dietl 2021). Rassismus lässt sich bis heute u. a. dadurch erklären, dass er die Unterordnung dieser Gruppen zu stabilisieren hilft (vgl. ebd., S. 77–82).

Mit Blick auf Chancengleichheit kann man alle geschilderten Mechanismen verurteilen. In der Beschreibung erfasst diese Perspektive aber allenfalls die statistische Oberfläche: „Die globalen Mobilitätschancen werden erheblich von der Einkommensschichtung, der Verfügung über arbeitsmarktrelevante Qualifikationen, der Herkunftsstaatsbürgerschaft [...] sowie der Geschlechtszugehörigkeit beeinflusst" (Scherr/Scherschel 2019, S. 63). Wenn das alles oder das Wichtigste ist, was sich zum Thema „Ökonomie der Migration" (ebd., S. 59) sagen lässt, bleibt diese Ökonomie unerklärt.

Um die kritische Soziologie aus dem Muster der (Einklagung mangelnder) Chancengleichheit zu befreien, wäre wohl eine Nachfrage nötig, in der nicht bloß einzelne Interessengruppen einen für Gleichstellung zuständigen Staat adressieren. Die vorgestellten Teilsoziologien verdanken ihre Existenz eben dieser Zuständigkeits- und Herrschaftsordnung. Sie führen aber auch, zumindest ansatzweise, Alternativen vor Augen. Wenn die Unterprivilegierten und Marginalisierten eigenständige soziale Macht aufbauen, umfassende Ideen gesellschaftlicher Veränderung ausbilden und sich vielleicht sogar gruppenübergreifend verbünden, kann auch eine mit ihnen sympathisierende Soziologie ihre Lage besser begreifen.

Literatur

Acemoglu, Daron/Autor, David (2012): What Does Human Capital Do? A Review of Goldin and Katz's The Race Between Education and Technology. In: Journal of Economic Literature 50, H. 2, S. 426–463.

Alinsky, Saul (1971): Rules for Radicals. A Pragmatic Primer for Realistic Radicals. New York: Random House.
Baur, Christine / Häussermann, Hartmut (2009): Ethnische Segregation in deutschen Schulen. In: Leviathan 37, H. 3, S. 353–366.
de Beauvoir, Simone (1949/1951): Das andere Geschlecht. Sitte und Sexus der Frau. Reinbek: Rowohlt.
Becker-Schmidt, Regina (1983): Arbeitsleben – Lebensarbeit. Konflikte und Erfahrungen von Fabrikarbeiterinnen. Bonn: Verlag Neue Gesellschaft.
Birner, Kathrin / Dietl, Stefan (2021): Die modernen Wanderarbeiter*innen. Arbeitsmigrant*innen im Kampf um ihre Rechte. Münster: Unrast Verlag.
Bock, Ulla / Nüthe, Inga (2014): Genderprofessuren eine Erfolgsgeschichte? Ein Blick hinter die Kulissen. In: Femina Politica 23, H. 2, S. 154–158.
Boltanski, Luc / Chiapello, Ève (1999/2003): Der Neue Geist des Kapitalismus. Konstanz: UVK.
Boudon, Raymond (1974): Education, Opportunity, and Social Inequality. Changing Prospects in Western Society. New York: Wiley.
Bourdieu, Pierre / Passeron, Jean-Claude (1964/2007): Die Erben. Studenten, Bildung und Kultur. Konstanz: UVK.
Brenke, Karl (2009): Reallöhne in Deutschland über mehrere Jahre rückläufig. In: DIW Wochenbericht 76, H. 33, S. 550–560.
Brinkmann, Ulrich / Dörre, Klaus / Röbenack, Silke (2006): Prekäre Arbeit. Bonn: Friedrich-Ebert-Stiftung.
Brynjolfsson, Erik / McAfee, Andrew (2016): The Race against the machine. Human work in the age of brilliant technologies. New York: W. W. Norton & Company.
Butollo, Florian (2020): Kein Ende globalisierter Wertschöpfung. Warum Erwartungen an eine Rückverlagerung der Fertigung sich nicht erfüllen werden. In: Prokla 50, H. 1, S. 125–131.
Butollo, Florian / Engel, Thomas (2015): Industrie 4.0 – arbeits- und gesellschaftspolitische Perspektiven. Zwischen Dystopie und Euphorie. In: Z. Zeitschrift für marxistische Erneuerung 26, H. 103, S. 29–41.
Castel, Robert (1996/2000): Metamorphosen der sozialen Frage. Eine Chronik der Lohnarbeit. Konstanz: UVK.
Collins, Randall (1979): The Credential Society. An Historical Sociology of Education and Stratification. New York: Academic Press.
Corsten, Michael (2011): Was ist eigentlich aus den katholischen Arbeitertöchtern vom Lande geworden? In: Krüger, Dorothea (Hrsg.): Genderkompetenzen und Schulwelten. Wiesbaden: Springer VS. S. 55–67
Dahrendorf, Ralf (1965): Bildung ist Bürgerrecht. Plädoyer für eine aktive Bildungspolitik. Hamburg: Nannen-Verlag.
Destatis (Statistisches Bundesamt) (2018): „Hochschulen auf einen Blick". www.destatis.de/DE/Themen/Gesellschaft-Umwelt/Bildung-Forschung-Kultur/Hochschulen/Publikationen/Downloads-Hochschulen/broschuere-hochschulen-blick-0110010187004.pdf?__blob=publicationFile (Abfrage: 20.01.2021).
Destatis (Statistisches Bundesamt) (2019): Erwerbstätigenquoten 1991 bis 2019. www.destatis.de/DE/Themen/Arbeit/Arbeitsmarkt/Erwerbstaetigkeit/Tabellen/erwerbstaetigenquoten-gebietsstand-geschlecht-altergruppe-mikrozensus.html (Abfrage 08.04.2021)
Ditton, Hartmut (2016): Der Beitrag von Schule und Lehrern zur Reproduktion von Bildungsungleichheit. In: Becker, Rolf / Lauterbach, Wolfgang (Hrsg.) (2016): Bildung als Privileg. Erklärungen und Befunde zu den Ursachen der Bildungsungleichheit. Wiesbaden: Springer VS. S. 281–312.
Dollmann, Jürgen (2016): Unwillig oder benachteiligt? Migranten im deutschen Bildungssystem. In: Becker, Rolf / Lauterbach, Wolfgang (Hrsg.) (2016): Bildung als Privileg. Erklärungen und Befunde zu den Ursachen der Bildungsungleichheit. Wiesbaden: Springer VS. S. 253–280.

Dowling, Emma (2021): The Care Crisis. What Caused It and How Can We End It? London, New York: Verso.

Draheim, Susanne/Reitz, Tilman (2004): Work Hard and Play by the Rules. Zur Neubesetzung des Gerechtigkeitsbegriffs in der SPD-Programmdiskussion. In: Das Argument 46, H. 256, S. 468–482.

Frey, Carl Benedikt/Osborne, Michael (2013): The Future of Employment. How Susceptible are Jobs to Computerisation? www.oxfordmartin.ox.ac.uk/downloads/academic/future-of-employment.pdf (Abfrage: 06.04.2021).

von Friedeburg, Ludwig (1989): Bildungsreform in Deutschland. Geschichte und gesellschaftlicher Widerspruch. Frankfurt a. M.: Suhrkamp.

Foroutan, Naika (2019): Die postmigrantische Gesellschaft. Ein Versprechen der pluralen Demokratie. Bielefeld: transcript.

Geißler, Rainer (2005): Die Metamorphose der Arbeitertochter zum Migrantensohn. Zum Wandel der Chancenstruktur im Bildungssystem nach Schicht, Geschlecht, Ethnie und deren Verknüpfungen. In: Berger, Peter A. / Kahlert, Heike (Hrsg.): Institutionalisierte Ungleichheiten. Wie das Bildungswesen Chancen blockiert. Weinheim: Beltz Juventa. S. 71–100.

Geißler, Rainer (2014): Die Sozialstruktur Deutschlands. 7., grundlegend überarbeitete Auflage. Wiesbaden: Springer VS.

Gerlach, Irene (2015): Familie, Familienrecht und Reformen. Bundeszentrale für politische Bildung. www.bpb.de/politik/innenpolitik/familienpolitik/198764/familie-familienrecht-und-reformen?p=all (Zugriff 29.03.2021)

Hark, Sabine/Villa, Paula Irene (2015): Eine Frage an und für unsere Zeit. Verstörende Gender-Studies und symptomatische Missverständnisse. In: Dies. (Hrsg.): Anti-Genderismus. Sexualität und Geschlecht als Schauplätze aktueller politischer Auseinandersetzungen. Bielefeld: transcript. S. 15–39.

Hochschild, Arlie (2000): Global Care Chains and Emotional Surplus Value. In: Giddens, Anthony / Hutton, Will (Hrsg.): On the Edge. Living with Global Capitalism. London: Jonathan Cape. S. 130–146.

Kern, Horst (1982): Empirische Sozialforschung: Ursprünge, Ansätze, Entwicklungslinien. München: Beck.

Kramer, Rolf-Torsten (2011): Abschied von Bourdieu? Perspektiven ungleichheitsbezogener Bildungsforschung. Wiesbaden: Springer VS.

Kronauer, Martin (2017): Atypische Beschäftigung. In: Hirsch-Kreinsen, Hartmut/Minssen, Heiner (Hrsg.): Lexikon der Arbeits- und Industriesoziologie. Baden-Baden: Nomos Verlagsgesellschaft. S. 71–74.

Kühl, Stefan (2004): Von der Krise, dem Elend und dem Ende der Arbeits- und Industriesoziologie. In: Soziologie 33, H. 2, S. 7–16.

Land, Rainer (2008): „Teilhabe und Lohnentwicklung in Deutschland und im internationalen Vergleich von der Nachkriegszeit bis heute". www.soeb.de/fileadmin/redaktion/downloads/soeb_arbeitspapier_2008_4_lohnentwicklung_und_internat_vergleich.pdf (Abfrage: 21.02.2021).

Leuze, Kathrin/Strauss, Susanne (2016): Why do Occupations Dominated by Women Pay Less? How ‚Female-Typical' Work Tasks and Working-Time Arrangements Affect the Gender Wage Gap Among Higher Education Graduates. In: Work, Employment and Society 30, H. 5, S. 802–820.

Lutz, Helma (2017): Care. Eine intersektionelle Analyse transnationaler Care-Arbeit und transnationaler Familien. In: Lutz, Helma/Amelina, Anna (Hrsg.): Gender, Migration, Transnationalisierung. Eine intersektionelle Einführung. Bielefeld: transcript. S. 91–120.

Margherita-von-Brentano-Zentrum (2021): Portal ‚Datensammlungen Geschlechterforschung'. www.mvbz.org/genderprofessuren (Abfrage: 08.04.2021).

Olson, Mancur (1965): The Logic of Collective Action. Public Goods and the Theory of Groups. Cambridge, Mass.: Harvard University Press.

Peters, Klaus/Sauer, Dieter (2005): Indirekte Steuerung – eine neue Herrschaftsform. In: Wagner, Hilde (Hrsg.): „Rentier‘ ich mich noch?“ Neue Steuerungskonzepte im Betrieb. Hamburg: VSA. S. 23–58.

Pfeiffer, Sabine (2015): Warum reden wir eigentlich über Industrie 4.0? Auf dem Weg zum digitalen Despotismus. In: Mittelweg 36, H. 24, S. 14–36.

Reich, Robert (1991): The Work of Nations. Preparing Ourselves for 21st Century Capitalism. New York: Knopf.

Rivera, Lauren (2016): Pedigree. How Elite Students Get Elite Jobs. Princeton, Oxford: Princeton UP.

Rogge, Benedikt/Groh-Samberg, Olaf (2015): Statuserhalt und Statusbewusstsein. Zur familialen Transmission von Bildung. In Müller, Hans-Peter/Reitz, Tilman (Hrsg.): Bildung und Klassenbildung. Weinheim: Beltz Juventa. S. 26–49.

Schelsky, Helmuth (1957): Schule und Erziehung in der industriellen Gesellschaft. Würzburg: Werkbund Verlag.

Scherr, Albert/Scherschel, Karin (2019): Wer ist ein Flüchtling? Grundlagen einer Soziologie der Zwangsmigration. Göttingen: Vandenhoeck & Ruprecht.

Schwahn, Florian/Mai, Christoph-Martin/Braig, Michael (2018): Arbeitsmarkt im Wandel – Wirtschaftsstrukturen, Erwerbsformen und Digitialisierung. In: WISTA – Wirtschaft und Statistik 3, S. 24–39.

Schwenken, Helen (2018): Globale Migration zur Einführung. Hamburg: Junius.

Solga, Heike (2005): Ohne Abschluss in die Bildungsgesellschaft. Die Erwerbschancen gering qualifizierter Personen aus soziologischer und ökonomischer Perspektive. Opladen: Budrich.

Streeck, Wolfgang (2014): How Will Capitalism End? In: New Left Review 87, H. 3, S. 35–64.

Thomas, William I./Znaniecki, Florian (1918–1920/1958): The Polish Peasant in Europe and America. New York: Dover Publications.

Tuschling, Anna (2009): Lebenslanges Lernen als Bildungsregime in der Wissensgesellschaft. In: Berliner Debatte Initial 20, H. 3, S. 45–55.

West, Candace/Zimmerman, Don H. (1987): Doing Gender. In: Gender and Society 1, H. 2, S. 125–151.

13. Zeitdiagnosen: Wissens- und Informationsgesellschaft

Zu den interessantesten Abnehmern der Soziologie zählt die interessierte Öffentlichkeit. Viele Menschen wollen sich in der wechselhaften und schwer überschaubaren Welt, von der ihnen etwa die Nachrichten, Kolleginnen und Bekannte, Kulturangebote und Werbung berichten, zurechtfinden und verstehen, was sich gerade ändert. Im Zweifelsfall wollen sie auch in dem bestätigt werden, was sie bereits denken und gemeinsam kulturell aufrechterhalten. Wenn sie dazu Bücher kaufen oder andere Medien heranziehen, bilden sie ein Publikum, zu dem auch Soziologinnen sprechen können. Besonderen Nutzen bieten beiden Seiten *Zeitdiagnosen*, also Ausführungen dazu, was aktuell in der gesellschaftlichen Gesamtlage wichtig (geworden) ist. Das Publikum erhält gut aufbereitetes, als relevant ausgezeichnetes Wissen, einen gefestigten Deutungsrahmen und Anstöße, die soziale Welt neu zu begreifen; die Soziologen können zusätzliches Geld verdienen, bekannt werden, sogar politischen Einfluss entwickeln und davon ausgehen, dass die öffentliche Reputation ihre Bedeutung im Fach erhöht. Selbst ihre Fachkolleginnen sind zudem oft an einem größeren Rahmen interessiert, der spezialisierte Forschungen zu verorten erlaubt. Zeit-, Gegenwarts- oder Gesellschaftsdiagnosen kamen daher in früheren Kapiteln bereits häufig zur Sprache. **Max Webers** Ideen vom erneuerten Kampf der Götter und vom charismatischen Führertum, **Adornos** Thesen zur verwalteten Welt, **Foucaults** Annahmen über Disziplinartechnologien oder Biomacht gehören alle zu diesem Genre.

Neuere soziologische Zeitdiagnosen erkennt man oft an Wortverbindungen mit ‚Gesellschaft', und selbst nicht dem Fach zugehörige Autoren bewegen sich damit ins Gebiet der Soziologie. Diese Verbindungen setzen im Ganzen des Zusammenlebens einen (relativ) neuen Akzent, der zumeist reale Veränderungen anzeigen soll. Einen frühen Beitrag bildet in Deutschland Schelskys „nivellierte Mittelstandsgesellschaft" (vgl. Kap. 7). Üblich wird die Verbindung erst sehr viel später: 1986 zieht **Ulrich Beck** mit der *Risikogesellschaft* nach, und Gerhard Schulze schlägt 1992 die *Erlebnisgesellschaft* vor (vgl. Kap. 8). Dass alle drei Diagnosen die Sozialstruktur nicht mehr vorrangig von Reichtumsunterschieden bestimmt sehen, entspricht lange vorherrschenden, aber heute bezweifelten Forschungsannahmen. In jüngerer Zeit ging der Trend eher dahin, Ungleichheiten zu betonen, national etwa in der *Abstiegsgesellschaft* (Nachtwey 2016) und global in der *Externalisierungsgesellschaft* (Lessenich 2016). Zugleich wurden auch speziellere, sprachlich entzerrte Schwerpunkte gesetzt: *Die Gesellschaft des Zorns* (Koppetsch 2019, mit Bezug auf den Rechtspopulismus) oder *Die Gesellschaft der Singularitäten* (Reckwitz 2017, mit Bezug auf kulturell geprägten Konsum). Thematisch schließen viele dieser Bücher an Klassiker anderer Länder an. Die ‚Konsumgesellschaft' taucht etwa in Frankreich seit Mitte der 1960er Jahre in Buchtiteln auf. Weiterhin schrieb man dort (mit einem schwer übersetzbaren, auf mediale Bildwelten zielenden Begriff) von der Gesellschaft des Spektakels (*société du spectacle*, Debord 1967) und von der *société post-industrielle* (Touraine 1969), der nachindustriellen Gesellschaft. Damit ist auch bereits das Feld erreicht, in dem Zeitdiagnosen hier beispielhaft vorgestellt werden sollen: die Wissens- und Informationsgesellschaft. Von den ersten Diagnosen der 1960er und 1970er Jahre bis zu Titeln wie *Post-Capitalist Society* (Drucker 1993) und *The Zero Marginal Cost Society* (Rifkin 2014) wird die Diskussion hierzu besonders im englischen Sprachraum geführt; Varianten finden sich jedoch in allen Ländern, die sich jenseits der Industriegesellschaft sehen.

Auch wenn Zeitdiagnosen sich nicht auf diese Thematik ausrichten, haben sie ein strukturelles Wissensproblem. Sie bezahlen ihre Attraktivität und ihre hohen Deutungsansprüche mit Unkenntnis in vielen Einzelfragen. Grundsätzlich ist ihren Autorinnen das Ganze, das sie auf einen Teilaspekt hin beleuchten, nie insgesamt durchsichtig. Als Ulrich Beck schrieb, dass soziale Ungleichheit an Bedeutung verliere, weil Umweltrisiken alle betreffen (Beck 1986, S. 48), hatte er noch nicht im Blick, dass ein Anstieg der Meeresspiegel, die Auszehrung von Böden oder die Verlagerung schmutziger Industrien in den Globalen Süden einige Teile der Weltbevölkerung besonders schädigt. Er hätte alles dies schon 1986 wissen können – aber wer es 2016 herausstellen will, kann viele Belege einfach der Tagespresse oder Wikipedia entnehmen (vgl. Lessenich 2016, S. 202 f.; 207 f.). Das legt nahe, dass Zeitdiagnosen zudem mit einem zeitlichen Dilemma zu kämpfen haben: Wenn sie wirklich neuartig und aktuell sein sollen, können sich ihre Autorinnen nicht mehrere Jahre gründlicher Recherche leisten. Sonst erscheint etwa ein Buch, das Schlüsse aus der schlechten Lohnentwicklung der frühen 2000er Jahre zieht (Nachtwey 2016, S. 127–131), erst zu einem Zeitpunkt, zu dem die Reallöhne in Deutschland schon wieder steigen (vgl. Fedorets et al. 2020, S. 92–94). Dieses Problem trifft nicht alle Zeitdiagnosen gleichermaßen. Befunde wie derjenige, dass das Leben schneller wird, bleiben offenkundig so lange aktuell, dass man sie auch sehr spät mit großem Erfolg publizieren kann; der Bestseller zu diesem Thema ist Hartmut Rosas *Beschleunigung* von 2005. Andere Autoren betonen selbst, dass sie trotz Gegenwartsbezug auf eine jahrhundertealte Struktur zielen – „auch wenn" die analysierte Gesellschaft „sich dies niemals eingestanden hat" (Lessenich 2016, S. 26). Das Problem, dass die umrissene Art Analyse eher grobe Orientierungen gibt, als ein Thema genau zu erkunden, bleibt bestehen.

Im Folgenden will ich die Schwächen und Stärken soziologischer Zeitdiagnosen an der Weise erläutern, in der seit gut 50 Jahren die mutmaßlich wachsende Bedeutung von Wissen und Information in unserer Gesellschaft erörtert wird. Der Sachverhalt wurde im Lauf dieser Zeit ganz unterschiedlich beschrieben, erklärt und in die Zukunft projiziert, sodass sich ein vergleichender Überblick anbietet. Ich leite ihn ein, indem ich genauer ausführe, wie das öffentliche Interesse an zeitdiagnostischen Deutungsangeboten beschaffen ist und welche Art von Texten daher Erfolgsaussicht hat. Angeboten und nachgefragt werden, wie sich bereits abzeichnet, vor allem allgemeine Orientierungen. In der Sache geht es in den vorzustellenden Zeitdiagnosen dagegen gerade um die genauen Kenntnisse und Informationen, auf die unsere Gesellschaft zunehmend zugreift – in Wissenschaft, (Informations-)Technik, (digitaler) Ökonomie, Arbeit, Verwaltung und Verständigung. Ich werde zunächst allgemein umreißen, weshalb hier Veränderung zu bemerken und zu vermuten ist, um dann in zwei Abschnitten vergleichend Zeitdiagnosen zu rekonstruieren. Mit Peter Drucker, Daniel Bell und Alvin Gouldner stelle ich Gesamttheorien der Wissens- und Informationsgesellschaft vor; ergänzend gehe ich mit neueren Texten genauer auf den wissens- und informationsbasierten, vernetzten und digitalen Kapitalismus ein. Zum Abschluss liste ich noch einmal verbindende Züge der zusammengestellten Texte auf, um zu sehen, welche Erkenntnisse man von Zeitdiagnosen im Zweifelsfall erwarten kann.

Deutungsansprüche der Soziologie und Strukturen der Öffentlichkeit

Der Begriff „Orientierungswissen" wird tendenziell der Philosophie und den klassischen Geisteswissenschaften zugeordnet; von den Sozialwissenschaften erwartet man dagegen eher administrativ und politisch einsetzbares „Verfügungswissen", ein „Wissen um Ursachen, Wirkungen und Mittel" (Mittelstraß 1989, S. 19). Doch auch die Sozialwissenschaften sind, wie es **Karl Mannheim** mit einem Begriff Heideggers bezeichnet hat, in einer nicht mehr religiös geordneten Welt an der „öffentlichen Auslegung des Seins" beteiligt (Mannheim 1929, S. 46). Sie beschreiben und erklären die gesellschaftliche Gesamtlage, verfolgen sie bis in unsere inneren Antriebe und Probleme, nehmen nicht selten normativ Stellung – und sie beanspruchen für alles dies professionelle Autorität. Das wissenschaftliche Personal steht für die organisierte Wahrheitssuche; in Ländern wie Deutschland und Frankreich repräsentieren die Professoren zudem den Staat bzw. erhalten in ihrer Lehre ein „Monopol auf die soziale Konstruktion der Realität" (vgl. Bourdieu 1977–78/2017, S. 85). Sozialwissenschaftler seit **Durkheim** und den Kathedersozialisten (vgl. Kap. 3) sprechen entsprechend selbstbewusst zu einem breiten Publikum über allgemein wichtige Fragen der Zeit. Die Soziologinnen können dabei zeigen, dass sie Zusammenhänge zwischen Themen zu stiften vermögen, für die sonst verschiedene Fächer zuständig sind: Psychologie, Pädagogik, Rechtslehre, Geschichts-, Politik- und Wirtschaftswissenschaften u. Ä. Wenn eine dieser anderen Wissenschaften eher den Ton angibt, stellt sich leicht eine Beleidigung ein, die nicht bloß psychologisch zu verstehen ist. Sie belegt vielmehr, wie es Mannheim selbst auf den Begriff gebracht hat, eine *Konkurrenz im Gebiete des Geistigen* (Mannheim 1929).

Diese Konkurrenz erscheint angesichts dessen, was auf dem Spiel steht, bemerkenswert wenig geregelt: Texte mit mehr oder weniger solidem wissenschaftlichem Hintergrund werden bei einem größeren oder kleineren Teil der „zum Publikum versammelten Privatleute" (Habermas 1961/1990, S. 81) bekannt. Wenn die Öffentlichkeit, die so entsteht, nicht staatlich beschränkt wird, fragt sich, welche Regeln oder Mechanismen sie sonst strukturieren. **Jürgen Habermas** vermutet im 18. Jh. zunächst einen freien und rationalen Austausch „all der Privatleute", „die [...], Besitz und Bildung vorausgesetzt, über den Markt der Diskussionsgegenstände sich bemächtigen konnten" (ebd., S. 97 f.) Auch Mannheim nimmt an, dass auf die „Erschütterung der Monopolsituation der kirchlichen Weltauslegung" eine „atomisierte Konkurrenz" vieler Deutungsansätze folgte (Mannheim 1929, S. 53). Danach sehen beide jedoch ökonomische und politische Konzentrationsprozesse. Für Habermas bestimmen mit der Zeit zunehmend mächtige Medienorganisationen (Verlage, später Radio und Fernsehen), was öffentlich gesagt und gezeigt wird (vgl. Habermas 1961/1990, S. 225–312). Mannheim zufolge hatten sich die Weltdeutungen schon davor in wenigen politischen Lagern gesammelt – namentlich im konservativen, liberalen und sozialistischen (vgl. Mannheim 1929, S. 60; vgl. Kap. 2). Auch andere haben die Öffentlichkeit als Raum von Machtkämpfen analysiert. **Antonio Gramsci** sieht (wie in Kap. 6 ausgeführt) den Streit um Weltauffassungen als Prozess, in dem die Theorien, Interessen und ethischen Grundsätze bestimmter sozialer Klassen die Vormacht gewinnen; Organisationen wie die Kirche oder Parteien schwören ihre Klientel dabei auf bestimmte Aussagen ein. Für **Pierre Bourdieu** erhöht besonders das kulturelle Kapital, das man in anerkannten Institutionen wie der Universität sammelt, die Chancen, Gehör zu finden. Für wirtschaftlich wichtige Bereiche wie Wissen und Information beauftragen Nationalstaaten und supranationale Organe schließlich auch direkt Analysen (vgl. Steinbicker 2011); Lyotards Postmoderne-Text war etwa für die kanadische Regierung geschrieben (vgl. Kap. 11). Alle diese Machstrukturen werden im Folgenden ab und zu auftauchen. Zugleich belegen die Texte aber einen weiterhin ‚atomisierten' Wettbewerb um Leserinnen: Zeitdiagnosen sind bis heute Projekte Einzelner, die je für sich ihr Glück auf dem Markt versuchen.

Dazu trägt bei, dass sie in Übergangsfeldern arbeiten müssen. Zum einen sind Zeitdiagnosen anders als intellektuelle Kritik zwar politisch bedeutsam, aber nicht grundsätzlich politisch akzentuiert. Viele schildern Trends, die alle betreffen (wie Beschleunigung) oder benennen ungelöste Probleme (wie Orientierungsmangel oder *Die neue Unübersichtlichkeit*; Habermas 1985). Selbst wenn sie für bestimmte politische Milieus geschrieben oder besonders attraktiv sind, müssen sie die Allgemeinheit ansprechen, und zwar eher, um Interesse zu wecken, als um sie zu Entscheidungen zu bewegen. Zum anderen adressieren Zeitdiagnosen nicht nur das allgemeine Publikum, sondern auch die breitere oder engere Fachöffentlichkeit. Sie treten als Wissensangebot auf und wollen daher (in verschiedenem Ausmaß) auch wissenschaftlich plausibel, stichhaltig und stimmig sein; im besten Fall orientieren sie in einem oder mehreren Fächern weitere Forschungen. Wenn die Soziologie als Fach Zusammenhangswissen über die Gegenwart anstrebt, steuert sie diese Funktionsüberlagerung sozusagen von der anderen, wissenschaftlichen Seite aus an. Sie muss sich fast notwendig auf die Übergänge zwischen Buchmarkt bzw. Netzöffentlichkeit und Politik, Populär- und Fachwissenschaft, allgemein Bekanntem und noch Unerforschtem einlassen.

Wissensarbeit und Informationstechnologie

Im Bereich Wissen und Information lässt sich rückblickend gut überschauen, weshalb hierfür Bedarf entstand. *Erstens* sind im Lauf des 20. Jh., wie schon in den vorigen Kapiteln deutlich wurde, Wissenschaft, Bildung und wissensintensive Tätigkeiten praktisch immer wichtiger geworden. Das betrifft etwa Bürokratien und militärische Technologien; soziologisch wurden in den letzten Jahrzehnten vor allem ‚Wissensarbeit' und die ‚Wissensökonomie' diskutiert. *Zweitens* wird mit fortschreitender Computer- und Kommunikationstechnologie zunehmend wichtig, wie Informationen übertragen und verarbeitet werden. Besonders interessant ist dabei, dass Informationen anders als Wissen auch maschinell erzeugt und verarbeitet werden können. *Drittens* werden die Ressourcen und die Ergebnisse von Wissensarbeit und Informationsverarbeitung zunehmend zu umkämpften Gütern: Geistiges Eigentum wird rechtlich neu diskutiert und in internationalen Verträgen neu ausgehandelt, Weltkonzerne gründen ihre Macht darauf, dass sie über unzählige (Nutzer-)Daten verfügen. Schon diese kurze Liste führt aber auch auf Abgrenzungs- und Zusammenhangsfragen: Wie verhalten sich Daten, Informationen und Wissen begrifflich und technisch-sozial zueinander? Was ändert sich, wenn auch Maschinen das leisten können, was zuvor geistige oder qualifizierte Arbeit von Menschen erfordert hat? Gewinnen (trotzdem) Gruppen mit wissensintensiver Tätigkeit zunehmend Macht, oder werden bloß Wissensgüter wertvoller bzw. wichtiger? Und wo ist es sinnvoll, von Wissen zu sprechen – nur im Umfeld wissenschaftlicher Erkenntnis oder auch in der Werbebranche, der Personalführung und Unternehmensberatung? Größere und weitere Fragen ergeben sich, wenn man die Wissens- oder Informationsgesellschaft als umfassende und neuartige Gesamtformation begreifen will. Worin unterscheidet sie sich z. B. von einer Gesellschaft, in der Priester und Schriftgelehrte das Sagen haben? Ist sie wesentlich als kapitalistische Wissensökonomie zu denken oder durch staatlich organisierte Wissenschaft, Bildung und Technologieentwicklung bestimmt? Und ändern sich unsere ökonomischen, politischen und kulturellen Ordnungen, weil wissens- und informationsgetrieben soziale Strukturen wie Netzwerke, Plattformen, Massenintelligenz oder kulturelle Gemeingüter wichtiger werden?

Einige Antworten werden im Folgenden vorgestellt. Damit sie sich strukturierter lesen lassen, schicke ich ihnen ein Klärungsangebot zu den Begriffen Wissen, Information und Daten voraus. Diese Begriffe werden von philosophischen Definitionen des Wissensbegriffs bis zu Debatten um Datafizierung sehr verschieden bestimmt und verwendet. Öfter hängt davon sogar die zeitdiagnostische Pointe ab. Sie lassen sich aber in eine einfache Übersicht bringen, die z. B. in der Wirtschaftsinformatik üblich ist (vgl. Krcmar 2019). *Daten* sind verschiedene Elemente in einer ‚syntaktischen' Ordnung oder einem Zeichensystem. Eine Webseite kann von dieser oder jener Nutzerin besucht worden sein, in einer Namenszeile kann ‚Lisa Meier', ‚Paul Müller', ‚Paul Meier' und vieles sonst stehen, ein Coronatest kann positiv oder negativ ausgefallen sein. Zur *Information* wird ein solches Element, wenn sein „Unterschied" zu anderen Möglichkeiten in einem praktischen, kognitiven, technischen o. ä. Kontext „einen Unterschied macht" (Bateson 1972/1981, S. 582). Wenn für mich wichtig ist, wer mein Profil angeschaut hat oder ob Lisa und Paul verheiratet sind, wenn Paul vom Arzt oder auf einem Portal erfahren will, ob er in Quarantäne muss, werden Daten aussagekräftig. Am schwersten ist schließlich das *Wissen* zu bestimmen, das den größeren Rahmen für Informationen bietet. Ein solcher Rahmen kann durch praktische Erfahrung bestimmt sein (vgl. Willke 1998, S. 162), die mir etwa sagt, was verheiratete Paare auszeichnet, oder er kann aus Erklärungen und Einordnungen bestehen, die einzelnen Informationen eine bestimmte Rolle zuweisen – etwa der Zunahme positiver Coronatests in epidemiologischen Studien, Theorien und Prognosen. Die Bedeutung des Wortes ‚wissen' schließt ein, dass meine Auffassung zutrifft (sonst ‚meine' ich nur, dass das Virus hoch ansteckend ist). Soziologisch interessanter ist, in welcher Weise Wahrheit gewöhnlich festgestellt wird und Kenntnisse eingeordnet werden, bis hin zur Einordnung von Fachwissen durch Orientierungswissen.

Die vorgreifend benannten Entwicklungstrends lassen sich mit dieser Einteilung bereits klarer sortieren. Während die Zunahme wissenschaftlicher Aktivität und hochqualifizierter Arbeit im Allgemeinen wohl mit dem Begriff ‚*Wissen*' am besten beschrieben ist, wurde es mit den neuen Rechner- und Übertragungstechnologien wichtiger, wo, wann und wie schnell praktisch oder technisch nötige *Informationen* verfügbar sind. Je mehr die Informationsverarbeitung automatisiert wird, desto weiter rückt schließlich der Zugriff auf möglichst große Mengen von Daten ins Zentrum. Besonders die prominent gewordenen selbstlernenden Algorithmen (*machine learning*, eine Spielart der ‚künstlichen Intelligenz') sind auf *Daten* angewiesen, mit denen sie ‚trainiert' werden können; Nutzerdaten gelten daher als besonders begehrtes Gut (s. u.). Im ersten Überblick scheint sich die postindustrielle Gesellschaft also von komplexeren zu immer schlichteren Formen der

Welterfassung zu bewegen. Doch Thesen dieser Art sollen hier nicht vorgebracht, sondern nur wissenssoziologisch rekonstruiert werden.

Theorien der Wissens- und Informationsgesellschaft

Über die Wissensgesellschaft wird schon geschrieben, als die informationstechnologische Revolution sich erst anbahnt. Der Managementtheoretiker Peter Drucker, dem man die Prägung des Begriffs „knowledge society" zuschreibt, stützt sich dabei auf erste Forschungen zur *Production and Distribution of Knowledge* (Machlup 1962), die den Anteil kognitiver Tätigkeiten an der US-amerikanischen Wirtschaft theoretisch und quantitativ zu bestimmen versuchen. Fritz Machlup sieht ‚Wissen' und ‚Information' dabei als so bedeutungsnah an, dass er zwischen beiden Begriffen nicht unterscheidet (vgl. Machlup 1962, S. 14). Als die Studie *The Information Economy* seinen Ansatz 15 Jahre später fortführt, erkennt deren Autor in der aufblühenden „computer industry" hingegen neuartige Realitäten wie „electronic based information processors" (wobei die ‚processors' Menschen sind, die Computer bedienen) und „information technology" (Porat 1977, S. 75, 115 und 214). Auch der erste veröffentlichte Text zu einer wissensbasierten *Post-Industrial Society* erwähnt schon „computers", die fast jede menschliche Fähigkeit verdoppeln und bisher ungelöste Probleme bearbeiten könnten (vgl. Bell 1964, S. 46). Doch was diese Entwicklungen gesellschaftlich ändern werden, bleibt hier noch völlig offen: „They have all sorts of ramifications and will contribute importantly to the coloration of specific features of the society which is emerging." (Ebd., S. 46 f.)

Im Feld des Wissens hat Daniel Bell prägnantere Thesen entwickelt und zusammengeführt. Sein Buch *The Coming of Post-Industrial Society* ist die vielleicht bekannteste Zeitdiagnose im Feld (oder auch mehr: der Untertitel verspricht *A Venture in Social Forecasting*, 1973). Begrifflich konkurriert Bell mit Touraine, der *La société post-industrielle* bereits 1969 als Buchtitel verwendet hat. Beide führen Fourastiés Beobachtung weiter, dass die Industriejobs zunehmend durch Dienstleistungsberufe verdrängt werden (vgl. Kap. 12). Ansonsten sind ihre Annahmen jedoch unterschiedlich. Für Touraine treten nun prinzipiell „alle Bereiche des sozialen Lebens, der Erziehung, des Konsums, der Information" an die Stelle der früheren „Produktivkräfte" (Touraine 1969, S. 10); sie werden von Fachleuten beherrscht, die „das Wissen verwalten" (ebd., S. 66), aber auch von Gruppen wie den Studierenden gegen den technokratischen bzw. bürokratischen Zugriff verteidigt. Für Bell geht es einfacher darum, dass die Wissenschaft im sozialen Leben immer größeren Raum einnimmt und immer mehr Macht erhält. Um die zunehmende Bedeutung des Wissens zu verdeutlichen, stellt er beeindruckende Zahlen zusammen: Das in Bibliotheken gesammelte Wissen nimmt (wenn man es in Buchseiten oder Regalmetern misst) exponentiell zu, die Zahl der Wissenschaftler ist in den USA zwischen 1930 und 1965 um 930 % angewachsen (vgl. Bell 1973, S. 177–181; S. 216), und auch die staatlichen Ausgaben für Wissenschaft steigen rasch. Bell führt letzteres besonders in seinem Aufsatz von 1964 auf die „military situation" der USA und der technisch entwickelten Welt zurück: „A large part of research and development is an outgrowth of the increasing complexity of weapons systems" (Bell 1964, S. 44; S. 48). Er betont jedoch auch allgemeiner, dass nur der Staat technologischen Wandel finanzieren kann (ebd., S. 48 f.). Im Buch lautet die Vorhersage, dass die Bedeutung des Staates noch zunehmen wird, weil über Investitionen in Wissen in jedem Fall zentral entschieden werden muss:

> „The nature of a market society is to disperse responsibility and to have ‚production' decisions guided by the multiple demands of the scattered consumer. But a decision to allocate money to one scientific project rather than another is made by a political center as against a market decision." (Bell 1973, S. 263)

Eine weitere Beobachtung Bells wurde bis in die Gegenwart immer wieder erneuert. In dem Maß, in dem sich Wissen für die Gebildeten auszahlt, werden die weniger Gebildeten enteignet („dispossessed"), was für Bell teils zu völligem gesellschaftlichem Ausschluss führt, teils eine Zunahme extrem rechter Einstellungen erklärt (Bell 1964, S. 49 f.). Die zugrunde liegende Klassenspaltung wird zu einer Hauptlinie der folgenden Debatten.

Besonders wird dabei zumeist die Gewinnerseite beleuchtet. Für Drucker nutzt die industrielle Gesellschaft nicht allein die Vorteile des aufgeschriebenen Wissens, das sich leicht und exakt übertragen lässt, die Produktivität steigert und so materielle Güter im Überfluss zu erzeugen erlaubt. Sie unterhält zudem ein immer größeres Bildungssystem, das nicht vorrangig der Wissensvermittlung dient. Vielmehr regelt es Drucker zufolge (wie später für Randall Collins, vgl. Kap. 12) Ansprüche auf das Gesamtprodukt, weil es höhere Entlohnung rechtfertigt:

> „In the advanced countries, man has chosen to take a substantial part of the increased wealth made possible by scientific agriculture and scientific management in the form of longer years of schooling. Extending the years of schooling forces us to create jobs that apply knowledge to work. The person who has sat on a school bench until he is eighteen or twenty may not have learned anything. But he has acquired different expectations." (Drucker 1969, S. 284)

Diese Ansprüche dürften seither durch Hochschulabschlüsse mit Mitte 20 bis Anfang 30 noch gestiegen sein. Drucker erklärt nicht, durch welche Mechanismen sie eingelöst werden. Doch die Idee, dass die Wissensklassen große Anteile am gesellschaftlichen Reichtum und hohe Machtpositionen beanspruchen und erreichen, wurde später mit neuen Argumenten erneut aufgenommen.

Alvin Gouldner sieht wie Bell eine Krise der Marktordnung heraufziehen, begründet sie aber vor allem mit der Klassenstruktur der Wissensgesellschaft.

Anschließend an die ungarischen Intellektuellen György Konrad und Iván Szelényi (1974/1978) sieht er *Die Intelligenz auf dem Weg zur Klassenherrschaft*. Gouldner spricht von einer ‚neuen Klasse', die sich aus einer naturwissenschaftlich-technisch ausgebildeten ‚Intelligenz' und den geisteswissenschaftlich ausgebildeten ‚Intellektuellen' zusammensetzt. Während die einen Schaltstellen in Produktion und Verwaltung besetzen, sind die anderen darauf spezialisiert, gesellschaftliche Ordnungen zu rechtfertigen. Beide teilen eine „culture of critical discourse", in der Autorität nichts zählt, weil es nur auf das bessere Argument ankommt (Gouldner 1979, S. 28). Das klingt nach großer Gleichberechtigung, bevorzugt aber nach Gouldner diejenigen, die Wissen gesammelt und zu argumentieren gelernt haben (vgl. ebd., S. 85). Sie entwickeln für ihn sogar eine neue Form von Ausbeutung: „The New Class is a cultural bourgeoisie who appropriates privately the advantages of an historically and collectively produced cultural capital" (ebd., S. 19). Die wissenschaftliche, aufgeklärte Kultur, in die alle eingebunden sind, kommt den geistig tätigen Gruppen auch persönlich zugute. Gouldners zugespitzte, gezielt übertreibende Argumentation eröffnet eine kritische Sicht auf das Selbstverständnis, das Ansehen und die soziale Stellung der wachsenden akademisch ausgebildeten Bevölkerungsteile. Politisch setzen sie sich seit den 1960er Jahren für Gleichheit ein, doch sie sind nicht nur kulturell und gegenüber vielen anderen auch ökonomisch privilegiert, sondern bestimmen zunehmend die Weise, in der über Ressourcen und Regeln entschieden wird.

Als die informationstechnische Revolution ins Rollen kommt – verbunden mit anderen Umbrüchen, vom Kollaps des Staatssozialismus bis zur neoliberalen Wende im Westen – werden die vorgestellten Diagnosen und Prognosen in deutlich eingeschränkter Form wieder aufgegriffen. Waren in der 1960er und 1970er Jahren erweiterte staatliche Verfügungsmacht und neue kulturelle Machtordnungen denkbar geworden, konzentrieren sich die Diagnosen der 1990er (wieder) auf die wissensbasierte Ökonomie oder den informationsgetriebenen Kapitalismus. In einem einschlägigen deutschen Beitrag zu Wissensarbeit bilden etwa Unternehmensberatung und Finanzdienstleistungen die Hauptbeispiele (vgl. Willke 1998, S. 169–174). In einem weiteren Buch Peter Druckers, das dort als Zündung für die neue Debatte angeführt wird (vgl. ebd., S. 163), gelten die Wissensarbeiter zwar ebenso wie bei Gouldner als neue Klasse, sind aber kaum noch von Managern und hochqualifizierten Beschäftigten bzw. Selbstständigen zu unterscheiden:

> „The leading social group of the knowledge society will be ‚knowledge workers' – knowledge executives who know how to allocate knowledge to productive use – just like capitalists knew how to put capital to productive use; knowledge professionals; knowledge employees." (Drucker 1993, S. 7)

Eine umfassendere Analyse bietet Manuel Castells' dreibändiges Werk *The Information Age*. Im ersten Band, *The Rise of the Network Society* (1996), wertet er ausgiebig statistisches Material dazu aus, wie sich in den technisch fortgeschrittenen Ländern die wissensintensiven Berufe entwickelt haben. Sofern sie sich international überhaupt sinnvoll vergleichen lassen, nimmt ihr Anteil zwischen den 1970er und 1990er Jahren überall zu (vgl. Castells 1996/2010, S. 233). Castells versucht aber erst gar nicht mehr, die Wissensarbeiter als eigenständige, machtfähige Gruppe zu begreifen. Ähnlich wie Drucker fasst er als geistig Arbeitende (bzw. nun: „informational occupation") die „managers, professionals, and technicians" (ebd.) zusammen. Macht gewinnt für ihn aber nicht diese Gruppe, sondern das Kapital gegenüber der Arbeit hinzu. Die „powerful information technologies" kommen dem Management, den Eigentümerinnen und den Finanzmarktakteuren zugute, die nun über die ganze Welt verteilt produzieren (lassen) können:

> „The ability to assemble and disperse labor on specific projects and tasks anywhere, anytime, created the possibility for the coming into being of the virtual enterprise as a functional entity. […] Productivity and profitability were enhanced, yet labor lost institutional protection and became increasingly dependent on individual bargaining conditions in a constantly changing labor market." (Castells 1996/2010, S. 143)

Selbst viele qualifizierte Beschäftigte verlieren damit an Verhandlungsmacht – und in fast jedem Fall sind sie weiterhin den Unternehmensleitungen untergeordnet.

Castells' Analyse führt auch gut vor Augen, wie sich eine eher rückblickende Zeitdiagnose zu eher vorhersagenden Versionen verhält. Während Autoren wie Gouldner spannende Thesen entwickeln, die aber leicht fehlgehen können, bestätigt Castells' gründliche Arbeit vor allem Dinge, die niemand ernsthaft infrage stellen würde: Die höher qualifizierten Berufe weiten sich aus, Produktionsprozesse und (Einheiten von) Unternehmen sind zunehmend weltweit vernetzt, neue Informations- und Kommunikationstechnologien spielen dabei eine tragende Rolle (vgl. ebd., S. 77). Interessant werden Castells' Thesen erst im Detail – etwa wenn man fragt, ob sich wirklich alle Teilaufgaben problemlos weltweit verschieben lassen – und bei noch größeren Zusammenhängen, die er herzustellen versucht: Gib es eine bestimmte Politik, ein typisches Selbstverhältnis und sogar Geschichtsverständnis der ‚Netzwerkgesellschaft' – oder sind dafür auch konkrete Ereignisse nach Erscheinen der Erstauflage wichtig, von 9/11 über die Finanzkrise und die Trump-Ära bis zur Corona-Pandemie? Auch strukturell hat sich in diesem Zeitraum einiges verschoben. In jedem Fall waren die Änderungen groß genug, um sehr unterschiedliche Theorien zur Wissens- und Informationswirtschaft bzw. (wie man heute vermehrt sagt) zum ‚digitalen Kapitalismus' hervorzutreiben oder plausibel zu machen. Diese Ansätze sollen nun näher dargestellt werden.

Der Kapitalismus im Informationszeitalter

Die Wissens- und Informationsgesellschaft wurde ab den 1990er Jahren nicht bloß erneut ökonomisch begriffen. Zunehmend wurde auch gefragt, ob die Wirtschaftsordnung dabei die gleiche bleiben kann. Ein Stichwort hat erneut Drucker mit dem Buchtitel *Post-Capitalist Society* gegeben (Drucker 1993) – der keine sozialistische Alternative bezeichnet, sondern die Idee, dass ‚Wissen' ökonomisch wichtiger geworden sei als ‚Kapital' (s. o.). In der Folgezeit haben verschiedene Theorien erwogen, wie sich der Kapitalismus verändern muss, um die informationstechnische Revolution, die neue Bedeutung kultureller Güter, wissenschaftlicher Fortschritte und hochqualifizierter Beschäftigter zu verarbeiten. Auch sozialistische Impulse spielen dabei eine Rolle, doch nur selten lautet die Diagnose, dass der Kapitalismus wirklich am Ende ist. Er erfindet sich vielmehr neu, zuletzt als ‚digitaler Kapitalismus'.

Viele Neuerungen sind an einen Umstand gebunden, der selbst sehr unterschiedlich bestimmt wird: Die Ressourcen, Leistungen und Produkte, von denen man sich die größten Gewinne erhofft, sind heute anders beschaffen als im industriellen Zeitalter. Güter wie der Quellcode einer Software, eine Vorlesung über Materialphysik sowie die vielen (anderen) Bild- und Tonaufnahmen, die man kostenlos oder gebührenpflichtig im Internet anschauen kann, haben einige ökonomisch wichtige Besonderheiten. Sie sind einerseits mit sehr geringen, bei wachsender Menge gegen Null gehenden Kosten reproduzierbar. Andererseits geht in sie die Arbeit sehr vieler, oft nicht einzeln identifizierbarer Menschen ein. Fast überall, von der physikalischen Formel bis zur Programmiersprache, werden schon entwickelte Muster und Ideen genutzt, und nur wenn sie hinreichend zur Verfügung stehen, ist eine gute Software oder Vorlesung möglich. Die meisten Schlussfolgerungen, die an diese Befunde geknüpft wurden, gehen von zwei ökonomischen Weisen aus, sie genauer zu formulieren: **Marx'** Ideen zur Wissensökonomie und der Theorie nichtknapper bzw. öffentlicher Güter.

In seinem Manuskript *Grundrisse der Kritik der Politischen Ökonomie* (geschrieben 1857–58) hat Marx nicht nur große Teile der Theorie entwickelt, die später als *Das Kapital* erscheint, sondern geht stellenweise darüber hinaus. Das gilt besonders für ein als „Maschinenfragment" bekannt gewordenes Textstück. Marx hat hier bereits im Blick, dass die Produktion weitgehend automatisiert wird, und nimmt an, dass damit „das allgemeine gesellschaftliche Wissen" (Marx 1953/1983, MEW 42, S. 602) zur wichtigsten Produktivkraft wird. Anders als manuelle Tätigkeiten lassen sich die Pflege und Erweiterung dieses Wissens aber kaum einzelnen Beteiligten zurechnen, sodass der bezahlte Einsatz menschlicher Arbeit bzw. Arbeitszeit nicht mehr wie vorher die wirtschaftlichen Verhältnisse regulieren kann. Für Marx haben sich in der wissensbasierten Produktion sowohl die Arbeitswerttheorie als auch die Lohnarbeit selbst tendenziell erledigt: „Sobald die Arbeit in unmittelbarer Form aufgehört hat, die große Quelle des Reichtum zu sein", müsse auch „die Arbeitszeit" aufhören, „sein Maß zu sein" (ebd.). Eine Gruppe von Theoretikern, die als ‚Postoperaisten' bekannt geworden sind (und wie ihre Vorläufer, die ‚Operaisten', den Arbeitenden große Handlungsmacht zusprechen), sehen seit den 1990er Jahren Marx' Voraussagen über den Wandel der Arbeit bestätigt. Sie nehmen jedoch an, dass der Kapitalismus unter diesen Bedingungen neue Formen der Ausbeutung gefunden hat. Am bekanntesten ist die Version geworden, die Antonio Negri und Michael Hardt in den Büchern *Empire* (2000), *Multitude* (2004) und *Commonwealth* (2009) vorgelegt haben. Im dritten Buch ist sie gut erläutert. Der Reichtum der Gegenwart liege vor allem in Gütern, die gemeinschaftlich sind, sich nicht wirklich messen lassen und überwiegend ohne organisierende Rolle des Kapitals hergestellt werden: „knowledges, information, images, affects, and social relationships" (Negri / Hardt 2009, S. 139). Ausgebeutet wird daher nicht mehr vorrangig die Arbeit abhängig Beschäftigter, sondern die Produktion kultureller Gemeingüter (*commons*). Wenn Forschung an öffentlichen Hochschulen verwertbare Ergebnisse erbringt, das Leben in einem Stadtviertel die Immobilienpreise steil ansteigen lässt oder soziale Aktivität im Internet den Börsenwert von Facebook in die Höhe treibt, werden aus dem Gemeinsamen exklusive Gewinne bzw. Renten (Einkommen ohne Arbeit) abgeschöpft. So lässt sich besser begreifen, was schon Touraine vermutet hatte: Das ganze Leben („society itself or [...] social life as a whole") wird dem Kapital untergeordnet (ebd., S. 142), und Widerstand ist auch jenseits einer eng begrenzten Arbeiterklasse möglich. Ausgerechnet der ökonomische Kern der These bleibt bei den Postoperaisten jedoch unscharf. Man erfährt kaum genauer, in welcher Weise sich Informations- und Kulturindustrie, Immobilien- und Aktienspekulantinnen Wissen, Bilder, Beziehungen und andere kulturelle Gemeingüter aneignen.

Präzisere Vorstellungen wurden vor allem mit den Mitteln bzw. in Kritik der neoklassischen Wirtschaftslehre (vgl. Kap. 2 und Kap. 14) entwickelt. Deren Grundidee, dass auf Märkten knappe Güter ausgetauscht werden, ist für Wissensgüter kaum tragfähig: Sie sind ‚nichtrival', weil sie beim Gebrauch nicht aufgebraucht werden, und tendenziell ‚nichtexklusiv', weil sich ihre Nutzung schwer oder nur kostspielig einschränken lässt. Dieses Glas Bier trinken oder jenes Auto fahren kann jeweils nur eine Person, doch Wissen, Informationen und Daten werden zumeist nur nützlicher, wenn viele sie nutzen. In der Informationsökonomie zieht man hieraus vielfältige Schlüsse; das Hauptargument für eine ansonsten unnötige und schädliche Verknappung ist, dass geistiges Eigentum Anreize zur Wissensproduktion setze (vgl. Stiglitz 1999). Für Zeitdiagnosen ist entscheidend, dass eine Wissens- und Informationsgesellschaft womöglich das Eigentum insgesamt neu bestimmen muss. Auch materielle Güter können etwa mit 3D-Druckern ohne große Fabriken massenhaft hergestellt werden, und die Baupläne könnten frei zugänglich sein (vgl. Rifkin 2014, S. 107–131).

Für Paul Mason, der auch an Marx anschließt, liegen daher die Bedingungen für wirklichen *Postkapitalismus* vor: „Technologically, we are headed for zero-price goods, unmeasurable work, an exponential takeoff in productivity and the extensive automation of physical processes.“ (Mason 2015, S. 196). Unter bestehenden Verhältnissen wird stattdessen jedoch privates Eigentum gestärkt: „Today, the main contradiction [...] is between the abundance of free, abundant socially produced goods, and a system of monopolies, banks and governments struggling to maintain control over power and information.“ (Ebd., i. O. mit Hv.) Kritische Studien haben Beispiele dafür gesammelt, wie Firmen und global mächtige Regierungen sogar den Zugang zu lebenswichtigen Wissensprodukten einschränken. Peter Drahos und John Braithwaite, die dies vorrangig für den Pharmasektor zeigen (z. B. am Kampf darum, ob AIDS-Medikamente auch für ärmere Bevölkerungen hergestellt werden können), haben den Begriff *Information Feudalism* geprägt: So wie Feudalherren Tribut dafür forderten, dass man ihr Herrschaftsgebiet überquert, verlangen die Eigentümer von Informationsgütern Zahlungen für deren Nutzung. Anschließend an die Postoperaisten und **Karl Polanyi** (vgl. Kap. 14) kann man zudem betonen, dass so nicht einfach frühere Wissensarbeit bezahlt wird: Auch wo Informationsgüter nicht als Ware hergestellt wurden, werden sie durch Eigentumsrechte zur Ware *gemacht* (vgl. Jessop 2007, S. 271). Während die öffentliche Hand z. B. ständig riskante, selten direkt rentable Forschung bezahlt, steigt das sogenannte Risikokapital ein, wenn sich Erfolge abzeichnen (vgl. Mazzucato 2018, S. 249–271).

Allgemein warnen viele Zeitdiagnosen davor, mit Wissen und Information einen Abbau kapitalistischer Mechanismen zu assoziieren. „For all of the rhetoric of having overcome capitalism and of transitioning to a new mode of production [...] we still remain bound to a system of competition and profitability.“ (Srnicek 2017, S. 114) Neben erweiterten geistigen Eigentumsrechten können gerade auch Formen von Teilen, Schenken, gemeinsamer Nutzung, kostenlosem Zugang und freiwilliger Zusammenarbeit zu diesem System beitragen. In Arbeiten zum Urheberrecht, zu quelloffener Software, zur Verwertung biologischen Wissens u. Ä. wurde bemerkt, dass privatwirtschaftliche Akteure nicht in jedem Fall Zugangsschranken bevorzugen – im Feld der Gentechnik sind große Pharmakonzerne z. B. eher an einer ‚gift economy‘ mit frei zugänglichen Datenbanken interessiert als daran, kleinen Forschungsfirmen deren Resultate abzukaufen (vgl. Sunder Rajan 2006, S. 39–76). Die heute beliebtesten Beispiele stammen von wenigen marktbeherrschenden Internet-Konzernen: Google, Apple, Facebook und Amazon, oft abgekürzt als GAFA. (Seltener gehen auch nicht viel kleinere chinesische Firmen wie Tencent, Alibaba oder Baidu in die Debatte ein.) An der Börse sind sie inzwischen die wertvollsten Unternehmen überhaupt, und ihre Geschäftsmodelle haben bemerkenswerte neue Elemente. *Erstens* steigt der Wert ihrer Leistungen mit der Zahl ihrer Nutzer (wenn alle auf Facebook sind, will ich auch dort sein, Amazon bietet als Großhändler am meisten an und kann am schnellsten liefern); sie bauen aufgrund dieses ‚Netzwerkeffekts‘ tendenziell sogar Monopole auf (wer ins Internet geht, fängt bei Google an). Dabei operieren sie *zweitens* häufig als ‚Plattformen', als ‚zweiseitige Märkte' (Rochet/Tirole 2002) oder als ‚proprietäre Märkte' (vgl. Staab 2019, S. 150–225): Sie verkaufen nicht (vorrangig) selbst Güter, sondern verdienen daran, dass sie anderen Tauschakte und sonstige Interaktionen (wie Kontaktpflege oder Dating) ermöglichen. Selbst Apple verdient nicht nur an seinen Geräten, sondern lässt in seinem App Store auch Software verkaufen. Um die nötige Ausdehnung zu erreichen, stellen die Firmen *drittens* zahlreiche kostenfreie Dienste zur Verfügung, von Suchdiensten bis zur Android-Software auf Smartphones (die das früher dominierende, auf iPhones beschränkte Apple-Betriebssystem stark zurückgedrängt hat). Diese Dienste bleiben aber *viertens* nicht ganz ohne Gegenleistung: Wir hinterlassen bei der Nutzung Datenspuren, die z. B. für (personalisierte) Werbung, generell für Verhaltensprognosen verwertet werden können. Einige sehen in dieser Bereitstellung von „Nutzerinformationen" das eigentliche Geheimnis oder eine „historisch neuartige Grundlage kapitalistischer Reproduktion" (vgl. Voß 2020, S. 137–147). Auch sonst wird an den geschilderten Mechanismen häufig eine Gesamtbeschreibung unserer Gesellschaft festgemacht: als *Platform Capitalism* (Srnicek 2017), *Digitaler Kapitalismus* (z. B. Staab 2016 und 2019) oder *Überwachungskapitalismus* (Zuboff 2018; Voß 2020).

Viele Einzelheiten sind dabei umstritten. Inwiefern Nutzerinnen mit ihren Daten den Rohstoff der Zukunft liefern, ob sie sogar – als ‚prosumer' oder ‚produser' – wertvolle Arbeit leisten, wie darüber hinaus die unbezahlte (Mit-)Produktion von Software und Inhalten einzuschätzen ist, wird kontrovers diskutiert. Auch die Zukunft der Plattformen jenseits von GAFA wird verschieden beurteilt, etwa anhand des Fahrvermittlungsanbieters Uber, der zwar vielerorts eine Monopolstellung anstrebt, aber immer noch keine Gewinne macht. In den größeren Diagnosen zur Entwicklung des Kapitalismus oder der Informationsgesellschaft fällt jedoch vor allem auf, wie stark sie vom Teil aufs Ganze schließen. Was sagen die Geschäftsmodelle einiger Großkonzerne, die teilweise sehr spezielle Monopole aufgebaut haben (wie Google und Facebook im Werbesektor), darüber aus, wie im ‚digitalen Kapitalismus' insgesamt gewirtschaftet, Macht ausgeübt und gehandelt wird? Leben sie nicht (als Werbeplattformen oder Versandhandel) vor allem davon, dass der digitale und analoge Rest der Wirtschaft profitabel arbeitet? Und wird nicht selbst bei diesen Konzernen auch herkömmlich produziert, von Clouddiensten bei Amazon bis zur Industriearbeit beim Apple-Zulieferer Foxconn (die als „underpaid" und „overworked" gelten kann; Sandoval 2013, S. 336)? Schon Ende der 1990er Jahre wurde bemerkt, dass nur ein „neglect of the value-creating labor of billions of people on the planet" (Caffentzis 1998/2013, S. 79) Theorien wie die von Negri und Rifkin ermöglicht. Die Industriearbeit hat nicht aufgehört, sondern wurde in aufstrebende Länder jenseits des Globalen Nordens verlagert; auch die Informationsökonomie hat eine materielle und ökologisch kostspielige Infrastruktur. Den besonders innovativen Zeitdiagnosen entgeht also möglicherweise das meiste, was sich in der Weltgesellschaft wirklich ändert.

Horizonterweiterung, Unschärfen und Bestätigungsfunktionen

Im vorigen Abschnitt kamen (anders als im Rest des Kapitels) nicht mehr vorwiegend Soziologinnen zu Wort, sondern Stimmen aus der Philosophie, der Politikwissenschaft und vor allem aus dem Umfeld der Wirtschaftswissenschaften. Das hat vermutlich ebenso mit den persönlichen Interessen des Autors zu tun wie mit der großen Bedeutung, die ökonomischen Themen in unserer Gesellschaft zugemessen wird (vgl. Kap. 14). Bemerkenswert ist zudem, dass auch Personen ohne höheren akademischen Abschluss wichtige Anstöße für Debatten gegeben haben – etwa Jeremy Rifkin. Dass viele Analysen fragwürdig ausfallen, ist aber wohl nicht hierdurch zu erklären. Einseitige bis falsche Einschätzungen finden sich auch in den Zeitdiagnosen ausgewiesener Soziologen wie Gerhard Schulze (vgl. Kap. 7 und 8) oder Ulrich Beck (s. o.). Die Gründe sind eher in den Strukturen der Öffentlichkeit zu suchen, die in zeitdiagnostischen Texten angesprochen wird und für deren Erfolg sorgt. Der Eindruck, dass etwas allgemein bedeutsam ist, zählt hier prinzipiell mehr als fachliche Rückversicherung. Damit wird teilweise Präzision verloren, im besseren Fall aber auch der bloße Fachhorizont überschritten. Die soziologische Forschung dazu, wie der digitale Kapitalismus in bezahlter und unbezahlter Arbeit, Wertschöpfung, Firmenpolitik, Kultur und Alltagsleben ggf. aussieht, hätten ohne die dargestellten Analysen weniger interessante Fragen – oder könnte noch mehr interessante Fragen verfolgen, wenn sie mehr davon zur Kenntnis nähme.

Zu klären bleibt, was den Eindruck allgemeiner Bedeutsamkeit erzeugt. Die Texte von Bell bis Zuboff, die sich mehrheitlich sehr gut verkauft haben, führen eine interessante Mischung möglicher Faktoren vor Augen. Zweifellos spielen Neuigkeit, Überraschungseffekte und Übertreibung eine Rolle. Das Stichwort ‚Überwachungskapitalismus' ist z. B. deshalb so zündend, weil es an totalitäre Staaten denken lässt und das alltägliche Internetsurfen mit prickelnden Gruselgefühlen auflädt. Auch indem man das Ende der Arbeit, des Eigentums oder der Knappheit verkündet, kann man offenbar immer wieder Neugierde wecken. Die Zeitdiagnosen sprechen jedoch auch andere Triebkräfte an als das Interesse an Neuem. Bereits die geografische Einseitigkeit bzw. der Euro- und US-Zentrismus, die zuletzt auffielen, lassen vermuten, dass Zeitdiagnosen auch beim besonders Bekannten ansetzen. Wenn möglichst viele Leserinnen bei ihren eigenen Erfahrungen bleiben können, um die veränderte Welt zu verstehen, kann dies den Buchverkauf ebenso fördern wie überraschende Einsichten. In ganz anderer Art wird oft das politisch Bekannte aktiviert. Welt-Bestseller wie *Empire* sind fest in einer linken Szene verankert, während die Bücher der Gegenseite (z. B. von Drucker) betonen, dass alle sozialistischen Versuche für immer gescheitert sind. Schließlich könnte sich sogar der seltsame Umstand, dass das angeblich Neue über 50 Jahre hinweg immer wieder als neu entdeckt wird, dadurch erklären, dass das Publikum in Zeitdiagnosen vor allem Bestätigung findet. Erst wenn ein Thema in zunächst gewagten und randständigen Versuchen so häufig angesprochen wurde, dass es ins Alltagsbewusstsein eingegangen ist, kann ein Buch dazu gewöhnlich erfolgreich werden.

Ob die gestiegene Bedeutung von Wissenschaft, Wissensberufen und Informationstechnologie die Gesellschaft so stark verändert hat, dass gegenüber der ‚Industriegesellschaft' ein wirklich neues Stadium erreicht ist, muss in dieser Art Orientierungswissen offen bleiben. Vor allem sind hier keine bleibenden Einsichten dazu möglich, worin das wirklich Neue besteht – denn auch wenn sich die Argumente wiederholen, löst einfach ein viel beachteter Text den anderen ab. Dass gesellschaftstheoretisches Wissen fortlaufend korrigiert, angereichert und ausgebaut wird, ist wohl nur von akademisch oder politisch stärker strukturierten Zusammenhängen zu erwarten, etwa von marktliberalen oder marxistischen Denkschulen. Zeitdiagnosen werden dagegen die Rolle behalten, die Soziologie in einem ihrer wichtigsten Aufgabenbereiche anzuregen – und nicht selten auf falsche Spuren zu führen.

Literatur

Bateson, Gregory (1972/1981): Ökologie des Geistes. Anthropologische, psychologische, biologische und epistemologische Perspektiven. Frankfurt a. M.: Suhrkamp.

Beck, Ulrich (1986): Risikogesellschaft. Auf dem Weg in eine andere Moderne. Frankfurt a. M.: Suhrkamp.

Bell, Daniel (1964): The Post-Industrial Society. In: Ginzburg, Eli / Bell, Daniel (Hrsg.): Technology and Social Change. New York: Columbia UP. S. 44–59.

Bell, Daniel (1973): The Coming of Post-Industrial Society. A Venture in Social Forecasting. New York: Basic Books.

Bourdieu, Pierre (2017): Über den Staat. Vorlesungen am Collège de France 1989–1992. Berlin: Suhrkamp.

Caffentzis, George (1998/2013): The End of Work or the Renaissance of Slavery? A Critique of Rifkin and Negri. In: Ders.: In Letters of Blood and Fire. Work, Machines, and the Crisis of Capitalism. Oakland / CA: PM Press. S. 66–81.

Castells, Manuel (1996/2010): The Information Age. Economy, Society and Culture. Band. 1. The Rise of the Network Society. 3. Auflage. Malden / Mass.: Wiley / Blackwell.

Debord, Guy (1967/1996): Die Gesellschaft des Spektakels. Berlin: Ed. Tiamat.

Drahos, Peter / Braithwaite, John (2002): Information Feudalism. Who Owns the Knowledge Economy? London: Taylor & Francis.

Drucker, Peter F. (1969): The Age of Discontinuity. Guidelines to our Changing Society. New York: Harper & Row.

Drucker, Peter F. (1993): Post-Capitalist Society. New York: Harper Business.

Fedorets, Alexandra / Grabka, Markus A. / Schröder, Carsten / Seebauer, Johannes (2020): Die Lohnungleichheit in Deutschland sinkt. In: DIW-Wochenbericht 17, H. 7, S. 91–17.

Gouldner, Alvin Ward (1979): The Future of Intellectuals and the Rise of the New Class. A Frame of Reference, Theses, Conjectures, Arguments, and an Historical Perspective on the Role of Intellectuals and Intelligentsia in the International Class Contest of the Modern Era. London: Macmillan.

Habermas, Jürgen (1985): Die neue Unübersichtlichkeit. Frankfurt a. M.: Suhrkamp.

Habermas, Jürgen (1961/1990): Strukturwandel der Öffentlichkeit. Studien zu einer Kategorie der bürgerlichen Gesellschaft. Frankfurt a. M.: Suhrkamp.

Hardt, Michael/Negri, Antonio (2000): Empire. Cambridge/Mass.: Harvard UP.

Hardt, Michael/Negri, Antonio (2004): Multitude. War and Democracy in the Age of Empire. New York: The Penguin Press.

Hardt, Michael/Negri, Antonio (2009): Commonwealth. Cambridge/Mass.: Harvard UP.

Jessop, Bob (2007): Knowledge as a Fictitious Commodity. Insights and Limits of a Polanyian Perspective. In: Bugra, Ayse/Agartan, Kaan (Hrsg.): Reading Karl Polanyi for the Twenty-First Century. Basingstoke: Palgrave Macmillan. S. 115–134.

Konrad György/Szelényi, Iván (1974/1978): Die Intelligenz auf dem Weg zur Klassenherrschaft. Frankfurt a. M.: Suhrkamp.

Koppetsch, Cornelia (2019): Die Gesellschaft des Zorns. Rechtspopulismus im globalen Zeitalter. Bielefeld: transcript.

Krcmar, Helmut (2019): Information. In: Gronau, Norbert/Becker, Jörg/Kliewer, Natalia/Leimeister, Jan Marco/Overhage, Sven (Hrsg.): Enzyklopädie der Wirtschaftsinformatik. Online-Lexikon. Berlin: GITO.

Lessenich, Stephan (2016): Neben uns die Sintflut. Die Externalisierungsgesellschaft und ihr Preis. München: Hanser.

Machlup, Fritz (1962): The Production and Distribution of Knowledge in the United States. Princeton /N. J.: Princeton UP.

Mannheim, Karl (1929): Die Bedeutung der Konkurrenz im Gebiete des Geistigen. In: Verhandlungen des 6. Deutschen Soziologentages vom 17. bis 19. September 1928 in Zürich. Vorträge und Diskussionen in der Hauptversammlung und in den Sitzungen der Untergruppen. Tübingen: Mohr Siebeck. S. 35–83.

Marx, Karl (1983): Grundrisse zur Kritik der politischen Ökonomie. In: Marx Engels Werke (MEW). Band 42. Berlin: Dietz.

Mason, Paul (2015): Postcapitalism. A Guide to Our Future. London: Allen Lane.

Mazzucato, Mariana (2018): The Value of Everything. Making and Taking in the Global Economy. London: Allen Lane.

Mittelstraß, Jürgen (1989): Glanz und Elend der Geisteswissenschaften. Oldenburg: BIS Verlag.

Nachtwey, Oliver (2016): Die Abstiegsgesellschaft. Über das Aufbegehren in der regressiven Moderne. Berlin: Suhrkamp.

Porat, Marc U. (1977): The Information Economy. Definition and Measurement. Washington/DC: Office of Telecommunications.

Reckwitz, Andreas (2017): Die Gesellschaft der Singularitäten. Zum Strukturwandel der Moderne. Berlin: Suhrkamp.

Rifkin, Jeremy (2014): The Zero Marginal Cost Society. The Internet of Things, the Collaborative Commons, and the Eclipse of Capitalism. New York: Palgrave Macmillan.

Rochet, Jean-Charles/Tirole, Jean (2003): Platform Competition in Two-Sided Markets. In: IDEI Working Papers 152. Toulouse: Institut d'Économie Industrielle.

Rosa, Hartmut (2005): Beschleunigung. Die Veränderung der Zeitstrukturen in der Moderne. Frankfurt a. M.: Suhrkamp.

Sandoval, Marisol (2013): Foxconned Labour as the Dark Side of the Information Age. Working Conditions at Apple's Contract Manufacturers in China. In: tripleC 11, H. 2, S. 318–347.

Schulze, Gerhard (1992): Die Erlebnisgesellschaft. Kultursoziologie der Gegenwart. Frankfurt a. M. /New York: Campus.

Srnicek, Nick (2017): Platform Capitalism. Cambridge: Polity.

Staab, Philipp (2016): Falsche Versprechen: Wachstum im digitalen Kapitalismus. Hamburg: Hamburger Edition.

Staab, Philipp (2019): Digitaler Kapitalismus. Markt und Herrschaft in der Ökonomie der Unknappheit. Berlin: Suhrkamp.

Steinbicker, Jochen (2011): Pfade in die Informationsgesellschaft. Eine historisch-komparative Analyse der Entwicklung zur Informationsgesellschaft in Europa. Weilerswist: Velbrück.

Sunder Rajan, Kaushik (2006): Biocapital. The Constitution of Postgenomic Life. Durham / N. C.: Duke UP.

Touraine, Alain (1969/1972): Die Postindustrielle Gesellschaft. Frankfurt am Main: Suhrkamp.

Voß, Günther (2020): Der arbeitende Nutzer. Über den Rohstoff des Überwachungskapitalismus. Frankfurt a. M.: Campus.

Willke, Helmuth (1998): Organisierte Wissensarbeit. In: Zeitschrift für Soziologie 27, H. 3, S. 161–177.

Zuboff, Shoshana (2018): The Age of Surveillance Capitalism. The Fight for a Human Future at the New Frontier of Power. New York: Public Affairs.

14. Wozu Soziologie, wenn es Ökonomie gibt?

Die Soziologie konkurriert nicht nur beim allgemeinen Lesepublikum mit anderen Fächern. Auch Regierungen, Parteien, öffentliche Verwaltungen, Nichtregierungsorganisationen, Zentralbanken, große Firmen und Medien können sich an verschiedene Fächer wenden, wenn sie Beratung oder Expertise benötigen. Inhaltlich ist bei vielen Themen nicht vorab klar, wer zuständig ist. Ist es eine eher ökonomische, psychologische, politikwissenschaftliche oder soziologische Frage, welche Folgen die Finanzmarktkrise von 2008 hatte – und hätten (nur) die Wirtschaftswissenschaften diese Krise kommen sehen müssen? Von wem erwartet man Erklärungen zum Rechtspopulismus? Wenden sich Regierungen eher an die Soziologie oder an die Erziehungswissenschaften, wenn sie herkunftsbedingte Bildungsnachteile abbauen oder Kinder aus eingewanderten Familien besser integrieren wollen? Auch wenn gelegentlich nahe liegt, wer zuständig ist, ringen die Fächer in solchen Fällen häufig um Deutungsmacht. In den 1990er und 2000er Jahren haben dabei oft die Wirtschaftswissenschaften gewonnen, auch in wenig passenden Feldern wie Bildung- oder Gesundheitspolitik, und selbst nach 2008 konnten sie ihre Deutungsmacht aufrechterhalten. Nicht nur werden Vertreterinnen der Ökonomik – wie das volkswirtschaftlich geprägte Zentrum des Fachs im Folgenden verkürzend genannt wird – bevorzugt gefragt und gehört, wenn große Entscheidungen anstehen. Ökonomische Theorien und Methoden können auch Einfluss in anderen Fächern entwickeln und damit ggf. deren politisches Profil verändern. Besonders Handlungstheorien, denen zufolge Menschen immer ihren je eigenen Nutzen erhöhen, haben sich ausgehend von der Ökonomik in Fächern wie Politikwissenschaft, Recht, Psychologie, Bildungsforschung und auch der Soziologie verbreitet. Einige nennen dies (teils als kritische Beschreibung, öfter als offensives Programm) ‚ökonomischen Imperialismus'. Im Folgenden will ich ausloten, inwiefern diese Kennzeichnung zutrifft. Vor allem will ich aber erörtern, was die Soziologie dem Vorgang im Zweifelsfall entgegenzusetzen hat.

Dazu bieten sich drei verschiedene Perspektiven an, die zugleich helfen, unser Fach noch einmal in seiner Gesamtheit zu reflektieren. Im Überblick über die bisherigen Kapitel lässt sich *erstens* gut sehen, welche soziologischen Themen zugleich (zumindest zu Teilen) auch ökonomisch bearbeitet werden können. Das gilt für Konkurrenz, Erwerbsarbeit oder soziale Rechte – aber auch für Bildung oder Familie. Diesem Überblick lässt sich *zweitens* die Frage zur Seite stellen, welche prinzipiell nichtökonomischen Themen, Theorien und Methoden die Soziologie anbietet. Die beiden Perspektiven überlagern sich *drittens*, wenn Soziologinnen selbst die Grenzen des Ökonomischen untersuchen, indem sie (wie es **Karl Polanyi** und **Mark Granovetter** genannt haben) die *Einbettung* wirtschaftlicher Handlungen, Prozesse und Ordnungen thematisieren. Sie fragen u. a., welchen Normen wirtschaftlich Handelnde folgen, was außer Marktmechanismen die Produktion organisieren kann, ob ihre Abgrenzung von der (nichtbezahlten) ‚Reproduktion' alternativlos ist und wie die kapitalistische Ordnung gerechtfertigt wird. Vor allem aus diesem Feld kommen im vorliegenden Kapitel noch einmal neue soziologische Ansätze hinzu.

Die schwierigere Rahmenfrage, inwiefern sich die Soziologie thematisch und methodisch mit der Ökonomik überschneidet und was sie prinzipiell anders macht, lässt sich durch zwei Überlegungen strukturieren, die schon häufiger genannt wurden. Einerseits ist die Soziologie darauf ausgerichtet, den Zusammenhang zwischen bestimmten Teilgebieten oder Weisen sozialen Handelns zu rekonstruieren. Sie kann und muss immer wieder betonen, dass nicht nur wirtschaftliche Ziele und Prozesse unser Zusammenleben bestimmen, sondern etwa auch politische, religiöse, ästhetische und wissenschaftliche. Andererseits sucht sie aber nicht immer die großen Zusammenhänge, sondern untersucht auch Aspekte unseres Lebens und Handelns, die nicht schon fest eingeordnet und einem bestimmten, anderen Fach zugeordnet sind. Wer außer der Soziologie sollte etwa untersuchen, wie Haushalte ihre Ressourcen und Aufgaben verteilen, an welchen Orten die vielen Rollen eines Individuums reflektiert werden und wie sich jenseits politischer Institutionen Macht ausbildet? Im Zweifelsfall können solche Fragen heute auch Ethnologinnen und Historikerinnen bearbeiten, die sich der eigenen Kultur oder der jüngsten Geschichte zuwenden. Die Soziologie ist aber sozusagen von Haus aus für das noch nicht Ein- und Zugeordnete im Zusammenleben zuständig. Zugleich droht sie damit zur Instanz der Resteverwertung zu werden, die das untersucht, was nach Erledigung aller relevanten ökonomischen, politischen, psychologischen, pädagogischen und historischen Aspekte übrig bleibt.

Vielleicht ist die Soziologie aber auch stärker festgelegt, als das ihre formale Darstellung sehen lässt. Im Streit mit der Ökonomik haben Soziologinnen oft kollektive Normen und Deutungsmuster betont, die jenseits bloßer Eigeninteressen das Handeln ausrichten. Die Annahme solcher überindividuellen Orientierungen könnte die eigenständige bzw. nicht-ökonomistische Soziologie insgesamt prägen. Zudem hat die Soziologie mit dem Thema sozialer Ungleichheit, das sich von der Sozialstrukturanalyse bis zur Migrationssoziologie durchhält, einen deutlichen eigenen Schwerpunkt. Kein anderes Fach will ähnlich umfassend wissen, was Ungleichheit heißt, wie sie sich reproduziert und inwiefern sie aktuell wichtig bleibt. Da dieser Schwerpunkt eng an Fragen der Reichtumsverteilung geknüpft ist, könnte er auch helfen, das Verhältnis der Soziologie zu den Wirtschaftswissenschaften zu klären. Sie würde dann z. B. nicht fragen, wie Einzelne oder Gesellschaften ihren Reichtum oder Nutzen vermehren, aber erkennen wollen, weshalb sie die Bedingungen und Ergebnisse aushalten.

Die Struktur des Kapitels ist dadurch geprägt, dass es zugleich das Buch abschließt. Es soll nicht nur einen weiteren Teil der Soziologie darstellen, sondern erörtert auch, was die schon vorgestellten Teile verbindet. Zunächst fasse ich daher zusammen, welche ökonomischen Elemente die Soziologie prägen, und arbeite im Kontrast betont nichtökonomische Aspekte und Möglichkeiten des Fachs heraus. Danach wechseln Text- und Kontextdarstellung ähnlich ab wie in den Kapiteln 1 und 10, die ebenfalls Beziehungen zu anderen Disziplinen erörtern. Ich beginne mit dem mutmaßlichen Imperialismus der Ökonomik, dessen Bedeutung für die Soziologie und in der Gesellschaft ich theoriegeschichtlich darstelle und kontextgeschichtlich einordne. Der Hauptteil ist dann Versuchen gewidmet, die im Gegenzug die gesellschaftliche Einbettung wirtschaftlichen Handelns behandeln. Zunächst kommt Polanyi zu Wort, der vor allem die kapitalistische ‚Entbettung' der Wirtschaft als schädlich und nicht stabilisierbar schildert. Die von ihm nur angedeuteten, konkret sehr verschieden gestalteten Einbettungen des Kapitalismus werden in späteren Ansätzen wie der neuen Wirtschaftssoziologie, der Analyse von ‚Varieties of Capitalism' oder der Regulationsschule untersucht. Größere Distanz zur Ökonomie haben von Weber angeregt **Luc Boltanski** und **Ève Chiapello** gewonnen, für die kapitalistische Strukturen immer neu gerechtfertigt und die Beteiligten immer neu zum Mitmachen motiviert werden müssen. Ein alternatives Gesamtbild erarbeiten feministische, ökologische und antikoloniale Theorien, für die erst die Ausbeutung oder Inanspruchnahme unbezahlter Tätigkeiten und Ressourcen kapitalistische Verhältnisse ermöglicht. Um aus dem Hauptteil insgesamt systematische Schlüsse zu ziehen, frage ich dann ein letztes Mal, welche Perspektiven auf unser Zusammenleben die Soziologie schafft und bevorzugt. Wie weit muss sich das Fach auf ökonomische Fragen einlassen, wenn es gesellschaftliche Grundstrukturen erkennen und bei Entscheidungen darüber mitsprechen will?

Wirtschaft und Gesellschaft: ein erweiterter Rückblick

Die kapitalistische Marktwirtschaft, die im 19. Jh. in den Entstehungsländern der Soziologie vorherrschend geworden war, prägt bereits die in Kap. 2 vorgestellten Gesellschaftsbegriffe. Die liberale Idee, dass soziale Ordnung ungeplant aus dem Zusammenwirken freier Einzelner hervorgeht, wird von Smith über **Spencer** bis Hayek bevorzugt am Markt festgemacht. Auch die besonders interessante und wirkmächtige sozialistische Theorie, die **Marx** erarbeitet, fasst die Gesellschaft vor allem als ökonomische Ordnung auf: als Einheit von Produktivkräften und Produktionsverhältnissen, in der widerstreitende Interessen bestehen, solange eine herrschende Klasse für sich arbeiten lässt. Wie eigenständig demgegenüber Politik, Recht, Moral und andere „ideologische[] Formen“ der Vergesellschaftung sind, ist im Marxismus umstritten; die Idee, dass die „Produktionsweise des materiellen Lebens [...] den sozialen, politischen und geistigen Lebensprozess überhaupt“ bedingt (Marx 1959/1971, MEW 13, S. 8 f.), bleibt hier in jedem Fall grundlegend. Konservative Gesellschaftstheorien schließlich betonen auch andere Ordnungs- und Bindungskräfte als Markt und Produktion: Institutionen, Traditionen, Werte, Hierarchien und Autorität. Doch selbst für diese Theorien ist (neben revolutionären Gefahren) entscheidend, dass die hergebrachte Ordnung durch die Kräfte des Marktes zersetzt zu werden droht, und auch politisch nicht unbedingt konservative Soziologen wie **Durkheim**, **Weber**, **Tönnies** und **Parsons** sind ihnen hierin gefolgt.

In dem Maß, in dem sich die Soziologie entwickelt, kommen andere Themen hinzu. Für die Etappen und Richtungen, die in diesem Buch vorgestellt wurden, sind ökonomische Aspekte jedoch wichtig geblieben. Wenn Bevölkerungen und soziale Gruppen untersucht werden, ist ein bestimmendes Thema fast immer Erwerbsarbeit. Die mir ihr verknüpften Versicherungen haben die Sozialstatistik zu einem unverzichtbaren Instrument von Politik und Verwaltung gemacht (vgl. Kap. 3), und in entwickelten Marktwirtschaften orientiert sich die Analyse der Sozialstruktur vorrangig an Einkommen, Berufen und berufsrelevanter Bildung (Kap. 7). Auch die Weise, wie Arbeit organisiert ist, wurde soziologisch vielfach untersucht: Der Arbeits- und Industriesoziologie (Kap. 12) gingen die Forschungen zu Produktivität und Beschäftigungslosigkeit in der frühen empirischen Sozialforschung voraus (Kap. 5), selbst **Foucaults** Ansätze zu Disziplinierung und Selbstführung (Kap. 11) werden nicht zuletzt in Bezug auf Arbeit interessant. Ähnlich wichtig ist das komplementäre Thema, Konsum, für die Untersuchung von Lebensweisen und Alltagskultur (Kap. 8). Von der Arbeitsforschung bis zur Milieuanalyse, vom frühen Fordismus bis in die neoliberale Zeit untersuchen Soziologinnen zudem, wie die wirtschaftlichen Verhältnisse mit dem sonstigen Zusammenleben verbunden sind: mit Erziehung und Bildung, Geschlechterrollen und Familie, Klassenethos und Statusvererbung, Migration, Diskriminierung, methodischer Lebensführung und kreativer Selbstentfaltung.

Die im Buch diskutierten Gesellschaftstheorien und Zeitdiagnosen machen nicht zuletzt Vorschläge dafür, diese Zusammenhänge zu denken. Die frühe Frankfurter Schule nimmt radikal an, dass das Leben industriellen Erfordernissen angepasst bzw. unterworfen wird (Kap. 6). Ansatzpunkte findet sie nicht nur bei Marx, sondern auch bei soziologischen Gründervätern wie Durkheim, Weber und **Simmel**, die u. a. Kulturen der Arbeitsteilung, der Berufsarbeit und des Geldes analysieren. Spätere, nicht mehr vorrangig ökonomisch gefasste Großtheorien wie die von **Bourdieu**, **Habermas** oder **Luhmann** nutzen immerhin ausgiebig ökonomische Begriffe – wie den des kulturellen, sozialen und symbolischen ‚Kapitals‘ (Kap. 8) – oder sehen die Verselbständigung der kapitalistischen Ökonomie als beispielhaft für die moderne Gesellschaft insgesamt (so z. B. Habermas 1981/2, S. 276 f., zu Luhmann vgl. Breuer 1992, S. 77–80). Schließlich war zu sehen, dass die Gegenwart in vielen Diagnosen erneut als bestimmte Wirtschaftsordnung erscheint: als postindustrielle Gesellschaft, Wissensökonomie oder digitaler Kapitalismus (Kap. 13).

Allgemeine soziologische Theorien haben sich jedoch auch dagegen gewandt, die Ökonomie als schlechthin grundlegend zu begreifen. Sie haben nicht nur deren Verhältnis zu anderen Ordnungen des Zusammenlebens betrachtet, um ökonomistische Einseitigkeit zu vermeiden. Einige Theorien stellen auch betont nichtökonomische Motive, Faktoren und Strukturen ins Zentrum: Verschwendung, Überschuss, Überzeugungskämpfe, symbolische statt materieller Ordnungen, Leidenschaften statt rationaler Kalkulation. Ältere Theorien betonen für solche Standpunkte häufig, dass gerade nichtmaterielle Kräfte und Ziele unser Handeln bestimmen: Für Durkheim verlangt die soziale Funktionsteilung auch moralische Grundübereinstimmung (Kap. 3), und Parsons wiederholt diesen Ansatz (Kap. 9), für Weber haben gerade religiöse Bedürfnisse das kapitalistische Profitstreben hervorgebracht (Kap. 4). Neuere Theorien heben dagegen zumeist wie Luhmann (Kap. 1 und 9) hervor, dass keine übergeordnete Instanz unser Zusammenleben bestimmt. An einige Versionen muss ich hier nur erinnern, andere können im Anschluss an frühere Kapitel ergänzt werden.

Die in Deutschland vermutlich wichtigste anti-ökonomistische Gesellschaftstheorie bildet die Theorie funktionaler Differenzierung. Der Version Luhmanns und seiner Schüler lassen sich viele ähnliche Ansätze zur Seite stellen. Habermas findet wie erwähnt schon bei Weber die These, dass ‚Wertsphären' oder Handlungsorientierungen auseinandertreten (Kap. 9). Andere wollen Luhmanns Theorie so umformulieren, dass sie Handlungsziele zu verstehen erlaubt (vgl. Schimank 2005, bes. S. 77–109), und auch mit Bourdieu kann man annehmen, dass sich die moderne Gesellschaft in ‚Felder' mit je eigener Logik gliedert (vgl. Schimank/Volkmann 1999, S. 23–30). In all diesen Versionen wird angenommen, dass sich ebenso wie die Ökonomie die Politik, das Recht, die Wissenschaft usw. verselbstständigt haben. Diese Idee ist auch außerhalb Deutschlands bekannt, dort jedoch kaum mit dem Namen Luhmann verbunden. Im ‚neuen Institutionalismus', der in den USA u. a. wirtschaftssoziologisch wichtig wurde (s. u.), ist etwa der Begriff der ‚institutionellen Logik' verbreitet: „a set of organizing principles for a major social order, such as the market, the state, the family, religion, or science" (Berman 2012, S. 9). Solche Prinzipien erleichtern Entscheidungen – etwa wenn ich mich frage, ob ich meiner Tochter ein Studium finanzieren muss. Sie geraten aber oft miteinander in Konflikt – etwa wenn sich die Universitäten von Wissenschaft auf Verwertungsziele umstellen sollen (vgl. ebd.).

Statt anzunehmen, dass verschiedene Formen der Vergesellschaftung ohne zentrale Steuerung nebeneinander bestehen, miteinander zusammenwirken und einander ggf. bedrohen, kann man allerdings auch vermuten, dass um ihr Verhältnis gekämpft wird. Die Vorherrschaft oder Durchsetzung bestimmter ‚Logiken' ist dann im weitesten Sinn politisch bestimmt. Besonders im poststrukturalistischen Denken wurde dieser Gedanke ausformuliert. Ein Grund ist, dass seine Vertreter tendenziell überall Machtkämpfe sehen. Anschließend an Foucault lassen sich bereits kleinste bzw. politisch kaum diskutierte Verhaltensroutinen – Stillsitzen, zum Arzt gehen, den Like-Button klicken – als ‚mikropolitisch', also als Politik im kleinen Maßstab begreifen. Sie gehen auch oft in große Politik oder in ‚makropolitische' Kämpfe über, etwa wenn der Arzt mitentscheidet, welche Gruppen sich fortpflanzen dürfen. Gilles Deleuze und Félix Guattari haben die radikale Schlussfolgerung gezogen: „[A]lles ist politisch, und jede Politik ist zugleich Makropolitik und Mikropolitik" (Deleuze/Guattari 1980/1992, S. 290). Auch andere soziologische Schulen, vor allem der symbolische Interaktionismus (vgl. Kap. 10), nehmen an, dass Machtordnungen in jeder sozialen Situation neu ausgehandelt werden, und sehen dabei Zeichengebrauch als wichtige Kraft. Einige poststrukturalistische Theorien behaupten darüber hinaus, dass das Soziale geradezu aus symbolischen oder ‚diskursiven' Verknüpfungen besteht (vgl. Kap. 11). Symbolisch-politischer Streit wird damit grundlegend für alle Verhältnisse; eine als objektiv anerkannte Gesamtordnung wird immer angestrebt und doch nie erreicht:

> „If the social does not manage to fix itself in the intelligible and instituted forms of a society, the social only exists, however, as an effort to construct that impossible object. Any discourse is constituted as an attempt to dominate the field of discursivity, to arrest the flow of differences, to construct a centre." (Laclau/Mouffe 1985, S. 112)

Der Ansatz, in dieser Weise soziales Handeln, Zeichengebrauch, den Kampf um symbolische Ordnung, Politik und Gesellschaftstheorie gleichzusetzen, ist sehr voraussetzungsreich und vielleicht nicht besonders plausibel. Er zeigt aber besonders deutlich, dass man Gesellschaft auch radikal nichtökonomisch begreifen kann.

Die verschiedenen soziologischen oder (wie im Fall von Mouffe und Laclau) u. a. soziologisch bedeutsamen Angebote, Gesellschaft nichtökonomisch zu denken, sind miteinander allenfalls teilweise vereinbar. Es gibt nicht *die* soziologische Gegenperspektive zum Ökonomismus, und es ist nicht Aufgabe dieser Einführung, den richtigen Gegenentwurf auszuwählen. Die angesprochenen Ansätze sollten nur den umfassenden Kontext vor Augen führen, in dem das Kernthema des Kapitels relevant wird: der Anspruch der Ökonomik, die Sozialwissenschaften insgesamt zu beherrschen, und die soziologische Gegenoffensive.

Ökonomischer Imperialismus

In der Geschichte der Ökonomik zeigt sich eine interessante Doppelbewegung. Während das Fach zunächst von allen historischen, kulturellen, politischen und anderen sozialen Aspekten gereinigt wurde, haben Ökonomen ihre abstrakt gewordenen Mittel später auf fast die ganze soziale Welt anzuwenden versucht (vgl. Fine/Milonakis 2009, S. 2–8). Die erste, reduzierende Bewegung kann hier nicht ausführlich dargestellt werden. Sie reicht von John Stuart Mills in Kap. 1 zitiertem Grundsatz, Menschen so zu betrachten, als ob sie nur an Gewinn interessiert seien, bis zur von Parsons erörterten Annahme, dass sich Individuen unabhängig voneinander beliebige Handlungsziele aussuchen (vgl. Kap. 9). Der zweite Ansatz, die rein individuelle Zielwahl, ist abstrakter und eignet sich unmittelbar für die Ausweitung ökonomischer Fragen auf Handlungsfelder wie Politik, Familie und Hochschule. Knapp 100 Jahre nach Mill hat der britische Ökonom Lionel Robbins erklärt, dass es für seine Wissenschaft *nicht* entscheidend ist, ob Menschen ausgerechnet ihren eigenen Reichtum vermehren wollen.

> „So far as we are concerned, our economic subjects can be pure egoists, pure altruists, pure ascetics, pure sensualists or – what is much more likely – mixed bundles of all these impulses." (Robbins 1932, S. 87)

Entscheidend sei nur, dass sie überhaupt Ziele wählen, die sie mit begrenzten Mitteln verfolgen: „Economics is the science which studies human behaviour as a relationship between ends and scarce means which have alternative uses." (Ebd., S. 16) Robbins nimmt dabei an, dass Menschen gewöhnlich klare Präferenzen haben, also einige Ziele anderen vorziehen, und sie auch konstant verfolgen sollten (vgl. Manstetten 2000, S. 84–86). Spätere Ökonomen wie Milton Friedman und Gary S. Becker erklären dagegen, dass alles dies nur für Erklärungsmodelle unterstellt wird, nicht im Einzelfall zutreffen muss (vgl. ebd., S. 87–94). Die Frage ist nicht, ob Gabi Schmidt möglichst hohe Gewinne anstrebt, sondern welche kausalen Schlüsse man ziehen kann, wenn man allen Unternehmern dieses Ziel zuschreibt, und ob die davon ausgehend formulierten Prognosen zutreffen. Eine Wissenschaft, die derart alle denkbaren Ziele einbezieht und Handeln nur in Als-ob-Modellen abbildet, kann sich für alles Menschliche zuständig sehen: „Indeed, I have come to the position that the economic approach is a comprehensive one that is applicable to all human behavior" (Becker 1976, S. 8).

Von der Ökonomik im engeren Sinn, die das Verhalten gewinnorientierter Individuen auf Märkten untersucht, bleibt dennoch ein Kern übrig, der andere Handlungsfelder erkennbar ökonomisch zu analysieren erlaubt. „The combined assumptions of maximizing behavior, market equilibrium, and stable preferences [...] form the heart of the economic approach" (ebd., S. 5). Die ‚stabilen Präferenzen' wurden bereits erklärt – jede Person hat Ziele, die sie beständig bevorzugt verfolgt. Das ‚maximizing behavior' besteht darin, dass ich gemessen an diesen Zwecken konsequent meine Vorteile erhöhe und meine Kosten geringhalte. Wenn es mein größtes Ziel ist, meine Mutter glücklich zu machen, werde ich mich bemühen, sie zu Weihnachten zu besuchen – doch bei besonders hohen Reisekosten oder pandemiebedingten Reisewarnungen weiche ich auf den Sommer aus. Das Wort ‚maximieren' verweist zudem darauf, dass Vor- und Nachteile in irgendeiner Weise verrechenbar sind und dass ein Kontinuum zwischen besseren und schlechteren Lösungen, mehr oder weniger Reisekosten und Mutterglück besteht, sodass ich die beste Möglichkeit wählen kann. Auch für mehrere Beteiligte lassen sich solche Lösungen mathematisch finden und darstellen. Den Musterfall bildet das ‚market equilibrium' (Marktgleichgewicht): der Austausch, der die bestmöglichen Kosten-Nutzen-Verhältnisse für alle (bzw. eine von mehreren gleich guten Lösungen) bietet. Ob sich auch andere Situationen, etwa Familienbesuche zu Weihnachten, sinnvoll als solches Gleichgewicht abbilden lassen, ist eine spannende Frage. Gary S. Becker ist für weitläufige Antworten bekannt geworden. Seit den 1950er Jahren erstellt er Erklärungsmodelle zu Phänomenen, die zunächst wenig ökonomisch aussehen: Diskriminierung, Ausbildung, Kriminalität und Familienleben. Auch er betont, dass prinzipiell alle Handlungsmotive ökonomisch untersucht werden können, etwa „prejudice and hatred of particular groups" (Becker 1993, S. 386) im Fall von Diskriminierung. Der Witz liegt jedoch meistens darin, dass in den Erklärungen auch typische ökonomische Ziele auftreten. Kriminelle verrechnen ihre erwartete Beute mit dem Risiko, erwischt und bestraft zu werden, Eltern investieren viel Zeit und Geld in ihre Kinder bzw. in deren Ausbildung, um von ihnen im Alter gut versorgt zu werden:

> „If children are expected to help out in old age [...] even parents who are not very loving would invest more in the children's human capital and save less to provide for their old age." (Ebd., S. 401)

Beckers Ansatz ist in den Sozialwissenschaften nicht durchgängig begrüßt worden. Er hat in der Tat Schwächen. Da die Präferenzen der Handelnden in der Theorie frei konstruierbar sind, kann man ihnen höchst unterschiedliche Ziele, die ungefähr den gleichen Verhaltenseffekt haben, gleich gut unterstellen – im zitierten Beispiel etwa Liebe zu den eigenen Kindern und eine besonders weitsichtige Altersabsicherung. Auch bei Modellen, die verschiedene Effekte voraussagen, bleiben Unklarheiten. Vor allem fragt sich, inwiefern sie empirisch überprüft werden können. Selbst wenn die statistische Datenlage einem Modell nicht entspricht, ist es nicht widerlegt, da viele, auch jeweils nicht modellierte Faktoren etwa unser Fortpflanzungs-, Erziehungs- und Bildungsverhalten bedingen. Zugleich lassen sich diese Faktoren oft nicht laborhaft isolieren – eine Insel für Experimente zu familiärer Liebe und Altersvorsorge lässt sich kaum einrichten. Beckers Ansatz kann daher allenfalls zu neuen Erklärungsideen führen, erlaubt jedoch keine belastbaren Schlussfolgerungen. Wenn er etwa vermutet, dass bessere staatliche Altersversorgung den familialen Zusammenhalt schwächt, ist dies nicht besser begründet als jede andere konservative Stellungnahme (vgl. Streckeisen 2014, S. 200).

Solche Einwände sind auch für ökonomische Kernthemen einschlägig (s. u.). Jenseits dieses Bereichs kommt hinzu, dass man zumeist nur metaphorisch von Kosten oder Marktgleichgewicht sprechen kann. Den ‚ökonomischen Imperialismus' hat alles dies nicht beeindruckt und nur teilweise aufgehalten.

Der Begriff, der nicht allein mit Becker verbunden ist, wird erstaunlich oft positiv verwendet. Schon eine Rezension zu Robbins spricht von einem „enlightened and democratic ‚economic imperialism' which invades the territories of its neighbors, not to enslave them or swallow them up, but to aid and enrich them" (zit. n. Fine / Milonakis 2009, S. 13). Als gut fünfzig Jahre später ein Sammelband mit dem Titel *Economic Imperialism* erscheint, bemerken die Herausgeber zwar schon Kritik, setzen aber voraus: „Economic science is rightly considered to be the best developed of social sciences." (Radnitzky / Bernholz 1987, S. vii). Die Beiträge in ihrem Band sollen die Anwendung des ökonomischen Ansatzes außerhalb der Ökonomie daher nicht kritisch beleuchten, sondern weiter erproben (vgl. ebd.) Als schließlich der Becker-Schüler Edward P. Lazear das Programm im Jahr 2000 noch einmal umreißt, ist das fachliche Selbstbewusstsein gewaltig:

> „By almost any market test, economics is the premier social science. The field attracts the most students, enjoys the attention of policy-makers and journalists, and gains notice, both positive and negative, from other scientists. In large part, the success of economics derives from its rigor and relevance as well as from its generality. The economic toolbox can be used to address a large variety of problems drawn from a wide range of topics." (Lazear 2000, S. 99)

Die Werkzeuge haben sich gegenüber Becker nicht deutlich verändert; „rational maximizing behavior" und „equilibrium" werden nun durch den Begriff „efficiency" ergänzt, der die Idee des Gleichgewichts präzisiert (ebd., S. 100–102). Interessant ist jedoch, welche Forschungen inzwischen zu dem ‚Imperialismus' zählen, den Lazear als ebenso erfolgreich wie richtig darstellt (ebd., S. 103). Um sie zusammenzustellen und einzuordnen, helfen auch kritische Texte, die andere Schwerpunkte setzen als die Eroberer. Besonders wichtig dürfte es sein, dass der imperialistische Vormarsch auf ganz verschiedenen Ebenen stattfinden kann: in der „sozialwissenschaftlichen Diskussion", in „unterschiedlichen Politikfeldern" und selbst innerhalb des „Alltagsdenkens" (Streckeisen 2014, S. 191).

Sozialwissenschaftlich ist der Feldzug weit vorgestoßen. Mit ökonomischen Mitteln wurden u. a. politische Verfassungen und Präferenzen, Recht und Gesetze, wissenschaftlicher Fortschritt, Bildung, Religion, Gesundheitsversorgung, menschliches Glück sowie (auch über Becker hinaus) Familie, Diskriminierung und Kriminalität untersucht. Die Vorstöße fanden allerdings nicht immer auf breiter Front statt, und wie sie aufgenommen wurden, ist für jede Sozialwissenschaft gesondert zu klären. In der Soziologie ergibt sich ein uneinheitliches Bild. Ausgiebig werden ökonomische Theorien und Methoden vor allem dort genutzt, wo beide Fächer sich inhaltlich überschneiden: in der Erforschung von Arbeit, Konsum und Märkten, Organisationsformen, Wirtschafts- und Sozialpolitik sowie kollektiver Interessenvertretung (vgl. Baron/Hannan 1994, S. 1119–1132; der Befund trifft bis heute zu). Zu anderen Themen wurde nicht nur weniger ökonomisch gearbeitet; Soziologinnen haben hier auch nicht immer die ökonomischen Regeln akzeptiert. In der quantifizierenden Abbildung von Einzelverhalten ist der Einfluss allerdings systematisch, und auch jenseits der Theorien und Methoden sind ökonomische Denkweisen vorgedrungen.

Dazu tragen umwegige Theorieentwicklungen bei. Mit der ökonomischen Idee rationaler Nutzenmaximierung verbindet man häufig Theorien rationalen Entscheidens (engl. *rational choice*), die modellhaft – etwa gekoppelt mit mathematischer Spieltheorie – Handlungsziele, Zielkonflikte und mögliche Kooperation darstellen. Nachdem sich diese Theorien in den USA des mittleren 20. Jh. zunächst eigenständig entwickelt hatten, wurden sie in ökonomischen Konzeptionen der Demokratie mit dem neoklassischen Ansatz verbunden (vgl. Amadae 2003, S. 227–231). Die Verbindung blieb bis in die mathematische Gestaltung hinein schwierig, weil Rational-Choice-Theorien nicht mit knappen Gütern kalkulieren (vgl. ebd., S. 235). In der Rezeption wird dieser Unterschied aber zumeist nicht betont. Soziologische Vertreter wie **James S. Coleman**, Hartmut Esser (vgl. die Einleitung) oder **Raymond Boudon** (vgl. Kap. 12) setzen alle auch ökonomische Nutzenkalküle voraus. Coleman verweist explizit auf „the conception of rationality employed in economics" (Coleman 1990, S. 14) und verteidigt sie sogar gegen den Nachweis der Psychologen Tversky und Kahnemann, dass Menschen häufig *nicht* rational ihren Nutzen steigern bzw. ihre Ziele verfolgen (ebd.). Die Vorteile einfacher Annahmen und mathematisch genauer Voraussagen sind für ihn wichtiger (vgl. ebd., S. 18 f.). Zudem legen Theoretikerinnen rationaler Entscheidung und Nutzenverfolgung Wert darauf, dass sie (gedanklich) beim Handeln der Individuen ansetzen, statt Gruppen, Institutionen oder Kulturen als Ganzes zu sehen. Dieser ‚methodologische Individualismus' wird oft betont als liberales Prinzip vertreten, und er passt gut zu sozialstatistischen Analysen (vgl. Kap. 3). In der heutigen Forschung wird die Möglichkeit, soziale Prozesse als Zusammenspiel rationaler Entscheidungen abzubilden, umfänglich genutzt. Wo immer Handlungen in großem Maßstab gezählt werden können und erklärt werden sollen (Wohnort-, Berufs- und Partnerwahl, Kinder, Geldanlage, Wahlverhalten usw.), bietet es sich an, die zielstrebige Verfolgung geläufiger Ziele zu unterstellen (statt z. B. erst zu erheben, wie sich bestimmte Ziele und Mittel bei Einzelnen zueinander verhalten). So können auch Soziologinnen mathematisch Prognosen erstellen – wobei sie zumeist weder Gleichgewichte noch rationale Abwägungen modellieren, sondern Hypothesen bilden und am Datenmaterial prüfen.

Während sich diese Praxis verbreitet hat, sind die Theorien rationaler Entscheidung und Nutzenmaximierung in der Soziologie auch auf Widerstand gestoßen. Besonders häufig wurde im Sinn von Durkheim und Parsons eingewandt, dass Individuen ihre Ziele und Mittel im Rahmen vorgefundener Normen wählen (vgl. z. B. Baron/Hannan 1994, S. 1115; Coleman 1990, S. 31). Die Erklärung erfolgt dann grundsätzlich anders. Erst wenn und nur weil ich von anderen gelernt habe, was ich begehren kann, was ich tun sollte und was geeignete Handlungsrezepte sind, kann ich u. a. selbstinteressiert handeln, begründet zwischen Alternativen abwägen und ggf. über Erlerntes hinausgehen. Oft ist die ökonomische Theorie allerdings unterhalb solcher Fronten in die Soziologie eingedrungen. Geeignet sind hierfür Begriffe, die soziale Zusammenhänge ökonomisch thematisieren. Peter Streckeisen hat Colemans Prägung ‚social capital' sowie den von Jacob Mincer, Theodore M. Schultz und erneut auch von Becker entwickelten Begriff ‚human capital' als Vorhut des ökonomischen Imperialismus analysiert. Besonders der zweite Begriff ist bemerkenswert. Er steht für die in Kap. 12 vorgestellte Annahme, dass Menschen durch (Ausgaben für) Bildung leistungsfähiger und damit wirtschaftlich wertvoller werden – was als erwiesen gilt, weil höher qualifizierte Beschäftigte mehr Geld verdienen (vgl. Streckeisen 2014, S. 195–198). Auch wenn nichts in diesem Gedankengang zwingend ist, lässt sich die „unterstellte Kausalität" gut „messen und quantifizieren" (ebd., S. 198), indem man etwa die Bildungskosten von Haushalten, Firmen und Staaten ermittelt und mit Gehältern, Gewinnen, Wachstumsdaten u. Ä. abgleicht. Die Anwendungsfelder reichen von der Bildungssoziologie und -politik bis in die Entwicklungspolitik, für die Schultz, wie er 1980 rückblickend berichtet, das Ziel „improvement of population quality" entdeckt hat (zit. n. ebd., S. 212). In neueren Arbeiten wird der Begriff Humankapital oft auch genutzt, um Ungleichheiten zu benennen: ungleiche Bildungschancen oder -erfolge, ungleiche Bezahlung bei gleicher Qualifikation, männliche oder weibliche Berufswege und Einkommensniveaus. Politisch lässt sich der Begriff damit inzwischen sehr variabel einsetzen. Die fachpolitische Lage ist eindeutiger. Die meisten Funde zu ‚human capital' bieten ökonomische Zeitschriften der englischsprachigen Welt; in soziologischen Zeitschriften dieses Sprachraums ist die Fallzahl geringer (und hat ihren Höhepunkt bereits vor dem Jahr 2000 überschritten); in der deutschen Soziologie, die mit großem Abstand folgt, ist ‚Humankapital' nur in quantitativ ausgerichteten Publikationen ein gebräuchlicher Begriff (und wird sonst häufig eher kritisch betrachtet).[19]

Diese Einzelbefunde lassen sich vorsichtig verallgemeinern. Der ökonomische Imperialismus hat zwar Teile der Sozialwissenschaften erobert und

---

19 So das Ergebnis einer Stichwortsuche vom April 2021. Für den englischen Sprachraum habe ich die Suchfunktion der Plattform JSTOR genutzt; als deutschsprachige Beispiele habe ich die *Kölner Zeitschrift für Soziologie und Sozialpsychologie* (94 Treffer für ‚Humankapital' und 63 für ‚human capital' ab dem Jahr 2000), das *Berliner Journal für Soziologie* (44 bzw. 29 Treffer) und die *Österreichische Zeitschrift für Soziologie* (20 bzw. 41) herangezogen. Das *American Journal of Sociology* bietet in diesem Zeitraum 319 und insgesamt sogar 2031 Funde.

infiltriert, sie aber keineswegs insgesamt unterworfen. Der Eindruck, dass die Ökonomik zur herrschenden Wissenschaft geworden ist, ist allerdings nicht rein inhaltlich; auch institutionelle und politische Entwicklungen legen ihn nahe. Intern hat das Fach, angeführt von einer kleinen Spitze US-amerikanischer Institute, hochgradig einheitliche Standards entwickelt (vgl. Fourcade/Ollion/Algan 2016, S. 96–101); jenseits dieses Kernbereichs hatten die Business Schools, die diverse sozialwissenschaftliche Fächer lehren, kräftigen Studierendenzuwachs (für Zahlen zu den USA vgl. Fourcade 2009, S. 70). Politisch hat die Ökonomik ihren Einfluss, der seit dem Zweiten Weltkrieg hoch war, in der neoliberalen Zeit noch einmal erhöht. In den USA, die zumeist als Musterfall genannt werden, bahnt der ökonomische Doktor den Weg in hohe Regierungs-, Verwaltungs- und Beratungspositionen (mit einem quantitativen Höhepunkt Ende der 1970er Jahre und stetiger Zunahme in der Arbeitspolitik; vgl. ebd., S. 108–112). Auch andere machtnahe Fächer wie Rechtswissenschaft und Public Policy haben hier inzwischen starke ökonomische Anteile (vgl. Hirschman/Berman 2014, S. 795). In anderen Ländern bestehen weniger ausgebaute, aber ähnliche Einflusskanäle; in Deutschland gelten z. B. die jährlichen Empfehlungen der ‚Wirtschaftsweisen' als wichtig für die Regierungspolitik. Hinzu kommen mächtige nationale und supranationale Einrichtungen wie Zentralbanken, der Internationale Währungsfonds oder die Weltbank, in denen Ökonominnen dominieren. Selbst die Weise, in der allgemein – in Sozial-, Bildungs-, Wissenschafts-, Familien-, Kultur- oder Entwicklungspolitik – politisch diskutiert wird, war besonders in den späten 1990er und frühen 2000er Jahren deutlich ökonomisch bestimmt; bis ins sozialdemokratische Lager wurde die Ausweitung von Märkten gefordert und gefördert (vgl. Schimank/Volkmann 2017, S. 74–95). In dieser neoliberalen Hochphase sowie nach der Krise von 2008 sahen viele Beobachterinnen eine Annahme bestätigt, die Foucault schon 1979 geäußert hatte: Die einflussreichen Experten und Denkweisen bilden „eine Art permanentes ökonomisches Tribunal" (Foucault 1979/2004, S. 342), vor dem sich alle Maßnahmen der öffentlichen Hand verantworten müssen.

Trotzdem lässt sich nicht (mehr) einfach feststellen, dass wir von ökonomischem Denken regiert werden. Ein Überblicksaufsatz zur Forschung zeigt, wie komplex das Thema ist: Zu untersuchen ist, welche professionelle Autorität die Ökonomik aufgebaut hat (und ob man ihr nach der globalen Finanzkrise weniger traut), welche Entscheidungspositionen ihre Vertreter (auch außerhalb der USA) besetzen, ob sich der ökonomische Denkstil in der Politik nachhaltig durchgesetzt hat (auch gegen Umwelt, Gerechtigkeit oder Gesundheit?) und welche politischen Verwaltungsinstrumente (*policy devices*) von Ökonomen gestaltet wurden (vgl. Hirschman/Berman 2014, S. 782). Die Ergebnisse sind erneut gemischt – dass die Ökonomik direkt durchregiert, ist fast nirgends belegt (vgl. Sparsam/Pahl 2020, S. 363). Um Näheres sagen zu können, lohnt es die andere Seite der Front zu betrachten: die soziologische Debatte dazu, an welche Grenzen die (kapitalistische) Wirtschaft und ihre Wissenschaft stoßen und worin sie von anderen sozialen Strukturen abhängig sind.

Die Einbettung kapitalistischer Märkte

Die Weise, in der die neoklassische Ökonomik menschliches Handeln, Rationalität und soziale Situationen begreift, ist sozialwissenschaftlich und wissenschaftstheoretisch kritisiert worden. Selbst im Kernbereich produktiver und marktorientierter Tätigkeiten scheint sie vielen Beobachtern nicht überzeugend. Zwar lässt sich der Ansatz verstehen, durch abstrakte, dafür aber durchsichtige Modellbildung die Ursachen und Wirkungen zu erfassen, die sich in der komplexeren Wirklichkeit nicht unmittelbar zeigen. Wenn die Modellerklärungen aber nicht ‚falsifizierbar' sind, also an keiner Beobachtung überprüft werden und scheitern können, bleibt nur ein Spiel mit theoretischen Annahmen. Der Wissenschaftstheoretiker Hans Albert hat dies als *Modell-Platonismus* der Ökonomik bezeichnet. Sie findet so viele „Strategien" zur „Immunisierung der Modelle und Aussagen gegen die Tatsachen" (Albert 1963/1971, S. 363), dass sie wie die Philosophie Platons mit reinen Ideen arbeiten kann. Hinzu kommt, dass die ökonomisch unterstellten Handlungsmotive sehr einseitig sind. Das gilt erklärtermaßen für Mills Motiv der Reichtumsvermehrung. Doch auch die Idee, dass Menschen immer ihre je eigenen Ziele so effizient wie möglich verfolgen, ist wie gesehen nicht selbstverständlich. Diese Erwägungen sprechen dafür, auch in der Wirtschaft selbst keine reine Marktlogik anzunehmen.

In den 1980er Jahren entsteht in den USA eine neue Wirtschaftssoziologie, die viele als „soziologische Revanche" auf den ökonomischen Imperialismus begreifen (Sparsam 2015, S. 54). Als eine ihrer Kernfragen gilt seit einem Aufsatz von Mark Granovetter (1985) das *Problem of Embeddedness*, der ‚Einbettung' wirtschaftlichen Handelns. Granovetter hat dabei im Blick, dass sich selbst auf Märkten zumeist nicht Unbekannte begegnen, sondern vielfältige Bekanntschaften, Freundschaften, Kooperationen oder Konflikte bestehen. Diese ‚Netzwerke' sorgen dafür, dass ich nie nur auf meinen Nutzen schaue, sondern auch um Akzeptanz durch die anderen bemüht bin. Granovetters Weise, das Problem zu fassen, ist häufig als zu eng oder zu vage kritisiert worden (vgl. Sparsam 2015, S. 142–146). Das Wort ‚Einbettung' wurde jedoch vielfältig genutzt, um ökonomische Handlungslogiken zu anderen sozialen Zielen und Ordnungen in Beziehung zu setzen. Es steht etwa für kulturelle Normen, politische Vorgaben oder die Vorstellungen, mit denen Handelnde „Ungewissheit [...] bewältigen" (ebd., S. 203 f. und 251). Das umfassendste Muster für solche Erwägungen hat Karl Polanyi erarbeitet, der in seinem Hauptwerk *The Great Transformation* (1944) ebenfalls schon von Einbettung spricht.

Polanyi weist darauf hin, dass eine eigenständige Wirtschaft, wie sie sich in der westlichen Moderne durchsetzt, eine welthistorisch neuartige Entwicklung darstellt. Umgekehrt kann man sagen: „The outstanding discovery of recent historical and anthropological research is that man's economy, as a rule, is submerged in his social relationships." (Polanyi 1944/2001, S. 48) Zumeist bestimmen etwa Familienvorstände, Priester und Könige, Tradition, Anstand und Sitten, wer welche Arbeit zu verrichten hat, wem welche Güter zustehen und wie man Ressourcen einsetzt. Die sachlichen Prinzipien des Wirtschaftens können damit sehr verschieden ausfallen. In Haushalten wird häufig produziert, um (anerkannte) Bedürfnisse zu erfüllen; in größeren Gemeinwesen werden Güter oft von einer Zentralgewalt eingesammelt und wieder an die Mitglieder ausgeteilt; in prestigebestimmten Ordnungen können Geschenke und Gegengeschenke vorherrschend sein (vgl. ebd., S. 49–58). Die Tauschwirtschaft, in der formal gleichgestellte Einzelne mit Gewinninteresse Güter austauschen, bildet demgegenüber lange höchstens einen Rand- und Sonderfall. Als sie sich in der westlichen Welt durchsetzt, geraten Grundregeln des Zusammenlebens in Unordnung. Polanyi verdeutlich dies an drei ‚fiktiven Waren', die zwar auf Märkten gehandelt werden, aber nicht für Märkte produziert wurden: menschliche Arbeitskraft, ‚Land' bzw. Natur und Geld als allgemeines Tauschmittel. Erst indem sich ein Arbeitsmarkt, ein Markt für Grundbesitz sowie (im kompliziertesten Fall, der hier nicht vertieft werden soll) ein Finanzmarkt bildet, ‚entbettet' sich die Marktwirtschaft aus ihrer bisherigen Einbettung. Zugleich brechen so jedoch Schutzvorkehrungen fort; ein völlig freier Markt würde die Arbeitenden zugrunde richten und die natürliche Umwelt zerstören:

> „Robbed of the protective coverings of cultural institutions, human beings [...] would die as victims of acute social dislocation through vice, perversion, crime, and starvation. Nature would be reduced to its elements, neighborhoods and landscapes defiled, rivers polluted, military safety jeopardized, the power to produce food and raw materials destroyed." (Ebd., S. 76)

Viele von diesen Entwicklungen sind im kapitalistischen Zeitalter tatsächlich (erstmalig oder in bisher unbekannter Größenordnung) eingetreten, wenn auch nicht nur in kapitalistischen Ländern. Polanyi schwankt zwischen der Neigung, den freien Markt auch ohne Konjunktiv dafür verantwortlich zu machen, und Erklärungen dafür, dass die Menschheit ihren Untergang trotzdem vermieden hat. Auf der einen Seite legt er nahe, dass der freigesetzte Markt sich nun den Rest der Gesellschaft unterwirft: „Instead of economy being embedded in social relations, social relations are embedded in the economic system." (Ebd., S. 61) Auf der anderen Seite bezeichnet er einen völlig freien Markt als ‚Utopie' der Ökonomen und erklärt anhand der ‚fiktiven Waren', dass er von Beginn an effektiv eingeschränkt wurde:

> „Social history in the nineteenth century was […] the result of a double movement: the extension of the market organization in respect to genuine commodities was accompanied by its restriction in respect to fictitious ones. While on the one hand markets spread all over the face of the globe […], on the other hand a network of measures and policies was integrated into powerful institutions designed to check the action of markets relative to labor, land, and money." (Ebd., S. 79)

Konkret dürfte Polanyi etwa Gesetze zum Arbeiterschutz und andere sozialstaatliche Regeln im Blick haben, und bis in die gegenwärtige Umweltpolitik bewahrheitet sich seine Annahme korrigierender Wieder-Einbettung wiederholt. In welcher Weise die kapitalistische Ökonomie erneut durch Rahmenregeln begrenzt wird, zeigt er jedoch nur andeutungsweise. Andere Theorien und Untersuchungen gehen hier weiter.

Eine Episode schließt unmittelbar an Polanyi an. Ab Mitte der 1970er Jahre hat die ‚neue Institutionenökonomik' zu begreifen versucht, dass die Wirtschaft Ordnungen jenseits des Marktes benötigt. Den Hauptbegriff dieser Richtung hatte bereits Ende der 1930er Ronald Coase geprägt, für den der Markt zwar grundsätzlich effiziente Lösungen verspricht, aber oft hohe ‚Transaktionskosten' fordert. Wenn jede einzelne wirtschaftliche Handlung durch Angebot, Nachfrage und Tausch bestimmt wäre, würden die meiste Zeit und die meisten Ressourcen dafür verbraucht, Handel zu treiben, Verträge zu schließen und deren Erfüllung abzusichern. Um diese Kosten zu senken, braucht auch die freieste Marktwirtschaft Staaten und Firmen, in denen Regeln und Vorgesetzte festlegen, was die Einzelnen zu tun haben. Gerade im Kapitalismus des 20. Jh. werden *Markets*, wie es Oliver Williamson in einem Buchtitel festhält, verbreitet durch *Hierarchies* ersetzt (Williamson 1975). So kann man zeigen, dass der Kapitalismus verschiedene Organisationsformen und Regeln entwickelt, dies aber wiederum ökonomisch erklären. Douglass North, der solche institutionellen Prozesse in der Wirtschaftsgeschichte verfolgt, hat Polanyi dafür kritisiert, dass er den zweiten Schritt nicht geht. Auch die Phänomene nicht-marktvermittelten Wirtschaftens, die er zurecht bemerke, müssten erklärt werden: „How do we account for substitutes for price-making markets of which families, firms, guilds […] etc. are organizing institutions which allocate resources in place of markets […]?" (North 1977, S. 709, i. O. mit Hv.) Die Antwort ist, dass Märkte vor allem aufgrund hoher Transaktionskosten nicht alles regeln. Wenn diese Kosten die „benefits" übersteigen (North nennt als Beispiel kostenfreie Parkplätze vor Einkaufszentren), verzichtet man bis heute vielerorts darauf, feste Eigentumsregeln zu schaffen (vgl. ebd., S. 710).

Diese Erklärung von Institutionen ist allerdings sehr ökonomistisch. Sie setzt weiterhin voraus, dass sich die effizienteste Lösung irgendwie durchsetzt, und zieht andere soziale Mechanismen weiterhin nicht in Betracht. Granovetter wirft Williamson anhand ähnlicher Passagen vor, dass er sich die ökonomische Welt zu einfach zurechtlegt. Er nimmt nicht nur ungeprüft und teils gegen vorhandenes Wissen an, dass Hierarchien effizienter arbeiten als Märkte (vgl. Granovetter 1985, S. 499 f.). Ebenso ungeprüft setzt er bessere Überlebenschancen oder eine „natural selection" der effizienteren Organisationsform voraus (vgl. Williamson 1981, S. 573). Für Granovetter zeigt sich damit, dass Williamson nicht an wirklichen sozialen Mechanismen interessiert ist: „The operation of alleged selection pressures is [...] neither an object of study nor even a falsifiable proposition, but merely an article of faith." (Granovetter 1985, S. 503)

Wenn die Ökonomik so angreifbar ist, sobald sie soziale Einbettungen zu denken versucht, liegt es nahe, stattdessen soziologisch vorzugehen. Man kann dafür direkt im ökonomischen Handeln ansetzen. Mit Interviews, teilnehmender Beobachtung, Dokumentenanalysen o. Ä. lässt sich untersuchen, wie Menschen auf bestimmten Märkten, in Firmen, zwischen Firmen und Staatsverwaltung usw. tatsächlich interagieren, welche Ziele ihnen wichtig sind, wie sie sich aneinander ausrichten und wie sie Konflikte austragen. Einen beliebten Rahmen bietet der neuere soziologische (mit dem ökonomischen nicht zu verwechselnde) Institutionalismus, dessen Vertreter oft betont keine individuelle Nutzenmaximierung unterstellen; stattdessen bestimmen für sie vorherrschende Deutungsmuster, wie die Einzelnen denken und handeln (vgl. Sparsam 2015, S. 199–207). Da somit „supraindividual units of analysis" wieder zulässig oder sogar prinzipiell vorausgesetzt werden (Paul DiMaggio und Walter Powell, zit. n. ebd.), kann man aber auch gleich im größeren Maßstab bzw. gesellschaftstheoretisch vorgehen. Zur Debatte steht dann, inwiefern die (kapitalistische) Wirtschaft von politischen, kulturellen und anderen Ordnungen abhängig ist und wie sie ihrerseits diese Ordnungen prägt.

Die Politikwissenschaftler Peter Hall und David Soskice erklären in einem bekannten Ansatz, dass kapitalistische Märkte in verschiedenen Ländern institutionell unterschiedlich eingebettet sind. Konkret sehe man dies daran, wie sich Firmen gesellschaftlich verorten. Sie müssen u. a. mit mehreren Parteien Beschäftigungsstandards aushandeln (*industrial relations*), ihre Beziehungen zu anderen Firmen, etwa Zulieferern pflegen (*interfirm relations*) und auf gut ausgebildete Arbeitskräfte zugreifen können (*vocational training and education*), zudem das Verhältnis von Eigentümerinnen und Management regeln (*corporate governance*) sowie Wissen und Motivation der Beschäftigten (*employees*) pflegen (vgl. Hall/Soskice 2001, S. 8). Wie sich alle diese Beziehungen unterscheiden können, führen Hall und Soskice für zwei Grundtypen kapitalistischer Ökonomien aus: ‚liberale' und ‚koordinierte Marktwirtschaften'. Im liberalen Typus, für den etwa die USA und das Vereinigte Königreich Beispiele bilden, herrschen kurzfristige Marktbeziehungen vor: Koordination durch Preise, leicht kündbare Arbeitsverträge, allgemeine Grundbildung statt spezifischer Berufsausbildung u. Ä. In der koordinierten Alternative, für die etwa Schweden und (in gewissem Maß) Deutschland stehen, bestimmen demgegenüber stärkere kollektive Regeln und öffentliche Einrichtungen das Wirtschaftsleben: langfristige Arbeitsverträge, Tarifvereinbarungen, staatlich regulierte Berufsausbildung usw. In beiden Spielarten des Kapitalismus werden Probleme verschieden gelöst, doch nicht unbedingt mehr oder weniger effizient. Eine Wirtschaftskrise kann etwa so verarbeitet werden, dass die Unternehmen kurzfristig viele Beschäftigte entlassen und sie dann rasch wieder einstellen; sie können die Beschäftigung aber auch, ggf. staatlich unterstützt, mit verringerter Arbeitslast und Entlohnung aufrechterhalten. Im ersten Fall sparen die Unternehmen während der Krise Geld, im zweiten behalten sie ihr qualifiziertes Personal, im ersten Fall sind ggf. weniger staatliche Zuschüsse nötig, im zweiten kann die Binnennachfrage rascher wieder in Gang kommen. Was sich am Ende für wen eher auszahlt, bedarf komplexer Analysen, doch die institutionellen Unterschiede können nicht allein aus der jeweiligen Gesamteffizienz erklärt werden. Eine gängige, z. B. von North entwickelte Idee besteht darin, dass sich bei verschiedenen Lösungsmöglichkeiten („multiple equilibria", ebd., S. 13) einmal getroffene Entscheidungen allmählich ‚pfadabhängig' verfestigen. Für Hall und Soskice bestimmen dabei nicht zuletzt informelle und kulturelle Gegebenheiten die Richtung: „repeated historical experience builds up a set of common expectations that allows the actors to coordinate effectively with each other" (ebd.).

Da die kapitalistische Entwicklung nicht immer kontinuierlich verläuft, lassen sich zwei weitere Fragen anschließen: Wie und weshalb ergeben sich im Zweifelsfall institutionelle Brüche? Und lassen sich neben Spielarten auch Epochen des Kapitalismus unterscheiden? Antworten hat bereits ab Mitte der 1970er Jahre die marxistische Regulationsschule gefunden. Anschließend an Gramscis Arbeiten zum Fordismus (vgl. Kap. 5) fragt sie genauer, wie sich im Kapitalismus zeitweilig bestimmte Kompromisse und Regelungen verfestigen. Michel Aglietta, dessen Forschungen zu den USA hierfür maßgeblich waren, geht von der klassisch ökonomischen Frage aus, weshalb das Produzierte auch Absatz findet. Historisch spricht einiges dafür, dass dieses ‚Gleichgewicht' nicht automatisch aus Marktprozessen hervorgeht. Im späten 19. und frühen 20. Jh. wurden in den USA Produktivitätsfortschritte erzielt, für deren Endprodukte zunächst nicht hinreichend Nachfrage bestand (vgl. Aglietta 1976/1987, S. 94). Dass sich dies änderte, war nicht nur Lohnoffensiven durch Unternehmer wie Ford geschuldet. Eine entscheidende Rolle spielten auch die Reformen und Investitionen des New Deal, gewerkschaftliche Erfolge sowie ein veränderter Konsum (*mode of consumption*, vgl. ebd., S. 152–169). Viele Elemente der Neuordnung verdanken sich Aglietta zufolge vor allem Klassenkämpfen, etwa ums Lohnniveau und um soziale Absicherung. Spätere Autoren heben zudem hervor, dass ein „Akkumulationsregime" wie der Fordismus nie nach Plan eingerichtet wird; wenn längerfristig Investitionen, Konsum, Profite und Wachstum koordiniert sind, stellt dies vielmehr eine „geschichtliche Fundsache" dar, auf die sich verschiedene streitende Kräfte einlassen können (Lipietz 1985, S. 120 und 114). An der Lösung sind zudem mehr als nur wirtschaftliche Kräfte beteiligt. Alain Lipietz nennt, explizit und implizit Gramsci folgend, auch staatliche Regelungen, Bündnisse zwischen Herrschaftsgruppen, verbreitete subjektive Motivationen und relativen Konsens darüber, welche Interessen und Identitäten als legitim gelten (vgl. Eser 2008, S. 56–59). Damit ist die ökonomische Analyse weit zur politischen Soziologie und sogar kultursoziologischen Forschung geöffnet. Die ‚Regulation' kann sich auch darauf erstrecken, ob Beziehungen gewöhnlich eheförmig und heterosexuell sind, wie man Kinder erzieht, welche Rauschmittel erlaubt und beliebt sind. Die regulationstheoretische Weise, vom ‚Fordismus', ‚Postfordismus' und ‚Neoliberalismus' zu sprechen, ist denn auch weit über die Grenzen der Schule hinaus beliebt geworden.

Mit anderen Akzenten haben Luc Boltanski und Ève Chiapello die Abfolge kapitalistischer Formationen betrachtet. Sie nehmen die Problematik vom ‚Geist' des Kapitalismus auf, die Weber herausgearbeitet hatte (vgl. Kap. 5). Das allgemeine Problem, weshalb Menschen sich überhaupt auf Berufsarbeit und Profitstreben einlassen (vgl. Boltanski / Chiapello 1999/2003, S. 42), spitzen sie auf die speziellere Frage zu, wie der Kapitalismus zu verschiedenen Zeiten Motivation und Rechtfertigung findet:

> „Der Fortbestand des Kapitalismus als Koordinationsmodus sozialen Handelns lässt sich [...] nicht verstehen, solange man die Ideologien außer Acht lässt. Erst sie legitimieren ihn und geben ihm einen Sinn. Damit tragen sie zu der für ihn grundlegenden Einsatzbereitschaft der Menschen bei und garantieren deren Engagement." (Ebd., S. 48)

Formale Überlegungen hierzu hatte Boltanski mit Laurent Thévenot bereits 1987 in einem Buch ausgeführt, das *Rechtfertigung* als Grundmuster des Zusammenlebens schildert: Wo immer Güter verteilt werden, muss den Beteiligten klar sein, weshalb ggf. einige eher an der Reihe sind und mehr erhalten als andere. Im Kapitalismus werden hierfür z. B. Gesichtspunkte des Eigentums, der Produktivität oder des kollektiven Nutzens herangezogen. Boltanski und Chiapello nehmen zudem an, dass der Kapitalismus auch „ihm ursprünglich äußerliche, ja feindliche Ideen inkorporiert" (ebd., S. 59). Ihr entscheidendes Beispiel bildet eine Kritik am fordistischen Kapitalismus, die sich weniger gegen Ungleichheit als gegen Entfremdung, starre Hierarchien und Abläufe sowie generell Fremdbestimmung richtet. Der neoliberale Kapitalismus, den Boltanski und Chiapello anhand von Management-Ratgebern untersuchen, bietet für alle diese Beschwerden der „Künstlerkritik" Abhilfe an: Flexibilität, Kreativität, Eigenverantwortung, Selbstorganisation, flache Hierarchien u. Ä. (vgl. Kap. 12). Indem sie diese Motive als Teil einer neuen kapitalistischen Rechtfertigungsordnung begreifen, die durch Netzwerke und daraus hervorgehende Projekte bestimmt ist, haben die beiden einen der prominentesten Beiträge zur neueren Wirtschaftssoziologie geleistet.

Die jeweilige geschichtliche Einbettung kapitalistischer Märkte lässt sich allerdings auch materieller begreifen. Besonders hilfreich sind hierfür feministische, ökologische und antikoloniale Forschungsansätze, in denen die *Innen-Au-*

ßen-Beziehung der kapitalistischen Produktionsweise (Saave 2021) ein übergreifendes Thema bildet. Grundlegend für diese Beziehung ist, was überhaupt zur Wirtschaft gezählt wird, einen monetären Wert hat und als produktive Tätigkeit gilt. Sorge- und Reproduktionsarbeit im Haushalt wird, wie vor allem feministische Theorien festhalten (vgl. Kap. 12), typischerweise gering oder gar nicht bezahlt und von untergeordneten Gruppen wie (Ehe-)Frauen oder Dienstboten geleistet. Eine lange vergessene Grundlage kapitalistischen Reichtums bilden zudem, wie ökologische Ansätze betonen, Naturprozesse und -produkte wie fossile Brennstoffe, die oft bedenkenlos vernutzt wurden. Die ehemals kolonialen Länder des Globalen Südens, deren Lage ebenfalls kritisch erforscht wird (vgl. Kap. 10 und 11), liefern dem Weltmarkt umfangreich solche Rohstoffe, zerstören dafür ihre Natur und können sich, sofern sie „extractive export economies" bleiben (Bunker 1984, S. 1018 u. ö.), auch sozial nicht nachhaltig entwickeln. Eventuell gehören sogar die nicht (gänzlich) marktwirtschaftlichen Verhältnisse in diesen Ländern seit den Hochzeiten der Sklaverei unverzichtbar zur kapitalistischen Weltwirtschaft. Alle diese Themen erfordern eine Wirtschaftstheorie, die jenseits der verkaufsorientierten Produktion ansetzt, damit die Mainstream-Ökonomik übersteigt und auch den klassischen Marxismus infrage stellt. Im Kontrast mit dem letzteren lassen sich die vielfältigen Denkansätze besonders gut darstellen. Sie führen kapitalistische Profite nicht nur wie Marx auf die Ausbeutung von Lohnarbeit zurück, sondern auch auf eine (Über-)Ausbeutung unbezahlter und unterbezahlter Tätigkeiten sowie ggf. natürlicher Prozesse und Bestände.

Wohlwollend gelesen hat Marx diese Voraussetzungen bereits erkannt, nur nicht genauer verfolgt. Er weist deutlich auf Naturzerstörung hin (vgl. Kap. 5), erwähnt (am Rand und in Fußnoten) Fortpflanzung und häusliche Arbeit, und koloniale Gewalt zählt er zu den brutalen Ursprüngen der kapitalistischen Eigentumsordnung (vgl. Marx 1867/1977, MEW 23, S. 741–802). Alles dies sind für ihn einfach Bedingungen, unter denen Unternehmen profitabel Lohnarbeit beschäftigen können. Für Marx „verengt sich der Begriff der produktiven Arbeit" damit objektiv darauf, dass „der Arbeiter [...] Mehrwert für den Kapitalisten produziert" (ebd., S. 532), und nur diesen Prozess untersucht er systematisch. Da sich allerdings alle genannten Bereiche mit der Entwicklung des Kapitalismus stark wandeln, muss man sie vielleicht doch genauer betrachten, um Profite und ihre Veränderungen erklären zu können.

In der Reproduktions- und Sorgearbeit, mit der mehr als die Hälfte der Menschheit intensiv beschäftigt ist, verschieben sich beständig die Anteile zwischen Familie und Markt, privater Tätigkeit und öffentlicher Daseinsvorsorge. Zudem dient sie nie *nur* der Reproduktion von Arbeitskraft:

> „On the one hand, social reproduction pertains to the reproduction of labour power for capitalist exploitation. On the other hand, life is not reducible solely to capital-

ist command, nor are the subjectivities and relationships ever entirely captured and shaped by capital." (Dowling 2016, S. 454)

Eine Ökonomie, die soziale Reproduktion einschließt, muss daher mehr als nur bezahlte und verwertete Tätigkeiten begreifen. Umstritten ist, ob die Trennung zwischen produktiven und reproduktiven Prozessen überhaupt trägt. Einige ökofeministische Theorien lehnen sie auch für Naturprozesse ab. Sie kritisieren grundsätzlich, dass man bezahlte Arbeiten und Güter „von jenen Produkten und Leistungen" unterscheidet, „die als vermeintliche Naturprodukte zwar verwertet, aber ökonomisch nicht bewertet werden" (Biesecker/Hofmeister 2006, S. 133). Solange diese Unterscheidung ein wesentlicher Teil unserer sozialen Praxis ist, sollte sie allerdings auch in der Theorie eine Rolle spielen. Zudem ist schwer zu sehen, welchen Wert natürliche Güter und Prozesse in Wahrheit haben bzw. in einer anders organisierten Gesellschaft hätten. Besser lässt sich rekonstruieren, inwiefern die kapitalistische Gesellschaft Kosten vermeidet, wenn sie Ressourcen vernutzt. Jason Moore hat eine Theorie von ‚cheap things' wie billigen Rohstoffen, Energiequellen und Arbeitskräften entwickelt, die seit der Frühen Neuzeit u. a. durch fortschreitende Technologie, Fernhandel und koloniale Eroberung verfügbar gemacht werden. Nicht alle daran Beteiligten sind direkt kapitalistisch motiviert oder eingebunden – Eroberer und Entdecker hatte auch andere Ziele, wenngleich Plünderung häufig dazu zählte. Doch erst durch ihre unterwerfende Aneignung (*appropriation*) von Natur, Gebieten und Bevölkerungen wurde und bleibt kapitalistische Wertschöpfung (*capitalization*) möglich (vgl. Moore 2015, S. 94–109). Im Hintergrund dieser These stehen auch Vorschläge, die international ungleiche Durchsetzung des Kapitalismus zu erklären. Bekannte Annahmen lauten, dass die koloniale Herrschaft durch ökonomische ‚Abhängigkeit' abgelöst wurde und dass zwischen verschiedenen Weltteilen ‚ungleicher Tausch' herrscht. Immanuel Wallerstein hat solche Ansätze in einem umfangreichen historischen Werk zu einer ‚Weltsystemtheorie' verbunden. Für ihn waren die kapitalistisch entwickelten ‚Zentren' durchgängig auf eine wirtschaftlich heterogenere ‚Peripherie' angewiesen, die Rohstoffe zuliefert, Fertigprodukte abnimmt und Arbeitskosten einspart, weil zugleich Subsistenzarbeit, also Produktion für den Eigenbedarf üblich ist (vgl. in Kurzform Wallerstein 2004, S. 23–41).

Die aufgelisteten Forschungen könnten durch viele weitere ergänzt werden. Der in Kap. 12 genannte Ansatz von Mies, Bennholdt-Thomsen und von Werlhof verbindet alle aufgeführten Motive in einer Theorie der „Kolonialrente" und „Frauenrente", die kapitalistische Profite erst möglich machen (von Werlhof 1983, S. 152–155). Und fast alle genannten Argumente sind in einer Analyse angelegt, mit der Rosa Luxemburg Marx kritisiert und weitergeführt hatte: Ein ständig wachsender Kapitalismus sei nicht ohne eine „nichtkapitalistische soziale Umgebung" zu denken, „die seine Produkte absorbiert und ihm Produktionselemente und Arbeitskräfte zuführt" (Luxemburg 1913/1981, S. 315). Heute wird dieser Ansatz zumindest in kleineren Kreisen wieder sozialwissenschaftlich genutzt (vgl. z. B. Dörre 2013, S. 114; Brand/Wissen 2017, S. 52).

Die Soziologie der kapitalistischen Gesellschaft

Trotz der erwähnten und vieler noch nennbarer Beiträge sind nicht alle Ideen, die zum Ende des Abschnitts genannt wurden, gut ausgearbeitet. Oft fehlen der Soziologie die methodischen Werkzeuge. Es gibt keine systematischen Versuche, die Modelle der Ökonomik durch bessere soziologische Modelle zu ersetzen, keine nennenswerte Debatte zu Funktionsbegriffen wie Ausbeutung (vgl. Haubner 2017, S. 22–49) oder Externalisierung, keine Verfahren, um die Abhängigkeit bestimmter Handlungskomplexe (wie unternehmerischer Wertschöpfung) von anderen (wie unbezahlter Hausarbeit) empirisch zu rekonstruieren. Allgemein tut sich das Fach schwer damit, jenseits formalisierter qualitativer und quantitativer Forschung anderes zu bieten als abstrakte Großtheorien. Die mittlere Ebene, auf der etwa Formen und Folgen der Naturbeherrschung, die politischen und kulturellen Bedingungen der Profitwirtschaft oder die ökonomische Nachgeschichte des Kolonialismus mit empirischen und theoretischen Mitteln untersucht werden könnten, bleibt oft merkwürdig leer bzw. anderen Fächern überlassen. Wo die Soziologie konkrete ökonomische Zusammenhänge zu denken versucht, begnügt sie sich oft mit Diskursanalysen. Wenn Boltanski und Chiapello den ‚neuen Geist des Kapitalismus' in Management-Ratgebern aufspüren, können sie zwar Fundstellen für die Idee des Projekts auszählen, aber nicht herausfinden, wie verbreitet oder rentabel Projektarbeit ist. Die grobe Unterscheidung zwischen materiellen und geistigen Ordnungen, die zu Beginn des Kapitels erwähnt wurde, setzt sich hier wie auch in den Debatten zum Institutionalismus untergründig fort: Die Soziologie sieht sich für Normen, Werte und Deutungsmuster zuständig; zur harten Welt der Eigeninteressen, Marktprozesse und Naturbeherrschung gibt sie höchstens kritische Urteile ab.

Das Problem ist also nicht, *ob* ökonomisches Denken alle anderen Weisen verschluckt, das Zusammenleben zu denken. Seine Themen können ja faktisch entscheidend sein. Doch selbst wenn mächtige Konzerne und marktradikale Politik vorherrschen, kommt es darauf an, *wie* die Soziologie wirtschaftliche Zusammenhänge zu denken vermag. Die ökonomische Problematik, wie eine Gesellschaft Ressourcen, Aufgaben und Arbeitsprodukte verteilt, wird nicht verschwinden. Dass hierüber vor allem Märkte entscheiden, auf denen Gewinne angestrebt und angehäuft werden, und dass dies große Teile des sonstigen Lebens bestimmt, kann nicht bloß durch eine unterstellte menschliche Neigung zur Nutzenmaximierung erklärt werden. Die Soziologie versucht bis heute nur zögerlich, diese Situation schlüssiger zu erklären als die Ökonomik.

Die benannten Lücken könnten zwei Arten von Ursachen haben. Einerseits überfordert es eine Wissenschaft möglicherweise, wenn sie für das gesamte Zusammenleben zuständig ist. Ihre Vertreter können sich dann auf begrenztere Gebiete zurückziehen: die Gesellschaftstheorie, in der einige alte und neuere Klassiker genügend wagemutige Angebote hinterlassen haben, und eine empirische Forschung, in der man methodisch bestimmte Arten von Daten erheben und auswerten kann. In soziologisch profilierten Ländern wie Deutschland hat dies zur Folge, dass sich die multiparadigmatische Lage (vgl. Einleitung) institutionell verfestigt hat. Die wenigen Theoretikerinnen und vielen empirisch Forschenden können anhand einiger bewährter Muster kommunizieren, kooperieren und streiten: über Differenzierungstheorien, Institutionalismus und ggf. auch Marxismus, mit Methoden statistischer Analyse, repräsentativer oder vertiefter Befragung, zu Ungleichheit, Statusvererbung und intersektionaler Diskriminierung. Diese und andere Ansätze bieten stabile Orientierung, während die Erforschung und Diskussion komplexer Sachzusammenhänge auf unkartografiertes Gebiet führen würde. Hinzu kommen andererseits Effekte der wissenschaftlichen Arbeitsteilung. Trotz aller geschilderten imperialistischen Vorstöße und ihrer Abwehr wissen alle Beteiligten, dass es eben Soziologie und Wirtschaftswissenschaft (sowie Psychologie, Pädagogik usw.) *gibt*. Soziologinnen sind daher im Zweifelsfall stärker bemüht, die Muster ihres Fachs auch in anderen Gebieten zur Geltung zu bringen, als wirklich an der Klärung ökonomischer (oder anderer) Fachfragen interessiert. Im Zweifelsfall können sie sich ja darauf verlassen, dass noch genügend weitere Expertise im Angebot ist und die bestehende praktische Nachfrage bedient.

Auswege aus dieser Situation können wohl nur Forschende finden (und suchen), die nicht allein die Ansätze der Ökonomik anzweifeln, sondern selbst die kapitalistische Wirtschaft erklären wollen. Die stärksten Impulse kommen nicht zufällig von kapitalismuskritischer – sozialistischer, feministischer, antikolonialer und ökologischer – Seite. Für eine Verstetigung ist die politische Nachfrage jedoch zu schwach bzw. nicht mächtig genug; bisher hat noch keine der genannten Kräfte Hegemonie im Sinne Gramscis erreicht, und die Soziologie hat hier noch keine festen Bündnispartner gefunden. Immerhin hat das soziologische Interesse an der Ungleichheit, die unsere Gesellschaften trotz ihrer egalitären Grundsätze befördern und aushalten, aber dafür gesorgt, dass die fraglichen Impulse im Fach aufgenommen werden und dass ihre Vertreter sich Nischen einrichten konnten. Ob mehr möglich ist, wird sich in Veränderungen und Konflikten entscheiden, die weiterhin nicht bloß soziologisch, sondern gesellschaftlich sind.

Literatur

Aglietta, Michel (1976/1987): A Theory of Capitalist Regulation. The US Experience. London: Verso.
Albert, Hans (1963/1971): Modell-Platonismus. Der neoklassische Stil des ökonomischen Denkens in kritischer Beleuchtung. n

Amadae, Sonja M. (2003): Rationalizing Capitalist Democracy. The Cold war Origins of Rational Choice Liberalism. Chicago und London: University of Chicago Press.
Baron, James N. / Hannan, Michael T. (1994): The Impact of Economics on Contemporary Sociology. In: Journal of Economic Literature 32, H. 3, S. 1111–1146.
Becker, Gary S. (1976): The Economic Approach to Human Beavior. Chicago und London: University of Chicago Press.
Becker, Gary S. (1993): Nobel Lecture. The Economic Way of Looking at Behavior. In: Journal of Political Economy 101, H. 3, S. 385–409.
Berman, Elisabeth Popp (2012): Creating the Market University. How Academic Science Became an Economic Engine. Princeton: Princeton UP.
Biesecker, Adelheid / Hofmeister, Sabine (2006): Der Beitrag der Kategorie (Re-)Produktion zur Nachhaltigkeitsdebatte. In: Meier, Klaus / Wittich, Evelin / Rosa-Luxemburg-Stiftung (Hrsg.): Theoretische Grundlagen nachhaltiger Entwicklung. Berlin: Dietz Verlag. S. 186–203.
Boltanski, Luc / Chiapello, Ève (1999/2003): Der neue Geist des Kapitalismus. Konstanz: UVK.
Boltanski, Luc / Thévenot, Laurent (1987/2007): Über die Rechtfertigung. Eine Soziologie der kritischen Urteilskraft. Hamburg: Hamburger Edition.
Brand, Ulrich / Wissen, Markus (2017): Imperiale Lebensweise. Zur Ausbeutung von Mensch und Natur im globalen Kapitalismus. München: oekom Verlag.
Breuer, Stefan (1992): Die Gesellschaft des Verschwindens. Von der Selbstzerstörung der technischen Zivilisation. Hamburg: Junius.
Bunker, Stephen G. (1984): Modes of Extraction, Unequal Exchange, and the Progressive Underdevelopment of an Extreme Periphery. The Brazilian Amazon, 1600–1980. In: American Journal of Sociology 89, H. 5, S. 1017–1064.
Coleman, James S. (1990): Foundations of Social Theory. Cambridge, Mass.: Belknap Press of Harvard UP.
Deleuze, Gilles / Guattari, Félix (1980/1992): Tausend Plateaus. Kapitalismus und Schizophrenie. Berlin: Merve-Verlag.
Dörre, Klaus (2013): Landnahme. Triebkräfte, Wirkungen und Grenzen kapitalistischer Wachstumsdynamik. In: Backhouse, Maria / Gerlach, Olaf / Kalmring, Stefan / Nowak, Andreas (Hrsg.): Die globale Einhegung – Krise, ursprüngliche Akkumulation und Landnahmen im Kapitalismus. Münster: Westfälisches Dampfboot. S. 112–140.
Dowling, Emma (2016): Valorised but not Valued? Affective Remuneration, Social Reproduction and Feminist Politics Beyond the Crisis. In: British Politics 11, H. 4, S. 452–468.
Eser, Patrick (2008): Perspektiven der Regulationstheorie. Sozialtheoretische Reformulierungsversuche. Hamburg: Diplomica Verlag.
Fine, Ben / Milonakis, Dimitris (2009): From Economic Imperialism to Freakonomics. The Shifting Boundaries Between Economics and Other Social Sciences. London u. a.: Routledge.
Foucault, Michel (2004): Geschichte der Gouvernementalität. Band. 2: Die Geburt der Biopolitik. Vorlesung am Collège de France, 1978–1979. Frankfurt a. M.: Suhrkamp.
Fourcade, Marion (2009): Economists and Societies: Discipline and Profession in the United States, Britain, and France, 1890s to 1990s. Princeton: Princeton UP.
Fourcade, Marion / Ollion, Etienne / Algan, Yann (2016): The Superiority of Economics. In: Journal of Economic Perspectives 29, H. 1, S. 89–114.
Granovetter, Marc (1985): Economic Action and Social Structure. The Problem of Embeddedness. In: American Journal of Sociology 91, H. 3, S. 481–510.
Habermas, Jürgen (1981/2): Theorie des kommunikativen Handelns. Band 2: Kritik der funktionalistischen Vernunft. Frankfurt a. M.: Suhrkamp.
Hall, Peter / Soskice, David (2001): An Introduction to Varieties of Capitalism. In: Dies. (Hrsg.): Varieties of Capitalism. The Institutional Foundations of Comparative Advantage. Oxford u. a.: Oxford UP. S. 1–68.

Haubner, Tine (2017): Die Ausbeutung der sorgenden Gemeinschaft. Frankfurt a. M./New York: Campus.
Hirschman, Daniel/Berman, Elisabeth Popp (2014): Do Economists Make Policies? On the Political Effects of Economics. In: Socio-Economic Review 12, H. 4, S. 779–811.
Laclau, Ernesto/Mouffe, Chantal (1985): Hegemony and Socialist Strategy. London: Verso.
Lazear, Edward P. (2000): Economic Imperialism. In: The Quarterly Journal of Economics 115, H. 1, S. 99–146.
Lipietz, Alain (1985): Akkumulation, Krisen und Auswege aus der Krise. Einige Überlegungen zum Begriff „Regulation“. In: Prokla 15, H. 1, S. 109–137.
Luxemburg, Rosa (1913/1981): Die Akkumulation des Kapitals. Ein Beitrag zur ökonomischen Erklärung des Imperialismus. In: Gesammelte Werke. Band 5. Ökonomische Schriften. Berlin: Dietz. S. 5–411.
Manstetten, Reiner (2000): Das Menschenbild der Ökonomie. Der *homo oeconomicus* und die Anthropologie von Adam Smith. Freiburg: Alber.
Marx, Karl (1859/1971): Zur Kritik der politischen Ökonomie. In: Marx Engels Werke (MEW). Band 13. Berlin: Dietz. S. 7–160.
Marx, Karl (1867/1977): Das Kapital. Kritik der politischen Ökonomie. Band 1. In: Marx Engels Werke (MEW). Band 23. Berlin: Dietz.
Moore, Jason (2015): Capitalism in the Web of Life. Ecology and the Accumulation of Capital. London: Verso.
North, Douglass C. (1977): Markets and Other Allocation Systems in History. The Challenge of Karl Polanyi. In: Journal of European Economic History 6, H. 3, S. 703–716.
Polanyi, Karl (1944/2001). The Great Transformation. The Political and Economic Origins of Our Time. Boston: Beacon Press.
Radnitzky, Gerard/Bernholz, Peter (1987): Preface. In: Dies. (Hrsg.): Economic Imperialism. The Economic Method Applied Outside the Field of Economics. New York: Paragon House. S. vii–ix.
Robbins, Lionel (1932): An Essay on the Nature and Significance of Economic Science. London u. a.: MacMillan & Co.
Saave, Anna (2021): Einverleiben und Externalisieren. Zur Innen-Außen-Beziehung der kapitalistischen Produktionsweise. Bielefeld: transcript.
Schimank, Uwe (2005): Differenzierung und Integration der modernen Gesellschaft. Wiesbaden: Springer VS.
Schimank, Uwe/Volkmann, Ute (1999): Gesellschaftliche Differenzierung. Bielefeld: transcript.
Sparsam, Jan/Pahl, Hanno (2020): Soziologie der Zentralbanken. Makroökonomisches Wissen und Geldpolitik. In: Kölner Zeitschrift für Soziologie und Sozialpsychologie 70, H. 1, S. 343–366.
Sparsam, Jan (2015): Wirtschaft in der New Economic Sociology. Eine Systematisierung und Kritik. Wiesbaden: Springer VS.
Streckeisen, Peter (2014): Soziologische Kapitaltheorie. Marx, Bourdieu und der ökonomische Imperialismus. Bielefeld: transcript.
Wallerstein, Immanuel (2004): World-Systems Analysis. An Introduction. Durham u. a.: Duke UP.
von Werlhof, Claudia (1983): Zum Natur und Gesellschaftsbegriff im Kapitalismus. In: dies./Mies, Maria/Bennholdt-Thomsen, Veronika: Frauen, die letzte Kolonie. Reinbek: Rowohlt. S. 140–163.
Williamson, Oliver (1975): Markets and Hierarchies. Analysis and Antitrust Implications. A Study in the Economics of Internal Organization. New York: Free Press.